信息系统工程概论

符长青 符晓勤 编著

北 京

内 容 简 介

本书共分 12 章,内容包括信息系统基础知识、计算机系统的基本结构、软件工程、软件体系结构与工程标准、计算机网络工程、企业信息化、电子商务、智能建筑、电子信息系统机房工程、电子政务、数字地球与 3S 技术以及数字工程。每章最后都给出了案例分析和习题。

本书取材来源于信息系统工程项目建设实践,取材新颖、内容系统全面、概念清楚易懂,具有很强的可操作性。既适合作为高等院校相关专业大学生的专业基础课程教材,也适合作为相关专业研究生、政府公务员和从事信息系统工程建设的工作人员的培训教材,也可供报考信息系统项目管理师、信息系统监理师的考生参考,也可用作项目经理日常工作、计算机专业教师的教学和工作参考书;同时对于希望系统全面了解信息系统工程知识的各类读者,本书也是一本较好的参考读物。

图书在版编目(CIP)数据

信息系统工程概论/符长青,符晓勤编著. --北京:清华大学出版社,2013.5(2021.7重印)
高等院校信息管理与信息系统专业系列教材
ISBN 978-7-302-30747-1

Ⅰ.①信… Ⅱ.①符… ②符… Ⅲ.①信息系统-系统工程-高等学校-教材 Ⅳ.①C931.6

中国版本图书馆 CIP 数据核字(2012)第 284539 号

责任编辑:白立军 顾 冰
封面设计:傅瑞学
责任校对:时翠兰
责任印制:刘海龙

出版发行:清华大学出版社
    网   址:http://www.tup.com.cn,http://www.wqbook.com
    地   址:北京清华大学学研大厦 A 座   邮   编:100084
    社 总 机:010-62770175   邮   购:010-83470235
    投稿与读者服务:010-62776969,c-service@tup.tsinghua.edu.cn
    质量反馈:010-62772015,zhiliang@tup.tsinghua.edu.cn
    课件下载:http://www.tup.com.cn,010-83470236
印 装 者:北京九州迅驰传媒文化有限公司
经   销:全国新华书店
开   本:185mm×260mm   印   张:24.75   字   数:587 千字
版   次:2013 年 5 月第 1 版   印   次:2021 年 7 月第 6 次印刷
印   数:2701~3000
定   价:59.00 元

产品编号:049901-02

前　　言

信息时代的大学生、研究生、政府公务员和企事业单位工作人员,基本上都需要对信息系统工程的全貌有一个比较系统、清晰的了解,包括信息技术产生和发展的基础,它的来龙去脉,主要内容及其应用,以及最新成果和发展趋势。众所周知,各类信息系统工程项目集信息技术及其应用之大全,就好比是一头大象,大学不能像瞎子摸象那样,只让学生摸到大象的局部,不让他们看到大象的全貌。基于以上要求,本书系统全面地介绍了信息系统工程作为信息技术及其应用的最新成果和发展趋势,以使读者对信息技术和信息系统能有一个全面完整的认识。

本书既可作为大学相关专业的专业基础课程教材,也适合作为相关专业研究生、政府公务员和从事信息系统工程建设的工作人员的培训教材,以及作为报考信息系统项目管理师、信息系统监理师考生的学习用书,项目经理日常工作的参考手册,计算机专业教师的教学和工作参考书;同时对于希望系统全面了解信息系统工程知识的各类读者,本书也是一本较好的参考读物。

本书第一作者符长青博士(1967年大学毕业,是我国1978年恢复研究生招生后的第一批博士)40多年来一直在信息系统工程建设的第一线工作,其中有8年在海外从事软件开发,经历了我国信息技术从无到有、从小到大、发展至今的全过程,最近几年来,在广东科技学院计算机系担任专业课教师,有机会把信息系统工程建设的实践经验与教学活动结合起来,并完成了本书的编著出版。本书第二作者符晓勤高级工程师(信息系统项目管理师),积极参与了本书的编著和修订工作。

深圳市坚地工程咨询监理有限公司兰大英、符晓兰、柴巧霞、李志明、陈金雄、鲁先丰等承担了本书图表制作和各章节文字审校工作。在本书编著过程中,作者得到了广东科技学院副院长黄弢、院长助理周二勇、计算机系主任曹文文等学者教授,华南农业大学珠江学院信息工程系主任张基温教授,清华大学计算机科学与技术系张公忠教授,深圳大学计算机与软件学院院长明仲教授,深圳大学信息工程学院院长李霞教授、雍正正教授,深圳信息职业技术学院校长张基宏教授、副校长梁永生教授,软件学院院长张宗平教授,深圳职业技术学院副校长温希东教授、机电工程学院院长冯小军教授、郭树军副教授、电子信息工程学院院长马晓明教授,以及有关部门的领导、专家与同仁的大力支持与帮助,参考和引用了部分著作及文献资料,在此表示深深的谢意。

由于作者学识有限,本书肯定在许多方面存在不足,欢迎同行指正和交流(联系方式fcq828@163.com)。作者十分希望能与国内同行携手,大家一起共同努力,将我国信息系统工程建设推向一个新的高度和水平。

作　者

目 录

第1章　信息系统基础知识

主要内容

(1) 信息论及与信息系统相关的概念；

(2) 信息系统工程的定义；

(3) 信息技术产生和发展的基础；

(4) 微电子技术及莫尔定律；

(5) 计算机工作原理和发展历程。

1.1　信息系统基本概念

二百多年以前，由于蒸汽机的发明以及其后电的使用，使人类社会进入了高速发展的快车道。人类发明了各种机械和电器，取代了人的重复性劳动，人类社会从农业时代进入工业时代，生产力得到很大发展。

六十多年前，老三论(信息论、系统论和控制论)，其中特别是美国科学家维纳在1948年提出的《控制论》，为现代信息技术、自动化技术和通信技术奠定了科学理论基础，人类发明了晶体管和电子计算机，这是20世纪技术领域最重要的发明。此后，从晶体管到超大规模集成电路的不断更迭，新品种层出不穷。随着信息技术的发展，半导体技术、集成电路，尤其是微处理器的发明和因特网(Internet，又称国际互联网)的普及应用，人类不但有更强的"体能"，而且有更聪明、更敏锐的"脑袋"，人们把电子计算机形象地称为"电脑"。人脑加上电脑，我们的智力得到"放大"，记忆力更强，反应更灵敏，更迅速，计算更快更准，控制更精确，自动化、智能化使生产力有更进一步的发展，人类社会从工业时代进入了信息时代。

研究有关信息系统工程建设的问题，首先要了解信息论、系统论和控制论，以及有关信息系统的一些基本概念和特性。

1.1.1　信息论及与信息系统相关的概念

1. 信息的定义

信息是指向人们或机器提供关于现实世界的各种知识，是数据、消息中所包含的意义，它不随载体的物理形式的各种改变而改变。信息是事物运动的状态和方式而不是事物本身，因此，它不能独立存在，必须借助某种符号才能表现出来，而这些符号又必须附载于某种物体上，所谓载体就是承载信息的工具，例如文字、声音、图像、视频、电磁波、空气，以及纸张、胶片、存储器等都是信息的载体。信息具有以下几方面的特性。

① 客观性：任何信息都与客观事实紧密相关，这是信息的正确性与精确度的保证。

② 可处理性：信息是可以处理的，它可以被加工、存储和传输，也可以转换形态。

③ 适用性：信息对决策十分重要，信息系统将人类社会中巨大的数据流收集和组织管理起来，经过处理、转换和分析变成对生产、管理和决策具有重要意义的有用信息。

④ 传输性：信息可在发送者和接收者之间传输。有很多系统采用了网络传输技术。

⑤ 共享性：信息与实物不同，可以传输给多个用户，为多个用户共享，而其本身并无损失。这为信息的并发应用提供了可能。

⑥ 时效性：一条信息可能在某个时刻以前具有很高的价值，但是在某个时刻之后可能就没有任何价值了，这就是信息的时效性。

⑦ 价值性：信息的价值性在于获取的信息可以影响人们的思维、决策和行为方式，从而为人们带来不同层面上的收益。

2. 信息的形态

信息一般表现为四种形态，即数据、文本、声音、图像。

① 数据：从信息论的角度考察，指计算机能够生成和处理的所有事实、数字、文字、符号等。

② 文本：是指书写的语言，即"书面文字"，用以与"口头语"相区别。

③ 声音：是指人们用耳朵听到的信息，即说话的声音和音乐。

④ 图像：是指人们能用眼睛看见的信息。

3. 信息系统的定义

系统是具有特定功能的相互有机联系的许多要素所构成的一个整体。

信息系统是指具有对数据进行采集、传输、存储、管理、处理、控制和再现功能，且可以回答用户一系列问题的系统，其结构如图 1-1 所示。

图 1-1 信息系统示意图

4. 信息论和信息技术的定义

信息论是研究信息的本质和特点的科学，主要研究信息的产生、获取、处理、传输、存储及利用的一般规律。信息论研究的主要内容包括以下几方面。

① 哲学信息论：研究信息的概念和本质。

② 基本信息论：研究信息度量和变换。

③ 识别信息论：研究信息的提取方法。

④ 通信理论：研究信息的传递软件。

⑤ 智能理论：研究信息的处理机制。

⑥ 决策理论：研究信息的再生理论。

⑦ 控制理论：研究信息的调节原则。

⑧ 系统理论：研究信息的组织理论。

信息技术(IT)是指信息的产生、获取、处理、存储、传输及其应用的技术,是利用科学的原理、方法及先进的工具和手段,有效地开发和利用信息资源的技术体系。它可能是机械的、激光的、电子的,也可能是生物的。现代信息技术在扩展人的信息感官能方面发挥了巨大作用。

5. 信息化的定义及其要素

信息化是充分利用信息技术,开发利用信息资源,促进信息交流和知识共享,提高经济增长质量,推动经济社会发展转型的历史进程。

信息化使人类文明进入到一个重要的社会发展时期,科技的进步和信息技术广泛应用引发了社会的结构性变化。社会信息化的过程,就是在经济活动和社会活动中建设和完善信息基础设施,发展信息技术和信息产业,增强开发和利用信息资源的能力,促进经济发展和社会进步,使信息产业在国民经济中占主导地位,使人们的物质和文化生活高度发展的历史进程。所谓"化"是指一种趋势,一种进程,也可以指由一种特定的力量(包括技术、观念、文化和自然气候等)引起的持续的改造状态。那么从字面上理解,信息化是指伴随着信息技术的广泛应用而出现的、以信息作为重要的生产和生活资源的一种持续的社会改造和进化过程。也就是说信息和信息技术将广泛应用于人类生产和生活的各个方面,并引起社会结构各个方面发生深刻变化。

信息化内容主要包含六个要素。

① 信息资源：各种数据库、信息库。

② 信息基础设施：各种有线或无线的骨干网络,以及相关的支线网络。

③ 信息应用系统：各种 MIS、ERP 系统和像金税、金关、金卡等应用工程。

④ 信息人力资源：信息技术研究开发、应用和管理人才。

⑤ 信息技术和信息产业：拥有我国自己知识产权的信息技术和强大的信息产业基础。

⑥ 适合信息化发展的宏观环境：完善的相关法律、法规、规范和标准。

6. 信息产业

信息产业是社会经济活动中从事信息技术、信息服务、信息设备和产品生产的产业的统称。它涵盖了信息采集、生产、存储、传递、处理、分配、应用等众多产业领域,包括信息产品制造业、软件业、电信、信息服务业等。

7. 信息产业化与产业信息化

信息产业化是指在信息化过程中,将信息产品制造、信息开发及信息服务等发展成为一个相对独立的行业,即信息产业,提高信息产业增加值在国民生产总值中的比重并达到信息资源共享的过程。它内涵比较丰富,包括加快电子信息产品制造业、软件业、电信业、信息服务业的发展,推动信息科技成果的产业化,加强信息资源的开发和信息技术的推广应用等。

产业信息化是指传统产业通过信息服务机构,大量采用信息技术,充分开发、利用信息资源,提高劳动生产效率和经济效益的过程。其作用和目的在于:优化产业结构,提高管理水平,为信息产业化提供广泛的应用基础,为信息产品和信息服务提供广阔的应用市场。

8. 国民经济和社会信息化

国民经济和社会信息化是指在现代信息技术应用的推动下,信息技术、信息产业和信息网络服务于国家经济和社会生活的各个领域,并逐渐渗透、引导国民经济和社会发展的过程。就其内涵来讲,国民经济与社会信息化包含了国民经济信息化和社会信息化两个层面的信息化。

国民经济信息化是国家信息化的起始阶段,它侧重于经济领域的信息化。而社会信息化则是从全社会大的范围来考虑信息化问题,是国家信息化的全面深入阶段。

9. 信息社会

信息社会(也称为信息时代)指在社会的政治、经济、生活等各方面大规模地生产和利用信息与知识,以知识经济为主导的社会。在信息社会中,信息与信息技术已经渗透到社会生活的各个方面,劳动生产率将大幅度提高;信息将成为社会最重要的资源和财富;信息产业将成为支柱产业,信息社会将是知识密集型社会;人类社会将走向小型化、分散化和多极化。

信息社会与以前的工业社会相比较有如下的主要特征:

1) 信息成为社会的战略资源

在工业社会,物质和能源是最重要的资源。信息技术的发展使人们日益认识到信息已成为当今社会的重要战略资源,信息资源已成为当今信息时代生产力发展的决定性因素。在工业化社会,社会财富掌握在控制着能源或交通工具等的人手中,"洛克菲勒"集团奋斗五十多年才成为工业寡头,而信息产业的代表比尔·盖茨用不到 10 年的时间,即于 1992 年以 65 亿美元的资产跃居世界首富。一个企业不实现信息化就很难在市场上有竞争能力;一个国家如果缺乏信息资源,不从战略高度重视发展、利用信息资源,在现代社会中将永远处于贫穷落后的地位。

2) 知识在经济发展中起主导作用

在信息社会,信息对整个社会的发展起主导作用。信息与知识密切相关,信息的很大一部分直接涉及知识的产生、传播、存储和利用。因此,知识在经济发展中将起主导作用。

3) 信息产业开始成为国民经济主导产业

信息产业虽不能代替农业生产粮食、代替工业生产机械,但它是发展经济的"效率倍增器",通过信息化提高企业的管理水平、生产水平,改进产品质量,就能明显提高企业的经济效益。

10. 知识经济

知识经济是一种经济学的观点,它认为知识是经济发展的基础,是推动经济发展的最主要的动力。知识是科学技术之源,科学技术成为推动经济发展的重要动力,知识是决定经济发展的最重要,甚至是决定性的因素,知识已经成为最重要的生产要素进入生产领域,以高科技为代表的科技知识及其载体——人才,已成为生产中最重要的资源。

随着现代信息技术的发展,知识和信息的传播和应用达到了空前的规模,知识的生产也比以往任何时候都要快,知识已被认为是提高劳动生产率和实现经济增长的引擎。以信息技术为主的知识对经济增长的贡献日益明显,生产率飞速地提高,显然不是体力劳动的贡献,而是在操作工人背后的大量技术人员的知识所作的贡献。知识经济有以下主要特征:

(1) 占主导地位的资源和生产要素,不是资本,也不是土地或一般劳动力,而是知识,包括先进的科技、管理方法和有价值的信息。

(2) 经济效益的提高主要靠技术创新,靠有知识产权的技术,靠把科技成果转化为生产力,而不是靠简单地增加投资、扩大生产规模来获得。所以,创新是知识经济的灵魂。

(3) 知识生产率比劳动生产率更为重要。

(4) 更强调经济效益而不单纯追求产值。充分利用信息技术可减少不必要的中间环节,避免迂回运输等,尽管产值不一定增加,但效益却大增。

11. 知识爆炸

随着信息时代科学技术的飞速发展,新兴学科大量涌现,知识量急剧膨胀,知识更新过程空前加快,出现了"知识爆炸"现象。人类进入20世纪70年代以后,就面临所谓的现代知识大爆炸,知识爆炸是指人类拥有的知识量急剧膨胀,使处理信息变得更加困难的现象。据联合国教科文组织的统计,人类近三十年来所积累的科学知识占有史以来积累的科学知识总量的90%。走向信息化后的人类社会将创新出更多的新知识,信息和知识就像物质产品一样频繁地更新换代。

12. 信息高速公路

"信息高速公路"是国家信息基础设施(NII)的形象比喻,国家信息基础设施是美国政府于1993年9月正式提出来的,是一个交互式的多媒体通信网络,它以光纤为"路",以电话、计算机、电视、传真等多媒体终端为"车",既能传输语言和文字,又能传输数据和图像,使信息的高速传递、共享和增值成为可能,并提供教育、卫生、商务、金融、文化、娱乐等广泛的信息服务。

信息高速公路的建成,大大改变了人类的工作、学习和生活方式,其影响远超过铁路与高速公路,对各国政治、经济、文化和社会生活产生越来越深入、广泛、持久的影响,促进了科学技术的进步,加快了经济发展的速度,产生了新的产业和行业,改变了人们的生活方式。

13. 数字鸿沟

数字鸿沟又称为信息鸿沟。它是指当代信息技术领域中存在的差距现象,既存在于信息技术的开发领域,也存在于信息技术的应用领域,特别是指由网络技术产生的差距。有条件者可以上网,并能从网上得到更多的信息资源,而无条件者则只能徘徊在网络的大门之外,从而造成信息获得水平上的巨大差异。英国广播公司(BBC)在新闻广播中则直接把数字鸿沟称为"信息富有者和信息贫困者之间的鸿沟"。

1.1.2　信息系统工程的定义

工程是指将理论和知识应用于实践的科学,一般是指比较大型的工程建设项目。不过在谈到"工程"一词时,还要考虑到人们日常用语的习惯。在汉语中常以"工程"一词来称呼计划、项目或子项目。例如,"希望工程"是一项民间捐助失学儿童重返校园接受义务教育的项目,和人们常讲的建设工程没多大关系;"长江三峡工程"是一项水利工程项目,是传统意义上的建设工程项目;校园网的"综合布线工程"是网络系统工程项目中的一个子项目等。

信息系统工程(简称信息工程)也可称之为信息化工程,是指信息化工程建设中的信息网络系统、信息资源系统、信息应用系统的新建、升级、改造工程。实际工作中,当我们根据这一定义去处理某些具体工程项目的分类时,往往还会遇到一些困难,引起不少争议。主要原因是因为信息技术广泛深入的应用和高速发展是没有明确边界的,其应用不断快速地向其他各个领域推广、渗透和融合,已经并正在给我们的工作、生活带来巨大变化。你中有我,我中有你的局面形成了"信息系统工程"项目与其他相关工程项目在内容上存在交叉问题。

由于与其他技术的交叉融合是当今信息技术发展的一个重要特征,所以,当我们在鉴别一个建设工程项目是否属于信息系统工程时,主要是要看其主体核心技术、关键技术是否属于信息技术的范畴。只要主体核心技术属于信息技术范畴的新建、升级、改造工程都是信息系统工程。

根据工程建设的实践,信息系统工程的范畴涵盖计算机工程、网络工程、通信工程、企业信息化、电子商务、电子政务、自动化系统工程、智能化工程、电子信息系统机房工程、综合布线和防雷接地工程、软件工程、智能卡应用工程、数字地球、数字化工程、系统集成工程,以及有关计算机和信息化建设的工程和项目。面对信息系统工程的具体项目,用不着过多地拘泥于概念和定义,而应当从实际工作出发,积极总结规律,调整和改善自身的服务方式,在发展中求规范,在规范中求更大的发展。

1.2　信息技术产生和发展的基础

信息系统工程的基础是信息技术。信息技术产生和发展的基础由两部分构成,其一是科学基础,包括信息论、系统论和控制论;其二是技术基础,包括微电子技术、现代通信技术和计算机技术等。

1.2.1　系统论

系统论是研究系统的模式、性能、行为和规律的一门科学。它为人们认识各种系统的组成、结构、性能、行为和发展规律提供了一般方法论的指导。

1. 系统的分类

所谓系统,是混乱、无秩序的反义词,通俗地说就是有组织、有秩序地达到某种目的的一个组合体。在自然界和人类社会中普遍存在着各种系统。

1）自然系统

自然系统就是由自然物所组成的系统，它的特点是自然形成的。由矿物、植物、动物等自然物组成的系统，如生态系统、气象系统、星空系统等都是自然系统。

2）人造系统

人造系统是由人工造出来的系统，如生产、通信、运输、管理等系统。主要有以下三种类型。

（1）工程技术系统：由人们从加工自然物中获得的零、部件装配而成的系统。

（2）管理系统：由一定的制度、组织、程序、手续等所构成的系统。

（3）科学体系：根据人们对自然现象和社会现象的科学认识所创立的系统。

3）复合系统

复合系统是自然与人造相结合的系统。现实生活中大多数是复合系统。

4）静态系统与动态系统

静态系统是指系统的性能与功效不随时间而改变，反之就是动态系统。应注意的是静态系统并非指系统中一切都绝对静止，即使是静态系统，可能仍存在着少量的物质、能量、信息交换。

5）封闭系统与开放系统

当系统与环境联系不密切，即很少与环境发生能量、物质、信息的交换者称为封闭系统。封闭系统不易变化发展，往往形成静态系统，如自给自足的小农经济，大而全的工厂也近似为封闭系统。与外界环境完全没有联系的系统称为孤立系统，在宇宙间实际上是不存在的，只是为了方便研究与计算，把某些封闭系统中与外界联系不密切的因素忽略不计，近似地作为孤立系统来对待。开放系统是指系统与环境经常有较多的物质、能量、信息的交换，而且这种交换影响着系统的结构、功能和发展，一旦与外界的联系切断便会影响系统的稳定，甚至破坏了系统。不论是自然系统还是人类社会系统，欲构成高速度发展的动态系统，首先必须改封闭系统为开放系统。

6）实体系统与虚拟系统

实体系统是以矿物、生物、机械、人类等实体物理方面的存在物为组成部分的系统。与此相对应，虚拟系统是以概念、想象、原理、法则、方法、制度、步骤、手续等非物理方面的存在物为组成部分的系统。网络系统本身虽然是实体系统，但要想利用它，并使之产生作用，就需要有使之产生作用的使用方法，如软件，作为这种使用方法的步骤和手续的系统就是虚拟系统。

2．系统论的基本理论

系统论的基本理论可以概括为以下四个方面。

1）整体的功能不等于各部分功能之总和

系统论的这一理论也称之为"整体性原则"。它要求人们在研究和处理问题时，要牢固地树立全局观念，始终把研究对象看成一个有机的整体。

2）系统的结构决定系统的功能

结构是系统内部各个要素的组织形式，功能是系统在一定环境下所能发挥的作用。系统的结构决定系统的功能,不同的结构可以发生不同的功能。

3) 动态观点

任何系统都是一个运动过程,如思维过程是以感觉、知觉、记忆、分析、综合等来表征它的运动过程。系统论、控制论、信息论都是以动态的观点去分析考查事物,注意事物运动状态,考察研究事物运动的过程,从而选择恰当的过程。

4) 最优化观点

人们对系统进行研究和改造的最终目的是为了使系统发挥最优的功能。一个系统可能有多种组成方案,要选择最优的方案,使系统具有最优功能。例如,生产系统要求高产、优质、低成本、低消耗、高利润,具有多种目标。为了使生产系统具有最优的功能,必须将这些目标综合起来考虑,采用功能最优的方案,这就需要做出最优的设计、控制和管理。

1.2.2 控制论

控制是施控者作用于受控对象的一种主动行为,使受控对象按照施控者的意愿行动,如领导、指挥、管理、教育、设计、调节等都是主动的控制行为。控制是有目的的,如果控制系统的目的是一个,称为单目标控制系统;如果是多个,则称为多目标控制系统。

1. 控制论的由来和发展

控制论是研究各种不同系统所共同具有的控制规律的科学。它是自动控制理论、电子计算机、无线电通信与神经生理学、数学等学科相互渗透的产物。目前已形成工程控制论、生物医学控制论、经济控制论等分支学科。虽然运筹学与控制论都研究系统的优化问题,但一般说来,前者主要研究系统的静态优化(动态规划除外),而后者主要探讨系统状态的动态优化。

控制论的研究表明,无论自动机器,还是神经系统、生命系统,以至经济系统、社会系统,撇开各自的性质、形态、特点,都可以看作是一个自动控制系统。在这类系统中有专门的调节装置来控制系统的运转,维持自身的稳定和系统的目的功能。控制机构发出指令,作为控制信息传递到系统的各个部分(即控制对象)中去,由它们按指令执行之后再把执行的情况作为反馈信息输送回来,并作为决定下一步调整控制的依据。整个控制过程就是一个信息流通的过程,控制就是通过信息的传输、变换、加工、处理来实现的。根据这一理论,任何一个系统都能进行运算和记忆。美国麻省理工学院的一位教授为了证实这个观点,甚至用石块和卫生纸卷制造过一台能运行的计算机。

2. 反馈控制与前馈控制

系统控制方法分为两种:一种是反馈控制,又称为被动控制或闭环控制。另一种是前馈控制,又称为主动控制或开环控制。两种控制形式的主要区别是信息反馈是否存在。

1) 反馈控制

反馈就是指在完成控制的过程中,收集行动效果的响应信息,并把其响应同目的要求相比较,进行工作的调整。这种行动后果的响应信息就称为反馈信息,当行动响应同目标要求一致,控制过程便告完成;当行动响应效果偏离目标甚至背道而驰时,就需要对系统进行调节,使其逐步接近目标,最后使系统能得到合理的发展。

反馈控制是一种技术方法,"控制信息→反馈信息→控制信息"形成闭环的信息通道,可以应用于各种场合,完成具有各种目的性的控制任务。按照反馈信息通道的多少,单路或多路反馈可以构成多级闭环控制系统。反馈信息被用来加强控制量对系统的作用,称为正反馈;反馈信息被用来抵消控制量对系统的作用,称为负反馈。所谓反馈控制就是由控制器发出的控制信息的再输出发生影响,以实现系统预定目标的过程,正反馈能放大控制作用,实现自组织控制。但也使偏差愈益加大,导致振荡。负反馈能纠正偏差,实现稳定控制,但它减弱控制作用、损耗能量。

反馈控制对系统的控制和稳定起着决定性的作用,无论是生物体保持自身的动态平稳(如温度、血压的稳定),或是机器自动保持自身功能的稳定,都是通过反馈机制实现的。反馈是控制论的核心问题。控制论就是研究如何利用控制器,通过信息的变换和反馈作用,使系统能自动按照人们预定的程序运行,最终达到最优目标的学问,如图 1-2 所示。

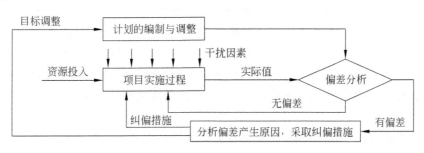

图 1-2　反馈控制示意图

2) 前馈控制

前馈控制是没有反馈信息的控制系统,只有前馈的控制信息通道,通常只应用于比较简单的场合,在工程建设项目中较少采用。前馈控制示意图如图 1-3 所示。

图 1-3　前馈控制示意图

就工程项目而言,控制器是指工程项目的管理者。前馈控制对控制器的要求非常严格,即前馈控制系统中的人必须具有开发的意识。而反馈控制可以利用信息流的闭合,调整控制强度,因而对控制器的要求相对较低。工程项目实施中的反馈信息,由于受各种因素影响,将出现不稳定现象,即信息振荡现象,项目控制论中称负反馈现象。从工程项目控制理解,所谓负反馈就是反馈信息失真,管理者由此决策将影响工程进度、质量、费用三大目标的实现。因此,在工程建设项目实施过程中,必须避免负反馈现象的发生。

3. 控制论的基本方法

控制论是具有方法论意义的科学理论。控制论的理论、观点,可以成为研究各门科学问题的科学方法,这就是撇开各门科学的性质和特点,把它们看作是一个控制系统,分析它的信息流程、反馈机制和控制原理,往往能够寻找到使系统达到最佳状态的方法,这种方法称为控制方法。

1) 黑盒方法

黑盒是指不知其内部构造细节,只知其外部功能特性的系统。所谓黑盒方法,就是通过对系统的输入(外界对系统的影响)和输出(系统对外界的影响)的外部观测,而不需要对系统内部结构进行剖析,来对系统的功能和行为特性进行分析和研究的方法。

2) 类比方法

类比就是类似、比较的意思。类比方法是基于各种不同事物之间的相似性(共性),进行模拟、比较、联想、推理的科学方法。在控制论中,利用类比方法研究了自动机器与生物有机体之间的相似性,发现了它们在控制与通信过程中都以获取反馈信息作为实现有目的性行为的重要条件的共同规律。并且,从生物的自适应、自学习、自组织、自修复、自繁殖等控制和调节机制中得到启发,提出了自动机器设计的新概念、新原理,产生和发展了控制论系统的新的设计思想;研制了具有类似于动物的某些行为,被称为控制论动物的自动装置。

在控制论的研究中,运用黑盒方法和类比方法,还进一步发展了系统辨识与系统仿真方法和技术。系统辨识是利用实验观测数据,建立系统的数学模型,辨识模型的参数。系统仿真是用数学模型、物理模型或技术模型,对实际系统的功能和行为特性,进行模拟试验和分析研究。

功能模拟法,就是用功能模型来模仿客体原型的功能和行为的方法。所谓功能模型就是只以功能行为是相似为基础而建立的模型。如猎手瞄准猎物的过程与自动火炮系统的功能行为是相似的,但二者的内部结构和物理过程是截然不同的,这就是一种功能模拟。功能模拟法为仿生学、人工智能、价值工程提供了科学方法。

1.2.3 微电子技术及莫尔定律

微电子技术是电子计算机核心技术,它是信息技术的一大支柱,其发展过程遵循莫尔定律。

1. 微电子技术

微电子技术是指以集成电路技术为代表,制造和使用微小型电子元件、器件和电路,实现电子系统功能的新型技术学科,它也特指大规模集成电路的制造和运用技术。

微电子是信息产业的命脉,微电子技术是信息技术的关键技术,其核心就是集成电路。实现信息化的关键部件,不管是计算机还是通信电子装备,它们的基础都是集成电路。目前发达国家信息产业产值已占国民经济总产值的40%~60%,国民经济总产值增长部分的65%与集成电路有关。因此,抓住了集成电路产业发展,就能促进国民经济的高速发展。

微电子技术是在电子电路和系统超小型化和微型化过程中逐步形成和发展起来的,它是以集成电路为核心的电子技术。集成电路(IC)是20世纪50年代问世的,它以半导体单晶片为材料,经平面工艺加工制造,将大量晶体管、电阻、电容等元器件及互连线构成的电子线路集成在基片上,构成一个微型化的电路或系统。

集成电路根据它所包含的晶体管数目可分为小规模、中规模、大规模、超大规模、极大规模的集成电路,集成度小于 100 个电子元件的 IC 称为小规模集成电路(SSI),集成度在 100~3000 个电子元件的 IC 称为大规模集成电路(LSI),集成度在 10^4~10^5 个电子元件的 IC 称为超大规模集成电路(VLSI),集成度超过 100 万个电子元件的 IC 称为极大规模集成电路(ULSI)。电子计算机中所使用的 IC 大多都是超大规模或大规模集成电路。

微电子技术的主要特征是器件和电路的微型化。它把电路系统的设计和制造工艺紧密结合起来,适于进行大规模的批量生产,成本低和可靠性高。在 21 世纪,微电子技术是改变生产和生活面貌的先导技术。例如,采用微电子技术制成的集成电路芯片(微芯片)上的器件密度已达到人脑中神经元密度水平。科学家们已在讨论把微芯片记忆线路植入人的大脑以治疗老年性痴呆症,或增加人的记忆能力的可能性。

2. 莫尔定律

1948 年对结型晶体三极管问世,这是 20 世纪技术领域最重要的发明。此后,从晶体管到超大规模集成电路,新品种层出不穷。信息技术在微电子技术进步的基础上获得高速发展,微电子技术每向前推进一步,计算机技术、通信技术等就跃进一步。

什么是信息技术发展的客观规律? 科技界普遍认为,莫尔定律反映了信息技术发展的规律。

莫尔定律有两条。一条描述技术的进步,另一条说明投资的强度。

1965 年美国莫尔博士预测,每年 IC 上的晶体管数目将翻一番。到了 1975 年,他把预测修正为每两年集成电路上的晶体管数目翻一番,后来,人们把它修正为每一年半翻一番。其后 20 年的事实表明,这一年半翻一番的预测比较准确,人们称之为莫尔第一定律。它引起了微型计算机的迅速更新换代,从 20 世纪 80 年代至今,微型计算机 IBM PC、AT、286、386、486、586、奔腾、奔腾Ⅱ、奔腾Ⅲ……不断更新换代。现在集成电路已从当年 $3\mu m$ 技术发展至今天 $0.045\mu m$ 技术,一个集成电路上从几千个晶体管,发展至今超过 8 亿个晶体管。微电子技术的进步使计算机技术,通信技术和网络技术飞速发展。运算速度越来越快,存储容量越来越大,体积越来越小,价钱越来越便宜,这是计算机硬件永恒的主题。

莫尔第二定律:"为了保持集成电路产业的竞争力,每隔三至四年,生产线的投资就要翻一番"。集成电路产业是高投资、高风险、高利润的产业。美国 Intel 公司之所以能在集成电路业界雄踞天下几十年,除了技术上和经营管理上的原因之外,还因为他们遵从莫尔第二定律,企业每年都要把销售额的十分之一以上投入研究开发和设备更新,其投资水平,数以十亿美元计。

1.2.4 通信技术

如果没有信息的交流和传递(通信),人类积累的生产、生活经验就会失传,人类和人类社会的进步将都无从谈起。人类社会常用的通信工具和方法,近距离有声音、口语、肢体语言、文字、图形等,远距离有邮政通信及其他一些非常规通信方式(如烽火台、漂流瓶、信鸽、旗语等),以及现代通信技术。

现代通信技术是指使用电波或光波传输信息的技术。通信的任务就是传递信息,因而通信至少要由三个要素组成,即信息的发送者(信源)、信息的接收者(信宿)、信息的载体与传播媒介(信道)。图 1-4 是通信系统的一个简单模型。

图 1-4　通信系统模型

1. 信号和通信信道的特征

信号是信息外在形态的表现或表示,例如现代通信技术中,信号是指数据的电磁波表示或称电子编码。在现代通信中,数据被转换为可在传输介质上传送的信号来发送。传送的信号有模拟和数字两种形式,模拟信号只能在模拟信道上传送,数字信号只能在数字信道上传送。

1) 模拟信号

模拟信号是连续的值,以波的形式传送,随时间连续变化。载波一般为频率恒定的正弦波,可用振幅、相位、频率来描述模拟信号(频率以 Hz 为单位),系统通过调制载波对数据进行编码。

① 幅移键控法(ASK):用两个不同的振幅来表示两个二进制值。例如,高振幅表示 1,低振幅表示 0。

② 频移键控法(FSK):用两个不同的频率来表示两个二进制值。

③ 相移键控法(PSK):用相位的改变来表示一个二进制值。例如,相位改变表示 1,相位不变表示 0。

2) 数字信号

数字信号发送 1 或 0 的离散值,发送中由一个值直接跳转至下一个值。这种跳转称为跃迁。通常用两个电压电平来表示两个二进制值。数字信号的编码方案如下:

① 单极编码:用恒定的正电压表示 1,零电压表示 0。

② 非归零编码:高电压表示 1,低电压表示 0,跃迁时不在零电压作停留。

2. 有线载波通信

在有线通信系统中,传统使用的是有线载波通信,它利用频率分割原理、实现在有线信道上的多路复用。其过程为:发信端的各路信号对不同载波频率进行调制,分别搬移到不同频带后,同时在同一线路上传输。收信端对线路信号放大后,按上述相反顺序用滤波器分开各路信号,经过解调恢复原来的信息。有线载波通信主要用来传输电话、电报、传真、数据和电视节目。

3. 光纤通信

光纤通信是利用光纤传导光信号来进行通信的技术。光纤由直径大约为 0.1mm 的细石英玻璃丝构成,透明且比头发丝还细,具有把光封闭在其中并沿轴向进行传播的声波结构。光波也是一种电磁波,但它的频率比有线载波通信中的电磁波高出几个数量级,因此光纤通信容量极大。

光纤通信系统中,在发信端信息被转换和处理成便于传输的电信号,电信号控制一光源,使发出的光信号具有所传输信号的特点,从而实现信号的电—光转换。发信端发出的光信号通过光纤传输到光纤通信系统的接收端,经光接收机的检测和放大转换成电信号,最后由电接收机恢复出与原发信端相同的信息。为了补偿光纤线路的损耗,消除信号的失真和噪声干扰,每隔一定的距离要接入光中继器。

4. 微波通信

无线电波可以按频率(或波长)分成中波、短波、超短波和微波。由于不同波段电磁波的传播特性各异,因此,可以用于不同的通信系统。例如,中波主要沿地面传播,绕射能力强,适用于广播和海上通信。短波具有较强的电离层反射能力,适用于环球通信。超短波和微波的绕射能力较差,可作为视距或超视距中继通信。

微波是一种具有极高频率(通常为300MHz～300GHz)的电磁波,波长很短,一般为1m～1mm。微波具有类似光波的特性,在空间主要是直线传播,也可以从物体上得到反射。它不能像无线电的中波那样沿地球表面传播,因为地面会很快把它吸收掉。微波也不像短波那样,可以经电离层反射传播到地面上很远的地方,因为它会穿透电离层进入宇宙空间,而不再返回地面。

微波通信是利用微波进行远距离通信的方式,主要有以下3种。

① 地面微波接力通信:一终端站通过中继站与另一终端站进行通信。中继站之间的距离一般为50km左右。

② 卫星通信:一地球站经通信卫星与另一地球站进行通信。

③ 对流层散射通信:一终端站发出的微波信号经对流层散射传到另一终端站进行通信。

5. 卫星通信

卫星通信利用人造地球卫星作为中继站来转发无线电信号,实现在两个或多个地球站之间的通信。可以说卫星通信就是微波接力通信向太空的延伸。通信卫星就是设在太空的无人值守的微波通信的中继站,它居高临下,视野开阔,只要在它的覆盖照射区以内,不论距离远近都可以通信。通过它转发和反射电报、电视、广播和数据等。

通信卫星的运行轨道有两种。一种是中轨道或低轨道,在这种轨道上运行的卫星相对于地面是运动的,卫星天线覆盖的区域也小,地面天线必须随时跟踪卫星;另一种是高度为36000km的同步定点轨道,卫星的运行周期与地球自转一圈的时间相同,因此在地面上看这种卫星好似静止不动,称为同步轨道卫星。它的特点是覆盖照射面大,三颗卫星就可以覆盖地球的几乎全部面积,可以进行24小时的全天候通信。

6. 移动通信

移动通信指的是处于移动状态的对象之间的通信,它包括蜂窝移动、集群调度、无绳电话、寻呼系统和卫星系统,最有代表性的是手机。第一代个人移动通信采用的是模拟技术,使用频段为 800/900MHz,称之为蜂窝式模拟移动通信系统。随着数字传输、时分多址(TDMA)或码分多址(CDMA)等技术的采用,很快便进入了第二代移动通信阶段,使用的频段扩至 900MHz 到 1800MHz。第二代移动通信系统在提供话音和低速数据业务方面已取得了很大的成功,而且技术还在发展。

移动通信系统由移动台、基站、移动电话交换中心等组成。移动台是移动的通信终端,它是接收无线信号的接收机,包括手机、呼机、无绳电话等。基站是与移动台联系的一个固定收发机,它接收移动台的无线信号,每个基站负责与一个特定区域的所有的移动台进行通信,基站和移动交换中心之间通过微波或有线交换信息进行彼此联系。每个基站的有效区域既相互分割,又彼此有所交叠,整个移动通信网就像是蜂窝,所以也称为"蜂窝式移动通信"。

1.2.5 计算机工作原理和发展历程

1. 计算机工作原理

1946 年 2 月,世界上第一台用电子管制造的电子数字计算机在美国宾夕法尼亚大学诞生,取名 ENIAC(埃尼阿克)。这台计算机共用了 1 万 8 千多个电子管,占地 170m²,总重量为 30 吨,运算速度达到每秒能进行 5000 次加法、300 次乘法。

同年美籍匈牙利数学家冯·诺依曼提出了关于计算机的构成模式和工作原理的基本设想,称为冯·诺依曼原理,是现代计算机的基本工作原理,其主要内容概括如下。

① 电子计算机基本结构:电子计算机是由硬件系统和软件系统两大部分组成的,其中硬件系统计算机包括运算器、存储器、控制器、输入设备和输出设备五大基本部件。

② 电子计算机中数的表示:电子计算机内部采用二进制表示指令和数据。

③ 电子计算机以运算器为中心:输入输出设备与存储器的数据传送通过运算器。

④ 存储原理:计算机将编写好的程序和原始数据,输入并存储在内存储器中。

⑤ 程序控制:计算机按照程序逐条取出指令加以分析,并执行指令规定的操作。

2. 现代电子计算机的发展历程

电子计算机在短短的六十多年里经过了电子管、晶体管、集成电路和超大规模集成电路四个阶段的发展,使计算机的体积越来越小,功能越来越强,价格越来越低,应用越来越广泛。

1)第一代电子计算机

第一代电子计算机(1946—1958 年)采用电子管作为电子器件,体积庞大,运算速度低,存储容量小,价格昂贵。使用也不方便。这一代计算机主要用于科学计算。

2)第二代电子计算机

第二代计算机(1958—1965 年)全部采用晶体管作为电子器件,其运算速度比第一代计算机的速度提高了近百倍,体积为原来的几十分之一。在软件方面开始使用计算机算法语言。这一代计算机不仅用于科学计算,还用于数据处理和事务处理及工业控制。

3）第三代电子计算机

第三代计算机(1965—1970年)以中、小规模集成电路为电子器件,并且出现操作系统,使计算机的功能越来越强,应用范围越来越广。它们不仅用于科学计算,还用于文字处理、企业管理、自动控制等领域。

4）第四代电子计算机

第四代计算机(1970年以后)采用大规模集成电路(LSI)和超大规模集成电路(VLSI)为主要电子器件制成的计算机。第四代计算机的另一个重要分支是以超大规模集成电路为基础发展起来的微处理器和以其为核心器件的微型计算机,即个人计算机(PC)。

5）第五代计算机

第五代计算机将突破传统的冯·诺依曼原理,把信息采集、存储、处理、通信和人工智能结合一起具有形式推理、联想、学习、智能会话和解释能力,直接处理声音、文字、图像等信息。

1.2.6 信息技术发展的十五年周期定律

从信息技术应用的规模、普及程度,以及对国民经济和人们生活影响的程度来看,现代信息技术发展阶段与现代计算机技术和通信技术的发展历程密不可分。根据IBM前首席执行官郭士纳的观点,计算模式每隔15年发生一次重大变革,被称为"十五年周期定律"。

1）大计算机阶段

从1965年至1980年,即个人计算机普及应用前的15年间,信息技术主要应用于大企业、银行、机场、港口、国防以及其他一些大单位或重要部门。

2）个人计算机阶段

从1980年至1995年,随着个人计算机在全球获得广泛普及的应用,信息技术进入并渗透到人类社会的每一个角落,给人类社会带来巨大冲击。

3）互联网阶段

从1995年到2010年,随着计算机网络,特别是因特网(Internet)获得广泛普及的应用,数字化资源共享和电子商务等发展的如火如荼,改变了人们的生活工作环境。

4）物联网阶段

从2010年以后,基于Internet的物联网、云计算、智慧地球,以及无线网络和移动商务等信息技术发展迅速,大有星星之火可以燎原之势,对人类社会的影响更加深刻。

案 例 分 析

1. 案例一(选择题)

1965年(1)博士预测,每年集成电路(IC)上的晶体管数目将翻一番。到了1975年,他把预测修正为每两年集成电路上的晶体管数目翻一番,后来,人们把它修正为每一年半翻一番。其后20年的事实表明,这一年半翻一番的预测比较准确,人们称之为(2)。

（1）A. 维纳　　　　B. 冯·诺依曼　　　C. 莫尔　　　　D. 乔布斯

（2）A. 维纳定律　　B. 冯·诺依曼原理　　C. 乔布斯第一定律　　D. 莫尔第一定律

分析

信息技术在微电子技术进步的基础上获得高速发展,微电子技术每向前推进一步,计算机技术、通信技术等就跃进一步。什么是信息技术发展的客观规律?科技界普遍认为,莫尔定律反映了信息技术发展的规律。莫尔定律有两条。一条描述技术的进步,另一条说明投资的强度。其中莫尔第一定律是每一年半集成电路(IC)上的晶体管数目将翻一番。莫尔第二定律是:为了保持集成电路产业的竞争力,每隔三至四年,生产线的投资就要翻一番。

参考答案

(1) C   (2) D

2. 案例二(问答题)

【说明】 智能建筑是一个综合建筑环境,它既包含了设备物理建筑环境,又包含了管理和服务等方面的软环境。

【问题】 智能建筑工程建设项目是否属于信息系统工程?为什么?

分析

智能建筑是信息时代的产物,它是指通过对建筑物的结构、系统、服务、管理这四个基本要求以及它们之间的内在联系,进行最优化的设计,为人们提供一个投资合理又拥有高效率的舒适、便利、安全的环境空间。智能建筑必须具备五大系统:建筑设备管理系统(BA)、信息化应用系统(OA)、信息设施系统(CA),即所谓的3A大厦。除此外,还要包括消防设备联动系统(FA)、公共安全系统(SA),形成目前的5A大厦。不论是3A还是5A都要按工程项目的实际使用需要"量体裁衣"地采用系统集成技术,进行智能建筑的总体优化设计。

参考答案

智能建筑工程建设项目属于信息系统工程。因为智能建筑的主体基础是智能建筑弱电系统,是由人们常说的4C技术,即现代通信技术、现代计算机技术、现代控制技术、现代图形图像显示技术,以及综合布线技术、系统集成技术等现代信息技术与建筑技术的有机结合构成的。所以,从智能建筑是信息技术在建筑及建筑群中的实际应用这一点来看,把智能建筑中的弱电系统划归于信息系统工程一类是比较妥当的。

3. 案例三(问答题)

【说明】 随着经济的发展,城市汽车数量不断增加与道路资源、城市空间有限之间的矛盾日渐突出,单靠修路架桥已不能解决交通堵塞、交通事故、环境污染等问题。交通智能化将先进的信息技术、计算机技术、网络技术等加以综合运用,能有效地规范交通行为,提高基础设施利用率,从而使人类拥有一个高效、悠闲的生存空间。

【问题】 交通智能化工程建设项目属不属于信息系统工程?为什么?

分析

实现交通智能化系统的关键是将先进的信息技术、数据通信传输技术、电子控制技术、计算机处理技术等应用于交通运输,实现各种运输方式的现代化。交通智能化工程主要内容包括:建设城市交通运输管理服务系统通信及信息交换平台,实现城市道路运输智能化并能与全省、全国实现联网。采用非接触IC卡作为车票载体,应用计算机网络及各种电子收费终端,实现乘客持一张 IC 卡乘坐各种交通工具和进行小额消费的全过程电子化、自动化、网络化管理,以及实现车辆停车、过路桥自动收费的综合自动化管理。建设由客运站管理信息、客运车辆管理信息和出行者服务组成的智能客运管理信息系统,实现本市及异地联网售票、中转换乘信息和旅游信息等客运综合服务信息的发布;使站场内发车、候车等重点区域得到全景监控,达到智能化运营调度指挥;并能利用城市各种媒体、街道路口百屏群显、宾馆及商厦大屏、触摸屏等,全面发布各种交通信息,最大范围和最大程度地满足出行者信息服务的需要。此外,通过建设货运场站管理、车辆管理信息系统和货源信息交易系统,形成智能货运管理服务系统。

参考答案

由于交通智能化工程的主体核心技术采用的是计算机信息技术,因此交通智能化建设属于信息化建设范畴。

习　题

1.1　什么是信息? 信息的特性和形态有哪些?

1.2　论述信息系统、信息技术和信息系统工程的定义。

1.3　简述信息论、系统论和控制论的基本知识。

1.4　简述微电子技术、莫尔定律的基本内容。

1.5　简述通信技术的基本知识。

1.6　简述计算机工作原理的基本知识。

1.7　简述信息技术发展的十五年周期定律。

第2章 计算机系统的基本结构

主要内容

(1) 计算机硬件系统的基本结构；

(2) 计算机基本输入输出系统(BIOS)；

(3) 计算机数字编码和字符编码；

(4) 计算机操作系统的功能和分类；

(5) 计算机体系结构、分类方法和性能评估。

2.1 计算机硬件系统的基本结构

计算机系统包括硬件系统和软件系统两大部分，硬件部分是指计算机系统的物理设备。只有硬件系统的计算机叫裸机，裸机需要软件的支持才能运行。硬件是基础，而软件则是指挥中枢，硬件和软件两者的功能与质量决定了计算机系统的功能和性能。

2.1.1 计算机硬件系统的基本组成

计算机的硬件系统是计算机系统中各种物理设备的总称，主要由主机和外设构成。主机包括中央处理机(CPU)、主板、存储器，外设由输入设备、输出设备等组成(见图 2-1)。

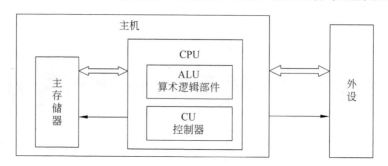

图 2-1　计算机硬件系统的基本组成

1. 中央处理机(CPU)

CPU 是 Central Processing Unit 的缩写，即中央处理器，是计算机的头脑，由运算器和控制器组成，是计算机系统的核心部件。运算器又称算术逻辑部件(ALU)，是对数据进行加工处理的部件，它在控制器的作用下与内存交换数据，负责进行各类基本的算术运算、逻辑运算和其他操作。控制器(CU)是整个计算机系统的指挥中心，负责对指令进行分析，并根据指令的要求，有序地、有目的地向各个部件发出控制信号，使计算机的各部件协调一致地工作。

CPU 品质的高低,直接决定了一个计算机系统的档次。反映 CPU 品质的最重要指标是主频和数据处理的位数。主频说明了 CPU 的工作速度,主频越高,CPU 的运算速度越快。CPU 传送数据的位数是指计算机在同一时间能同时并行传送的二进制信息位数,即字长。例如 16 位机、32 位机和 64 位机是指该计算机中的 CPU 可以同时处理 16 位、32 位和 64 位的二进制数据。

2. 主板

主板是微型计算机系统中最大的一块电路板,有时又称为母板或系统板,是一块带有各种插口的大型印刷电路板(PCB),集成有电源接口、控制信号传输线路(称为控制总线)和数据传输线路(称为数据总线)以及相关控制芯片等,它将主机的 CPU 芯片、存储器芯片、控制芯片、ROM BIOS 芯片等各个部分有机地组合起来。此外主板还有连接着软驱、硬盘、键盘、鼠标的 I/O 接口插座以及供插入接口卡的 I/O 扩展槽等组件。通过主板,CPU 可以控制诸如硬盘、软驱、键盘、鼠标、内存等各种设备。

主板的核心是主板芯片组,通常包含北桥和南桥两组芯片,它们决定了主板的规格、性能和大致功能。北桥芯片位置靠近 CPU,连接着 CPU、内存、AGP 总线,主要决定主板的规格、对硬件的支持以及系统的性能。它有较高的工作频率,数据处理量非常大,发热量也大,所以要涂抹硅胶,并覆盖有散热片或者风扇进行散热。南桥芯片主要决定主板的功能,主板上的各种接口、PCI 总线,以及主板上的其他芯片都归南桥芯片控制。南桥芯片通常裸露在 PCI 插槽旁边,块头比较大。它的数据处理量不大,不用覆盖散热片。南北桥之间有一条通道,称为南北桥总线。南北桥总线越宽,数据传输越便捷。

3. 存储器

存储器是计算机系统内最主要的记忆装置,能够把大量计算机程序和数据存储起来,称为可写,此外也能从其中取出数据或程序,称为可读。存储器按功能可分为主存储器和辅助存储器。主存储器,也称为内存储器(内存),有随机存取存储器(RAM)和只读存储器(ROM)两种,它读写速度快,直接与 CPU 交换数据,一般当前运行的程序与使用的数据存放在内存中。RAM 能够随时由 CPU 进行读写,但断电后其中的信息会消失。ROM 是只能读出而不能随意写入信息的存储器,断电后其中的信息不会丢失。

辅助存储器也称为外存储器(外存),计算机执行程序和加工处理数据时,外存信息送入内存后才能使用,它读写速度相对较慢,但容量可以很大。常用的外存是软磁盘(简称软盘)、硬磁盘(简称硬盘)和光盘等。

4. 输入设备

输入设备的任务是把人们编好的程序和原始数据送到计算机中,并将它们转换成计算机内部能识别和接受的信息形式。按输入信息的形态可分为字符(含汉字)输入、图形输入、图像输入及语音输入等。常见的有键盘、鼠标、扫描仪等。

5. 输出设备

输出设备可将机器运算结果以人或其他设备能接受的形式送出计算机。目前最常用的输出设备是打印机和显示器等。辅助存储器(磁盘、磁带等)及自动控制和检测系统中使用的模数(A/D)转换装置等既可作为输入设备,也可作为输出设备。

2.1.2　计算机总线和接口

1. 计算机的总线结构

总线(bus)是一组进行互连和传输信息(指令、数据和地址)的信号线,能分时地发送和接收各部件的信息。由于 CPU 通过总线实现程序取指令、内存/外设的数据交换,在 CPU 与外设一定的情况下,总线速度是制约计算机整体性能的最大因素。

总线传输信息的基本特点是分时和共享。分时是指同一时刻总线只能提供给一对部件传送信息,系统中的多个部件是不能同时传送信息的。共享是指多个部件连接在同一组总线上,各部件之间交换的信息都可通过这组总线传送。显然,使用总线时,计算机速度相对要慢一些。为了提高数据传送速度,计算机内可设置多组总线。总线结构的原理图如图 2-2 所示。

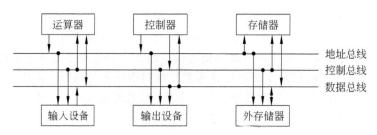

图 2-2　计算机总线结构的原理图

计算机的总线有以下几种类型。

1) 按功能划分

① 数据总线:用于传输数据信息。

② 地址总线:用于传送地址信息。

③ 控制总线:用于传输控制信号。

例如 ISA 总线共有 98 条线,其中数据线有 16 条,地址线有 24 条,其余为控制信号线、接地线和电源线。

2) 按位置划分

(1) 机内总线:总线在计算机主机内,包括以下两类。

① 内部总线:在 CPU 内部,寄存器之间和运算器与控制部件之间传输数据所用的总线。

② 外部总线:CPU 与内存 RAM、ROM 和输入/输出设备接口之间进行通信的通路。

(2) 机外总线:主机与外部设备接口相连的总线,实际上是一种外设的接口标准。

3) 按范围划分

(1) 局部总线:在传统的 ISA 总线和 CPU 总线之间增加的一级总线,如 PCI 总线。

(2) 系统总线:计算机系统内部各部件(插板)之间进行连接和传输信息的一组信号

线,例如 ISA、EISA、MCA、VESA、PCI 及 AGP 等。

（3）通信总线：系统之间,或者微机系统与设备之间进行通信的一组信号线。

2. 计算机的接口

根据外部设备与 I/O 模块交换数据的方式,系统接口可以分为串行和并行接口两种。串行接口一次只能传送 1 位信息,而并行接口一次就可传送多位信息(一般为 8 位倍数)。串行通信又可以分为异步通信方式和同步通信方式两种。并行接口数据传输效率高,控制简单,通常用于高速数据通道街口,但是它所需连线很多,不适于远距离传输。串行通信连线少,适合于长距离传送,但是控制复杂而且传输速度较慢。常见的设备接口有以下几种。

（1）ST506：主要用于硬盘,结构简单,只完成磁盘信息的读写放大,把数据的编码解码、数据的格式转换等功能都留给 I/O 模块处理。其传输速率为 5～7Mbps,最多可支持两个硬盘,最大支持盘空间为 150MB。

（2）ESDI：一种通用的标准接口,不仅适用于小型硬盘,还适用于磁带机和光盘存储器。该接口除了完成信息的读写放大外,还可以完成数据的编码解码。数据传输率为 5～10Mbps,最多可支持 4 个硬盘,硬盘空间最大可达 600MB。

（3）IDE：IDE 是常用的磁盘接口,分为普通 IDE 和增强型 IDE（EIDE）接口。普通 IDE 数据传输率不超过 1.5Mbps,数据传输宽度为 8 位;最多可连接 4 个 IDE 设备,每个 IDE 硬盘容量不超过 528MB。EIDE 的传输率有 UDMA-33、UDMA-66 和 UDMA-133 三种,数据传输率可达 12～18Mbps,数据传输宽度 32 位;最多可连接 4 个 IDE 设备,每个 IDE 硬盘的容量可超过 528MB。

（4）SATA：SATA 是目前最常用的磁盘接口。通常人们把 ATA 接口也称为 IDE 接口,但实际上二者有着细微的差别,ATA 主要是指硬盘驱动器与计算机的连接规范,而 IDE 则主要是指硬盘驱动器的技术规范。SATA 硬盘是串行 ATA 硬盘接口规范。SATA 的特点是传输速度快(硬盘的写入速度高达 300MBps)、数据线简洁、传输距离长、支持热插拔。多个 SATA 硬盘的安装比安装多个 IDE 硬盘要简单多,基本上是即插即用的。

（5）SCSI：数据宽度为 8 位、16 位和 32 位,是大容量存储设备、音频设备和 CD-ROM 驱动器的一种标准。SCSI 接口通常被看作是一种总线,可用于连接多个外设,这些 SISC 设备以雏菊链方式接入,并被分配给唯一的 ID 号(0～7),其中 7 号分配给 SCSI 控制器。某些 SISC 控制器可以提供多达 35 个 SISC 通道。SCSI 设备彼此独立运行,相互之间可以交换数据,也可以和主机进行交互。数据以分组消息的形式进行传输。最初的 SCSI 标准的最大同步传输率为 5Mbps,后来的 SCSI 2 规定了两种提高速度的选择。一种为提高数据传输的频率,即 Fast SCSI,由于频率提高了一倍,达到 10Mbps。另一种提高速度的选择是传输频率提高一倍的同时也增大数据同路的宽度,即由 8 位增至 16 位,这就是 Wide SCSI,其最大同步传输速率为 20Mbps。

（6）PCMCIA：PCMCIA 是一种广泛用于笔记本电脑的接口标准,体制小,扩展方便灵活。最初 PCMCIA 主要用于笔记本电脑扩展内存,目前常用作一种存储器卡接口或传真、调制解调功能扩展接口。现在的 PCMCIA 接口更改为 PC Card 接口。PC Card 接口具有以下特点：电源管理服务,允许系统控制 PC Card 的工作状态(开、关),支持 3.3V/5V,可降低功耗,支持多功能卡、扩充卡的信息结构,以提高其兼容性,规定了直接内存访问规范,增加了一个 32 位的总线接口。

(7) P1394:P1394 是一种高速的串行总线,用于连接众多的外部设备。P1394 有许多优于 SCSI 等其他外设接口的特点:数据传输率高、价格低且容易实现。所以它不仅应用于计算机系统中,也广泛用于消费类电子产品,诸如数码相机、VCD 等。P1394 的数据速度可达 400Mbps,新的标准是 800Mbps。P1394 接口一般使用雏菊链式的设备连接方式,一个端口可支持 63 个设备,可以支持的设备数高达 1022。P1394 支持设备的热插拔,即允许计算机在未关机带电的情况下插入或拔除所连接的外部设备而不会造成损害。

(8) USB:USB 接口是一种串行总线式的接口,在串行接口中可达到较高的传输率,并且也允许设备以雏菊链形式接入,最多可连接 127 个设备。USB 的最大特点是允许热插拔,目前在便携式计算机和台式计算机中已成为标准配置。许多数码相机、闪存、视频摄像头及打印机等都可通过 USB 接口接入计算机。USB 1.0 的速度是 1.2Mbps,USB 2.0 的速度达到了 480Mbps。

2.1.3 计算机存储体系

计算机中用于存放程序或数据的存储部件有 CPU 内部寄存器、高速缓冲存储器(Cache)、主存储器和辅存。它们的存取速度不一样,从快到慢依次为寄存器、Cache、内存、辅存。一般来讲,速度越快,成本就会越高。因为成本高,所以容量就会越小。严格地讲,CPU 内部寄存器并不算存储系统。因此,在计算机的存储系统体系中,Cache 是访问速度最快的设备。

1. 内存编址

内存采用的是随机存取方式,因此简称为 RAM。如果计算机断电,则 RAM 中的信息会丢失。内存需对每个数据块进行编码,即每个单元有一个地址,这就是所谓的内存编址问题。内存一般按照字节编址或按照字编址,通常采用的是十六进制表示。例如,假设某内存按字节编址,地址从 A4000H 到 CBFFFH,则表示该存储器有(CBFFF-A4000)+1 个字节(28000H 字节),也就是 163 840 个字节(160KB)。编址的基础可以是字节,也可以是字(字是由一个或多个字节组成的),要算地址位数,首先计算要编址的字或字节数,然后对其求 2 的对数即可得到。例如,上述内存的容量为 160KB,则需要 18 位地址来表示($2^{17}=131\,072$,$2^{18}=262\,144$)。

存储器总是由一片或多片存储器配以控制电路构成的,其容量=$W \times B$,式中 W 是存储单元的数量,B 表示每个单元由多少位组成。某芯片规格为 $w \times b$,则 $W \times B$ 存储器需要用(W/w)×(B/b)块芯片。例如上述例子中的存储器容量为 160KB,若用存储容量为 32KB×8b 的存储芯片构成,因为 1B=8b(一个字节由 8 位组成),则最少需要(160K/32K)×(1B/8)=5 块。

2. 高速缓冲存储器

为了缓解 CPU 与主存储器之间速度不匹配的问题,在 CPU 与内存之间增设高速缓冲存储器(Cache),它是一个读写速度比内存更快的存储器。Cache 能以极高的速率进行数据访问,Cache 容量小但速度快,内存速度较低但容量大,通过优化调度算法,系统的性能会大大改善。

使用 Cache 改善系统性能的依据是程序的局部性原理。依据局部性原理,把内存中访问概率高的内容放在 Cache,当 CPU 需要读取数据时就首先在 Cache 中查找是否有所需内容。如果有,则直接从 Cache 中读取;若没有,再从内存中读取该数据,然后同时送往 CPU 和 Cache。如果 CPU 需要访问的内容大多都能在 Cache 中找到(称为访问命中),则可以大大提高系统性能。

如果 h 代表 Cache 的访问命中率($1-h$ 称为失效率,或者称为未命中率),t_1 表示 Cache 的周期时间,t_2 表示内存的周期时间,在读操作中使用"Cache+主存储器"的系统的平均周期为 t_3。

$$t_3 = t_1 h + t_2(1-h)$$

系统的平均存储周期与命中率有很密切的关系,命中率的提高即使很小也能导致性能上的较大改善。当 CPU 发出访问请求后,存储器地址先被送到 Cache 控制器以确定所需数据是否已在 Cache 中,若命中则直接对 Cache 进行访问。这个过程称为 Cache 的地址映射。常见的映射方法有直接映射、相联映射和组联映射。

当 Cache 产生了一次访问未命中之后,相应的数据应同时读入 CPU 和 Cache。但当 Cache 已存满数据后,新数据必须淘汰 Cache 中的某些旧数据。最常用的淘汰算法有随机淘汰、先进先出淘汰法(FIFO)和近期最少使用淘汰法(LRU)。Cache 的写操作比较复杂,常用的有以下几种方法。

(1)写直达:当要写 Cache 时,数据同时写回内存,有时也称为写通。

(2)写回:CPU 修改 Cache 的某一行后,相应的数据并不立即写入内存单元,二是当该行从 Cache 中被淘汰后,才把数据写回到内存中。

(3)标记法:对 Cache 中的每一个数据设置一个有效位,当数据进入 Cache 后,有效位置 1;当 CPU 要对数据进行修改时,数据只需写入内存并同时将该有效位清 0。当要从 Cache 中读取数据时需要测试其有效位:若为 1 则直接从 Cache 中读取,否则从内存中读取。

3. 磁盘

磁盘是由一至多个圆形磁盘组成的,其结构如图 2-3 所示。

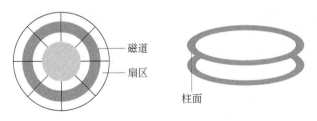

图 2-3　磁盘结构示意图

磁盘的常见技术指标如下：

① 磁道数

$$磁道数＝（外半径－内半径）×道密度×记录面数$$

说明：硬盘的第一面与最后一面是起保护作用的，一般不用于存储数据，所以在计算的时候要减掉。例如，6 个双面的盘片的有效记录面数是 $6×2－2＝10$。

② 非格式化容量

$$非格式化容量＝位密度×3.14×最大圈直径×总磁道数$$

说明：每个磁道的位密度是不同的，但每个磁道的容量是相同的。一般来说，0 磁道是最外面的磁道，其位密度最小。

③ 格式化容量

$$格式化容量＝每道扇区数×扇区容量×总磁道数$$

④ 平均数据传输速率

$$平均数据传输速率＝每道扇区数×扇区容量×盘片速度$$

说明：盘片转速是指磁盘每秒钟转多少转。

⑤ 存取时间

$$存取时间＝寻到时间＋等待时间$$

4. 硬盘结构

硬盘是最常见的一种外部存储器。硬盘分区后，将会被划分为面、磁道和扇区。需要注意的是，这些只是个虚拟的概念，并不是真正在硬盘上划轨道。硬盘一般是由一片或几片圆形薄膜叠加而成。每个圆形薄膜都有两个"面"，这两个面都是用来存储数据的。按照面的多少，依次称为 0 面、1 面、2 面……由于每个面都专有一个读写磁头，也常称为 0 头、1 头……按照硬盘容量和规格的不同，硬盘面数（或头数）也不一定相同，少的只有 2 面，多的可达数十面。各面上磁道号相同的磁道合起来，称为一个柱面。

磁盘是旋转的，则连续写入的数据是排列在一个圆周上的，这样的圆周被称为一个磁道。磁带的磁道是沿磁带长度方向的直线，磁盘上的信息便是沿着这样的轨道存放的。相邻磁道之间并不是紧挨着的，这是因为磁化单元相隔太近时磁性会产生相互影响，同时也为磁头的读写带来困难。如果读写磁头沿着圆形薄膜的半径方向移动一段距离，以后写入的数据就排列在另外一个磁道上。根据硬盘规格的不同，磁道数可以从几百到数千不等；一个磁道上可以容纳数千字节的数据，而主机读写时往往并不需要一次读写那么多，于是，磁道又被划分成若干段，每段称为一个扇区。一个扇区一般存放 512 字节的数据。同一磁道中的扇区，分别称为 1 扇区、2 扇区……

计算机对硬盘的读写，处于效率的考虑，是以扇区为基本单位的。即使计算机只需要硬盘上存储的某个字节，也必须一次把这个字节所在的扇区中的 512 字节全部读入内存，再使用所需的那个字节。每个扇区并不仅仅由 512 个字节组成的，在这些由计算机存取的数据的前、后两端，都另有一些特定的数据，这些数据构成了扇区的界限标志，标志中含有扇区的编号和其他信息。

微软操作系统中磁盘文件存储管理的最小单位叫做"簇"。一个文件通常存放在一个或多个簇里,但至少要单独占据一个"簇"。簇即是一组扇区,两个文件不能存放在同一个簇中。簇的大小通常是可以变化的,是由操作系统在所谓"高级格式化"时规定的,因此管理也更加灵活。操作系统规定一个簇中只能放置一个文件的内容,因此文件所占用的空间,只能是簇的整数倍;如果文件实际大小小于一簇,它也要占一簇的空间。

5. 廉价磁盘冗余阵列

廉价磁盘冗余阵列(RAID)技术旨在缩小日益扩大的 CPU 速度和磁盘存储器速度之间的差距。其策略是用多个较小的磁盘驱动器替换单个大容量磁盘驱动器,同时合理地在多个磁盘上分布存放数据以支持同时从多个磁盘进行读写,从而改善了系统的 I/O 性能。小容量驱动器阵列与大容量驱动器相比,具有成本低、功耗小和性能好等优势;低代价的编码容错方案在保持阵列的速度与容量优势的同时保证了极高的可靠性,同时也较容易扩展容量。RAID 机制中共有多个级别,常见的有 RAID 0、1、3、5、10、30、50 和 JOBD 等;不常见的有 RAID 6、7、5E、5EE、1E、DP、ADG 等。一般使用 RAID 0(分段)、1(镜像)、5(含奇偶校验的分段)和 10(分段和镜像)。

6. 存储体系分类方法

① 存储体系分类根据服务器类型分为:封闭系统存储和开放系统存储,封闭系统主要指大型机,AS400 等服务器,开放系统指基于包括 Windows、UNIX、Linux 等操作系统的服务器。

② 开放系统存储分为:内置存储和外挂存储;开放系统外挂存储根据连接的方式分为:直连式存储(Direct-Attached Storage,DAS)和网络化存储(Fabric-Attached Storage,FAS)。

③ 开放系统网络化存储根据传输协议又分为:网络接入存储(Network-Attached Storage,NAS)和存储区域网络(Storage Area Network,SAN)。

目前绝大部分用户采用的是开放系统,其外挂存储占有目前磁盘存储市场的 70% 以上。

2.2 计算机基本输入输出系统

1. BIOS 的功能

一般情况下,计算机裸机必须通过一个叫做基本输入输出系统(BIOS)的软件系统才能操作控制。BIOS 是一组被固化到计算机中,为计算机提供最低级最直接的硬件控制的程序,它是连通软件程序和硬件设备之间的枢纽。BIOS 存放在主板的 ROM 芯片中,平时不可修改,也没必要修改。一块主板性能优越与否,很大程度上取决于主板上的 BIOS 管理功能是否先进。

BIOS 芯片是主板上一块长方形或正方形芯片,BIOS 中主要存放:

(1) 自诊断程序。通过读取 CMOS RAM 中的内容识别硬件配置,并对其进行自检和初始化。

（2）CMOS 设置程序。引导过程中，用特殊热键启动，进行设置后，存入 CMOS RAM 中。

（3）系统自举装载程序。在自检成功后将磁盘相对 0 道 0 扇区上的引导程序装入内存，让其运行以装入 DOS 系统。

（4）驱动程序和中断服务。主要 I/O 设备的驱动程序和中断服务。

2. BIOS 与 CMOS 的区别

CMOS 是互补金属氧化物半导体的缩写。其本意是指制造大规模集成电路芯片用的一种技术或用这种技术制造出来的芯片。在这里通常是指主板上的一块可读写的 RAM 芯片。它存储了计算机系统的实时钟信息和硬件配置信息等。系统在加电引导机器时，要读取 CMOS 信息，用来初始化计算机各个部件的状态。它靠系统电源和后备电池来供电，系统掉电后其信息不会丢失。

BIOS 与 CMOS 两者都跟计算机系统设置密切相关，BIOS 中系统设置程序是完成参数设置的手段，而 CMOS 是系统参数存放的地方。因此，准确的说法是通过 BIOS 设置程序对 CMOS 参数进行设置。而我们平常所说的 CMOS 设置和 BIOS 设置是其简化说法，这在一定程度上容易造成两个概念的混淆。

2.3 计算机编码

计算机编码是指各种形式的数据按一定法则转换成二进制码，以便计算机能够识别、存储和处理，它包括数字编码和字符编码两大类。

2.3.1 数字编码

引入数字编码的目的就是为了解决计算机的减法问题，因为 CPU 的运算器中只有加法器，只有加法运算，所以减法运算要转变为加法运算。

1. 原码

原码表示又称符号-数值表示法。正数的符号位用 0 表示，负数的符号位用 1 表示，数值部分保持不变。采用原码表示法简单易懂，用原码进行加法运算可以非常方便、直观地得到正确的运算结果，但如果直接进行减法运算则会出现问题。

2. 反码

反码的符号位表示法与原码相同，即符号 0 表示正数，符号 1 表示负数。与原码不同的是，反码数值部分的形成和它的符号位有关。正数反码的数值和原码的数值相同，而负数反码的数值是与原码的数值按位求反。即把原码对除符号位外的其余各位逐位取反就产生了反码。所以反码与原码的特性刚好相反，反码的减法运算能正确得到结果，但加法运算无法得到正确结果。

3．补码

补码的符号表示和原码相同,0 表示正数,1 表示负数。正数的补码和原码、反码相同,就是二进制数值本身。负数的补码是这样得到的:将数值部分按位取反,再在最低位加 1。补码的补码就是原码。因为正数的补码和原码相同。所以采用补码能正确进行加法运算,又因为负数的补码等于反码加 1,所以负数的补码具有反码的特性,可以正确进行减法运算,因此补码是最适合进行数字加减运算的。在大部分计算机系统中,数据都使用补码表示。

4．移码

移码又称为增码,移码的符号表示和补码相反,即 1 表示正数,0 表示负数。也就是说,移码是在补码的基础上把首位取反得到的,这使得移码非常适合于阶码的运算,所以移码常用于表示阶码。

2.3.2 字符编码

计算机除了用于数值计算之外,还要进行大量的文字信息处理,也就是要对表达各种文字信息的符号进行加工,即字符编码。在计算机中采用这样的方法:

(1) 使用由若干位组成的二进制数去代表一个符号。

(2) 一个二进制数只能与一个符号唯一对应,即符号集内所有的二进制数不能相同。

这样,二进制数的位数将取决于符号集的规模。例如,128 个符号的符号集,需要 7 位的二进制数;256 个符号的符号集,需要 8 位的二进制数。这就是所谓的"字符编码"。

1．ASCII 码

ASCII 码是"美国标准信息交换代码"的简称,用于给西文字符编码。这种编码由 7 位二进制数组合而成,可以表示 128 个字符,目前在国际上广泛流行。

ASCII 码是 7 位二进制编码,而计算机的基本存储单位是字节(B),一个字节包含 8 个二进制位(b)。因此,ASCII 码的机内码要在最高位补一个 0。后来,IBM 公司把 ASCII 码的位数增加一位,用 8 位二进制数构成一个字符编码,共有 256 个符号。扩展后的 ASCII 码除了原先的 128 个字符之外,又增加了一些常用的科学符号和表格线条。

2．汉字编码

应用于我国的计算机应该具有汉字信息处理能力,支持汉字的输入、输出和处理。实现汉字处理的前提条件是对汉字进行编码。

我国国家标准总局于 1981 年颁布了《中华人民共和国国家标准信息交换用汉字编码》(GB 80—2312)。该标准共收录了汉字、图形、符号等 7445 个,并根据汉字的常用程度确定了一级和二级汉字字符集。这么多的汉字都必须用不同的二进制数表示,一个字节显然不够了,所以采用了称为国标码的编码方式。字符集中的任何一个汉字或符号都用两个 7 位二进制数表示,在计算机中占 2 个字节,每个字节的高位为 0。在汉字处理过程中,每个环节的编码方式不同。

1) 汉字输入码

汉字输入码是为用户由计算机外部输入汉字而编制的汉字编码,简称外码。汉字输入码面向用户,它的编码原则是简单易记、操作方便、有利于提高输入速度。常用的有以下四类。

① 数字编码:区位码;

② 音码:全拼、智能 ABC、双拼;

③ 形码:五笔字型、表形码、笔划码、首尾码;

④ 音形码:自然码。

2) 汉字机内码

汉字机内码是汉字在计算机内部存储、处理和传输用的信息编码,简称内码。尽管各种输入法的输入码不同,但其对应的内码却是相同的。也就是说,一个汉字的机内码是唯一的。汉字机内码与国家标准 GB 2312—80 汉字字符集有简明的对应关系。汉字处理过程就是代码的转换过程。

3) 汉字字形码

汉字字形码是表示汉字字形信息的编码,存储在计算机中的所有汉字字形码的集合称为字库。目前在汉字信息处理系统中的汉字字形码主要包括以下几种。

(1) 点阵字型:输出时采用字符点阵 $M \times N$ 像素阵列来表示汉字,字符点阵不同,一个汉字需要的存储空间也不同。5×7 点阵需占 5 个字节的存储空间,16×16 点阵需占 32 个字节的存储空间(计算公式:$M \times N \div 8$)。点阵越大,字形质量越好,但所占存储空间越大。

(2) 矢量字形:用一组折线来表示汉字字形。它的特点是不占用存储空间,字形美观。

(3) 轮廓字形:将字符笔划的内外轮廓用一组直线段或曲线段来描述。其特点是占用存储空间小,字形质量较高。

3. GBK 和 UTF-8 编码

1) GBK 编码

GBK 是包括中日韩字符的大字符集合,是占两个字节的定长编码,包含全部中文字符,其网页适合中国用户。为区分中文,将其最高位都定成 1。

2) UTF-8 编码

UTF-8 是国际通用编码,是占 3 到 6 字节变长编码,用以解决国际上字符的一种多字节编码,包含全世界所有国家需要用到的字符(包括中文)。它对英文使用 8 位(即一个字节),中文使用 24 位(三个字节)来编码。在外国人的英文 IE 上也能显示中文,无须安装简体中文支持就能正常观看文字而不会出现乱码。

2.4　计算机操作系统

操作系统(OS)是用户和计算机之间的界面。对计算机系统而言,操作系统是对所有系统资源进行管理的程序的集合;对用户而言,操作系统提供了对系统资源进行有效利用的简单抽象的方法。安装了操作系统的计算机称为虚拟机,是对裸机的第一层扩展。

1. 操作系统的功能

操作系统的功能分成 5 大部分,这 5 大部分互相配合,协调工作,实现对计算机系统的资源管理和控制程序的执行,为用户提供方便的使用接口和良好的运行环境。

(1) 处理机管理(进程管理):实质上是对处理机执行时间的管理,即如何将 CPU 真正合理地分配给每个任务进程控制、进程同步、进程通信和调度。

(2) 存储管理:实质上是对存储空间的管理,主要指对内存的管理、内存分配、内存保护、内存充实、地址映射、逻辑地址、物理地址的定义。

(3) 设备管理:实质上是对硬件设备的管理,其中包括对输入输出设备的配合启动、完成和回收缓冲管理、设备分配、设备处理、设备独立性和虚拟设置。

(4) 信息管理(文件管理):文件存储空间的管理、目录管理、文件的读/写管理和存取控制。

(5) 用户管理(作业管理):命令接口、图形接口、系统调用是操作系统提供给软件开发人员的唯一接口,开发人员可利用它使用系统功能。操作系统核心中都有一组实现系统功能的过程(子程序),系统调用就是对上述过程的调用,包括任务管理、界面管理、人机交互、图像界面、语音控制和虚拟现实等。

2. 操作系统的分类

(1) 网络操作系统:是一种网络软件,能在网络协议配合下,实现资源共享,其网络管理服务工具能够对计算机的网络状态进行监控,并对网络性能进行分析。

(2) 分时操作系统:指计算机连接多个终端,系统把主机分为若干时间片,每个终端用户占用一个时间片,各用户按一定顺序轮流占用主机。分时的时间单位叫做时间片,即允许一个终端用户占有 CPU 的时间长短。分时操作系统的基本特征包括同时性,交互性和共享性。UNIX 和 XENIX 属于分时操作系统。

(3) 批处理操作系统:指用户将计算机要做的工作有序地排列在一起,形成一个作业流,计算机系统自动地、顺序地执行作业流。批处理系统中,人和计算机不再交互信息。批处理系统又分为单道批处理和多道批处理系统。

(4) 实时操作系统:它一般为专用机设计,是实时控制系统和实施处理系统的统称。实时控制用于生产过程,导弹发射控制等。实时操作系统的特点是响应及时性和高可靠性。

(5) 分布式操作系统:在分布式操作系统中,拥有多台计算机并且各台计算机无主次之分,系统资源共享,任意两台计算机可以交换信息,系统中若干台计算机可以互相协作来完成一个共同任务。它主要用于分布式系统资源的管理。

Linux、UNIX 和 Windows 都是目前主流的网络操作系统,都是多用户、多任务的操作系统,适合于提供各种服务,如 DNS、DHCP、SMTP、BBS 及 WWW 等。它们都支持图形窗口界面,有各自的字处理、表格处理、演示文稿处理等办公程序,因此也都能作为日常办公的支持平台。它们的安全性的优劣目前尚无定论,在基本安全、网络安全及应用安全等方面,各具特色。

2.5 虚拟存储器

所谓虚拟存储技术,即在内存中保留一部分程序或数据,在外存(硬盘)中放置整个地址空间的副本。程序运行过程中可以随机访问内存中的数据或程序,但需要的程序或数据不在内存时,就将内存中部分内容根据情况写回外存,然后从外存调入所需程序或数据,实现作业内部的局部转换,从而允许程序的地址空间大于实际分配的存储区域。它在内存和外存之间建立了层次关系,主要用于解决计算机主存储器的容量不足的问题。其逻辑容量由主存和外存容量之和,以及 CPU 可寻址的范围来决定,其运行速度接近于主存速度,成本也比较低。可见,虚拟存储技术是一种性能非常优越的存储管理技术,故被广泛地应用于大、中、小型计算机和微机中。

用于编程所用的地址称为逻辑地址(又称虚地址),而实际的主存地址则称为物理地址(又称实地址)。每次操作内存时都要进行逻辑地址到物理地址的转换。实际上,超过主存实际容量的那些程序和数据是存放在辅助存储器中的,当使用时再由辅存调入。地址变换及主存和辅存间的信息动态调度是由硬件和操作系统两者配合完成的。

1. 虚拟存储器的分区

(1) 单一连续分区。把所有用户区都分配给唯一的用户作业,当作业被调度时,进程全部进入内存,一旦完成,所有主存恢复空闲,因此它不支持多道程序设计。

(2) 固定分区。这是支持多道程序设计的最简单的存储管理方法,它把主存划分成若干个固定的、大小不同的分区,每个分区能够装入一个作业,分区的大小是固定的,算法简单,但是容易生成较多的存储碎片。

(3) 可变分区。引入可变分区后虽然主存分配更灵活,也提高了主存利用率,但是由于系统在不断的分配和回收中,必定会出现一些不连续的、小的空闲区,尽管这些小的空闲区的总和超过某一个作业要求的空间,但是由于不连续而无法分配,因此产生了碎片。解决碎片的方法是拼接,即向一个方向(向低地址段)移动已分配的作业,使零散的小空闲区在另一个方向汇成一片。分区的拼接技术,一方面要求能够对作业进行重定向,另一方面在拼接时要耗费较多的时间。

(4) 可重定向分区。这是克服固定分区碎片问题的一种存储分配方法,它能把相邻的空闲存储空间合并成一个完整的空闲区,还能够整理存储器内各个作业的存储位置,以达到消除存储碎片和紧缩存储空间的目的。紧缩工作需要花费大量的时间和系统资源。

(5) 非请求分页式。非请求分页式将存储空间和作业的地址空间分成若干个等分部分。在分页时,要求把进程所需要的页面全部调入主存后作业方能运行,因此当内存可用空间小于作业所需的地址空间时,作业无法运行。它克服了分区存储管理中碎片多和紧缩处理时间长的缺点,支持多道程序设计,但不支持虚拟存储。

(6) 请求分页式。请求分页式将存储空间和作业的地址空间分成若干相等页面,当进程需要用到某个页面时将该页面调入主存,把那些暂时无关的页面留在主存外。它支持虚拟存储,克服了分区存储管理中碎片多和紧缩处理时间长的缺点,支持多道程序设计,但是它不能实现对最自然的以段为单位的共享与存储保护。

(7) 段页式。这是分段式和分页式结合的存储管理方法,发挥了分段管理和分页管理的优点。作业按逻辑结构分段、段内分页、内存分块。作业只需部分页装入即可运行,支持虚拟存储。

2. 局域性原理

虚拟存储管理的理论基础是程序的局域性原理。程序局域性原理是指程序在执行时呈现出局部性规律,即在一段时间内,程序的执行仅限于程序的某一个部分。相应地,执行所访问的存储空间也局限于某个内存区域。局域性又表现为时间局域性和空间局域性。时间局限性是指如果程序中的某条指令一旦执行,则不久以后该指令可能再次执行;如果某数据被访问,则不久以后该数据可能再次被访问。空间局域性是指一旦程序被访问了某个存储单元,则不久之后,其附近的存储单元也将被访问。

根据程序的局部性理论,提出了工作集理论。工作集是指进程运行时被频繁访问的页面集合。只要使程序的工作集全部在内存(主存储器)当中,就可以大大减少进程的缺页次数;否则会使进程在运行中频繁出现缺页中断,从而出现频繁的页面调入/调出现象,造成系统性能下降。

2.6 计算机应用软件的概念

顾名思义,应用软件是提供某种特定功能的软件,它们一般都运行在操作系统之上,由专业人员根据各种需要开发。人们平时见到和使用的绝大部分软件均为应用软件,如业务应用软件、杀毒软件、文字处理软件、学习软件、游戏软件、上网软件等。

软件是用户与硬件之间的接口界面。用户主要是通过软件与计算机进行交流。软件是计算机系统设计的重要依据。为了方便用户,使计算机系统具有较高的总体效用,在设计计算机系统时,必须通盘考虑软件与硬件的结合,以及用户的要求和软件的要求。

完整的计算机系统结构如图 2-4 所示,它包含了计算机硬件系统和软件系统,其中软件系统包括了 BIOS、OS 和应用软件系统三部分。

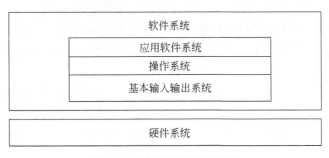

图 2-4 计算机系统结构框图

2.7 计算机体系结构

计算机体系结构是指适当地组织在一起的一系列系统元素的集合,这些系统元素互相配合、相互协作,通过对信息的处理而完成预先定义的目标。通常包含的系统元素有计算机软件、计算机硬件、人员、数据库、文档和过程。其中,软件是程序、数据结构和相关文档的集合,用于实现所需要的逻辑方法、过程或控制;硬件是提供计算能力的电子设备和提供外部世界功能的电子机械设备(如传感器、电动机等);人员是硬件和软件的用户和操作者;数据库是通过软件访问的大型的、有组织的信息集合;文档是描述系统使用方法的手册、表格、图形及其他描述性信息;过程是一系列步骤,它们定义了每个系统元素的特定使用方法或系统驻留的过程性语境。

2.7.1 计算机的分类

1. 计算机指令流、数据流分类

计算机系统根据指令流、数据流的多倍性特征进行分类,有关定义如下:

① 指令流:指机器执行的指令序列。

② 数据流:指由指令流调用的数据序列,包括输入数据和中间结果,但不包括输出数据。

③ 多倍性:指在系统性能瓶颈部件上同时处于同一执行阶段的指令或数据的最大可能个数。

根据不同的指令流-数据流组织方式,把计算机系统分为以下四类。

(1) 单指令流单数据流(SISD):SISD 系统代表了传统的冯·诺依曼机器的体系结构,即大多数的单处理器系统,其指令部件每次只对一条指令进行译码,并只为一个操作部件分配数据。流水线方式的单处理机有时也被当做 SISD。

(2) 单指令流多数据流(SIMD):典型的 SIMD 系统有一个控制部件,但有多个处理部件,以并行处理机(阵列处理机)为代表。并行处理机包括多个重复的处理单元,由单一指令部件控制,按照同一指令流的要求为它们分配各自所需的不同数据。相联处理机也属于这一类。

(3) 多指令流单数据流(MISD):MISD 具有 n 个处理单元,按 n 条不同指令的要求对同一数据流及中间结果进行不同的处理。一个处理单元的输出又作为另一个处理单元的输入。这类系统实际上很少见到。有文献把流水线看作多个指令部件,称流水线计算机是 MISD。

(4) 多指令流多数据流(MIMD):典型的 MIMD 系统由多台独立的处理机(包含处理器和控制器)、多个存储模块和一个互连网络组成;每个处理机执行自己的指令(多指令流),操作数据也是各取各的(多数据流)。大多数现代的并行计算机都属于这一类。

2. 并行计算机系统

通常把具有可同时进行运算或操作的特性,称为并行性。开发并行性的目的是为了进行并行处理,以提高计算机的效率。

(1) 超级标量处理机:在超级标量处理机中,配置了多个功能部件和指令译码电路,采取了多条流水线,还有多个寄存器端口和总线,因此可以同时执行多个操作,以并行处理来提高计算机速度。它可以同时从存储器中取出几条指令并送入不同的功能部件。超级标量处理机的硬件是不能重新安排指令的前后次序的,但可以在编译程序时采取优化的方法对指令的执行次序进行精心安排,把能并行执行的指令搭配起来。

(2) 超级流水线处理机:超级流水线处理机的处理周期比其他结构的处理机短。与超级标量计算机一样,硬件不能调整指令的执行次序,而由编译程序解决优先问题。

(3) 超长指令字处理机:超长指令字处理机是一种单指令多操作码多数据的系统结构,编译程序在编译时把各个能并行执行的操作组合在一起,称为一条有多个操作段的超长指令。由它控制计算机中多个相互独立的功能部件,每个操作段控制一个功能部件,可同时执行多条指令。

(4) 向量处理机:向量处理机是一种具有向量数据表示并设置有相应的指令和硬件,同时能对向量的各个元素进行并行处理的计算机。当进行向量运算时,它的性能要比大型机好得多。向量处理机有巨型计算机和向量协处理机两种类型,巨型计算机对大量的数据进行浮点运算,同时它还是可以进行标量计算和一般数据处理的通用计算机。向量处理机一般采用流水线工作,当它处理一条数据指令时,对数组中每个元素执行相同的操作,而且各个元素之间是相互无关的,因此流水线不会阻塞,能以每个时钟周期送出一个结果的速度运行。为了存储系统能及时提供数据,向量处理器配有一个大容量、分成多个模块交错工作的主存储器。为了提高运算速度,在向量处理机的运算部件中采用多个功能部件,如向量部件、浮点部件、整数运算部件和计算地址用的地址部件等。向量协处理机是专门处理浮点和向量运算的数组处理机,它连接到主机总线上。

(5) 多处理机系统:多处理机具有两个或两个以上的处理机,共享输入/输出子系统,在操作系统统一控制下,通过共享主存或高速通信网络来进行通信,协同求解一个个复杂的问题。多处理机通过利用多台处理机进行多任务处理来提高速度,利用系统的重组能力来提高可靠性、适应性和可用性。多处理机具有共享存储器和分布存储器两种不同的结构,具有共享存储器的多处理机中,程序员无数据划分的负担,编程容易,但系统处理机数目较少,不易扩充。具有分布式存储器的多处理机结构灵活,容易扩充,但难以在各个处理单元之间实现复杂数据结构的数据传送,任务动态分配复杂,现有软件可继承性差。多处理机系统属于 MIMD 系统,与 SIMD 的并行处理机相比,有很大的差别。其根源就在于两者的并行性的层次不同,多处理机要实现的是更高一层的作业任务间的并行。

(6) 大规模并行处理机:并行处理机有时也称为阵列处理机,使用按地址访问的随机存储器,以 SIMD 的方式工作,主要用于要求大量高速向量矩阵运算的应用领域。并行处理机的并行性来源于资源重复,把大量相同的处理单元通过网络连接起来,在统一的控制器控制下,对各自分配到的数据并行地完成同一条指令所规定的操作。并行处理机有两种基本的结构类型:采用分布式存储器的并行处理结构和采用集中式共享存储器的并行处理结构。分布式存储器的并行处理结构中,每一个处理机都有自己局部的存储器,只要控制部件将并行处理的程序分配至各处理机,它们便能并行处理,各自从自己的局部存储器中取得信息。而共享存储多处理机结构中的存储器是集中共享的,由于多个处理机共享,在各处理机访问共享存储器时会发生竞争。因此,需采取措施尽可能避免竞争的发生。大规模并行处理机是由众多的微处理器(从几百到上万)组成的大规模的并行系统。大规模并行处理机(MPP)被用做开发万亿次甚至更高速的巨型机的主要结构。大规模并行处理机可以采用市场上出售的精简指令系统(RISC)处理器,有很高的性价比。

(7) 对称多处理机:对称多处理机(SMP)目前也基于 RISC 微处理器。它与大规模并行处理机最大的差别在于存储系统。对称多处理有一个统一的共享主存空间,而大规模并行处理机中每个微处理器都拥有自己的本地存储器。

3. 精简指令系统计算机

精简指令系统计算机是相对于传统的复杂指令系统计算机(CISC)而言的,它们的区别在于不同的 CPU 设计理念和方法。早期的 CPU 全部是 CISC 架构,它的设计目的是要用最少的机器语言指令来完成所需的计算任务。这种架构会增加 CPU 结构的复杂性和对 CPU 工艺的要求,但对于编译器的开发十分有利。RISC 则是计算机系统只有少数指令,但是每个指令的执行时间相当短,从而 CPU 可用很高的频率来运算。RISC 不是简单地把指令系统进行简化,而是通过简化指令的途径使计算机的结构更加简单合理,以减少指令的执行周期数,从而提高运算速度。

RISC 的特点如下:

(1) 指令数量少:优先选取使用频率最高的一些简单指令及常用指令,避免使用复杂指令。大多数指令都是只对寄存器进行操作,对存储器的操作仅提供了读和写两种方式。

(2) 指令的寻址方式少:通常只支持寄存器寻址方式、立即数寻址方式及相对寻址方式。

(3) 指令长度固定,指令格式种类少:因为 RISC 指令数量少,格式少且相对简单,其指令长度固定,指令之间各字段的划分比较一致,所以译码相对容易。

(4) 只提供了 Load/Store 指令访问存储器:只提供了从存储器读数和把数据写入存储器两条指令,其余所有的操作都在 CPU 的寄存器间进行。

(5) 以硬布线逻辑控制为主:为了提高操作的执行速度,通常采用硬布线逻辑(组合逻辑)来构建控制器。而 CISC 机的指令系统很复杂,难以用组合逻辑电路实现控制器,因此通常采用微程序控制。

(6) 单周期指令执行:因为简化了指令系统,所以很容易利用流水线技术使得大部分指令都能在一个机器周期内完成。少数指令可能会需要多个周期执行,例如,Load/store 指令因为需要访问存储器,其执行时间就会长一些。

(7) 优化的编译器:RISC 的精简指令集使编译工作简单化。因为指令长度固定、格式少且寻址方式少,因此编译时不必在具有相似功能的许多指令中进行选择,也不必为寻址方式的选择而费心。同时编译时易于实现优化,从而可以生成高效率执行的机器代码。

2.7.2　流水线计算机

流水线技术是通过并行硬件来提高系统性能的常用方法,即把一件任务分解为若干顺序执行的子任务,不同的子任务由不同的执行机构来负责执行,而这些执行机构可同时并行工作。

1. 计算执行时间

假定有某种类型的任务,共可分成 n 个子任务,每个子任务需要时间 t,则完成该任务所需的时间即为 nt。若以传统的方式,则完成 k 个任务所需的时间是 knt;而使用流水线技术执行则花费的时间是 $nt-(k-1)t$。也就是说,除了第一个任务需要完整的时间外,其他任务都通过并行,节省下了大量的时间,只需一个子任务的单位时间就够了。

如果每个子任务所需的时间不同,则其速度取决于其执行顺序中最慢的那个(流水线周期值等于最慢的那个指令周期),要根据实际情况进行调整。例如:若指令流水线把一条指令分为取指、分析和执行三部分,且三部分的时间分别是取指 2ns,分析 2ns,执行 1ns。那么,最长的子任务是 2ns,因此 100 条指令全部执行完毕需要的时间就是:$(2+2+1)+(100-1)\times2=203$ns。

2. 影响流水线的主要因素

流水线的关键在于"重叠执行",因此如果这个条件不能够满足,流水线就会被破坏。这种破坏主要来自于以下三种情况。

(1) 转移指令:因为前面的转移指令还没有完成,流水线无法确定下一条指令的地址,因此也就无法向流水线中添加这条指令。这说明无条件跳转指令是不会影响流水线的。

(2) 共享资源访问的冲突:也就是后一条指令需要使用的数据,与前一条指令发生冲突,或者相邻的指令使用了相同的寄存器,这也会使得流水线失败。

(3) 响应中断:当有中断请求时,流水线也会停止。对于这种情况有两种响应方式,一种是立即停止(精确断点法),能够立即响应中断;另一种是流水线中的指令继续执行,不再新增指令到流水线(不精确断点法)。

2.7.3　计算机可靠性和容错技术

1. 系统可靠性分析

与可靠性相关的概念有:平均无故障时间、平均故障修复时间和平均故障间隔时间等。

1) 平均无故障时间

可靠度为 $R(t)$ 的系统的平均无故障时间 MTTF 定义为从 $t=0$ 时到故障发生时系统持续运行时间的期望值,计算公式如下:

$$MTTF = \int_0^\infty R(t)\,dt$$

如果 $R(t) = e^{-\lambda t}$,则 MTTR$=1/\lambda$。其中 λ 为失效率,是指器件或系统在单位时间内发生失效的预期次数,在此处假设为常数。例如,假设同一型号的 1000 台计算机,在规定的条件下工作 1000 小时,其中有 10 台出现故障。这种计算机千小时的可靠度 R 为$(1000-10)/1000=0.99$。失效率为 $10/(1000 \times 1000)$。因为平均无故障时间与失效率的关系为 MTTF$=1/\lambda$,所以,MTTF$=10^5$ 小时。

2)平均故障修复时间

可用度为 $A(t)$ 的系统平均故障修复时间 MTTR 可以用类似于求 MTTF 的方法求得。设 $A_1(t)$ 是在风险函数 $Z(t)=0$ 且系统的初始状态为 1 状态的条件下 $A(t)$ 的特殊情况,则:

$$MTTR = \int_0^\infty A_1(t)\,dt$$

假设修复率 $\mu(t)=\mu$(常数),修复率是单位时间内可修复系统的平均次数,MTTR$=1/\mu$。

3)平均故障间隔时间

平均故障间隔时间 MTBF 常常与 MTTF 发生混淆。因为两次故障(失败)之间必然有修复行为,因此,MTBF 中应包含 MTTR。对于可靠度服从指数分布的系统,从任一时刻 t_0 到达故障的期望时间都是相等的,因此有:

$$MTBF = MTTR + MTTF$$

在实际应用中,一般 MTTR 很小,所以通常认为 MTBF$\approx$MTTF。

2. 系统可靠性计算

对于系统的可靠性计算,需要掌握串联系统和并联系统的可靠性计算的方法。

1)串联系统

假设一个系统由 n 个子系统组成,当且仅当所有的子系统都能正常工作时,系统才能正常工作,这种系统称为串联系统,如图 2-5 所示。

图 2-5　串联系统

各个子系统的可靠性分别用 $R_1, R_2, \cdots, R_n$ 表示,则系统的可靠性为:$R=R_1 \times R_2 \times \cdots \times R_n$,系统的各个子系统的失效率分别用 $\lambda_1, \lambda_2, \cdots, \lambda_n$ 来表示,则系统的失效率为:

$$\lambda = \lambda_1 + \lambda_2 + \cdots + \lambda_n$$

2)并联系统

一个系统由 n 个子系统组成,只要有一个子系统能正常工作,系统就能正常工作(见图 2-6)。

系统各个子系统的可靠性分别用 $R_1, R_2, \cdots, R_n$ 表示,则系统可靠性为:

$$R = 1 - (1-R_1) \times (1-R_2) \times \cdots \times (1-R_n)$$

假如所有的子系统的失效率均为 λ,则系统的失效率为:

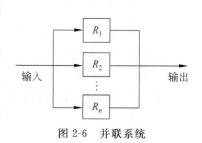

图 2-6　并联系统

$$\nu = \cfrac{1}{\cfrac{1}{\lambda} \displaystyle\sum_{j=1}^{n} \cfrac{1}{j}}$$

在并联系统中只有一个子系统是真正需要的,其余 $n-1$ 个子系统称为冗余子系统,随着冗余子系统数量的增加,系统的平均无故障时间也增加了。

3)混联系统

混联系统是指由串联和并联两种结构混合组成的系统。

3. 容错技术

提高计算机可靠性的技术可以分为避错技术和容错技术。避错是指预防和避免系统在运行中出错。容错是指系统在其某一组件故障存在的情况下不失效,仍然能够正常工作的特性。简单地说,容错就是当计算机由于种种原因在系统中出现了数据、文件损失或丢失时,系统能够自动将这些损失或丢失的文件和数据恢复到发生事故以前的状态,使系统能够连续正常运行。容错功能一般通过冗余组件设计来实现。计算机系统的容错性通常可以从系统的可靠性、可用性和可测性等方面来衡量。

冗余技术是计算机的基础,一般可分为下列几种类型。

(1)硬件冗余:以检测或屏蔽故障为目的而增加一定硬件设备的方法。

(2)软件冗余:为了检测或屏蔽软件中的差错而增加一些在正常运行时所不需要的软件。

(3)信息冗余:除实现正常功能所需要的信息外,再添加一些信息。以保证运行结果正确性的方法。纠错码就是信息冗余的例子。

(4)时间冗余:使用附加一定时间的方法来完成系统功能。这些附加的时间主要用在故障检测、重复执行或故障屏蔽上。

在 20 世纪 60 年代主要利用双处理或双机的方法来达到容错的目的。例如,把关键的元件(处理机、存储器等)或整个计算机设置两套;一套在系统运行时使用,另一套用做备份。根据系统的工作情况又可分为热备份和冷备份两种。

(1)热备份(双重系统):两套系统同时同步运行,当联机子系统检测到错误时,退出服务进行检修,而由热备份子系统接替工作。

(2)冷备份(双工系统):处于冷备份的子系统平时停机,或者运行与联机系统无关的运行,当联机子系统产生故障时,人工或自动进行切换,使冷备份系统成为联机系统。在冷备份时,不能保证从程序端点处精确地连续工作,因为备份机不能取得原来的机器上当前运行的全部数据。

20 世纪 70 年代中期出现了软件和硬件结构的容错方法。该方法在操作系统的层次上,支持联机维修,即故障部分退出后运行、进行维修并重新投入运行都不影响正在运行的应用程序。该结构的特点是系统内包括双处理、双存储器、双输入输出控制器、不间断工作的电源,以及与之适应的操作系统等。因此上述硬件的任何一部分发生故障都不会影响系统的继续工作。系统容错是在操作系统控制下进行的,在每个处理机上都保持了反映所有系统资源状态的表格,以及本机和其他处理机的工作进程。

案 例 分 析

1. 案例一（选择题）

在计算机中，最适合进行数字加减运算的数字编码是（ 1 ）。如果主存容量为16MB，且按字节编址，表示该主存地址至少应需要（ 2 ）位。

(1) A. 原码　　　　　B. 反码　　　　　C. 补码　　　　　D. 移码
(2) A. 16　　　　　　B. 20　　　　　　C. 24　　　　　　D. 32

分析

(1) 在计算机的 CPU 中，通常只设置硬件加法器。只有补码能够将减法转化为加法，故用硬件加法器可以较方便地进行数字加减法。

(2) 用二进制编码表示地址，16MB 地址最少需要 24 位。

参考答案

(1) C　　　(2) C

2. 案例二（选择题）

在存储管理方案中，（ 1 ）是解决内存碎片问题的有效方法。虚拟存储器主要由（ 2 ）组成。

(1) A. 单一连续分配　B. 固定分区　　C. 可变分区　　D. 可重定位分区
(2) A. 寄存器和软盘　B. 软盘和硬盘　C. 磁盘区域与主存　D. CDROM 和主存

分析

(1) 由于主存在不断地分配和回收中，必定会出现一些不连续的、小的空闲区，由于不连续而无法分配，产生了碎片。解决碎片的方法是拼接，即向一个方向移动已分配的作业，使那些零散的小空闲区在另一方向连成一片。可重定位分区是解决碎片问题的简单而又行之有效的方法。其基本思想：移动所有已分配好的分区，使之成为连续区域。分区"靠拢"的时机：当用户请求空间得不到满足时或某个作业执行完毕时。由于靠拢是要代价的，所以通常是在用户请求空间得不到满足时进行。

(2) 虚拟存储器具有请求调入功能和置换功能，能仅把作业的一部分装入主存便可运行作业的存储器系统，能从逻辑上对主存容量进行扩充的一种虚拟的存储器系统。其逻辑容量由主存和外存容量之和以及 CPU 可寻址的范围来决定，其运行速度接近于主存速度，成本也下降。可见，虚拟存储技术是一种性能非常优越的存储器管理技术，故被广泛地应用于大、中、小型机器和微型机中。

参考答案

(1) D　　　(2) C

3. 案例三（问答题）

【说明】　某计算机系统的可靠性结构是如图 2-7 所示的双重串并联结构，若所构成系统的每个部件的可靠性均为 0.9，即 $R=0.9$。

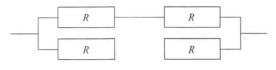

图 2-7　案例三用图

【问题】　请计算并回答该系统的可靠性，失效率和平均无故障时间。

分析

题中的结构是一典型的双重串并联系统的混联系统结构，可以简单地把它看成是两个部件的并联，而这并联的两个部件又分别由两个部件串联而成。

（1）整个系统由 2 个串联子系统组成，各个子系统的可靠性分别用 $R_1,R_2,\cdots,R_n$ 表示，则串联系统的可靠性为：$R=R_1\times R_2\times\cdots\times R_n=0.9\times0.9=0.81$。

（2）整个系统包含 2 个并联子系统，只要有一个子系统能正常工作，系统就能正常工作。各个子系统的可靠性分别用 $R_1,R_2,\cdots,R_n$ 表示，则并联系统可靠性为：

$$R=1-(1-R_1)\times(1-R_2)\times\cdots\times(1-R_n)$$
$$=1-(1-0.81)\times(1-0.81)$$
$$=1-0.0361=0.9639$$

（3）假设每个部件的失效率为 0.1，则两个部件串联后的失效率为：

$$\lambda=0.1+0.1=0.2$$

（4）计算两个失效率为 0.2 的部件并联后的失效率：

$$\lambda=1/((1/0.2)\times1+(1/0.2)\times(1/2))=1/(5+2.5)=0.1333$$

（5）该计算机系统的总失效率为 0.1333，因为失效率的倒数即为平均无故障时间，从而可得出 MTTF 为 7.5 小时。

参考答案

系统可靠性 $R=0.9639$；失效率 $\lambda=0.1333$；平均无故障时间 MTTF$=7.5$ 小时。

习　　题

2.1　什么是计算机硬件？计算机硬件系统的基本组成有哪几部分？

2.2　什么是计算机的总线结构？计算机的接口有哪些？

2.3　简述高速缓冲存储器功能和工作原理。

2.4　基本输入输出系统(BIOS)的功能有哪些？它与 CMOS 有什么区别？

2.5　论述数字编码和字符编码的内容。操作系统的功能、分类有哪些？

2.6　什么是虚拟存储技术？什么是局域性原理？虚拟存储器有哪些类型？

2.7　画出计算机系统结构框图。根据不同的指令流-数据流组织方式，把计算机系统分为哪几类？

2.8　何为并行计算机系统、精简指令系统计算机(RISC)和流水线计算机？

2.9　简述计算机系统可靠性、容错系统、指令周期、响应时间与吞吐量等概念及其计算方法。

第3章 软件工程

主要内容

(1) 软件危机主要表现及产生的原因;

(2) 软件工程的概念、特点、原则和活动;

(3) 软件开发的生命期方法和开发过程模型;

(4) 软件测试的定义、目的、基本类型和阶段步骤;

(5) 软件自动测试技术、流程和工具。

3.1 软件工程的概念

软件是计算机的核心技术,软件行业作为一个知识和智力密集型的产业,相对传统产业而言具有某些独特性,如软件产品的无形性、软件开发的高科技含量等,处处体现出"人脑"工程的特点,给软件蒙上了一层神秘色彩。

电子计算机从问世以来,软件系统从简单发展到复杂,从小型发展到大型,由封闭系统发展成为开放的不断演化的系统。随着人们对软件认识的逐步加深,软件是"产品"的概念也在人们的印象中逐步清晰化。软件既体现了设计者的思维、智力等逻辑上的东西,又像桌椅板凳一样是一种实实在在的"产品"。

3.1.1 软件的基本概念

在20世纪50年代,第一个真正实用的软件伴随着第一台电子计算机的问世诞生了。随着电子计算机应用的深入,对软件的需求多了,以写软件为职业的人也开始出现,他们多是经过训练的数学家和电子工程师。20世纪60年代美国大学里开始出现计算机软件专业,有教师教学生写软件,软件作为一门学科正式进入了高等学府,并很快成为许多大学生追求的热门专业。

1. 软件的定义

软件是计算机系统中与硬件相互依存的另一部分,包括计算机运行时所需要的各种程序、相关数据及其说明文档。其中程序是按照事先设计的功能和性能要求执行的指令序列;数据是程序能正常操纵信息的数据结构;文档是与程序开发维护和使用有关的各种图文资料。现代信息技术设备已成为高度智能和软件化的产品,无论是计算机、通信、还是网络,软件的工作量都已经大大超过硬件。一般说来,软件包含三层含义。

(1) 个体层次:包括计算机系统中的程序及文档。

(2) 整体层次:在特定的计算机系统中所有上述个体层次软件的总称。

(3) 学科层次:开发、维护和使用软件过程中所涉及的理论、方法、技术所构成的学科。

2. 计算机语言和应用软件的分类

计算机语言是人类与计算机对话的工具,没有计算机语言人类无法指挥计算机。人们所使用的各种软件,都是应用某种计算机语言来编写的,其核心就是编程语言,即计算机语言。计算机语言有三种,即机器语言、汇编语言和高级语言。

应用软件在软件系统中,处于最外层,是直接和用户打交道的软件,用户要从事某种工作,就会选择相应的应用软件。它关系到人类社会生活的方方面面,量大而面广。目前我国软件市场中应用软件占 60%,开发工具软件占 20%,如果把开发工具软件也计入应用软件,则占 80%。

应用软件技术,浩如烟海,要给它们准确分类是困难的,而且根据不同要求和使用方向有不同的分类结果。通常按其功能和用途分为以下类型:

① 管理信息类。管理信息类应用软件在企事业单位、商业机构和政府部门等得到广泛使用,产品类型很多,如财务管理、人事管理、商店管理、酒店管理、商务管理软件等。

② 字表处理软件。字表处理软件是用户使用量大、应用最普遍的软件,在市场上占有极其重要的位置。如金山公司的 WPS,微软公司的 Office Word 等,以及电子出版软件,汉字编码软件,中文手写输入软件等。

③ 教育软件。教育软件主要分为两类:一类是面向家庭的学习软件,另一类是面向学校的辅助教育软件。另外还有介绍科普和各类知识的软件。

④ 游戏软件。游戏软件在近年来持续增长。游戏软件主要来自美国、欧洲、日本和我国台湾省。中国大陆也自主开发了不少游戏软件。

⑤ 翻译软件。翻译软件包括词典类和翻译类两种。

⑥ 杀毒软件。清除计算机"病毒"至自动修复、整理被破坏的内存程序的软件通称杀毒软件。

⑦ 其他各种应用软件和工具软件。如图形图像处理类、声音与视频播放加工处理类、网络应用类、数据处理类、电子图书类、科学计算类、投资经营类与家政管理类,以及各种应用工具等。

3. 软件的特性

软件同传统的工业产品相比,有其独特的特性:

① 软件是一种逻辑实体,具有抽象性。这个特点使它与其他工程对象有着明显的差异。人们可以把它记录在纸上、内存、磁盘、光盘上,但却无法看到软件本身的形态,必须通过观察、分析、思考、判断,才能了解它的功能、性能等特性。

② 软件没有明显的制造过程。一旦研制开发成功,就可以大量复制副本。所以对软件的质量控制,必须着重在软件开发方面下工夫。

③ 软件存在退化、过时和淘汰问题。软件在使用过程中,没有磨损、老化的问题。软件在生存期后期不会因为磨损而老化,但会为了适应硬件、环境以及需求的变化而进行修改,而这些修改有不可避免的引入错误,导致软件失效率升高,类似于软件退化。当修改的成本变得难以接受时,软件过时了,就会被抛弃淘汰掉。

④ 软件对硬件和环境有着不同程度的依赖性。这导致了软件移植的问题。

⑤ 软件的开发至今尚未完全摆脱手工作坊式的开发方式。生产效率低。

⑥ 软件是复杂的,而且以后会更加复杂。软件是人类有史以来生产的复杂度最高的工业产品。软件涉及人类社会的各行各业、方方面面,软件开发常常涉及其他领域的专门知识,这对软件工程师提出了很高的要求。

⑦ 软件的成本相当昂贵。软件开发需要投入大量、高强度的脑力劳动,成本非常高,风险也大。现在软件的开销已大大超过了硬件的开销。

⑧ 软件工作涉及很多社会因素。许多软件的开发和运行涉及机构、体制和管理方式等问题,还会涉及人们的观念和心理。这些人为因素,常常成为软件开发的困难所在,直接影响到软件项目的成败。

4. 软件危机

软件危机指的是在计算机软件的开发和维护过程中所遇到的一系列严重问题。

在计算机系统发展的初期,硬件通常用来执行一个单一的程序,而这个程序又是为一个特定的目的而编制的。早期当通用硬件成为平常事情的时候,软件的通用性却是很有限的。大多数软件是由使用该软件的个人或机构研制的,软件往往带有强烈的个人色彩。早期的软件开发也没有什么系统的方法可以遵循,软件设计是在某个人的头脑中完成的一个隐藏的过程。而且,除了源代码往往没有软件说明书等文档。

从 20 世纪 60 年代中期到 20 世纪 70 年代中期是计算机系统发展的第二个时期,在这一时期软件开始作为一种产品被广泛使用,出现了"软件作坊"专职为别人写软件。这一时期软件开发的方法基本上仍然沿用早期的个体化软件开发方式,但软件的数量急剧膨胀,软件需求日趋复杂,维护的难度越来越大,开发成本令人吃惊地高,而失败的软件开发项目却屡见不鲜。

1968 年北大西洋公约组织的计算机科学家在联邦德国召开的国际学术会议上第一次提出了"软件危机"(software crisis)这个名词。软件危机主要有以下表现:

1) 软件成本日益增长

在计算机发展的早期,大型计算机系统主要是被设计应用于非常狭窄的军事领域。在这个时期,研制计算机的费用主要由国家财政提供,研制者很少考虑到研制代价问题。随着计算机市场化和民用化的发展,计算机应用越来越广泛普及,其代价和成本就成为投资者考虑的最重要的问题之一。20 世纪 50 年代,软件成本在整个计算机系统成本中所占的比例为 10%~20%。但随着软件产业的发展,软件成本日益增长。相反,计算机硬件随着技术的进步、生产规模的扩大,价格却不断下降。这样一来,软件成本在计算机系统中所占的比例越来越大。到 20 世纪 60 年代中期,软件成本在计算机系统中所占的比例增长到 50%左右。进入 21 世纪以后,软件费用又有进一步增加,软件成本在计算机家族总成本所占的比例约为 70%,并呈现日益扩大的趋势。

2) 软件开发的进度难于控制

由于软件是逻辑、智力产品,软件的开发需建立庞大的逻辑体系,设计软件比设计硬件所使用的逻辑量要多 10~100 倍。这与其他产品的生产不同。例如,工厂里要生产某种机器,在时间紧的情况下可以要工人加班或者实行"三班倒",而这些方法都不能用在软件开发上。在已拖延的软件项目开发过程中,增加人力只会使其更难按期完成。因为软件系统的结构很复杂,各部分关联紧密,临时盲目增加软件开发人员并不能成比例地提高软件开发能力。相反,随着人员数量的增加,人员的组织、协调、通信、培训和管理等方面的问题将更为严重。

此外,同样的软件算法在程序实现上的差别也非常大,加之在软件开发过程中用户需求变化等各种意想不到的情况层出不穷,所以投入的资源能否出结果,出什么样的结果,事先很难预料。软件的这一特点,使软件开发过程很难保证按预定计划实现。举例来说,许多重要的大型软件开发项目,如 IBM OS/360 和世界范围的军事命令控制系统(WWMCCS),在耗费了大量的人力和财力之后,由于离预定目标相差甚远不得不宣布失败。

3)估计软件工作量很困难

通常完成一项任务时,需要根据其复杂性、工作量及进度要求安排人力,但是软件开发工作量是很难估计的。因为一方面软件开发实际上是逻辑思维过程,在写出程序并拿到计算机上运行之前,软件开发的进展情况难于衡量,质量也难于评价,其工作量是很难估计的。另一方面,软件规模和复杂性呈指数剧增,开发一个大型软件系统,往往需要成百上千人分工协作。由于软件系统的结构很复杂,各部分联系密切,大量的通信、后勤工作增大了工作量。因此,增加人员,往往不仅不能缩短开发时间,反而会延缓进度,这是与生产一般工业产品的不同之处。

4)软件质量难于保证

软件不同于硬件,软件不会用坏,不存在零件更换问题,但不允许存在误差,不能发生错误,否则后果十分严重。医疗系统中的软件错误可能造成生命危险,银行系统中的软件错误会使金融混乱,航空管理系统中的错误会造成飞机失事。软件一旦发生错误时,只能在生产现场改正或修改原来的设计。大型系统在开发时,无法看出是否能正确工作,错误率高,质量很难控制。日本投入 50 亿美元开发第五代计算机的计划,就因为软件原因而下马。

软件的质量问题与其他商品的质量问题有很大不同,软件专业设计人员与用户对计算机的了解和想法有很大的距离,程序人员通常习惯性地以自己的想法去理解用户对软件的要求,使软件设计带有随意性。而用户对自己所想使用的软件功能和性能在事前也难以说清楚,这样在需求分析上就难免存在差距。此外,在软件开发过程中,即使有多种文档,大量的素材仍在程序员的头脑中,软件也只有程序清单,这就使得不了解情况的人很难插上手,最终导致了软件的修改和维护十分困难。实际上对软件质量最有发言权的是用户,但用户无法也无力参加到软件的质量管理中,这就导致软件设计常有不少随意性,使软件质量控制成为一个很难解决问题,以至软件产业普遍存在投入了大额资金和大量人力,而得不到用户满意的产品。

5)软件维护困难

实际上,即使是正式投入使用的商业软件,也会存在一定数量的缺陷。随着时间的推移,在不同的运行条件下,软件会出现故障,需要维护。软件维护困难主要原因如下:

① 软件不是一种实物,而是逻辑元件,软件故障属逻辑故障,不是硬件的"用旧"、"损坏"之类的问题。维护软件不是更换某种备件,而是要纠正逻辑缺陷,使之改正错误,增加适

应性。

②当软件系统规模庞大,问题复杂时,经常会发生"纠正一个错误带来更多新错误"的问题。

③软件修改和扩充表现为改变程序中几条语句或几条指令,当系统投入运行后为适应新增加或变化的设备条件或为增添新功能,经常要提出要求进行维护。因此,软件的维护工作量较大。

有资料表明,工业界为维护软件支付的费用占全部硬件和软件费用的 40%～75%。

5. 软件危机产生的原因

从软件危机的种种表现和软件作为逻辑产品的特殊性可以发现软件危机的原因:

1)用户需求不明确

在软件开发过程中,用户需求不明确问题主要体现在四个方面:

①在软件开发出来之前,用户自己也不清楚软件的具体需求。

②用户对软件需求的描述不精确,可能有遗漏和二义性,甚至有错误。

③在软件开发过程中,用户提出修改软件功能、界面、支撑环境等方面的要求。

④软件开发人员对用户需求的理解与用户本来愿望有差异。

2)缺乏正确的理论指导

缺乏有力的方法学和工具方面的支持。由于软件开发过程是复杂的逻辑思维过程,其产品极大程度地依赖于开发人员高度的智力投入。由于过分地依靠程序设计人员在软件开发过程中的技巧和创造性,加剧软件产品的个性化,也是发生软件危机的一个重要原因。

3)软件规模越来越大

随着软件应用范围的扩大和广泛,软件项目的规模愈来愈大。大型软件项目需要组织一定的人力共同完成,大多数管理人员缺乏开发大型软件系统的经验,而多数软件开发人员又缺乏管理方面的经验。各类人员的信息交流不及时、不准确、有时还会产生误解。软件项目开发人员不能有效地、独立自主地处理大型软件的全部关系和各个分支,容易产生疏漏和错误。

4)软件复杂度越来越高

软件不仅仅是在规模上快速地发展扩大,而且其复杂性也急剧地增加。软件产品的特殊性和人类智力的局限性,导致人们无力处理过于复杂的问题。所谓"复杂问题"的概念是相对的,一旦人们采用先进的组织形式、开发方法和工具提高了软件开发效率和能力,新的、更大的、更复杂的问题又摆在人们的面前。

3.1.2 软件工程的概念

"软件危机"使人们开始对软件及其特性进行更深一步研究,人们改变了早期对软件的不正确看法。早期那些被认为是优秀的程序常常很难被别人看懂,通篇充满了程序技巧。现在人们普遍认为优秀的程序除了功能正确,性能优良之外,还应该容易看懂、容易使用、容易修改和扩充。

1. 软件工程的定义

软件工程是一门研究如何用系统化、规范化、数量化等工程原则和方法去进行软件的开发和维护的学科。它采用传统工程的概念、原理、技术和方法来开发与维护软件,把经过时间考验而证明正确的管理技术和当前能够得到的最先进的技术方法结合起来。

现在人们认识到:按照工程化的原则和方法组织软件开发工作,是摆脱软件危机的一个主要出路。软件工程包括两方面内容:软件开发技术和软件项目管理。

(1) 软件开发技术包括软件开发方法学、软件工具和软件工程环境。

(2) 软件项目管理包括软件质量控制、成本估算、进度控制、人员组织、配置管理、项目计划等。

软件工程也是一种求解软件的过程,它应用计算机科学、数学、工程科学及管理科学的基本原理,借鉴已有的工程方法和原则,提高软件质量,降低成本。其中,计算机科学和数学用于构造模型与算法;工程科学用于制定规范、设计模型、评估成本及权衡利弊;管理科学用于计划、资源、质量、成本等管理。因此,可以说软件工程是一门指导计算机软件开发和维护的交叉学科,是信息化进程中的技术支持。与其他工程之间的主要区别是,软件工程的产品是程序,而不是其他什么有形的物质产品。

2. 软件工程的特点

统计数据表明,大多数软件开发项目的失败,主要并不是由于软件开发技术方面的原因,它们的失败是由于不适当的软件项目管理造成的。所谓软件项目管理,指的是在软件开发过程中除了先进技术和开发方法以外,还要有一整套的管理方法。侧重的是软件开发商在软件开发的过程中对需求管理、计划安排、合同规范、项目跟踪、资源分配和质量要求等的管理方式。换句话讲就是对软件开发全过程规范化及标准化的管理。

随着软件开发的深入、各种技术的不断创新和软件形成产业以来,人们越来越意识到软件项目管理的重要性。人们提出软件工程概念的主要目的在于确定软件开发技术和软件项目管理的规范,以使软件开发工程化,具有大规模生产的特性。软件工程技术有两个明显的特点:

① 强调规范化。为了使由许多人共同开发的软件系统能准确无误地工作,开发人员必须遵守相同的约束规范,就是用统一的软件开发模型来规范软件开发步骤和应该进行的工作,用产品描述模型来规范文档格式,使其具有一致性和兼容性。规范化使软件生产摆脱了个人生产方式,进入了标准化、工程化的生产阶段。

② 强调文档化。一个复杂的软件要想让其他人员读懂,除程序代码外,还应有完备的设计文档来说明开发者的设计思想、设计过程和设计的具体实现技术等一系列相关信息。因此文档是十分重要的,它是开发人员相互进行沟通,以达到协同一致工作的有利工具。而且,开发人员按要求进度提交指定内容的文档,能使软件生产过程的不可见性变为部分可见,从而便于管理者对软件生产进度和软件开发过程进行管理。最后,可以通过对提交的文档进行技术审查和管理审查,保证软件的质量和有效的管理。

3. 软件工程的目标、原则和活动

软件工程所涉及的要素包括软件工程目标、软件工程活动和软件工程原则等。

1）软件工程的目标

软件工程的主要目标是生产具有正确性、可用性以及成本合宜的软件产品。正确性意指软件产品达到预期功能的程度。可用性指软件基本结构、实现及文档为用户可用的程度。成本合宜性是指软件开发、运行的整个开销满足用户要求的程度。这些目标的实现不论在理论上还是在实践中均存在很多问题有待解决，它们形成了对过程、过程模型及工程方法选取的约束。

2）软件工程活动

软件工程活动是指生产一个最终满足需求且达到工程目标的软件产品所需要的步骤。主要包括用户需求、设计、实现、确认以及技术支持等活动。用户需求活动包括问题分析和需求分析。问题分析获取需求定义，又称软件需求规约。需求分析生成功能规约。设计活动一般包括概要设计和详细设计。概要设计建立整个软件体系结构，包括子系统、模块以及相关层次的说明、每一模块接口定义。详细设计产生程序员可用的模块说明，包括每一模块中数据结构说明及加工描述。实现活动把设计结果转换为可执行的程序代码。确认活动贯穿于整个开发过程，实现完成后的确认，保证最终产品满足用户的要求。支持活动包括修改和完善。伴随以上活动，还有管理过程、支持过程、培训过程等。

3）软件工程原则

软件工程围绕工程设计、工程支持以及工程管理，提出了以下原则。

（1）选取适宜开发模型。该原则与软件项目开发的系统设计有关。在系统设计中，软件需求、硬件需求以及其他因素之间是相互依存、相互制约、相互影响的，软件开发人员经常需要权衡其作用和利弊。因此，必须认识需求定义的易变性，采用适宜的开发模型予以控制，以保证软件产品满足用户的要求。

（2）采用合适的设计方法。在软件设计中，通常要考虑软件的模块化、抽象与信息隐蔽、局部化、一致性以及适应性等特征。合适的设计方法有助于这些特征的实现，以达到软件工程的目标。

（3）提供高质量的工程支持。"工欲善其事，必先利其器"。在软件工程中，软件工具与环境对软件过程的支持颇为重要。软件质量与成本直接取决于对软件工程所提供的支撑质量和效用。

（4）重视开发过程的管理。软件工程的管理直接影响可用资源的有效利用，生产满足目标的软件产品，提高软件组织的生产能力等问题，它们对软件工程实施的成败起到关键作用。

4. 软件工程的内容和作用

软件工程学科的研究内容主要包括：软件开发模型、软件开发方法、软件过程、软件工具、软件开发环境、计算机辅助软件工程（CASE）及软件经济学等。

软件工程学科的作用是提高软件开发的效率和提高软件质量。自从软件工程概念提出以来,经过数十年的研究与实践,虽然"软件危机"没得到彻底解决,但在软件开发方法和技术方面已经有了很大的进步。尤其应该指出的是,自 20 世纪 80 年代中期,人们开始认识到,在软件开发中,最关键的问题是软件开发组织不能很好地定义和管理其软件项目,从而使一些好的开发方法和技术都起不到所期望的作用。软件工程是针对软件危机提出来的。软件开发是一项需要良好组织,严密管理且各方面人员配合协作的复杂工作,软件工程正是指导这项工程的一门科学。软件工程在过去一段时间内已经取得了长足的进展,可以说在软件的开发和应用中起到了其应有的作用。

3.2 软件工程方法

软件工程是用工程、科学和数学的原则与方法研制、维护计算机软件的有关技术及管理方法。

(1)方法:软件工程方法为软件开发提供了"如何做"的技术,是完成软件工程项目的技术手段。

(2)工具:软件工具是人类在开发软件的活动中智力和体力的扩展和延伸,为软件工程方法提供了自动的或半自动的软件支撑环境。

(3)过程:软件工程的过程则是将软件工程的方法和工具综合起来以达到合理、及时地进行计算机软件开发的目的。

3.2.1 软件工程研究的热点课题

随着社会生产力的发展和科学技术的进步,全球性贸易竞争日益加剧,用户对软件提出了越来越严格的要求。为了满足用户越来越高的要求,软件技术正以前所未有的速度向深度和广度发展。软件工程的研究热点课题也随着软件技术的发展而不断变化着,即便在软件工程的领域内,研究热点也在不断转移。软件工程研究的热点经历了以下发展阶段。

① 开发工具软件:第一阶段的重点是着眼于提高程序员的工作效率,开发出形形色色的软件开发工具,如编辑、编译、跟踪、排错、源程序分析、反汇编、反编译等工具软件。

② 配套工具箱:第二阶段是把零散的开发工具软件归拢起来,集成为配套的工具箱。

③ 软件工程环境:第三阶段在工具箱的基础上增加了文件管理、数据库支持、版本管理、软件配置管理等功能,逐步形成了所谓的软件工程环境。

④ 软件模型:第四阶段软件工程研究的重点转到软件开发模型和生命期方法两个课题上,即如何划分软件开发过程的不同阶段,包括需求分析、概要与详细设计、编程、测试、维护等,而"瀑布模型"的出现就是企图把其他行业中进行工程项目的做法搬到软件行业中来。它强调在编程之前一定要把用户需求彻底弄个明白,以及软件开发工作要分阶段进行,前一阶段的工作没有彻底做好之前决不进行下一阶段的工作。

3.2.2 软件工程方法的基本原理

自从 1968 年软件工程问世以来,研究软件工程的专家学者们陆续提出了一百多条关于软件工程的准则,经过整理综合后,归纳成软件工程方法的七条基本原理。这七条原理是确保软件产品质量和开发效率的缺一不可的最小集合;它们是独立的,又是相当完备的。虽然人们还不能用数学方法严格证明它们是一个完备的集合。

1) 用分阶段的生命期计划严格管理

把软件生命期分成若干阶段,并相应制订出切实可行的计划,然后严格按照计划对软件的开发和维护进行管理。一般在整个软件生命期中应指定并严格执行六类计划:项目概要计划、里程碑计划、项目控制计划、产品控制计划、验证计划、运行维护计划。

2) 坚持进行阶段评审

统计结果显示:大约 63％的错误是在编码之前造成的,而且错误发现的越晚,改正它要付出的代价就越大,大约要差几个数量级。因此,软件的质量检测保证工作不能等到编码结束之后再进行,应坚持进行严格的阶段评审,以便尽早发现错误。

3) 实行严格的产品控制

在软件开发过程中,开发人员最头痛的事情之一就是改动用户需求,但是实践证明,用户需求的改动往往又是不可避免的,因而要采用科学的产品控制技术来顺应这种客观存在的要求。也就是要采用变更控制技术,又叫基准配置管理。当需求变动时,其他各个阶段的文档或代码随之相应变动,以保证软件的一致性。

4) 采纳现代程序设计技术

从早期的结构化软件开发技术,到最新的面向对象技术;从第一、第二代计算机语言,到第四代计算机语言,人们已经充分认识到:方法大于力气。采用先进的程序设计技术既可以提高软件开发的效率,又可以减少软件维护的成本。

5) 高度重视软件测试工作

测试是软件生存周期中极为重要的一个过程,是产品发布、提交给最终用户前的稳定化阶段,其目的是确保软件的质量。软件测试在整个软件开发过程中是至关重要的,它能避免因软件中存在的一些小错误而酿成日后巨大的损失。软件测试不仅是在测试软件产品本身的质量,而且还保证整个软件开发过程的质量,避免软件开发过程中的缺陷,节约成本,确保工期。

6) 结果应能清楚地审查

软件开发小组的工作进展情况可见性差,难于评价和管理。为更好地进行管理,应根据软件开发的总目标及完成期限,尽量明确地规定开发小组的责任和产品标准,从而使阶段性结果能方便、清楚地获得检测审查。

7) 开发小组的人员应少而精

开发人员的素质和数量是影响软件质量和开发效率的重要因素,开发小组的人员应该少而精。高素质开发人员的效率比低素质开发人员的效率要高得多,开发工作中犯的错误也要少得多。

8）承认不断改进软件工程实践的必要性

对于软件开发工作，不仅要积极采纳新的软件开发技术，还要注意不断总结经验，收集进度和成本等方面的数据，统计错误类型和问题的性质，以及应该优先进行研究的方法和技术。

3.2.3 软件开发的生命期方法

软件工程采用的生命期方法就是从时间角度对软件开发和维护的复杂问题进行分解，把软件生存期依次划分为若干个阶段，每个阶段有相对独立的任务，而且比较简单，便于不同开发人员分工协作，从而降低了整个软件开发的难度。

采用生命期方法开发软件时，从对任务的抽象逻辑分析开始，一个阶段一个阶段地进行开发。前一个阶段任务的完成是开始进行后一个阶段工作的前提和基础，而后一阶段任务的完成通常是使前一阶段提出的解法更进一步具体化。每一个阶段的开始和结束都有严格标准，对于任何两个相邻的阶段而言，前一阶段的结束标准就是后一阶段的开始标准。在每一个阶段结束之前都必须进行正式严格的技术审查和管理复审，从技术和管理两方面对这个阶段的开发成果进行检查验收，通过之后这个阶段才算结束；如果检查通不过，要进行返工，返工后还要再经过审查。

1. 软件定义时期

软件定义时期的任务是确定软件开发必须完成的总目标；确定项目的可行性，导出实现项目目标应该采用的策略及系统必须完成的功能；估计完成该项目需要的资源和成本，并且制定项目实施进度表。这个时期的工作通常划分成三个阶段，总称为系统分析，由系统分析师负责完成。

1）问题定义

软件开发问题定义阶段的关键所在是要搞清楚：软件要解决的问题是什么？系统分析师通过对用户的访问调查，扼要地写出他对问题的理解，并与用户认真讨论这份书面报告，澄清含糊不清的地方，改正理解不正确的地方，最后得出一份双方都满意的文档。问题定义阶段是软件生存期中最简短的阶段，一般只需要一天甚至更少的时间。

2）可行性研究

可行性研究阶段要回答的关键问题是：对于所确定的问题有行得通的解决办法吗？这个阶段的任务不是具体解决问题，而是研究问题的范围，探索这个问题是否值得去解，是否有可行的解决办法，并导出系统的高层逻辑模型，这种模型通常用数据流图表示，然后在此基础上更准确、更具体地确定项目规模和目标，比较准确地估计系统的成本和效益。可行性研究的结果是投资方做出是否继续进行该项目的决定的重要依据。

3）需求分析

需求分析阶段要回答的主要问题是：为了解决这个问题，目标系统必须做什么？通常用户了解他们所面对的问题，知道必须做什么，但是一般不能完整准确地表达出他们的要求，更不知道怎样利用计算机解决他们的问题；软件开发人员知道怎样使用软件实现人们的要求，但是对特定用户的具体要求并不完全清楚。因此系统分析师在需求分析阶段必须和用户密切配合,充分沟通交流信息,以得出经过用户确认的开发过程模型。

在需求分析阶段确定的开发过程模型是以后设计和实现目标系统的基础,因此必须准确完整地体现用户的要求。软件工程使用的结构分析设计的方法为每个阶段都规定了特定的结束标准。为了有效地防止和克服急于着手进行具体设计的倾向,需求分析阶段必须严格按照有关的标准规范,编写及提供经过用户、系统分析师和监理三方共同签字确认的《用户需求分析报告》。

2. 软件开发时期

软件开发时期具体设计和实现在前一个时期定义的软件,它通常由下述四个阶段组成:

1) 总体设计(概要设计)

在总体设计阶段中,软件开发人员的第一项主要任务是考虑几种可能的解决方案:

(1) 低成本的解决方案。系统只能完成最必要的工作,不能多做一点额外的工作。

(2) 中等成本的解决方案。这样的系统不仅能够很好地完成预定的任务,使用起来很方便,而且可能还具有用户没有具体指定的某些功能和特点。虽然用户没有提出这些具体要求,但是系统分析师根据自己的经验断定,这些附加的能力在实践中将证明是很有价值的。

(3) 高成本的全面解决方案。这样的系统功能齐全、性能优异、使用方便、维护简单、自动化和智能化程度高,具有用户可能希望有的所有功能和特点。

系统分析师应该使用系统流程图或其他工具描述每种可供选择的系统方案,估计每种方案的成本和效益,在充分权衡各种方案的利弊的基础上,向用户推荐一个最优系统方案,并且为实现所推荐的最优方案制订出详细计划。总体设计阶段的第二项主要任务就是选取软件开发的体系平台,设计软件的结构,确定程序由哪些模块组成以及模块间的关系。

2) 详细设计

在详细设计阶段需要知道应该如何解决这个问题。总体设计阶段以比较抽象概括的方式提出了解决问题的办法。详细设计阶段的任务就是把解决办法具体化,即要采用哪些具体措施来实现系统方案。这个阶段的任务还不是编写程序,而是设计出程序的详细规格说明。这种规格说明的作用很类似于其他工程领域中工程师使用的工程蓝图,应该包含必要的细节,程序员可以根据它们写出实际的程序代码。

3) 编码和单元测试

编码和单元测试阶段的关键任务是编写程序代码,由程序员写出正确的、容易理解、维护性好的程序模块。程序员应该根据目标系统的性质和实际环境,选取一种适当的高级程序设计语言,或者必要时采用汇编语言,把详细设计的结果翻译成用选定的语言书写的程序,并且仔细测试编写出的每一个模块。

4) 综合测试

软件综合测试阶段的关键任务是通过各种类型的测试及相应的调试,使软件达到预定的目标要求。最基本的测试是系统测试和验收测试。所谓系统测试是根据设计的软件结构,把经过单元测试检验的模块集成装配起来,在集成装配过程中对程序进行必要的测试。

所谓验收测试则是按照用户需求分析报告的要求,由用户、程序员和监理三方一起对目标系统进行验收。必要时还可以再通过现场测试或平行运行等方法对目标系统进一步测试检验。

3. 软件维护时期

软件维护时期的主要任务是使软件持久地满足用户的需要。当软件在使用过程中发现错误时应该加以改正;当环境改变时应该修改软件以适应新的环境;当用户有新要求时应该及时改进软件,以满足用户的新需要。通常有四类维护活动。

(1)改正性维护:也就是诊断和改正在使用过程中发现的软件错误。

(2)适应性维护:对软件作某些修改,以适应环境的变化。

(3)完善性维护:根据用户的要求改进或扩充软件功能和内容,使它更完善。

(4)预防性维护:修改软件的目的是为将来的维护活动预先做准备。

虽然没有把维护阶段进一步划分成更小的阶段,但是实际上每一项维护活动都应该经过提出维护要求,分析维护要求,设计维护方案,审批维护方案,确定维护计划,修改软件设计,修改程序,测试程序,复查验收等一系列步骤,即经历了一次压缩和简化了的软件定义和开发过程。

4. 系统分析师的素质要求

用户需求分析是软件开发过程中最关键的一步,系统分析师为了真正做好用户需求分析工作,需要克服许多其他开发者不可能遇到的困难,要求他们具有良好的心理素质和解决问题的技能。

(1)善于交际、沟通能力强。优秀的系统分析师必须能够同软件涉及的所有人进行有效沟通,起桥梁纽带作用,既善于同用户及领导沟通,又能同开发组的其他同事(编程人员)融为一体、协同一致、紧密配合。

(2)见多识广、善于学习。兴趣广泛,知识面宽阔,对不同用户从事的各行各业都有所了解,并且为人谦虚、善于学习,能在比较短的时间内了解及掌握用户所从事行业的情况,并能以用户所熟悉的语言和专业知识与用户打交道。

(3)善解人意、理解力强。思想活跃、善解人意,对用户具有足够的理解和同情,能充分了解用户意图,包括用户没有明确提出来、隐蔽的合理要求。当出现用户自己也不清楚软件的具体需求,或用户对软件需求的描述不精确,可能有遗漏、二义性,甚至有错误的时候,能够摸清用户的真实思想,理解到用户对软件的真正的愿望、目的和要求。

(4)经验丰富、技术过硬。具有良好的计算机编程基础,有一定的软件开发经验,具有扎实的软件工程基础知识、过硬的技术和领导组织能力。并对完成用户的需求、对自己和开发组的能力有足够的自信心。

(5)探索创新、追求完美。具有创新精神、超前意识、整体观念和团队合作精神;对细节敏感,善于发现问题、解决问题;掌握软件自动化测试工具,对软件缺陷具有一定的分析排除能力。

3.3　软件开发过程和方法

3.3.1　软件开发过程模型

1. 瀑布模型

瀑布模型将软件生命周期划分为制订计划、需求分析、软件设计、程序编写、软件测试和运行维护等六个基本活动，并且规定了它们自上而下、相互衔接的固定次序，如同瀑布流水，逐级下落（见图 3-1）。瀑布模型强调文件的作用，并要求每个阶段都要仔细验证。但是，这种模型的线性过程太理想化，已不再适合现代的软件开发模式，几乎被业界抛弃。

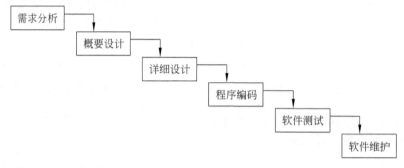

图 3-1　标准的瀑布模型

2. 螺旋模型

1988 年 Barry Boehm 正式发表了软件系统开发的螺旋模型，它将瀑布模型和快速原型模型结合起来，采用迭代方法，强调了其他模型所忽视的风险分析，特别适合于大型复杂的系统。螺旋模型沿着螺线进行若干次迭代，图 3-2 中的四个象限代表了制订计划、风险分析、实施工程和客户评估四项基本活动，强调可选方案和约束条件从而支持软件的重用，有助于将软件质量作为特殊目标融入产品开发之中。

3. 快速原型模型

快速原型法的第一步是建造一个快速原型，实现用户与系统之间的交互，用户可以通过对原型的评价，进一步细化待开发软件的需求，由此通过逐步调整原型而进一步满足用户的要求，开发人员也可以确定用户的真正需求是什么；第二步则在第一步的基础上开发用户满意的软件产品。图 3-3 表示了快速原型模型开发过程。快速原型法可以克服瀑布模型的缺点，减少由于软件需求不明确带来的开发风险。

4. 增量模型

在增量模型中，软件被作为一系列的增量构件来设计、实现、集成和测试，每一个构件能够满足一定功能，开发人员逐个构件地向用户提交产品。每次用户都能得到一个满足部分

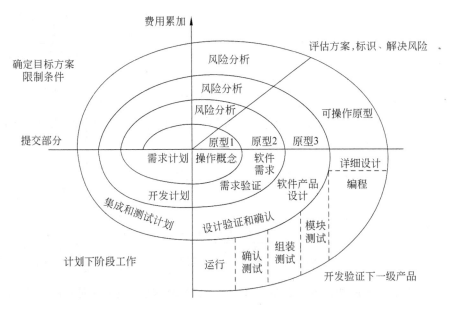

图 3-2 螺旋模型（迭代方法）

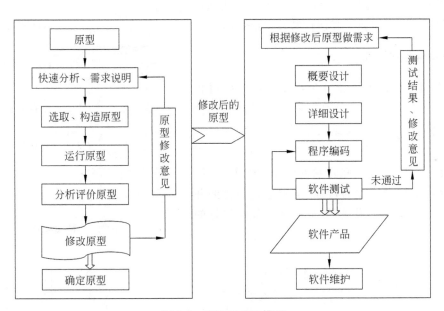

图 3-3 快速原型法模型

功能的构件，直到最后一次得到一个满足全部需求的完整产品（见图 3-4）。

5. 喷泉模型

喷泉模型与传统的模型比较，具有更多的增量和迭代性质，生存期的各个阶段可以相互重叠和多次反复，而且在软件整个生存期中还可以嵌入子生存期。就像水喷上去又可以落下来，可以落在中间，也可以落在最底部。在面向对象模型中，软件过程之间的迭代或一个

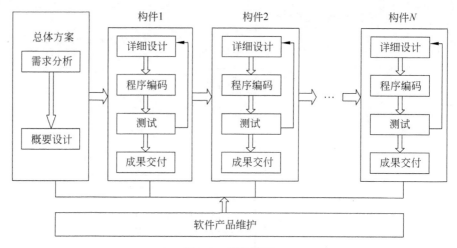

图 3-4　增量模型

阶段各工作步骤之间的迭代更为普遍。采用面向对象方法实现的这种在概念上和表示方法上的一致性保证了开发活动间的无缝过渡。同时，面向对象概念不将分析、设计或编码等开发活动之间划出明显界限，体现了其迭代特性(见图 3-5)。

6. 构件组装模型

面向对象的技术为软件工程基于构件的过程模型提供了技术框架。面向对象技术强调类的创建，类封装了数据以及操纵该数据的算法。面向对象的类可以复用，这就使构件组装模型在软件复用上存在优势，提高了软件开发的效率，如图 3-6 所示，它融合了喷泉模型的特征，本质上是演化的并且支持软件开发的迭代方法，它利用预先包装好的软件构件来构造应用程序。

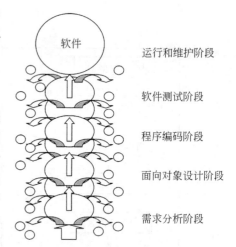

图 3-5　喷泉模型

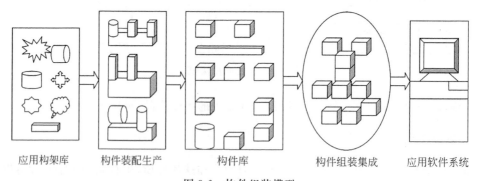

图 3-6　构件组装模型

3.3.2　软件开发方法

1. Parnas 方法

最早的软件开发方法是由 D. Parnas 在 1972 年提出的。由于当时软件在可维护性和可靠性方面存在着严重问题,因此 Parnas 提出的方法是针对这两个问题的。首先,Parnas 提出了信息隐蔽原则:在概要设计时列出将来可能发生变化的因素,并在模块划分时将这些因素放到个别模块的内部。这样,在将来由于这些因素变化而需修改软件时,只需修改这些个别的模块,其他模块不受影响。信息隐蔽技术不仅提高了软件的可维护性,而且也避免了错误的蔓延,改善了软件的可靠性。现在信息隐蔽原则已成为软件工程学中的一条重要原则。

Parnas 提出的第二条原则是在软件设计时应对可能发生的种种意外故障采取措施。软件是很脆弱的,很可能因为一个微小的错误而引发严重的事故,所以必须加强防范。如在分配使用设备前,应该取设备状态字,检查设备是否正常。此外,模块之间也要加强检查,防止错误蔓延。

Parnas 对软件开发提出了深刻的见解。遗憾的是,他没有给出明确的工作流程。所以这一方法不能独立使用,只能作为其他方法的补充。

2. 结构化方法

结构化开发方法(SASD)是由 E. Yourdon 和 L. L. Constantine 于 1978 年提出的,即所谓的 SASD 方法,也可称为面向功能的软件开发方法或面向数据流的软件开发方法。1979 年 Tom DeMarco 对此方法作了进一步的完善。

SASD 方法是 20 世纪 80 年代使用最广泛的软件开发方法。它首先用结构化分析(SA)对软件进行需求分析,然后用结构化设计(SD)方法进行总体设计,最后是结构化编程(SP)。这一方法不仅开发步骤明确,SA、SD、SP 相辅相成,一气呵成,而且给出了两类典型的软件结构(变换型和事务型),便于参照,使软件开发的成功率大大提高,从而深受软件开发人员的青睐。

3. 面向数据结构的软件开发方法

1) Jackson 方法

1975 年,M. A. Jackson 提出了一类至今仍广泛使用的、最典型的面向数据结构的软件开发方法,它把问题分解为可由三种基本结构形式表示的各部分的层次结构。三种基本的结构形式就是顺序、选择和重复。三种数据结构可以进行组合,形成复杂的结构体系。这一方法从目标系统的输入、输出数据结构入手,导出程序框架结构,再补充其他细节,就可得到完整的程序结构图。这一方法对输入、输出数据结构明确的中小型系统特别有效,如商业应用中的文件表格处理。该方法也可与其他方法结合,用于模块的详细设计。

2) Warnier 方法

1974 年,J. D. Warnier 提出的软件开发方法与 Jackson 方法基本类似。差别有三点:

第一个差别是它们使用的图形工具不同,分别使用 Warnier 图和 Jackson 图;第二个差别是使用的伪码不同;第三个差别也是最主要的差别,是在构造程序框架时,Warnier 方法仅考虑输入数据结构,而 Jackson 方法不仅考虑输入数据结构,而且还考虑输出数据结构。

4. 面向问题的分析方法

面向问题分析方法(Problem Analysis Method,PAM)是 20 世纪 80 年代末由日立公司提出的一种软件开发方法。面向问题分析方法希望能兼顾结构化方法、Jackson 方法和自底向上的软件开发方法的优点,而避免它们的缺陷。它的基本思想是:考虑到输入输出数据结构,指导系统的分解,在系统分析指导下逐步综合。这一方法的具体步骤是:从输入输出数据结构导出基本处理框,分析这些处理框之间的先后关系,按先后关系逐步综合处理框,直到画出整个系统的 PAD 图。从上述步骤中可以看出,这一方法本质上是综合的自底向上的方法,但在逐步综合之前已进行了有目的的分解,这个目的就是充分考虑系统的输入输出数据结构等。

5. 原型化方法

原型化方法比较适合于用户需求不清、业务理论不确定、需求经常变化的情况。当系统规模不是很大也不太复杂时采用该方法是比较好的。随着人们系统开发经验的增多,发现并非所有需求都能预先定义,反复修改是不可避免的。另外,能够采用原型化方法是因为开发工具的快速发展,如使用 VB、Delphi 等工具就可以迅速的开发出一个可以让用户看得见、摸得着的系统框架,这样,对于计算机不是很熟悉的用户就可以根据这个样板提出自己的需求。

开发原型化系统一般有以下几个阶段:
① 确定用户需求。
② 开发原始模型。
③ 征求用户对初始原型的改进意见。
④ 修改原型。

6. 面向对象的软件开发方法

面向对象技术是软件技术的一次革命,在软件开发史上具有里程碑的意义。随着面向对象编程(OOP)向面向对象设计(OOD)和面向对象分析(OOA)的发展,最终形成面向对象的软件开发方法(OMT)。这是一种自底向上和自顶向下相结合的方法,而且它以对象建模为基础,从而不仅考虑了输入输出数据结构,实际上也包含了所有对象的数据结构。所以面向对象的软件开发方法彻底实现了面向问题分析方法没有完全实现的目标。面向对象技术在需求分析、可维护性和可靠性这三个软件开发的关键环节和质量指标上有了实质性的突破,彻底地解决了在这些方面存在的严重问题,从而在解决软件危机方面从技术上迈出了一大步。

(1) 对象:对象是指一组属性及这组属性上的专用操作的封装体。属性可以是一些数据,也可以是加一个对象。每个对象都有它自己的属性值,表示该对象的状态,用户只能看见对象封装界面上的信息,对象的内部实现对用户是隐藏的。封装的目的是使对象的使用者和生产者分离,使对象的定义和实现分开。一个对象通常可由三部分组成,分别是对象名、属性和操作(方法)。

(2)类:类是一组具有相同属性和相同操作的对象的集合。在分析和设计时,人们会把注意力集中在类上,而不是具体的对象上。通常把一个类和它所有的对象称为类及对象或对象类。

类由类名、属性和操作(方法)三部分组成。每个类一般都有实例,没有实例的类是抽象类。抽象类不能被实例化,抽象方法只需声明,而不需实现。抽象类的子类必须覆所有的抽象方法后才能被实例化,否则这个子类还是个抽象类。

(3)继承:继承是在某个类的层次关联中不同的类共享属性和操作的一种机制。一个父类可以有多个子类,这些子类都是父类的特例。父类描述了这些子类的公共属性和操作,子类还可以定义它自己的属性和操作。一个子类只有唯一的父类,可以从多个父类中继承特性,这种继承称为多重继承。对于两个类 A 和 B,如果 A 类是 B 类的子类,则 B 类是 A 类的泛化。继承是面向对象方法区别于其他方法的一个核心思想。

(4)封装:面向对象系统中的封闭单位是对象,对象之间只能通过接口进行信息交流,外部不能对对象中的数据随意地进行访问,这就造成了对象内部数据结构的不可访问性,也使得数据被隐藏在对象中。

(5)消息:消息是对象间通信的手段,一个对象通过向另一个对象发送消息来请求其服务。一个消息通常包括接收对象名、调用的操作名和适当的参数。消息只告诉接收对象需要完成什么操作,并不能指示接收者怎样完成操作,由接收者独立决定采用什么方法来完成所需的操作。

(6)多态性:多态性是指同一个操作作用于不同的对象时可以有不同的解释,并产生不同的执行结果。与多态性密切相关的一个概念就是动态绑定。传统的程序设计语言把过程调用与目标代码的连接放在程序运行前进行,称为静态绑定。而动态绑定则是指把这种连接推迟到运行时才进行。在运行过程中,当一个对象发送消息请求服务时,要根据接收对象的具体情况将请求的操作与实现的方法连接,即动态绑定。

(7)构件:构件(组件)是一个功能相对独立的具有可重用价值的软件单元。在面向对象方法中,一个构件由一组对象构成,包含了一些协作的类的集合,它们协同工作来提供一种系统功能。

7. 可视化开发方法

可视化开发是 20 世纪 90 年代软件界最大的两个热点之一。随着图形用户界面的兴起,用户界面在软件系统中所占的比例也越来越大,有的甚至高达 60%～70%。产生这一问题的原因是图形界面元素的生成很不方便。可视化开发使人们把注意力集中在业务逻辑和业务流程上,用户界面可以用可视化工具方便地构成。

可视化开发就是在可视开发工具提供的图形用户界面上,通过操作界面元素,诸如菜单、按钮、对话框、编辑框、单选框、复选框、列表框和滚动条等,由可视开发工具自动生成应用软件。

可视开发工具应提供两大类服务。一类是生成图形用户界面及相关的消息响应函数。通常的方法是先生成基本窗口,并在它的外面以图标形式列出所有其他的界面元素,让软件开发人员挑选后放入窗口指定位置。在逐一安排界面元素的同时,还可以用鼠标拖动,以使窗口的布局更趋合理。另一类服务是为各种具体的子应用的各个常规执行步骤提供规范窗口,它包括对话框、菜单、列表框、组合框、按钮和编辑框等,以供用户挑选。开发工具还提供消息响应函数。

可视化开发是软件开发方式上的一场革命,它使软件开发从专业人员的手中解放出来,对缓解 20 世纪 80 年代中后期爆发的应用软件危机有重大作用。

8. ICASE 方法

随着软件开发工具的积累,自动化工具的增多,软件开发环境进入了第三代 ICASE (Integrated Computer-Aided Software Engineering)方法。系统集成方式经历了从数据交换(早期 CASE 采用的集成方式为点到点的数据转换),到公共用户界面(第二代 CASE 可以在一致的界面下调用众多不同的工具),再到目前的信息中心库方式。这是 ICASE 的主要集成方式。它不仅提供数据集成和控制集成,还提供了一组用户界面管理设施和一大批工具,如垂直工具集(支持软件生存期各阶段,保证生成信息的完备性和一致性)、水平工具集(用于不同的软件开发方法)以及开放工具槽。

ICASE 方法的进一步发展是与其他开发方法相合,如与面向对象技术、软件重用技术结合,以及智能化的 ICASE 方法。近几年已出现了能实现全自动软件开发的 ICASE 方法。ICASE 方法的最终目标是实现应用软件的全自动开发,即开发人员只要写好软件的用户需求分析报告,软件开发环境就自动完成从需求分析开始的所有的软件开发工作,自动生成供用户直接使用的软件及有关文档。在应用最成熟的数据库领域,目前已有能实现全部自动生成的应用软件,如 MSE 公司的 Magic 系统。它只要求软件开发人员填写一系列表格(相当于要求软件实现的各种功能),系统就会自动生成应用软件。它不仅能节省 90% 以上的软件开发和维护的工作量,而且还能将应用软件的开发工作转交给熟练的用户。

9. 软件重用和组件连接

软件重用(reuse)又称软件复用或软件再用,它是利用已有的软件成分来构造新的软件。它可以大大减少软件开发所需的费用和时间,且有利于提高软件的可维护性和可靠性。目前软件重用沿着下面三个方向发展:

1) 基于软件复用库的软件重用

它是一种传统的软件重用技术。这类软件开发方法要求提供软件可重用成分的模式分类和检索,且要解决如何有效地组织、标识、描述和引用这些软件成分。采用两种方式进行软件重用:

① 生成技术:这是对模式的重用。由软件生成器通过替换特定参数,生成抽象软件的实例。

② 组装方式:常用的组装方式有子程序库技术,共享接口设计和嵌套函数调用等。组装方式对软件重用成分通常不作修改,或仅作很少的修改。

2）与面向对象技术结合

面向对象技术中类的聚集、实例对类的成员函数或操作的引用、子类对父类的继承等手段使软件的可重用性有了较大的提高，而且这种类型的重用容易实现。

3）组件连接

组件连接是目前发展最快的软件重用方式。组件连接技术（Object Linking and Embedding，OLE）给出了软件组件的接口标准。这样任何人都可以按此标准独立地开发组件和增值组件，或由若干组件组建集成软件。在这种软件开发方法中，应用系统的开发人员可以把主要精力放在应用系统本身的研究上，因为他们可在组件市场上购买所需的大部分组件。

软件组件市场和组件集成方式是一种社会化的软件开发方式，因此也是软件开发方式上的一次革命，必将极大地提高软件开发的劳动生产率，而且应用软件开发周期将大大缩短，软件质量将更好，所需开发费用会进一步降低，软件维护也更容易。

10. 敏捷软件开发方法

敏捷软件开发是一种从 20 世纪 90 年代开始逐渐引起广泛关注的一些新型软件开发方法，是一种应对快速变化的需求的一种软件开发能力。相对于"非敏捷"，更强调程序员团队与业务专家之间的紧密协作、面对面的沟通（认为比书面的文档更有效）、频繁交付新的软件版本、紧凑而自我组织型的团队、能够很好地适应需求变化的代码编写和团队组织方法，也更注重作为软件开发中人的作用。敏捷方法有时候被误认为是无计划性和纪律性的方法，实际上更确切的说法是敏捷方法强调适应性而非预见性。当项目的需求起了变化，团队能够迅速适应，快速适应现实的变化。

3.3.3 常用的程序设计语言

计算机语言指用于人与计算机之间通信的语言，是人与计算机之间传递信息的媒介，它包括程序设计语言，各种专用的或通用的命令语言、查询语言、定义语言等。语言是人们描述现实世界，表达自己思想观念的工具，分为自然语言与人工语言两大类。自然语言是人类在自身发展的过程中形成的语言，是人与人之间传递信息的媒介。人工语言指的是人们为了某种目的而自行设计的语言，计算机语言属于人工语言的一种。

1. 计算机低级语言

计算机内部存储数据和指令采用二进制（0 和 1）方式，由于计算机是不能识别与执行人类的自然语言的，要使计算机执行人们的意志，必须使计算机能识别指令。人们在设计某一类型计算机时，同时为它设计了一套"指令系统"，即事先规定好用指定的一个二进制指令代表一种操作。例如在 16 位机上，由 16 位二进制数据组成的一个指令代表一种操作。如用 1011011000000000 作为一条加法指令，计算机在接收此指令后就执行一次加法，用 1011010100000000 作为减法指令，使计算机执行一次减法。16 个 0 和 1 可组成各种排列组合，通过线路转换为电信号，使计算机执行各种不同的操作。这种由 0 和 1 组成的指令，称为"机器指令"。一种计算机系统的全部指令的集合称为该计算机的"机器语言"。在计算机诞生初期,为了使计算机能按照人们的意志工作,人们必须用机器语言编写好程序。机器语言难学、难记、难写,只有少数计算机专业人员经过专门训练才会使用它。

后来,出现了"汇编语言",用一组易记的符号代表一个机器指令,如用"ADD 1,2"代表一次加法,用"SUB 1,2"代表一次减法,汇编语言中的一条指令一般与一条机器指令相对应。实质上汇编语言和机器语言是相同的,都是面向具体计算机的语言,直接对硬件操作。只不过汇编语言的指令采用了英文缩写的标识符,比较容易识别和记忆。每一种类型的计算机都有自己的机器语言和汇编语言,不同机器之间互不相通。由于它们依赖于具体的计算机,被称为低级语言。

2. 计算机高级语言

20世纪50年代,出现了"高级语言"。它不依赖于具体的计算机,而是在各种计算机上都通用的一种计算机语言。高级语言和汇编语言相比,它不但将许多相关的机器指令合成为单条指令,并且去掉了与具体操作有关但与完成工作无关的细节,例如使用堆栈、寄存器等,这样就大大简化了程序中的指令。高级语言接近人们习惯使用的自然语言和数学语言,使人们易于学习和使用。计算机本身是不能直接识别高级语言的,必须将高级语言的程序翻译成计算机能识别的机器指令,计算机才能执行。这个翻译的工作是由"编译系统"软件来完成的。不同类型的计算机上使用的翻译软件是不同的。因此,在一台计算机上能运行某一种高级语言程序的条件是:必须在此计算机系统上配有此语言的编译系统。例如要在一台微机上运行C语言程序,必须先将为该微机设计的C编译系统装入计算机内。高级语言的出现使非专业人员能方便地编写程序,操纵使用计算机按人们的指令进行工作。

机器语言、汇编语言和高级语言统称为计算机的程序设计语言。简言之,用一串符号把一个计算机过程描述出来,就是一个程序。要制定一些严格的规则,以确定什么样的符号表示什么样的程序,这些规则的总和就叫做一种程序设计语言。在计算机语言的发展过程中,先后出现的程序设计语言至少有几千种,但是真正能普及应用的计程序设计语言却是屈指可数的。一种计算机语言要能流行普及,除了要有独有的特色以外,还要切合当时的应用需求。不同的程序设计语言有其不同的功能,人们可根据不同领域的需要选用不同的语言。

3. 计算机程序设计语言的划代

通常,计算机程序设计语言大致划分为以下四代。
① 第一代语言:机器语言(低级语言);
② 第二代语言:汇编语言(低级语言);
③ 第三代语言:过程化程序设计语言(高级语言);
④ 第四代语言:非过程化程序设计语言(高级语言)。

4. 第三代程序设计语言

高级语言与低级语言的主要区别是突破了与机器指令一一对应的限制,用尽可能接近自然语言的表达方式描述人们设想的处理过程,把这种表达方式向机器指令的转化工作交给编译系统去完成。其特点是容易学习,通用性强,书写出的程序比较短,便于推广和交流。

其中第三代程序设计语言(3G)一般是指过程化语言,全世界出现过 250 多种,是一类非常流行的程序设计语言。

1) 基本程序设计语言

① BASIC:入门级的语言,适合初学者应用,至今仍然是绝大多数软件开发人员接触到的第一门程序设计语言,同时也是最流行的计算机语言。

② FORTRAN:是一种简洁高效的用于数据计算的主流语言。

③ COBOL:主要用于进行商业和行政管理的程序设计语言。

④ C:是一种通过函数和过程等语言特性来构成结构化程序设计的语言。

⑤ Pascal:语法结构与 C 基本上是等价的,主要用于学习算法和数据结构等。

⑥ LISP:是一种表处理语言,主要用于人工智能。

⑦ C++:是一种在 C 语言的基础上设计并实现的面向对象语言,继承了 C 语言所有优点,如简洁性和高效性,同时引入了面向对象的思想,如类、封装、继承、多态等。

2) 可视化程序设计语言

原有的基本程序设计语言结合可视化的界面编程技术、面向对象思想,提高软件开发效率。

① VB(Visual Basic):微软公司推出的一种功能极强的面向对象的可视化程序设计语言,其基础是 BASIC 语言。

② VF(Visual FoxPro):由微软公司在 FoxPro 程序设计语言的基础上推出的功能强大、可视化、面向对象的数据库编程语言,同时它也是一种强大的数据库管理系统。

③ VC(Visual C):由微软公司推出的一种高级可视化计算机程序开发语言,其基础是 C 语言,特别适合用来编写各种复杂软件。

④ Delphi:由美国宝兰(Borland)公司推出的一种可视化、面向对象、事件驱动的计算机程序设计语言,其基础是 Pascal。

⑤ Java:由美国太阳(Sun)公司推出的新型程序设计语言,具有面向对象、平台无关性、稳固性、安全性、多线程等特性,以及增加了异常处理、网络编程等方面的功能。

⑥ XML(eXtensible Markup Language,可扩充标记语言):是一种元语言,允许标记文本用于 Web 文件的一种规范。可用来定义种种不同的标志语言,以满足不同的需要,特别在数据表现方面,包括方便地交换数据,避免烦琐的数据操作,实现数据的多种表现形式。

5. 第四代程序设计语言

第三代程序设计语言要求编程人员不仅要告诉计算机想做什么,而且还要告诉它怎么做。软件开发技术发展到第四代程序设计语言(4G)变得简单多了,只需告知计算机想做什么,至于怎么做则完全交给计算机去完成,基本上不用人操心。一般说来,一个应用软件工程项目,用第四代程序设计语言编程要比用第三代语言写的程序少 20 倍左右。

第四代程序设计语言是使用第二代第三代语言编制而成的,每一种语言都有其特定的应用范围。具有简单易学、用户界面良好、非过程化程度高、面向问题、智能化、可成数量级地提高软件生产率等特点。其形态不再是传统意义上的计算机语言,而成了开发应用工具,特别是开发数据库应用软件的工具。其核心是一个格式设计工具,使用这个工具可以很快地在屏幕上定义显示的内容和位置,定义应用程序中的人机界面。

① SQL(Structure Query Language,结构化查询语言):是数据库管理系统的主要工具,它提供用户对数据库进行查询的功能,它包括有查询、操纵、定义、控制四种功能。

② ADF:报表生成器(Report Generator)是为用户提供的自动产生报表的重要工具,它提供非过程化的描述手段让用户很方便地根据数据库中的信息来生成报表。

③ SQL Windows 系统:以 SQL 语言为引擎,让用户在屏幕上以图形方式定义用户需求,系统自动生成相应的源程序(还具有面向对象的功能)。

④ Power Builder:允许用户以可见的交互方式在终端上创立文件、报表和进行其他处理。

⑤ LINC:生成 COBOL 程序,是一种编程式应用生成器。

⑥ FORMAL:生成 Pascal 程序,是一种编程式应用生成器。

⑦ Ruby:是一种功能强大的面向对象的脚本语言,可以使编程人员方便快捷地进行面向对象编程。

⑧ Perl:提供脚本语言的所有功能,还具有它们所不具备的很多功能。

⑨ Python:是面向对象、直译式程序设计语言,语法简捷而清晰,具有丰富强大的类库。

⑩ PHP:是基于服务端来创建动态网站的脚本语言,可以用 PHP 和 HTML 生成网页。

3.4　软件质量特性

评价应用软件系统开发成功的主要指标是功能达到用户需求,软件质量特性良好,开发成本和维护费用较低,能及时交付使用等。其中软件质量特性由下列二级质量特性所决定。

(1) 精确性:在计算和输出时所提供所需精度的软件属性。

(2) 健壮性:在发生意外时,能继续执行和恢复系统的软件属性。

(3) 安全性:防止软件受到意外或蓄意存取、使用、修改、毁坏或泄密的软件属性。

(4) 通信有效性:在执行功能时,使用最少的通信资源的软件属性。

(5) 处理有效性:对于实现某种功能,提供最少处理时间的软件属性。

(6) 设备有效性:对于实现某种功能,提供使用最少设备资源的软件属性。

(7) 可操作性:决定与软件操作有关的规程,提供有用输入输出的软件属性。

(8) 培训性:提供对现行操作熟悉程度的软件属性。

(9) 完备性:所需功能全部实现的软件属性。

(10) 一致性:提供软件设计、实现技术和术语一致的软件属性。

(11) 可追踪性:在特定运行环境下,提供从实现到用户需求可追溯思路的软件属性。

(12) 可见性:提供开发与操作状态监控的软件属性。

(13) 硬件系统无关性:提供与现行系统的微码及计算机结构无关的软件属性。

(14) 软件系统无关性:提供不依赖于软件环境的软件属性。

(15) 可扩充性:提供适应数据存储和计算功能扩充要求的软件属性。

(16) 简单性:在不复杂、可理解方式下提供功能的定义和实现的软件属性。

（17）公用性：提供使用协议、数据表示的接口标准的软件属性。

（18）模块性：提供高内聚、低耦合的软件属性。

（19）清晰性：提供不复杂、可理解的方式对程序结构作出清楚明了描述的软件属性。

（20）自描述性：对功能实现进行自我说明的软件属性。

（21）结构性：提供软件结构良好程度的软件属性。

（22）产品文件完备性：软件文件齐全、描述清楚及满足国家标准的软件属性。

3.5　软件测试

　　软件测试是理解软件生产过程及针对过程存在问题采取措施的基础，从而保证软件产品能够按时、低耗费、高质量的完成。在典型的软件开发项目中，软件测试工作量往往占软件开发总工作量的 40% 以上。而在软件开发的总成本中，用在测试上的开销要占 30%～50%。如果把维护阶段也考虑在内，讨论整个软件生存期时，测试的成本比例也许会有所降低，但实际上维护工作相当于二次开发，乃至多次开发，其中也包含有许多测试工作。

　　已经投入使用或市场销售的软件，其中存在的错误和问题很多都和测试的成效有关系。如果测试不充分，那么这些错误和问题会潜伏在软件中，等到用户发现以后，再由开发人员进行维护，改正错误的费用一般是开发阶段的 40～60 倍。

3.5.1　软件测试的定义和目的

1. 软件测试的定义

　　软件测试是采用测试用例执行软件的活动。它是在软件正式投入运行前，对软件用户需求分析、设计和编码的最终复审，是软件质量保证的关键步骤。

　　由于事物总是处在不断变化发展的过程中，而人对事物的认识又总是存在着主观性、片面性和局限性，因此不论采用什么技术和方法，由人脑开发出来的软件仍然会有错误。错误的存在是绝对的，错误的多少是相对的。在软件开发过程中，为了发现软件中存在的缺陷和错误，以便加以改进，就需要对软件进行严格测试。

2. 软件测试的目的

　　软件测试的目标是以较少的用例、时间和人力找出软件中潜在的各种错误和缺陷，以确保软件系统的质量。一般软件测试目的如下：

　　① 软件测试是为了发现错误而执行程序的过程。

　　② 测试是为了证明程序有错，而不是证明程序无错误。

　　③ 一个好的测试用例是在于它能发现至今未发现的错误。

　　④ 一个成功的测试是发现了至今未发现的错误的测试。

　　软件测试的目的决定了如何去组织测试。如果测试的目的是为了尽可能多地找出错误，那么测试就应该针对软件比较复杂的部分或可能出错的地方。如果测试目的是为了给最终用户提供具有一定可信度的质量评价，那么测试就应该直接针对在实际应用中会经常用到的商业假设。

　　虽然软件测试的目的主要是以查找错误为中心,而不是为了演示软件的正确功能。但是软件测试并不仅仅是为了要找出错误,它还有其他方面的作用,例如,通过分析错误产生的原因和错误的分布特征,可以帮助项目管理者发现当前所采用的软件开发过程的缺陷,以便改进。同时,这种分析也能帮助我们设计出有针对性地检测方法,改善测试的有效性。没有发现错误的项目测试也是有价值的,完整的测试是评定测试质量的一种方法。例如一个经过测试而正常运行了 n 小时的系统,具有继续正常运行 n 小时的概率。

　　软件测试是要花费成本的,不是测试得越多越好;通常是 20% 的测试量能发现 80% 的缺陷,但剩下 20% 的缺陷却需要 80% 的测试量。每个项目都有一个最佳的测试量,超过这个测试量后,测试费用将急剧上升以至于难以承受。通常人们将这一规律称为软件测试中缺陷的二八定理。

3.5.2　软件 Bug 的类型及其等级划分

1. 软件 Bug 的类型

　　Bug 翻译成中文是指小错误、缺陷、不足、过失等。计算机软件 Bug 指在计算机程序中存在的一个错误(error)、缺陷(flaw,defect)、故障(fault),这些 Bug 使程序无法正确地运行。Bug 产生于程序的源代码或者程序设计阶段的疏忽或者错误。

　　① 错误即不正确,是指与客观实际不符、不正确的认识、行为、动作等。软件中一个 error 是指编写错误的代码,通常是无意中造成的。一般有两类主要的错误,一是语法错误(syntax error),该类错误易于检测,因为代码在编译阶段无法解析而不能正常编译通过。另一个是逻辑错误(logical error),因为它与代码的实际执行密切相关所以不易发现。

　　② 缺陷本意指欠缺或不够完备的地方。在软件工程中,缺陷通常是指软件与它的需求不一致的地方,即指软件无法正确完成需求所要求的功能。

　　③ 故障是指系统不能执行所要求功能的一种状态。在软件工程中,故障被定义为存在于组件、设备或者子系统中异常的条件或者缺陷,常常会导致系统的失败。

2. 软件 Bug 的等级划分

1) A 类(严重 Bug)
① 死循环;
② 由于程序所引起的死机或非法退出;
③ 数据库发生死锁;
④ 因错误操作导致的程序中断;
⑤ 功能错误;
⑥ 与数据库连接错误;
⑦ 数据通信错误。
2) B 类(较严重 Bug)
① 程序错误;

② 程序接口错误；

③ 数据库的表、业务规则、默认值未加完整性等约束条件。

3）C类（一般性 Bug）

① 操作界面错误（包括数据窗口内列名定义、含义是否一致）；

② 打印内容、格式错误；

③ 简单的输入限制未放在前台进行控制；

④ 删除操作未给出提示；

⑤ 数据库表中有过多的空字段。

4）D类（较小 Bug）

① 界面不规范；

② 辅助说明描述不清楚；

③ 输入输出不规范；

④ 长操作未给用户提示；

⑤ 提示窗口文字未采用行业术语；

⑥ 可输入区域和只读区域没有明显的区分标志。

3.5.3 软件测试的基本类型

软件测试的方法和技术是多种多样的。对于软件测试技术，可以从不同的角度加以分类：从是否需要执行被测软件的角度，可分为静态测试和动态测试；从测试是否针对系统的内部结构和具体实现算法的角度来看，可分为白盒测试和黑盒测试等。

1. 黑盒测试

黑盒测试也称功能测试或数据驱动测试，它是在已知软件产品所应具有的功能，通过测试来检测每个功能是否都能正常使用，在测试时，把程序看成一个不能打开的黑盒子，在完全不考虑程序内部结构和内部特性的情况下，针对软件界面和软件功能进行测试。测试者在程序接口进行测试，它只检查程序功能是否按照规格说明书的规定正常使用，程序是否能适当地接收输入数据、产生正确的输出信息，并且保持外部信息（如数据库或文件）的完整性。

黑盒测试是一种穷举输入测试方法，测试时只有把所有可能的输入都作为测试情况使用，才能以这种方法查出程序中所有的错误。实际上测试情况有无穷多个，人们不仅要测试所有合法的输入，而且还要对那些不合法但是可能的输入进行测试。

黑盒测试方法主要用于软件确认测试。黑盒测试用例设计内容如下：

① 等价类划分：划分等价类，以确立测试用例。

② 边界值分析：通过分析，考虑如何确立边界情况。

③ 错误推测法：靠经验和直觉来推测程序中可能存在的各种错误，从而有针对性地编写用例。可以列举出可能的错误和可能发生错误的地方，然后选择用例。

④ 因果图：在因果图上标明约束和限制，转换成判定表，然后设计测试用例。这适合于检查程序输入条件的各种组合情况。

⑤ 功能图 FD：通过形式化地表示程序的功能说明，生成功能图的测试用例。

2. 白盒测试

白盒测试也称结构测试或逻辑驱动测试，允许测试人员对程序内部逻辑结构及有关信息来设计和选择测试用例，对程序的逻辑路径进行测试。测试用例设计的好坏直接决定了测试的效果和结果。检验程序中的每条通路是否都能按预定要求正确工作，而不必顾及它的功能。

白盒测试是在全面了解程序内部逻辑结构的情况下、对所有逻辑路径进行测试的方法。它是一种穷举路径测试方法。在使用这一测试方法时，测试者必须检查程序的内部结构，从检查程序的逻辑着手，得出测试数据。白盒测试主要用于软件验证。白盒测试用例设计内容如下：

1) 逻辑覆盖

以程序内在逻辑结构为基础的测试，包括以下 6 种类型。

（1）语句覆盖：每一条可执行语句至少覆盖一次。

（2）判定覆盖（分支覆盖）：设计若干个测试用例，运行所测程序，使程序中每个判断的取真分支和取假分支至少执行一次。

（3）条件覆盖：设计足够多的测试用例，运行所测程序，使程序中每个判断的每个条件的每个可能取值至少执行一次。

（4）判定-条件覆盖：设计足够多的测试用例，运行所测程序，使程序中每个判断的每个条件的所有可能取值至少执行一次，每个可能的判断结果也至少执行一次。

（5）条件组合测试：设计足够多的测试用例，运行所测程序，使程序中每个判断的所有可能的条件取值至少执行一次。

（6）路径覆盖：设计足够多的测试用例，覆盖程序中所有可能的路径。

2) 基本路径测试

设计足够多的测试用例，运行所测程序，要覆盖程序中所有可能的路径。在程序控制流图的基础上，通过分析控制构造的环路复杂性，导出基本可执行路径集合，从而设计测试用例。

（1）程序的控制流图：描述程序控制流的一种图示方法。

（2）程序环境复杂性：从程序的环路复杂性可导出程序基本路径集合中的独立路径条数，这是确定程序中每个可执行语句至少执行测试用例数目的上界。

（3）准备测试用例：以确保基本路径集中的每一条路径的执行。

（4）图形矩阵：是在基本路径测试中起辅助作用的软件工具，利用它可以实现自动地确定一个基本路径集。

白盒测试的主要缺点是测试工作量大，且不能检查出软件中所有的错误。贯穿程序的独立路径数是个天文数字，但即使每条路径都测试了仍然可能有错误。因为如果程序本身是错误的，穷举路径测试查不出程序违反了设计规范的情况；穷举路径测试不可能查出程序中因遗漏路径而出错的情况；穷举路径测试可能发现不了一些与数据相关的错误。

3. 灰盒测试

灰盒测试介于白盒测试与黑盒测试之间,关注输出对于输入的正确性,同时也关注内部表现;但这种关注不像白盒那样详细、完整,只是通过一些表征性的现象、事件、标志来判断内部的运行状态;有时候输出是正确的,但内部其实已经错误了,这种情况非常多,如果每次都通过白盒测试来操作,效率会很低,因此需要采取灰盒的方法。

灰盒测试结合了白盒测试和黑盒测试的要素,它考虑了用户端、特定的系统知识和操作环境。它在系统组件的协同性环境中评价应用软件的设计。灰盒测试由方法和工具组成,这些方法和工具取材于应用程序的内部知识和与之交互的环境,能够用于黑盒测试以增强测试效率、错误发现和错误分析的效率。

4. α测试与β测试

(1)α测试。

α测试(Alpha测试)是由一个用户在开发环境下进行的测试,也可以是公司内部的用户在模拟实际操作环境下进行的受控测试,α测试不能由程序员或测试员完成。α测试发现的错误,可以在测试现场立刻反馈给开发人员,由开发人员及时分析和处理。目的是评价软件产品的功能、可使用性、可靠性、性能和支持,尤其注重产品的界面和特色。

α测试可以从软件产品编码结束之后开始,或在模块测试完成后开始,也可以在确认测试过程中产品达到一定的稳定和可靠程度之后再开始。有关的测试手册等应该在α测试前准备好。

(2)β测试。

β测试(Beta测试)是软件的多个用户在一个或多个用户的实际使用环境下进行的测试。开发者通常不在测试现场,β测试不能由程序员或测试员完成。因而,β测试是在开发者无法控制的环境下进行的软件现场应用。在β测试中,由用户记下遇到的所有问题,包括真实的以及主观认定的,要定期向软件开发者报告,开发者在综合用户的报告后,做出修改,最后将软件产品交付给全体用户使用。β测试着重于产品的支持性,包括文档、客户培训和支持产品的生产能力。只有当α测试达到一定的可靠程度后,才能开始β测试,它处在整个测试过程的最后阶段。

由于β测试的组织难度大,测试费用高,测试的随机性强、测试周期跨度较长,测试质量和测试效率难于保证,所以,很多专业软件可能不再进行β测试。随着测试技术的提高,以及专业测试服务机构的大量涌现,很多软件的β测试外包给这些专业测试机构进行测试。

3.5.4 软件测试的阶段步骤

从测试实际的前后过程来看,软件测试是由一系列不同阶段的测试所组成,这些软件测试的步骤分为:单元测试、组装测试(集成测试)、确认测试和系统测试。软件开发的过程是自顶向下的,测试则正好相反,这些过程是自底向上,逐步集成的。

① 单元测试(模块测试)。针对每个模块进行的测试,可从程序的内部结构出发设计测试用例,多个模块可以平行地对立地测试。通常在编码阶段进行,必要时要制作驱动模块和

桩模块。

② 组装测试(集成测试)。在单元测试的基础上,将所有模块按设计要求组装成为系统进行测试。测试过程必须精心组织,应提交集成测试计划、集成测试规格说明和集成测试分析报告。

③ 确认测试。验证软件的功能和性能及其他特性是否与用户需求分析报告的要求一致。

④ 系统测试。将软件放在整个计算机环境下,包括软硬件平台、某些支持软件、数据和人员等,在实际运行环境下进行一系列的测试。

3.5.5 软件测试的影响因素

人们常常以为,开发一个程序是困难的,测试一个程序则比较容易。这其实是误解。设计测试用例是一项细致并需要高度技巧的工作,稍有不慎就会顾此失彼,发生不应有的疏漏。不论是黑盒测试方法还是白盒测试方法,由于测试情况数量巨大,都不可能进行彻底的测试。所谓彻底测试,就是让被测程序在一切可能的输入情况下全部执行一遍。通常也称这种测试为穷举测试。

黑盒法是穷举输入测试,只有把所有可能的输入都作为测试情况使用,才能以这种方法查出程序中所有的错误。实际上测试情况有无穷多个,人们不仅要测试所有合法的输入,而且还要对那些不合法但是可能的输入进行测试。白盒法是穷举路径测试,贯穿程序的独立路径数是天文数字,但即使每条路径都测试了仍然可能有错误。

在实际测试中,穷举测试工作量太大,实践上行不通,这就注定了一切实际测试都是不彻底的,软件程序测试只能证明错误的存在,但不能证明错误不存在。软件工程的总目标是充分利用有限的人力和物力资源,高效率、高质量地完成测试。选择测试用例时应遵守经济性原则:

(1) 要根据程序的重要性和一旦发生故障将造成的损失来确定它的测试等级。

(2) 要认真研究测试策略,以便能使用尽可能少的测试用例,发现尽可能多的错误。

掌握好测试量是至关重要的,测试不足意味着让用户承担隐藏错误带来的危险,过度测试则会浪费许多资源。测试是软件生存期中费用消耗最大的环节,测试费用除了测试的直接消耗外,还包括其他的相关费用。能够决定需要做多少次测试的主要影响因素如下:

1) 系统的目的和用途

系统的目的和用途方面的差别在很大程度上影响了所需要进行的测试的数量,因为那些可能产生严重后果的系统必须要进行更多的测试。例如,一个关系到生产安全的关键软件的测试要求当然要比一个游戏软件的测试苛刻得多。

2) 潜在的用户数量

系统的潜在用户数量也是考虑软件测试重要性的一个主要因素,这主要是由于用户团体在经济方面的影响。一个在全世界范围内有几千个用户的系统,肯定要比一个只在某个办公室中运行的只有两三个用户的系统需要更多的测试,因为如果软件存在严重错误不能使用的话,前一个系统的经济影响肯定比后一个系统大的多。除此而外,在处理改正软件错误时,所花的代价的差别也很大,如果在软件开发小组内部系统中发现了一个严重的错误,在处理错误的时候的费用就相对少一些,如果要处理一个已经用户遍布全世界的软件错误,就需要进行满世界的产品回收或飞到世界各地上门修改错误,其花费的财力和精力肯定相当大。

3) 信息的价值

在考虑测试的重要性时,还需要将系统中所包含的信息的价值考虑在内,一个支持许多家大银行或众多证券交易所的客户机/服务器系统中含有经济价值非常高的内容。很显然这一系统需要比一个支持鞋店销售业务的系统要进行更多的测试。虽然这两个系统的用户都希望得到高质量、无错误的系统,但是前一种系统的影响比后一种要大得多,因此我们应该从经济方面考虑,投入与经济价值相对应的时间和财力去进行测试。

4) 软件开发的水平

一个缺少经验、开发水平低的软件开发机构很可能开发出充满错误的软件,而在一个建立了严格标准和有很多经验的开发机构中开发出来的系统中的错误则要少得多,因此,对于具有不同开发经验和水平的软件开发机构来说,测试的重要性、所需要花费时间和费用也就截然不同。然而,现实情况是那些开发水平低、需要进行大幅度改善的机构反而不大可能认识到自身的弱点,认识不到软件测试的重要性,对软件测试不重视。那些建立了严格标准和有很多经验的开发机构,才真正地理解开发一个高质量的系统的好处,管理人员从上到下都高度重视软件测试工作,才能建立一套严格的软件测试制度、标准和流程。

5) 软件测试的时机

软件测试工作量会随时间的推移而发生改变。在一个市场竞争极为激烈的环境中,争取时间率先把软件产品推向市场,可能是制胜的关键,因此软件产品刚开发出来时,可能来不及在测试上花很多时间,但软件产品推出几年后,如果市场分配格局已经建立起来了,那么产品的质量就变得更重要了,测试工作量就要加大。

3.5.6 软件独立测试机构的作用

建立独立的、专业的软件测试机构,无论在技术上还是管理上,对提高软件测试的有效性都具有重要意义。软件独立测试机构的主要任务是进行独立测试工作,这使得测试工作在经费、人力和计划方面更有保证,不会因为软件开发的压力减少对测试的投入,降低测试的有效性,可以避免开发单位侧重软件开发而对测试工作产生不利的影响。

(1) 客观性:独立的软件测试机构只承担软件测试工作,而没有开发任务,因此可以站在公正客观的立场上,对软件错误抱着客观的态度。这种客观的态度可以解决测试中的心理学问题,既能够以揭露软件中错误的态度工作,也能不受发现的错误的影响。经济上的独立性使其工作有更充分的条件按测试要求去完成。

(2) 专业性:软件独立测试作为一种专业工作,在长期的工作过程中势必能够积累大量实践经验,形成自己的专业优势。同时软件测试也是技术含量很高的工作,需要有专业队伍加以研究,并进行工程实践。专业化分工是提高测试水平,保证测试质量的必然途径。

(3) 权威性:由于专业优势,委托软件独立测试机构进行软件测试,其得出的测试结果更准确,结论更具信服力。而测试结果常常和对软件的质量评价联系在一起,由专业化的独立测试机构作出的评价,更客观、公正和具有权威性。

3.5.7 软件测试的原则

从不同的角度出发进行软件测试,会派生出不同的测试原则。从用户的角度出发,就是希望通过软件测试能充分暴露软件中存在的问题和缺陷;从开发者的角度出发,就是希望测试能表明软件产品不存在错误,已经正确地实现了用户的需求。因此,软件测试工作,包括测试计划、测试环境、测试模型的制作应该尽可能贴近用户,或者站在用户的使用立场上来观测软件,这样才能发现更多的问题。软件测试的原则如下:

① 应当把"尽早和不断地测试"作为软件开发者的座右铭。

② 程序员除了自己检查以外,还要请其他人参与测试工作。

③ 设计测试用例时,应该考虑到合法的输入和不合法的输入,以及各种边界条件,特殊情况下要制造极端状态和意外状态,比如网络异常中断、电源断电等情况。

④ 要注意测试中的错误集中发生现象,这和程序员的编程习惯有很大的关系。

⑤ 对测试结果要有一个确认的过程。一般有 A 测试出来的软件错误,要有 B 来确认,严重的错误可以召开评审会进行讨论和分析。

⑥ 要制定严格的测试计划,并考虑到测试的风险。

⑦ 回归测试的关联性一定要引起充分的注意,避免修改一个错误而引起出现更多错误。

⑧ 要识别和特别关注少数重要的方面,而忽略多数次要的方面。有时,少数问题足以致命,这些问题将是软件测试结果中重要性最高的错误。

⑨ 测试报告对软件错误的描述要准确、完整而简练。

⑩ 要妥善保存好测试过程的所有文档。

3.5.8 软件测试的工具

测试就像是做实验一样,是一种实践性很强的工作。做软件测试之前必须要有实验的计划、方案、内容和步骤。如果条件允许,应该建立软件测试实验室,包括必要的装备、测试工具和各种操作系统平台。此外,要制作一个简单的测试问题跟踪软件,以便记录测试的结果,将测试发现的问题分类,并与开发人员联系,以协助分析问题,形成测试报告。常用测试工具如下:

(1) 静态分析工具:程序的静态分析方法是指测试过程中进行的人工测试分析,包括生成各种引用表、静态错误分析、代码评审等。直接扫描所测试的正文,对程序的数据流和控制流进行分析,然后送出测试报告。常用的静态分析工具有语言程序的预处理器、数据库工具、错误分析器和报告生成器。

(2) 动态测试工具:通过选择适当的测试用例,实际运行所测程序,比较运行结果和预期结果,发现错误。

(3) 测试数据自动化生成工具:包括路径测试数据生成程序、随机数据生成程序以及根据数据规格说明生成测试数据。

(4) 模块测试台:这是一种专门的模块测试工具,负责将输入数据传送到所测试模块中,然后将实际输出结果与在描述测试用例的语言中所表述的期望结果进行比较,发现错误。另外,也包括其他的功能:语句跟踪、动态断句、覆盖度量、用户自定义符号表、内容表和输出格式。

(5)测试合成环境:测试合成环境包括环境模拟程序、代码检查程序、测试文档生成程序、测试执行严整程序、输出比较程序、程序正确性证明程序等,另外还包括各种调试工具。

3.5.9 软件黑盒测试的要点

1. 功能检测要点

(1)每一个软件功能必须被一个测试用例或一个被认可的异常所覆盖。

(2)利用基本的数据值和数据类型进行测试。

(3)用一系列合理数据值和数据类型对软件进行测试,检查软件在满负荷、饱和和其他极值情况下的运行结果。

(4)用非合理的数据值和数据类型进行测试,检查软件是否具有对非法输入的排他性。

(5)对每一个软件功能的临界值必须作为测试用例。

(6)对于软件重要功能应运用上述的几个角度去检测。

2. 性能检测要点

(1)检查软件在输出结果是否达到要求的计算精度。

(2)在有运行速度要求的情况下,检查软件在完成规定功能时是否在要求的时间内。

(3)检查软件在完成规定功能时是否能处理所规定的数据量。

(4)检查软件各部分在不同情况下(如由高速到低速或由低速到高速)软件是否能良好地运行,完成规定的功能。

(5)检查软件是否存在功能上的操作顺序,这种顺序的存在是否符合使用要求。

(6)检查软件在峰值负载期时,其时间响应是否符合所允许的范围。

(7)检查软件运行时所需要的最大空间是否符合要求。

3. 压力测试要点

(1)压力测试是检查软件在设计的极限状态下运行,其性能下降的程度是否仍在技术指标所允许的范围内。

(2)对于软件性能强度的测试,应使软件在饱和状态下运行,以强化其响应时间和数据处理能力。对于数据的传输和容量,必须进行超过额定值的试验,要有3个或3个以上的强化阶段,而强化阶段所占时间为整个测试时间的三分之一,其主要内容为:使系统处理超过设计能力的最大允许值,使系统传输超过设计最大能力的数据,包括内存的写入和读出,外部设备、其他分系统及内部界面的数据传输等。

(3)在压力测试下,系统至少不崩溃,如死机等。

(4)在压力测试中,系统运行时的任何非正常终止都看作压力测试失败(除如掉电等不可抗拒的外因),即使具有自动恢复能力的软件,因程序执行终止而导致软件自动恢复者也同样看待。

(5) 在压力测试中,系统运行的时间应按完成技术任务时间而定。

(6) 在压力测试中,可对软件进行降级能力的压力测试,主要是使软件系统在某些资源(包括软件与硬件资源)丧失的情况下进行降级能力的运行。

(7) 在压力测试中,对超额值和测试项目的选取若合同或用户需求说明书有要求的应按其指标做,否则应由建设方、监理方与承包商协商决定。

4. 余量测试要点

(1) 检查被检系统的全部存储量,包括软件数据库、计算机内存和硬盘或其他存储介质的余量是否符合技术指标要求(或隐含的使用要求)。

(2) 检查被检系统的响应时间余量是否符合技术指标要求或隐含的使用要求。

(3) 余量值一般为 20% 的余量,但技术指标有要求的除外。

5. 外部接口和人机交互界面检测要点

(1) 检查所有外部接口和接口信息格式及内容。

(2) 检查人机交互界面提供的操作和显示界面,用非常规操作、误操作、快速操作来检验界面的可靠性,并以最终用户的环境来检查界面的清晰性。

(3) 以最终用户的使用习惯来检验软件操作的合理性。

6. 安全性检测要点

(1) 进行安全性分析,找出软件有可能存在的非安全因素在检查中逐个测试。

(2) 扫描检查影响软件系统及其开发平台软件安全的漏洞和后门。

(3) 检查软件系统防范黑客攻击的措施:自动扫描检测系统、自动报警系统、页面自动恢复系统、防火墙、路由器等。

(4) 检查软件安全认证系统的可靠性和有效性。

(5) 检查系统开放端口的位置和数量,分析其对安全影响的程度,关闭不必要的端口。

(6) 在软件中对用于提高安全性的结构、算法、容错、冗余等进行针对性测试。

(7) 在异常条件下检测软件,检查因可能的单个或多个输入错误是否会导致系统出现异常状态,甚至无法使用。

(8) 测试应包括边界、界外及边界结合部的检测。

(9) 检查在最坏情况配置下,软件系统对最小和最大输入数据值的反应。

(10) 对有备份要求的软件系统,应测试在双机或多机切换时系统的正确性和连续性。

(11) 测试防止非法进入系统并保护系统数据的能力。

7. 恢复性测试要点

恢复性测试主要是验证在系统中断时丢失数据后又要求系统自动恢复所丢失数据的能力,包括系统重置数据的能力。因此,必须对于系统的每一个恢复或重置方法逐一验证,并要求承包商提供恢复或重置数据的证据。

8. 边界测试要点

（1）对软件系统的输入域和输出域的边界进行测试。
（2）对软件系统的功能边界进行测试。
（3）对软件系统性能进行边界测试。
（4）对软件系统在状态转换时进行测试。
（5）对软件系统的容量界限进行测试。

9. 敏感性测试要点

（1）对软件的可扩展性进行检查：主要是看软件是否采用了模块化设计、面向对象等设计方法，使软件具有"松耦合"的特点，以便软件在功能、性能能进行扩展和软件的升级换代。
（2）对软件的可移植性进行检查：主要检查在软件设计方法、编程语言、支持环境的选用上是否考虑到软件运行环境和支持平台可能的变化。
（3）检查电、磁、机械等干扰对软件运行的影响有多大。

10. 防范计算机病毒检查要点

（1）首先保证安装盘是新盘，即直接来自产品库母盘的拷贝。
（2）用正版的杀病毒软件对安全盘进行检查。
（3）对将安装的硬盘进行从低级到高级的格式化，然后再进行从支持软件到开发软件的安装。

11. 回归测试要点

（1）回归测试主要验证软件的修改不会对软件系统的功能与性能造成损害。
（2）检查软件的变动部分是否符合技术指标要求。
（3）重复并通过被检软件以前做过的与变动部分相关的检测项目。

12. 计算机配置检查要点

（1）检查计算机的品牌与档次，是否为著名厂商所生产。
（2）检查计算机主频速度、内存大小、缓存大小、I/O 通道数以及总线方式是否符合承包合同或用户需求说明书的要求。
（3）检查计算机显示器尺寸、分辨率、色彩等是否符合要求。
（4）检查计算机硬盘的大小、读写速度和软驱的读写速度、尺寸等是否符合要求。
（5）检查计算机的键盘及鼠标的输入是否可靠，手感是否舒适。
（6）检查支持软件的销售发票及 ID 号，确定其是否为正版软件，以及其版本号是否达到要求。
（7）检查提交的软件是否和产品库里软件一致，包括字节数、文件个数等。

13. 安装性检查要点

（1）按照软件的用户手册进行逐一操作，检查是否能正确进行安装、易操作等。

（2）有自动安装功能的软件，检查其是否有明确的中文和图标提示帮助用户进行安装。

（3）检查软件安装后其文件数和大小是否与用户手册说明一致。

（4）检查软件安装中涉及可选配部分在安装过程中或用户手册中是否有明确的说明。

（5）安装后软件的版本是否和提交申请报告一致。

14. 其他专项测试

在条件允许情况下，应用专门的测试软件和设备对被检软件进行通过协议和规程的测试以及其他专项测试。

15. 数据相关性分析

不仅应对软件的从输入到输出数据进行正确性分析，而且要对软件相关联的功能的输出数据进行数据的相关性分析，检验这些数据的合理性。

3.5.10 软件自动测试

常用的软件测试方法有两种：手工测试和自动测试。手工测试无法保证测试的科学性与严密性，其主要缺点如下：

（1）测试人员要负责大量文档、报表的编制和整理工作，会变得力不从心。

（2）对测试过程中发现的大量缺陷缺乏科学有效的管理手段，责任变得含混不清。

（3）反复测试带来的倦怠情绪及其他人为因素使得测试标准前后不一，测试花费的时间越长，测试的严格性也就越低。

（4）难以对不可视对象或对象的不可视属性进行测试。

自动测试可以克服手工测试的缺点，将大量的重复性工作交给计算机去完成，不但可以满足软件测试的基本要求，而且可以节约大量的时间、成本和人力，并且测试脚本可以被重复利用。

软件自动测试方法是利用自动测试工具进行软件测试，测试过程所执行一系列的操作不需要测试人员的介入。自动测试的根本目的就是由软件测试人员有计划地设计测试过程，然后由检测系统自动地对软件产品在各种环境和状态下的执行进行测试，排除影响测试的人为因素，降低测试开销。自动测试的意义在于使测试过程变成更加系统化和有计划，能够更迅速、更正确、更经济地完成软件测试工作。通常软件产品需要经过多次反复的测试，因此自动测试将大大节约软件产品整个开发期的费用。

1. 自动测试脚本技术

测试脚本是软件自动测试中必要的组成部分，大多数测试执行工具提供的脚本语言是一种有效的编程语言。快速粗略的编写脚本方法是拷贝其他脚本进行修改，更好的方法则是设计和编程。和软件应用程序一样，脚本也需要修改、管理和维护。

自动测试脚本技术越精巧,其开发使用难度越大,但是精巧的高度可复用脚本可以极大地提高测试效率,减少成本。因此软件自动测试越多,越值得在设计精巧脚本上下工夫,以保证该脚本的合理性和维护性。如果脚本只使用一次,测试后就废弃,就不用花费太多资源建立复杂脚本。

1) 线性脚本技术

线性脚本是录制手工执行的测试事例得到的脚本,这种脚本包括所有的功能键、箭头、控制键以及输入数据的数字键。如果用户只使用线性脚本技术,即录制每个测试事例的全部内容,则每个测试事例可以通过脚本完整地回放。

大部分可重复的操作都可以使用线性脚本技术,而且有一些情况非常适合使用。线性脚本可以编辑修改。线性脚本可用于设置和清除测试,通过回放输入序列操作文件或数据库。

2) 结构化脚本技术

结构化脚本类似于结构化程序设计,结构化脚本中含有控制脚本执行的指令,这些指令为控制或调用结构。所有测试工具脚本语言支持 3 种基本控制结构。

(1) 顺序脚本:第一条指令第一个执行,然后执行第二条指令,以此类推。

(2) 选择控制结构:脚本具有判断功能,例如条件语句判断条件为真或为假。

(3) 迭代控制结构:可以根据需要重复一个或多个指令序列,或称为"循环"。在这种结构中指令序列被重复指定的多次,直到条件满足。

结构化脚本技术的主要优点是有好的健壮性,不仅可以提高脚本的重用性,而且可增加脚本的功能和灵活性。充分利用不同的控制结构,可以开发出易于维护的脚本,更好地支持自动测试体系的有效性。其缺点是使用脚本变得更加复杂。

3) 共享脚本技术

共享脚本是指脚本可以被多个测试事例使用或在其他测试事例适当地方调用。共享脚本技术分为两种类型:一种是不同的软件测试之间共享脚本,另一种是同一软件测试之间共享脚本。

4) 数据驱动脚本技术

数据驱动脚本技术将测试数据存储在独立的数据文件中,而不是存储在脚本中。脚本中只存放控制信息。执行测试时,从文件中而不是直接从脚本中读取测试输入。这种方法的最大好处是同一个脚本可以运行不同的测试。

5) 关键字驱动脚本技术

关键字驱动脚本技术实际上是较复杂的数据驱动技术的逻辑扩展,其限制是每个测试事例执行的导航和操作必须一样,测试的逻辑知识建立在数据文件和控制脚本中,两者需要同步。

2. 软件自动测试工具

目前,在国内外有不少成熟的软件自动测试工具可供选择。软件开发项目如何选择合适的软件自动测试工具? 建议从功能、价格等多方面来权衡和选择。

1）功能

功能当然是最关注的内容,选择一个测试工具首先就是看它的功能。这并不是说测试工具提供的功能越多就越好,在实际的选择过程中,适用才是根本,为不需要的功能花费金钱是不明智的行为。事实上,目前市面上同类的软件测试工具之间的基本功能都是大同小异的,各种软件提供的功能也大致相同,只不过各有侧重点。除了基本的功能之外,以下的功能需求也可以作为选择测试工具的参考。

(1) 报表功能:软件自动测试工具生成的结果最终要由人进行解释,而且查看最终报告的人员不一定很熟悉测试,因此能否生成结果报表,能够以什么形式提供报表是需要考虑的因素。

(2) 集成能力:软件自动测试工具的引入是一个长期的过程,应该是伴随着测试过程改进而持续的过程。因此,测试工具具备与软件开发单位其他技术集成的能力也是必须考虑的因素。

(3) 兼容性:软件自动测试工具可否跨平台支持多个操作系统,是必须考虑的问题。

2）价格

除了功能之外,价格就应该是最重要的因素了。所选择的软件自动测试工具价格应根据其性能、项目的财务成本预算和企业技术发展情况而定,要物有所值。

3）连续性和一致性

软件自动测试工具引入的目的是软件测试自动化,需要考虑工具引入的连续性和一致性。对测试工具的选择必须有一个全盘的考虑,要分阶段、逐步引入。

3. 软件自动测试工作流程

针对不同软件有不同的测试目的,可采用不同的软件测试机制和自动测试流程。对于新软件测试,需要从头开始,依据软件用户需求分析报告和软件测试文档设计自动测试程序,建立测试用例库和软件缺陷数据库,执行自动测试程序,当发现软件缺陷时,即将其存入软件缺陷报告数据库,并将缺陷报告给软件开发单位和管理部门。执行过程如图 3-7 所示。

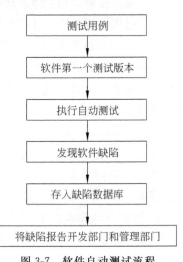

图 3-7 软件自动测试流程

案 例 分 析

1. 案例一（选择题）

软件测试是采用(　1　)执行软件的活动,其目的是(　2　)。

(1) A. 测试用例 　　　 B. 输入数据 　　　 C. 测试环境 　　　 D. 输入条件

(2) A. 避免软件开发中出现的错误 　　　 B. 排除软件开发中出现的错误

　　 C. 尽可能发现软件中潜藏的错误 　　　 D. 修改软件中出现的错误

分析

(1) 软件测试是采用测试用例执行软件的活动。它是在软件正式投入运行前,对软件用户需求分析、设计和编码的最终复审,是软件质量保证的关键步骤。

(2) 软件测试目的包括:

① 软件测试是为了发现错误而执行程序的过程。

② 测试是为了证明程序有错,而不是证明程序无错误。

③ 一个好的测试用例是在于它能发现至今未发现的错误。

④ 一个成功的测试是发现了至今未发现的错误的测试。

参考答案

(1) A   (2) C

2. 案例二(选择题)

每个软件测试都有一个(_____),超过这个测试量后,测试费用将急剧上升,以至于使人难以承受。通常是 20% 的测试量能发现 80% 的缺陷,但剩下 20% 的缺陷却需要 80% 的测试量。

A. 确认的过程   B. 回归测试   C. 用户需求   D. 最佳的测试量

分析

软件测试是要花费成本的,不是测试得越多越好。软件测试中缺陷的二八定理表明:20% 的测试量能发现 80% 的缺陷,但剩下 20% 的缺陷却需要 80% 的测试量。每个软件测试都有一个最佳的测试量,超过这个测试量后,测试费用将急剧上升,以至于使人难以承受。

参考答案

D

3. 案例三(问答题)

【说明】 软件危机指的是在计算机软件的开发和维护过程中所遇到的一系列严重问题。

【问题 1】 软件危机主要有哪些表现?

案例分析和参考答案

软件危机主要表现如下:

(1) 软件成本日益增长:进入 21 世纪以后,软件成本在计算机家族总成本所占的比例约为 70%,并呈现日益扩大的趋势。

(2) 软件开发的进度难于控制:软件的开发需建立庞大的逻辑体系,设计软件比设计硬件所使用的逻辑量要多 10~100 倍。软件的这一特点,使软件开发过程很难保证按预定计划实现。

(3) 估计软件工作量很困难:由于软件系统的结构很复杂,各部分联系密切,软件开发的进展情况难于衡量,质量也难于评价,其工作量是很难估计的。

(4) 软件质量难于保证:软件专业设计人员与用户对计算机的了解和想法有很大的距离,程序人员通常习惯性地以自己的想法去理解用户对软件的要求,使软件设计带有随意性。此外,软件不允许存在误差,不能发生错误,否则后果十分严重。

(5) 软件维护困难:实际上即使是正式投入使用的商业软件,总会存在一定数量的缺陷。随着时间的推移,在不同的运行条件下,软件会出现故障,需要维护。但是软件维护十分困难,经常会发生"纠正一个错误带来更多新错误"的问题。有资料表明,工业界为维护软件支付的费用占全部硬件和软件费用的 40%~75%。

【问题 2】 软件危机产生的原因有哪些?

案例分析和参考答案

软件危机产生的原因如下:

(1) 用户需求不明确,对软件需求的描述不精确,可能有遗漏、二义性,甚至有错误;软件开发人员对用户需求的理解与用户本来愿望有差异。

(2) 缺乏正确的理论指导,缺乏有力的方法学和工具方面的支持。

(3) 软件规模越来越大,软件项目开发人员不能有效地、独立自主地处理大型软件的全部关系和各个分支,容易产生疏漏和错误。

(4) 软件复杂度越来越高:软件产品的特殊性和人类智力的局限性,导致人们无力处理过于复杂的问题。所谓"复杂问题"的概念是相对的,一旦人们采用先进的组织形式、开发方法和工具提高了软件开发效率和能力,新的、更大的、更复杂的问题又摆在人们的面前。

习　题

3.1　什么是计算机软件?什么是软件危机?软件危机产生的原因有哪些?

3.2　论述软件工程的定义、特点、目标、原则、内容、作用和基本原理。

3.3　论述软件开发的生命期方法。以自己为例说明怎样做才能达到系统分析师的素质要求?

3.4　软件开发过程模型有哪些?画出每种软件开发过程模型示意图。

3.5　软件开发方法有哪些?什么是计算机低级语言、高级语言?常用程序设计语言有哪些?

3.6　计算机程序设计语言大致划分为几代?第四代程序设计语言的特点有哪些?

3.7　软件二级质量特性包含有哪些内容?

3.8　软件 Bug 的类型有哪些?如何划分软件 Bug 的等级?

3.9　论述软件测试的目标、类型、步骤、作用、原则和工具。

3.10　论述软件黑盒测试的要点及自动测试流程。

第4章 软件体系结构与工程标准

主要内容

(1) 软件体系结构的定义和模型；

(2) C/S、B/S 结构和中间件技术；

(3) 数据库技术、源代码开放和内容管理；

(4) 软件项目管理和工程标准；

(5) 软件成熟度模型(CMM)和 ISO 9000 国际标准。

4.1 软件体系结构的概念

软件体系结构是指一个软件系统被划分成许多模块，模块之间有相互作用，组合起来为一个整体的属性。事实上，所有的软件都是有体系结构的，不存在没有体系结构的软件。把软件比作一座楼房，从整体上讲，是因为它有基础、主体和装饰，即操作系统之上的基础设施软件、实现计算逻辑的主体应用程序、方便使用的用户界面程序。再从细节上来看，每一个程序也是有结构的。早期的结构化程序就是以语句组成模块，模块的聚集和嵌套形成层层调用的程序结构，也就是体系结构。结构化程序的程序(表达)结构和(计算的)逻辑结构的一致性，以及自上向下的开发方法自然而然地形成了体系结构。由于结构化程序设计时代程序规模不大，通过强调结构化程序设计方法学，自顶向下、逐步求精，并注意模块的耦合性就可以得到相对良好的结构，所以，并未特别研究软件体系结构问题。

1. 软件体系结构的起源

软件体系结构是对软件这一复杂事物结构的抽象，良好的软件体系结构是普遍适用的，应用广泛，不仅可以高效地处理多种多样的个体需求，而且能够在一定的时间内保持稳定。

20 世纪 90 年代，如同土木工程进入到现代建筑学一样，软件开发也从传统的软件工程进入到现代面向对象的软件工程，开始研究整个软件系统的体系结构，寻求建构最快、成本最低、质量最好的构造过程。可以作个简单的比喻，结构化程序设计时代是以砖、瓦、沙、石、预制梁柱、屋面板盖平房和小楼，而面向对象时代以整面墙、整间房、一层楼梯的预制件盖高楼大厦。构件怎样搭配才合理？体系结构怎样构造容易？重要构件有了更改后，如何保证整栋高楼不倒？每种应用领域需要什么构件？有哪些实用、美观、强度、造价合理的构件骨架使建造出来的建筑(即体系结构)更能满足用户的需求？

当前，体系结构仍是一个非常新的研究领域，其概念还相当模糊。但软件体系结构作为软件工程领域中的一个组成部分，已经取得了长足的发展，受到大多数软件设计和研究人员的重视，成为计算机科学的一个最新的研究方向和独立学科分支。解决好软件的重用和维护问题，是研究软件体系结构的根本目的。

2. 软件体系结构的定义

软件体系结构是指描述软件系统的一组模型的集合,它定义了软件系统的组成,各组成部分相互间的关系,以及消除制约其设计与发展的原理和准则,对软件系统的功能结构、特性与运行方式进行了全面、系统的描述。软件体系结构描述了软件高层的整体结构,可用下面公式表示:

体系结构 = 构件 + 连接件 + 约束

式中构件是相关对象的集合,运行后实现某种计算逻辑,构件一般是相对独立的,即不在指定的界面上与它们通信,外界对象运行不会对它们产生任何影响;构件之间或者是结构相关,或者是逻辑相关,并可以作为独立单元嵌入到不同的体系结构中。连接件是构件间的粘合剂,它是一组对象,能够将不同的构件连接起来,形成体系结构的一部分,表现为框架式对象或转换式对象。约束是构件连接时的规则,指明构件连接的状态和条件。

3. 软件体系结构的模型

研究软件体系结构的首要问题是如何表示软件体系结构,即如何对软件体系结构建模。

(1)结构模型。这是一个最直观、最普遍的建模方法。这种方法以体系结构的构件、连接件和其他概念来刻画结构,并力图通过结构来反映系统的重要语义内容,包括系统的配置、约束、隐含的假设条件、风格、性质。研究结构模型的核心是体系结构描述语言。

(2)框架模型。框架模型与结构模型类似,但它不太侧重描述结构的细节而更侧重于整体的结构。框架模型主要以一些特殊的问题为目标建立只针对和适应该问题的结构。

(3)动态模型。动态模型是对结构或框架模型的补充。例如,描述系统的重新配置或演化。动态是指系统总体结构的配置、建立或拆除通信通道或计算的过程。

(4)过程模型。过程模型研究构造系统的步骤和过程,因而结构是遵循某些过程脚本的结果。

(5)功能模型。该模型认为体系结构是由一组功能构件按层次组成,下层向上层提供服务。它可看作是一种特殊的框架模型。

这5种模型各有所长,它们有机地结合在一起可形成一个完整的模型来刻画软件体系结构。

4.2 集中式和分布式计算处理系统

1. 集中式计算处理系统

集中式计算处理系统由中央计算机(主机)和若干终端(客户机)组成,数据处理和存储全部集中在主机中进行,终端不作任何计算处理,只用来输入和输出。如银行的自动提款机(ATM)采用的就是集中式计算处理系统。

集中式计算处理的优点是把所有数据保存在一个地方,各远程终端通过电缆相联成网络,保证了每个终端使用的都是同一信息;终端没有任何数据,也不需要软驱,所以网络感染病毒的可能性很低。缺点是系统成本高,虽然终端可以使用便宜的终端设备,但主机要求使用功能强大、价格昂贵的大型计算机;每个用户的应用程序和资源都必须单独设置,系统效率不高。

2. 分布式计算处理

在分布式网络中,每台计算机都能够存储和处理数据,因而可以适应不同用户的各种需要,同时允许他们共享网络的数据、资源和服务。分布式计算处理的优点是成本低,多用户使用,快速访问,数据传输风险小。缺点是对病毒比较敏感,任何用户都可能引入被病毒感染的文件,并将病毒扩散到整个网络。

4.3 C/S、B/S 结构和中间件技术

计算机系统平台模式,即系统开发方法及软件体系结构大体上分为 4 种:主机终端模式、文件/服务器模式(File/Server)、客户机/服务器(Client/Server,C/S)模式和浏览器/服务器(Browser/Server,B/S)模式。主机终端模式属于集中式计算处理系统,其余 3 种模式都属于分布式计算处理系统。文件/服务器模式只适用小规模的局域网,对于用户多、数据量大的情况就会产生网络瓶颈,特别是在国际互联网上不能满足用户要求。因此,软件体系结构由原来的文件服务器结构发展到二层 C/S 结构,直到现在的多层 B/S 结构。

4.3.1 两层 C/S 结构

C/S 结构是一种分布式计算处理网络系统。它是一种两层结构的系统:应用程序放在客户端,数据库放在服务器端。在 Web 和 Intranet 技术还没有大规模走进市场的前几年里,C/S 技术帮助了世界各地的公司和企业提高了工作效率,得到广泛应用。

1. C/S 结构的优势

(1) 客户端处理能力强:客户端有一套完整的应用程序,在出错提示、在线帮助等方面都有强大的功能,并且可以在子程序间自由切换。

(2) 客户端响应速度快:能充分发挥客户端 PC 的处理能力,很多工作可以在客户端处理后再提交给服务器。

(3) 存取模式更安全:由于 C/S 是配对的点对点的结构模式,采用适用于局域网、安全性比较好的网络协议,安全性可以得到较好的保证。

(4) 网络通信量小:C/S 只有两层结构,网络通信量只包括客户机与服务器之间的通信量。

2. C/S 结构的缺点

(1) C/S 结构客户端需要安装专用的客户端软件,首先涉及安装的工作量,其次任何一台计算机出问题,如病毒、硬件损坏,都需要进行安装或维护。

(2) 当 C/S 结构软件系统升级时,每一台客户机需要重新安装,其维护和升级成本非常高。

（3）C/S 结构的软件需要针对不同的操作系统系统开发不同版本的软件，对客户端的操作系统一般也会有限制，系统的集成与维护性差，不易扩展，不能支持大用户量及大计算量的应用。

（4）C/S 结构软件只适用于局域网。随着互联网和分布式技术的不断普及和完善，使得在一些大中型计算机系统中，三层 B/S 结构逐渐取代了两层 C/S 结构。

4.3.2　多层 B/S 结构

1. 三层结构

所谓三层结构包括：表示层、功能层（应用层）和数据层。

（1）表示层。表示层是应用的用户接口部分，是用户与系统间交互信息的界面。它的主要功能是检查用户输入的数据，显示系统输出的数据。

如果表示层需要修改时，只需改写显示控制和数据校验程序，而不影响其他两层。检查的内容也只限于数据格式和取值范围，不包括有关业务本身的处理逻辑。

（2）功能层（应用层）。功能层是应用的主体，它包括了应用中全部的业务处理程序。即除了输入/输出功能在表示层、数据库在数据层以外，全部的统计、分析、打印功能全部存放在功能层。

表示层和功能层之间的数据交换要尽可能简洁。例如，用户检索数据时，要设法将有关的检索要求一次传送给功能层，而由功能层处理过的检索结果集也要一次传送给表示层。在应用中要避免一次业务处理在表示层和功能层间进行多次数据交换的现象发生。

（3）数据层。数据层就是数据库管理系统（DBMS），负责管理对数据库数据的读写。DBMS 必须能迅速执行大量数据的更新和检索。现在的主流是关系型数据库管理系统（RDBMS）。因此，一般从功能层传送到数据层的数据库检索语句大都使用 SQL 语言。

2. 三层 B/S 结构

B/S 结构就是客户端使用浏览器，后端使用服务器的应用。它是一种以 Web（万维网）技术为基础的新型的计算机系统平台模式，把传统 C/S 模式中的服务器部分分解为一个数据服务器与一个或多个应用服务器（Web 服务器），从而构成三层结构的客户服务器体系。

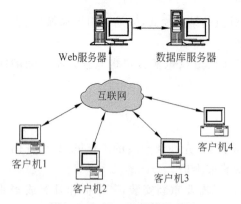

图 4-1　三层 B/S 结构示意图

Web 服务器使用超文本标记语言（HTML）描述网络的资源，创建网页，并以 HTML 数据文件的形式保存其中，以供 Web 浏览器阅读。HTML 文档的特点是交互性：超链接使文档中的链接，不论是一般文本还是图形，都能连接到服务器上的其他文档，从而使客户快速地搜寻他们想要的资料。HTML 网页还可包括表单供用户填写并通过服务器应用程序提交给数据库（见图 4-1）。这种数据库一般是支持多媒体数据类型的。

第一层客户机是用户与整个系统的接口。客户的应用程序精简到一个通用的浏览器软件，如 Netscape Navigator、微软公司的 IE 等。浏览器将 HTML 代码转化成图文并茂的网页。网页还具备一定的交互功能，允许用户在网页提供的申请表上输入信息提交给后台，并提出处理请求。这个后台就是第二层的 Web 服务器。

第二层 Web 服务器将启动相应的进程来响应这一请求，并动态生成一串 HTML 代码，其中嵌入处理的结果，返回给客户机的浏览器。如果客户机提交的请求包括数据的存取，Web 服务器还需与数据库服务器协同完成这一处理工作。

第三层数据库服务器的任务类似于 C/S 模式，负责协调不同的 Web 服务器发出的 SQ 请求，管理数据库。

3. B/S 结构的优势

多层 B/S 结构的分布非常灵活，功能层（应用层）和数据层中的服务器可以有一到多个。这样，大型系统中的数据库和应用程序组件可以被分布于不同的服务器上运行。这些服务器可以是本地的、也可以是远程的，使系统更合理、更灵活、更具扩展性。

1）系统彻底开放

多层 B/S 结构无须像 C/S 模式那样在不同的客户机上安装不同的客户应用程序，而只需安装通用的浏览器软件，使系统具有彻底的开放性和共享性，系统不限制将要访问系统的用户数。这样不但可以节省客户机的硬盘空间与内存，而且使安装过程更加简便、网络结构更加灵活。例如一个企业的决策层要开一个讨论库存问题的会议，他们只需从会议室的计算机上直接通过浏览器查询数据，然后显示给大家看就可以了。甚至与会者还可以把笔记本电脑联上会议室的网络插口，自己来查询相关的数据。实现了对客户信息服务的动态性、实时性和交互性。

2）系统易于开发

采用多层 B/S 结构，系统的开发者无须再为不同级别的用户设计开发不同的客户应用程序了，只需把所有的功能都实现在 Web 服务器上，并就不同的功能为各个组别的用户设置权限就可以了。各个用户在权限范围内调用 Web 服务器上不同处理程序，完成对数据的查询或修改。低成本、简单易用的客户浏览器能随时随地到企业的 Web 站点上，查阅自己所需的数据。

3）系统维护简便

相对于 C/S，B/S 系统的维护更加简单方便。由于系统相对集中于一个或几个服务器上，对系统的维护和扩展都变得比较容易。如数据库存储空间不够，可再加一个数据库服务器；系统要增加功能，可以修改原程序，也可以新增一个应用服务器来运行新功能。

现代企业面临着日新月异的竞争环境，对企业内部运作机制的更新与调整也变得逐渐频繁。当形势变化时，B/S 系统无须再为每一个现有的客户应用程序升级，而只需对 Web 服务器上的服务处理程序进行修订。这样不但可以提高公司的运作效率，还省去了维护时协调工作的不少麻烦。如果一个公司有上千台客户机，并且分布在不同的地点，那么便于维护将会显得更加重要。

4）界面统一，操作简单

对于 C/S 模式，不同的应用程序有自己特定的界面形式规格，使用者需要接受专门培训。而采用 B/S 模式时，客户端只是一个简单易用的浏览器软件，界面统一，使用户操作更简单。无论是决策层还是操作层的人员都无需培训，就可以直接使用。B/S 模式的这种特性，还使系统维护的限制因素更少。

5）适合于网上信息发布

多层 B/S 结构支持底层的 TCP/IP 协议，使 Internet 与目前使用的几乎所有局域网都可以做到无缝连接，从而彻底解决了异构系统间的连接问题。特别适合于网上信息发布，使得传统的 MIS 的功能有所扩展。动态的、交互式的信息发布改进了企业对客户的服务质量，增加企业的商业机会。这是 C/S 所无法实现的。而这种新增的网上信息发布功能恰是现代企业所需的，使得企业的大部分书面文件可以被电子文件取代，从而提高了企业的工作效率，使行政手续简化，节省人力物力。

4. B/S 结构的不足

任何事物都有其两面性，B/S 结构也有它不成熟的地方。从技术角度来讲，HTML 语言能实现的功能有限，不适合复杂业务，特别是数据库业务的开发。基于组件技术的 Active 和 Java Applets 虽然需要将控件下载到本地执行，但其可以通过其强大的功能实现许多 HTML 不能表达的内容，可以实现复杂功能。因此，要在一个应用系统中，特别是复杂的应用系统中实现 B/S 架构应根据系统的具体情况选择适宜的实现技术。

B/S 模式的新颖与流行，和在某些方面相对于 C/S 的巨大改进，使 B/S 成了计算机系统平台模式的首选，但往往也使人忽略了 B/S 不成熟的一面，以及 C/S 所固有的一些优点。

4.3.3 C/S 结构与 B/S 结构相结合

与 B/S 结构相比，C/S 技术发展历史更长。从技术成熟度及软件设计、开发人员的掌握水平来看，C/S 技术应是更成熟、更可靠的。对于企业管理应用软件而言，采用 100% 的 B/S 方式将造成系统响应速度慢、服务器开销大、通信带宽要求高、安全性差、总投资增加等问题。而且，对于复杂的应用，B/S 方式目前尚没有合适方式进行开发。即便有了 ASP 之类的应用服务器，B/S 结构对于大批量实时数据更新和一对多关系的实现，以及数据的图表显示也是非常困难的。因此，目前流行的做法是：在企业级解决方案中对包含大量数据交换的子系统保留 C/S 结构，而在以数据查询为主的子系统中使用 B/S 结构方式。

系统分析师可以根据系统的特点，灵活地为不同的子功能采用不同的系统开发方法及软件体系结构，将 C/S 和 B/S 两种模式交叉并行使用。即具有浏览界面，又能实现关于数据库的各种功能，适应众多用户业务管理要求。

计算机系统分析师可根据一定的原则，将系统的所有子功能分类，决定哪些子功能适合采用 C/S，哪些适合采用 B/S。

1）适合采用 C/S 的子功能

① 安全性要求高。

② 要求具有较强的交互性。

③ 使用范围小,地点固定。

④ 要求处理大量数据。

例如,仓库管理系统中的入库单、领料单的输入功能,财务系统中的凭证输入功能等。

2）适合采用 B/S 的子功能

① 使用范围广,地点灵活。

② 功能变动频繁。

③ 安全性、交互性要求不高。

例如,企业内部信息发布功能,公司财务分析表、总裁决策支持系统中的查询功能等。

如果系统开发者在系统设计阶段决定采用这种 C/S 与 B/S 相结合的模式,那么在系统开发生命期的各个阶段相对这种新模式都应有所响应调整。当然,每种实现方式都有其优点和缺点,谁也不能保证采用一种方式解决所有问题,因而只有仔细分析了各种技术和应用的需求,才能决定系统的解决方案。

4.3.4　中间件技术

1. 中间件的概念

中间件(middleware)是与操作系统、数据库并列的 3 大基础软件之一。顾名思义,中间件处于操作系统软件与应用软件的中间。中间件在操作系统、网络和数据库之上,应用软件的下层,作用是为上层的应用软件提供运行与开发的环境,帮助用户灵活、高效地开发和集成复杂的应用软件。

在中间件产生以前,软件开发人员面对众多 IT 厂商各种产品之间形成的巨大的差异,要直接使用操作系统、网络协议和数据库等开发应用软件,这些都是计算机最底层的东西,越底层越复杂,开发者不得不面临许多很棘手的问题。这些与用户的业务没有直接关系,但又必须解决,耗费了大量时间和精力。于是,有人提出能不能将应用软件所要面临的共性问题进行提炼、抽象,在操作系统之上再形成一个可复用的部分,供成千上万的应用软件重复使用。这一技术思想最终构成了中间件这类的软件。中间件是一类软件,而非一种软件;中间件不仅仅实现互连,还要实现应用之间的互操作;中间件是基于分布式处理的软件,最突出的特点是其网络通信功能。

2. 中间件的作用

中间件的作用是屏蔽了底层操作系统的复杂性,使程序开发人员面对一个简单而统一的开发环境,减少程序设计的复杂性,将注意力集中在自己的业务上,不必再为程序在不同系统软件上的移植而重复工作,从而大大减少了技术上的负担。

中间件带给应用系统的,不只是开发的简便、开发周期的缩短,也减少了系统的维护、运行和管理的工作量,还减少了计算机总体费用的投入。其次,中间件作为新层次的基础软件,其重要作用是将不同时期、在不同操作系统上开发应用软件集成起来,彼此像一个天衣无缝的整体协调工作,这是操作系统、数据库管理系统本身做不了的。中间件的这一作用,使得在技术不断发展之后,我们以往在应用软件上的劳动成果仍然物有所用,节约了大量的人力、财力投入。

3. 中间件的分类

中间件技术已经日渐成熟，并且出现了不同层次、不同类型的中间件产品。

1）消息中间件

将数据从一个应用程序发送到另一个应用程序，这就是消息中间件（MOM）的主要功能。它要负责建立网络通信的通道，进行数据的可靠传送。保证数据不重发，不丢失，消息中间件的一个重要作用是可以实现跨平台操作，为不同操作系统上的应用软件集成提供数据传送服务。它适用于进行非实时的数据交换，如银行间结算数据的传送。

2）交易中间件

交易中间件（TP）也和消息中间件一样具有跨平台、跨网络的能力，但它的主要功能是管理分布于不同计算机上的数据的一致性，协调数据库处理分布式事务，保障整个系统的性能和可靠性。

3）对象中间件

对象中间件（Object Momitor）一般也具有交易中间件的功能，但它是按面向对象的模式来组织体系结构的，在线的电子交易很适合采用这种中间件类型，因为这种类型的应用会被频繁地修改，面向对象的体系结构可以保持足够的弹性来应付这种改动。

4）应用服务器

应用服务器（Application Server）主要用来构造基于 Web 的应用，是企业实施电子商务的基础平台。它一般基于 J2EE 体系结构，让网络应用的开发、部署、管理变得更加容易，使开发人员专注于业务逻辑。

5）企业级应用集成

一个大型企业内部往往有很多的计算机应用系统，EAI 可用于对这些系统进行有效的整合。使它们之间能够互相访问，实现互操作。EAI 所提供的上层开发工具或许是企业级应用集成（EAI）和其他中间件最大的区别，它允许用户自定义商业逻辑和自动使数据对象符合这些规则。

6）安全中间件

安全中间件（Security Middlewares）是以公钥基础设施（PKI）为核心的、建立在一系列相关国际安全标准之上的一个开放式应用开发平台，向上为应用系统提供开发接口，向下提供统一的密码算法接口及各种 IC 卡、安全芯片等设备的驱动接口。

4.4　数据库技术、源代码开放和内容管理

4.4.1　数据库技术

数据库（DB）是一个结构化的数据集合，将数据按一定的数据结构组织起来，存储在计算机存储设备中。数据库是数据管理的高级阶段，它是由文件管理系统发展起来的。

数据库技术以数据库为中心进行事务处理、批处理、决策分析等各种数据处理工作，包

括两大类：操作型处理和分析型处理。操作型处理也叫事务处理，是指对数据库联机的日常操作，通常是对一个或一组纪录的查询和修改，主要为企业的特定应用服务的，注重响应时间，数据的安全性和完整性；分析型处理则用于管理人员的决策分析，经常要访问大量的历史数据。

1. 数据库的基本结构

数据库的基本结构分三个层次，不同层次之间的联系是通过映射进行转换的。

1）物理数据层

物理数据层是数据库的最内层，是物理存储设备上实际存储的数据的集合。这些数据是原始数据，是用户加工的对象，由内部模式描述的指令操作处理的位串、字符和字组成。

2）概念数据层

概念数据层是数据库的中间一层，是数据库的整体逻辑表示。指出了每个数据的逻辑定义及数据间的逻辑联系，是存储记录的集合。它所涉及的是数据库所有对象的逻辑关系，而不是它们的物理情况，是数据库管理员概念下的数据库。

3）逻辑数据层

逻辑数据层是用户所看到和使用的数据库，表示了一个或一些特定用户使用的数据集合，即逻辑记录的集合。

2. 数据库的主要特点

1）实现数据共享

数据共享包含所有用户可同时存取数据库中的数据，也包括用户可以用各种方式通过接口使用数据库，并提供数据共享。

2）减少数据的冗余度

同文件系统相比，由于数据库实现了数据共享，从而避免了用户各自建立应用文件。减少了大量重复数据，减少了数据冗余，维护了数据的一致性。

3）数据的独立性

数据的独立性包括数据库中数据库的逻辑结构和应用程序相互独立，也包括数据物理结构的变化不影响数据的逻辑结构。

4）数据实现集中控制

文件管理方式中，数据处于一种分散的状态，不同的用户或同一用户在不同处理中其文件之间毫无关系。利用数据库可对数据进行集中控制和管理，并通过数据模型表示各种数据的组织以及数据间的联系。

3. 关系数据库

关系数据库系统是用关系模型设计的数据库系统。关系数据库是最常用的数据库，特别适用于存储和处理商务数据。它们通常构造为数据表的形式，数据被分门别类地存放在一些结构化的数据表里，而数据表之间又往往会形成种种内在的交叉引用关系。简单地说，一个关系数据库系统由若干张二维表组成，二维表也称为"关系"。

① 关系：就是一个二维表，表示实体集。

② 记录：表中的行称为记录，代表了某一个实体。

③ 字段：表中的列称为字段，表示实体的某个属性。

④ 关键字：能够唯一确定表中的一个记录的属性或属性集合。

⑤ 主关键字：在一个表中，能够用来唯一确定一个记录的字段或字段集合可以有多个，其中最主要的关键字称为主关键字。

⑥ 外来关键字：一个表中的关键字段，在另一张表中称为外来关键字。外来关键字是建立两个表之间联系的纽带。

4. 面向对象数据库

面向对象数据库是面向对象的程序设计技术与数据库技术结合的产物，主要用于存储彼此没有内在联系的数据对象。面向对象的程序设计语言可以用来访问关系数据库，但这并不会把一个关系数据库转变为一个面向对象的数据库。面向对象的数据库系统使人们可以使用某种程序设计语言去直接访问这种程序设计语言所定义的数据对象，还使人们可以在无需进行格式转换的情况下把这类对象存放到数据库里。这一点关系数据库是无法做到的。面向对象数据库主要特点有：

(1) 对象数据模型能完整地描述现实世界的数据结构，能表达数据间嵌套、递归的联系。

(2) 具有面向对象技术的封装性（把数据与操作定义在一起）和继承性（继承数据结构和操作）的特点，提高了软件的可重用性。

5. 数据库分类

1) 集中式数据库

把数据集中在一个数据库中进行集中管理，其优点是减少了数据冗余和不一致性，缺点是随着数据量增加，系统相当庞大，操作复杂；数据集中存储，大量的通信都要通过主机，造成拥挤。

2) 分布式数据库

分布式数据库兼顾了集中管理和分布处理两个方面，因而有良好的性能。

(1) 数据物理上分布在多处不同地点，但逻辑上是一个整体。

(2) 计算机系统既可以访问本地数据库，也可以访问异地数据库。

(3) 本地计算机不能单独胜任的数据处理任务，可以通过网路取得其他数据库的支持。

6. 数据库管理系统

数据库管理系统(DBMS)是指数据库系统中对数据进行管理的软件系统，它是数据库系统的核心组成部分，为用户或应用程序提供访问数据库的方法，包括数据库的建立、查询、更新及各种数据控制。主要功能有以下 5 个方面。

1) 数据库的定义功能

定义数据的完整性约束及保密限制约束等，其中包括数据描述语言（DDL）的编译程序,用来描述数据库的结构,供用户建立数据库。

2)数据库的操纵功能

提供数据操纵语言(DML)实现对数据的操作,如数据存储、查询、更新(添加、修改、删除)等。

3)数据库的保护功能

对数据库的保护通过以下几个方面来实现:

① 数据库的恢复:在数据库被破坏或数据不正确时,把数据库恢复到正确的状态。

② 数据库的并发控制:在多个用户同时对同一个数据进行操作时,系统应能加以控制,防止破坏数据库中的数据。

③ 数据完整性控制:保证数据库中数据及语义的正确性和有效性,防止任何对数据造成错误的操作。

④ 数据安全性控制:防止未经授权的用户存取数据库中的数据,以免数据的泄露或更改。

⑤ 其他保护功能:系统缓冲区的管理以及数据存储的某些自适应调节机制等。

4)数据库的维护功能

维护功能包括数据库的数据加载、转换、转储,数据库的改组以及性能监控等。这些功能分别由各个实用程序完成。

7. 数据字典

数据库系统中存放三级结构定义的数据库称为数据字典(DD)。对数据库的操作都要通过 DD 才能实现。DD 中还存放数据库运行时的统计信息,如记录个数、访问次数等。

4.4.2 数据仓库技术

数据仓库(DW)属于高层次的数据管理技术。由于传统数据库系统难于实现对数据分析处理,无法满足数据处理多样化的要求,其操作型处理和分析型处理的分离就成为必然。自 20 世纪 90 年代开始,基于传统的数据库技术的发展,人们尝试对数据库中的数据进行再加工,形成一个综合的,面向分析的环境,以更好支持决策分析,从而形成了数据仓库技术。

作为决策支持系统(DSS),数据仓库系统包括三方面技术:

(1)数据仓库技术:将传统数据库中的数据按决策需求(主题)进行重新组织,以多维空间结构形式存储数据库,数量级达到太字节(TB)级。

(2)联机分析处理技术(OLAP):对数据进行分析型处理,而不是传统的操作型处理。

(3)数据挖掘技术(DM):从数据库中发现知识的核心技术,它是从人工智能的机器学习中发展起来的。

1. 数据仓库的定义

数据仓库的定义是:数据仓库就是面向主题的、集成的、不可更新的(稳定性)、随时间不断变化(不同时间)的数据集合,用以支持经营管理中的决策制定过程。数据仓库中的数据面向主题,与传统数据库面向应用相对应。

主题是一个在较高层次上将数据归类的标准,每一个主题对应一个宏观的分析领域。数据仓库的集成特性是指在数据进入数据仓库之前,必须经过数据加工和集成,这是建立数据仓库的关键步骤,首先要统一原始数据中的矛盾之处,还要将原始数据结构做一个从面向应用向面向主题的转变。数据仓库的稳定性是指数据仓库反映的是历史数据,而不是日常事务处理产生的数据,数据经加工和集成进入数据仓库后是极少或根本不修改的。数据仓库是不同时间的数据集合,它要求数据仓库中的数据保存时限能满足进行决策分析的需要,而且数据仓库中的数据都要标明该数据的历史时期。

数据仓库的建立并不是要取代数据库,它要建立在一个较全面和完善的信息应用的基础上,用于支持高层决策分析,而事务处理数据库在企业的信息环境中承担的是日常操作性的任务。数据仓库是数据库技术的一种新的应用,而且到目前为止,数据仓库还是用关系数据库管理系统来管理其中的数据。

2. 数据仓库的数据组织结构

数据仓库中的数据分为 4 个级别:早期细节级、当前细节级、轻度综合级、高度综合级。源数据经过综合后,首先进入当前细节级,根据具体需要进行进一步的综合,从而进入轻度综合级乃至高度综合级,老化的数据将进入早期细节级。由此可见,数据仓库中存在着不同的综合级别,一般称之为"粒度"。粒度越大,表示细节程度越低,综合程度越高。

1)粒度

粒度是数据仓库的重要概念。粒度可以分为两种形式,第一种粒度是对数据仓库中的数据的综合程度高低的一个度量,它既影响数据仓库中的数据量的多少,也影响数据仓库所能回答询问的种类。在数据仓库中,多维粒度是必不可少的。由于数据仓库的主要作用是决策支持系统分析,因而绝大多数查询都基于一定程度的综合数据之上的,只有极少数查询涉及细节。所以应该将大粒度数据存储于快速设备如磁盘上,小粒度数据存于低速设备如磁带上。还有一种粒度形式,即样本数据库。它根据给定的采样率从细节数据库中抽取出一个子集。这样样本数据库中的粒度就不是根据综合程度的不同来划分的,而是由采样率的高低来划分,采样粒度不同的样本数据库可以具有相同的数据综合程度。

2)分割

分割是数据仓库中的另一个重要概念,它的目的同样在于提高效率。它是将数据分散到各自的物理单元中去,以便能分别独立处理。有许多数据分割的标准可供参考:如日期、地域、业务领域等,也可以是其组合。一般而言,分割标准总应包括日期项,它十分自然而且分割均匀。

3. 数据仓库的数据组织形式

数据仓库中常见的数据组织形式有:

(1)简单堆积文件:它将每日由数据库中提取并加工的数据逐天积累并存储起来。

(2)轮转综合文件:数据存储单位被分为日、周、月、年等几个级别。在一个星期的 7 天中,数据被逐一记录在每日数据集中;然后,7 天的数据被综合并记录在周数据集中;接下去的一个星期,日数据集被重新使用,以记录新数据。同理,周数据集达到 5 个后,数据再一次被综合并记入月数据集。以此类推。轮转综合结构十分简捷,数据量较简单堆积结构大大减少。当然,它是以损失数据细节为代价的,越久远的数据,细节损失越多。

(3)简化直接文件:它类似于简单堆积文件,但它是间隔一定时间的数据库快照,如每隔一星期或一个月作一次。

(4)连续文件:通过两个连续的简化直接文件,可以生成另一种连续文件,它是通过比较两个简单直接文件的不同而生成的。当然,连续文件同新的简单直接文件也可生成新的连续文件。

对于各种文件结构的最终实现,在关系数据库中仍然要依靠“表”这种最基本的结构。

4. 数据仓库的数据追加

如何定期向数据仓库追加数据也是一个十分重要的技术,常用的技术和方法有:

(1)时标方法:如果数据含有时标,对新插入或更新的数据记录,在记录中加更新时的时标,那么只需根据时标判断即可。但并非所有的数据库中的数据都含有时标。

(2)DELTA 文件:它是由应用生成的,记录了应用所改变的所有内容。利用 DELTA 文件效率很高,它避免了扫描整个数据库,但同样的问题是生成 DELTA 文件的应用并不普遍。此外,还有更改应用代码的方法,使得应用在生成新数据时可以自动将其记录下来。但应用成千上万,且修改代码十分烦琐,这种方法很难实现。

(3)前后映像文件的方法:在抽取数据前后对数据库各作一次快照,然后比较两幅快照的不同从而确定新数据。它占用大量资源,对性能影响极大,因此并无多大实际意义。

(4)日志文件:最可取的技术大概是利用日志文件了,因为它是 DB 的固有机制,不会影响 OLAP 的性能。同时,它还具有 DELTA 文件的优越性质,提取数据只要局限日志文件即可,不用扫描整个数据库。当然,原来日志文件的格式是依据 DB 系统的要求而确定的,它包含的数据对于数据仓库而言可能有许多冗余。例如,对一个记录的多次更新,日志文件将全部变化过程都记录下来;而对于数据仓库,只需要最终结果。

4.4.3 源代码开放

近年来,一种新的软件开发思潮在国际上受到越来越多的关注,已经取得丰硕成果,而且将整个软件产业格局产生重大深远影响,这就是所谓开放源码思想。

1. 源代码开放的概念

开放源代码的基本思想很简单,最初由于计算机硬件造价昂贵,许多公司认为计算机软件不值钱,将其仅看作是整个计算机的附属产品。因此,当时网络上的程序员可以任意阅读、重新分布和修改软件的源码,也正因为此才使得软件业得到了飞速发展。人们可以任意改进软件的源码、改编源码以及修正源码中的错误,这在今天多数情况下是不可能的事情。各个公司为了在软件技术上保持自己的优势,都处于封闭的开发模式。

然而,随着计算机硬件成本的不断下降,软件在整个计算机系统的成本中占有越来越高的比例,如何提高软件开发生产率、降低成本、提高质量是整个计算机软件行业的重大课题。按照传统封闭的开发模式,只有很少一部分程序员能够看到源代码,其他任何人只能使用不透明的二进制软件,这使得程序源码中的大量潜在错误难以被及时发现和消除,造成巨大的维护费用。

与此相对,在开放源码社区中则通过源码开放与共享原则,使得任何程序员都有机会对软件进行深入的评审和测试,从而大大提高了软件质量,获得比传统封闭的软件开发模式更好的快速开发软件的方法。换句话说,开放源码主要目标就是提高软件质量,其方法就是通过开放源代码以获得广泛的对等评审及用户测试效应。传统模式采取严密组织的软件开发队伍,而开放源码则是由分散的发烧友通过 Internet 组成的开发队伍进行组织,Linux 的开发就是后者的成功典范。

2. 开放源代码与自由软件运动

与开放源码紧密相关的是所谓自由软件运动,主要目标是使得开发的软件是自由的,它们之间最简单的区别是各自的优先权不同。在开放源码/自由软件思想下已经积累了相当一批财富,包括操作系统级、平台软件级、甚至应用级的源程序已经被放在网站上,供软件爱好者自由使用。

尽管目前软件业的主要商业模式是以出售拷贝为基本商业基点的,但这种商用软件的思路目前正逐渐被开放源码、以服务和培训为商业获取利润的思想所取代。而且,开放源码软件可以把很多人的智力集聚到一起,尤其既有利于基础软件教育事业,又可以加快高质量的共性软件发展。因此,开放源码思想已经受到来自政府、企业、科研教育机构的高度关注,随着大量人力物力的不断投入,开放源码软件正在逐步走向工业化。

3. 开放源代码模式的问题

凡事都有两面性,开放源码也带来了一些新的问题:

(1)由于完全本着自愿的原则,任何人都可以自由参与开源软件的开发,也可以将自己编制的软件放到网络上让别人共享,因而软件版本如何管理、质量如何保证、软件错误如何跟踪和修正等都摆在人们的面前。

(2)开放源码的测试、整理与推广也是一个比较重要的任务。没有专业软件公司专门从事软件的开发、整理和推广工作,就好比杀鸡取蛋,软件产业可能会陷入无序和混乱。既然是公司,为保障其正常运作,就必须要有利润,在源码完全开放的情况下,专业软件公司如何保护版权、获取利润等问题还有待解决。

因此,将开放源码思想与传统的软件工程进行有机结合将是软件开发最好的模式。

4.4.4 内容管理

随着社会的进步、经济的发展,各行业的信息内容正在以迅猛地势头增加。这些信息并不仅限于结构化数据,还有很多非结构数据。据统计,目前大约 85% 的企业信息是非结构化数据。

1. 内容和内容管理的概念

内容是指非结构化数据,包括纸张文件、报告、传真、视频、音频、图片等。

内容管理是对非结构化数据的采集、组织、存储、安全、提取、再利用的技术手段和管理方法,包括对元数据的管理、数字对象的管理、以及如何通过一个统一的数据库访问协议对元数据和数字对象进行一致性、完整性操作等。内容管理的关键技术是针对实际问题提出的解决方案,是人、过程与技术的集成,需要从人员组织、业务流程以及内容管理系统的建立等多方面共同协调实现。换言之,内容管理是一个集人、过程与技术于一体的"技术-社会"工程,它不是简单的功能堆砌,而是需要将内容管理的功能和技术有机地集成在一起,让决策、计划、人事、销售、服务等不同部门、不同需求的人都能使用,以实现真正有效率的内容管理服务。

在多媒体内容的范畴内,可以通过以下公式来更好地理解内容管理的概念:

$$一个媒体对象 = 不可区分的媒体对象$$

$$媒体对象 + 元数据 = 内容$$

$$内容 + 权限 = 媒体资产$$

一个媒体对象经过数字化处理后就成为数字对象,它是一个不可区分的对象,如一篇文章在没有加入其他的限定描述前,是无法与其他文章区分开的。要想区分它们,就需要给它们各自加上自己独特的属性信息,文章的标题,关键词以及作者等,而这些独特的属性信息称为元数据。结合了元数据的媒体对象就叫做内容。

如果想要再利用、再增值内容,就需要使内容成为媒体资产,而要将内容变为媒体资产,需要加入权限管理。加入了权限管理后,内容信息就可以被再利用,生成资产价值。

在大对象数据库建设时,依照内容管理的观点,针对大对象数据的访问、修改和管理等不同特点,将生产过程中的元数据和文字稿件存储在数据库中,将图片等二进制大对象存储在内容管理平台中,通过元数据与对象数据同步机制自动建立元数据和内容管理对象的对应关系。针对大对象数据操作的完整性和一致性,应用内容管理体系结构的优势实现大对象数据的高效访问。

关系型数据库管理系统擅长结构化数据的处理,由 RDBMS 服务器管理业务数据,可以保证数据的完整性和一致性;全文检索系统擅长于非结构化全文数据的处理,由全文搜索标引提供全文检索服务。通过将全文检索系统和关系数据库的集成,使用户在完全保持已有业务应用和业务数据的前提下,可以对海量的结构化和非结构化数据进行高效、安全、可靠的发布和增值利用。

2. 内容管理技术研究的主要内容

内容管理的应用范围较广,研究题目很多,主要分为 4 个研究方向:功能研究、特定应用领域的研究、内容管理技术研究以及内容管理和其他应用的集成研究。每个研究领域都有各自相对独立的研究内容,但也相互交叉而形成综合的研究方向。

(1) 功能研究:包括数据检索、数据存储、格式转换、多语种支持、安全管理、页面创建、个性化定制、同步和复制等。

(2) 行业研究:包括多媒体服务、多媒体内容管理、电子数据交换、元数据和标引等。

(3) 技术研究:包括多层体系结构,全面基于 XML 标准,面向对象组件等。

(4) 集成研究:包括工作流管理、数字版权保护、数据挖掘等。

3. 内容管理的关键技术

内容管理关键技术的研究侧重于支撑内容管理平台的核心技术研究,主要包括 XML、元数据、工作流管理技术、应用集成技术和数据检索和挖掘技术。

1) XML

XML 技术是目前公认的对内容管理影响最大、贯穿于其整个生命期的技术。XML 作为一种可扩展性标记语言,其自描述性使其非常适用于不同应用间的数据交换,而且这种交换是不以预先规定一组数据结构定义为前提。XML 最大的优点是它对数据描述和数据传送能力,因而具备很强的开放性。

内容管理项目开发人员基本上都将结构简单、易于理解的 XML 结构作为动态内容管理的组织结构。XML 可以很方便地将内容从政府部门或企业的管理规则中分离出来,XML 标记的文档可以使用户更方便地提取和重用自己想用的内容,并使用自己喜欢的表达格式,这为用户提供了一个很好的按需定制的特性,具有非常好的灵活性。通过 XML 还可以使内容脱离格式而存在,成为只与上下文相关的数据,以便于内容的检索、修改、合并或者重用,满足了多媒体输出的需求。一个基于 XML 的通用存储方式,还可以帮助政府部门或企业管理和维护大量的不同内容。

2) 元数据

元数据是关于数据的数据,是以计算机系统能使用与处理的格式存在的、与内容相关的数据,它是对内容的一种描述方式。通过这种方式,可以表示内容的属性与结构信息。元数据分为描述元数据、语义元数据、控制元数据和结构元数据。在内容管理中,通常是元数据越复杂,内容提升价值的潜力就越大。元数据模型的建立需要一个面向用户内容管理的通用数据模型,以适应用户不断变化的需求,达到提升信息价值的目的。元数据一从原始内容中提取出来,就可以把它与原始的内容分开,单独对它进行处理,从而大大简化了对内容的处理过程。另外,语义元数据与结构元数据还可用于内容的检索和挖掘。

3) 工作流管理技术

随着内容管理的应用日益广泛,与政府部门或企业业务流程和工作环境的结合日益紧密,内容工作流和内容协作支撑技术的核心作用开始凸现出来。虽然内容存储、检索和分析方面的需求作为政府部门或企业信息基础应用相对稳定,但内容采集、加工、发布和服务等内容应用却常常要发生变化,内容管理需要做到随机应变,以提高内容在业务流重整的流转效率。为了让内容能够及时、准确地自动传递到相关人员手中,内容管理流程需要符合政府部门或企业的业务流程。高效灵活、易管理、易扩展的内容工作流技术和丰富、开放、跨平台的内容协作支持是内容管理融入政务或企业商务主流应用的重要保证。

内容管理中的工作流技术主要分为内嵌式工作流和独立工作流系统两种,其中内嵌式工作流主要用于内容管理平台内部流程的管理,而独立工作流系统更适于内容管理平台和其他应用的交互提供支持。

工作流技术是内容管理的关键技术之一,一方面它可以关联内容管理系统中的各个功能或业务流动,构建灵活、规范、统一的内容管理流程,另一方面,部分内容管理工作流可以作为内容管理平台与其他政府部门或企业应用之间的桥梁,为应用集成中的过程集成提供支持。目前,工作流技术已广泛应用在内容管理的各个应用领域,如政府办公、审批流程、企业内容管理流程等。

4)应用集成技术

从信息系统功能的角度看,内容管理就是对其包含的数据和元数据在整个生命期进行采集、加工、发布的管理,目的就是使信息能够更快速、无缝地集成到政府部门或企业的信息基础设施中,这就要求内容管理产品平台能够很好地与这些信息基础设施融合,并能够很好地与政府部门或企业已有的应用系统进行交互,如 ERP、CRM 等应用系统。目前,应用集成研究主要分为用户界面集成、数据集成、功能集成 3 种类型,其中功能集成还可以分为业务流程集成以及函数/方法集成两种类型。每类集成方式都有各自的方法研究、集成技术研究,以及功能和性能评价的相关研究等。在内容管理中,应用集成主要体现在单点登录、统一用户认证、内容管理和工作流管理集成等方面。内容管理应用集成既要体现平台所有的功能,又要尽量遵循标准。只有遵循业界标准,才能保证开发人员容易上手,应用容易移植。不过内容管理目前还没有成熟的标准,需要基于已有标准进行扩展。

5)数据检索和挖掘技术

数据检索技术也是内容管理系统的关键技术之一,该技术用来帮助使用者快速定位所需内容。按照搜索方法可分为全文搜索、上下方搜索等。目前,内容检索技术正向异构内容信息源整合检索方向发展。随着人们对信息获取和利用上的认识不断加深,加之跨组织流程再造、内部知识资源整合、供应链管理、客户关系管理、电子政务、电子商务等概念不断冲击着政府部门领导或企业经营者,有关政府部门或企业内部和外部多种信息资源的整合变得比以往更重要,也更紧迫。由于这些信息来源不同,存储格式和系统不同,访问和检索方式也不同,因而出现了异构资源整合检索的问题,用户需要统一对这些内容进行访问和检索。

面对海量的内容数据和并发检索压力,要保证检索性能,就需要将分布群集检索、高速缓存和负载均衡这些技术都结合到检索里来。目前,内容管理中的检索技术正向多样化、智能化发展,其中包括智能化知识检索技术、自然语言查询、多媒体信息检索技术等。

内容管理中另一个关键技术是内容挖掘和智能关联技术。分类、摘要、标引、聚类、相关分析等自然语言处理技术将被愈来愈多地应用于内容分析和内容服务。

4.5　软件项目管理

项目管理是指通过项目各方利益相关者的合作,在项目活动中运用专门的知识、技能、工具、方法,以及各种资源,以实现项目的目标。软件项目管理不仅仅是强调使用专门的知识和技能,还要强调软件开发过程中各参与人的重要性。

1. 软件项目管理的主要职能

软件项目管理的主要职能包括:

（1）制订计划:规定待完成的任务、要求、资源、人力和进度等。

（2）建立组织:为实施计划,保证任务的完成,需要建立分工明确的责任机构。

（3）配备人员：任用各种层次的技术人员和管理人员。

（4）指导管理：鼓励和动员软件人员完成所分配的情况。

2. 软件项目管理的主要内容

软件项目管理的知识领域是指软件开发工程师必须具备的一些重要的知识和能力，它由四大核心知识领域：范围管理、进度管理、成本管理和质量管理；四大项目管理辅助知识领域：资源管理、沟通管理、风险管理和采购管理；以及项目整体管理等共计九个方面的知识和能力组成。除此以外，对于软件开发项目还要包括合同管理、信息管理和项目收尾管理等三个方面的工程专业知识领域；以及对于软件项目另外还要再加上项目知识产权保护管理和项目信息系统安全管理等两个方面信息系统工程专业知识领域。

软件项目管理的内容是贯穿、交织于整个软件开发过程中的，其中人员资源的组织与管理把注意力集中在项目组人员的构成、优化；软件配置管理是一种标识、组织和控制修改的技术；软件度量关注用量化的方法评测软件开发中的费用、生产率、进度和产品质量等要素是否符合期望值，包括过程度量和产品度量两个方面；软件项目计划主要包括对工作量、成本、开发时间的估计，并根据估计值制定和调整项目组的工作；风险管理预测未来可能出现的各种危害到软件产品质量的潜在因素并由此采取措施进行预防；质量保证是为了保证产品和服务充分满足消费者要求的质量而进行的有计划、有组织的活动；软件过程能力评估是对软件开发能力的高低进行衡量。

3. 软件配置管理

软件配置管理（SCM）应用于整个软件工程过程，它包括如下 4 项基本活动。

1）配置项标识

软件过程的输出信息主要有程序、数据和文档三大类，总称为软件配置项（SCI）。配置项的识别是配置管理活动的基础，也是制订配置管理计划的重要内容。

在软件的开发过程中把所有需要加以控制的配置项分为基线配置项和非基线配置项两类。例如，基线配置项可能包括所有的设计文档和源程序等，非基线配置项可能包括项目的各类计划和报告等。基线又称为里程碑，通常作为一个阶段完成的标志。

所有配置项都按照相关规定统一编号，按照相应的模板生成，并在文档的规定章节（部分）中记录对象的标识信息。在引入软件配置管理工具进行管理后，这些配置项都应以一定的目录结构保存在配置库中。在配置管理系统中，要建立下列 3 个库。

（1）开发库（动态系统）：存放开发过程中需要保留的各种信息，供开发人员个人专用。库中的信息可能有较为频繁的修改，只要开发库的使用者认为有必要，无须对其做任何限制。因为这通常不会影响到项目的其他部分，而仅在项目开发组内设立，并由其负责维护。

（2）受控库（主库）：在信息系统开发的某个阶段工作结束时，将工作产品存入或将有关的信息存入。存入的信息包括计算机可读的及人工可读的文档资料，通常以软件配置项为单位建立。

（3）产品库（静态系统）：在开发的信息系统产品完成系统测试之后，作为最终产品存入库存内，等待交付用户或现场安装，可在系统、子系统级上设立并维护。

各类库中应存放哪些配置项,应根据所开发软件的实际情况决定。

2)变更控制

在对各个配置项(SCI)做出了识别,并且利用工具对它们进行了版本管理之后,如何保证它们在复杂多变的开发过程中真正地处于受控的状态,并在任何情况下都能迅速地恢复到任一历史状态,成为了软件配置管理的另一重要任务。变更控制就是通过结合人的规程和自动化工具,以提供一个变化控制的机制。

3)配置状态报告

配置状态报告就是指根据配置项操作数据库中的记录向管理者报告软件开发活动的进展情况。这样的报告是采用计算机定期自动生成的,用数据库中的客观数据真实反映各配置项情况。配置状态报告应着重反映当前基线配置项的状态,以作为开发进度报告的参照。同时也要根据开发人员对配置项的操作记录,对开发团队的工作关系做一定的分析。

配置状态报告应该包括下列主要内容:

① 配置库结构和相关说明;

② 开发起始基线的构成;

③ 当前基线位置及状态;

④ 各基线配置项集成分支的情况;

⑤ 各私有开发分支类型的分布情况;

⑥ 关键元素的版本演进记录;

⑦ 其他应该报告的事项。

4)配置审核

配置审核的主要作用是作为变更控制的补充手段,来确保软件开发过程中的变更需求能完整地实现。在某些情况下,它被作为正式的技术复审的一部分。

4.6 软件工程标准

为了考核软件公司是否认真地在软件生产过程中进行质量管理,国际标准化组织和世界各国都已经颁布了一系列的有关软件开发的工程标准。

4.6.1 软件工程标准的分类

目前在软件行业广泛应用的标准比较繁多,各自有其特点。分类方式有:

1. 依据应用范围分类

(1)面向所有行业的,如国际标准 ISO 9000,其中软件部分是 ISO 9000-3《质量管理和质量保证标准第三部分,ISO 9001:1994 在计算机软件开发、供应、安装和维护中的应用指南》,以及 Baldrige 等,为了适应更广范围的行业应用,一般仅给出一些指导性原则,相对要抽象些。ISO 9000 族标准适用于所有工业产品,但考虑到软件产品的特殊性,所以专门制定了 ISO 9000-3,它是在软件产业贯彻 ISO 9000 族标准的指南。

（2）专门针对软件行业的，如国际标准 SW-CMM、SPICE、IEEE/EIA 12207、MIL-STD-498，ISO/IEC 12207-1995《信息技术 软件生存期过程》等，以及国内标准 GB 8566—88《计算机软件开发规范》，GB 9385—88《计算机软件需求说明编制指南》，GB 9386—88《计算机软件测试文件编制规范》，GB/T 11457—95《软件工程术语》，GB/T 12504—90《计算机软件质量标准保证计划规范》，GB/T 12505—90《计算机软件配置管理计划规范》，GB/T 14394—93《计算机软件可靠性和可维护性管理》等，它们针对软件行业及软件开发的特点进行较为详细的定义，相对要具体些。

2. 依据定义模式分类

从标准的定义模式上看也可分为两类：

（1）明确定义了质量管理从初级到高级的发展阶段及要素框架，如国际标准 SW-CMM、SPICE 等，在具体操作时更适合于企业安排质量改进的日程表。

（2）笼统地给出成功质量管理的基本框架定义，如国际标准 ISO 9000、Baldrige、IEEE/EIA 12207、MIL-STD-498 等，需要企业自己确定质量改进的步骤和路线图。

软件开发过程中所使用的软件标准无论其归属哪一类，这些标准基本上都是源于关键的国防产品的需求，然后扩展到民用，经历了一系列的补充和改进，因此相互之间的关系也错综复杂。需要强调的是，组织不应陷于这些标准的迷宫之中，应以完成企业目标为准则来调整有关标准。

4.6.2 软件工程标准的使用裁剪

尽管软件工程涉及许多方面，但最值得注意的重点有两个：一个是开展软件过程评估；另一个是构件的大规模开发与使用。

软件过程评估就是说，所有的软件公司都必须按照软件工程的标准去做，严格评估，一切都是有跟踪、有检查的。有眼光的软件企业领导人都在关注这一动向，积极采取措施，使自己的企业达到 ISO 9000 标准的要求。这一方面是为了提高企业的声望，更重要的是可以利用这个机会，提高员工对质量问题的认识，通过这一活动整顿企业的技术流程和组织情况，使企业的工作质量达到一个新的高度。

软件工程标准大多提供了对于软件生命期过程的管理框架，并给出一些具有良好定义的、可供软件行业参考的术语定义。参照这些标准，可以建立统一的开发过程及文档需求，澄清各种角色及其接口关系，定义文档的类型和内容要求，确定所需要的任务、阶段、基线、评审等，借鉴业界的已有经验教训，避免以往曾经出现的问题和缺陷，这些都为软件项目管理的不断改进提供了可能性，并为软件的国际贸易提供了便利。

由于没有两个项目是一致的，因此在软件开发过程中不能够对标准照搬套用，而应进行适当裁剪。通常裁剪按照以下步骤进行：

① 确定软件项目环境：包括策略、活动和需求。

② 收集输入项内容：输入项内容来自用户、支持队伍、潜在投标人等。

③ 选择过程、活动、文档和责任。

④ 将裁剪决定和理由记录在文档中。

裁剪的基本原则是,目标和意图是不能够被裁剪的,可以被裁剪的只是阶段/活动的数量、角色、责任、文档格式、报告或评审的正式程度/频率等内容。

4.6.3　软件成熟度模型简介

软件能力成熟度模型(CMM)重点是从组织管理方面研究评估软件生产过程,从而提高软件质量。根据软件公司在软件质量管理方面达到的成熟程度,将它们划分为五个级别,使软件开发组织能自我分析,找出尽快提高软件过程能力的方法,这个方法已得到国际软件产业界和软件工程界的广泛关注和认可。软件企业通过 CMM 评估是软件产品质量达标的标志,也是进军国际市场的通行证。国内大型软件企业,财力人力足够强,可借助主任评估师经验,进行评估,发现优点、弱点,制定措施,提高软件质量,培养人才。咨询服务公司可开展软件质量管理,包括 CMM 评估服务。

1. CMM 的由来

CMM 是美国卡耐机-梅隆大学(CarnegieMellon)软件工程研究所(SEI)根据美国国防部的要求制定的,1987 年正式公开发表。它是一套软件工程的质量保证标准(QA),描述了不断改进软件过程的科学方法,用以改善软件开发过程与质量,为软件工程开辟了一条新的途径。它是一个由五个级别有机的"成熟度"组成的模型,它们决定着质量化软件的交付效力。软件产品质量在很大程度上取决于构筑软件时所使用的软件开发和维护过程的质量。由于软件过程是人员密集和设计密集的作业过程,如果缺乏训练有素的开发人员,就难以建立起支持实现成功的软件过程的基础,改进工作亦将难以取得成效。CMM 描述的这个框架正是勾列出从无定规的混沌过程向训练有素的成熟过程演进的途径。

CMM 提供了关于软件开发流程管理的常识性应用,软件开发和维护的一系列的质量改进概念,团体组织软件开发的指南,一个组织的改进模型,一套软件质量评估、保证标准。

2. CMM 的内容

1) CMM 框架

CMM 框架用 5 个不断进化的级别来评定软件生产的历史与现状:

① 初始级(Initial):不可预期和难以控制。

② 可重复级(Repeatable):可以重复先前掌握的任务。

③ 已定义级(Defined):以流程为特点,可以清晰地理解。

④ 可管理级(Managed):流程可度量和控制。

⑤ 最优级(Optimizing):集中于业务流程的连续改进和技术平台的改进。

其中初始级是混沌的过程,可重复级是经过训练的软件过程,已定义级是标准一致的软件过程,可管理级是可预测的软件过程,最优级是能持续改善的软件过程。每个成熟度级别(第一级除外)规定了不同的关键过程域(见表 4-1),一个软件组织如果希望达到某一个成熟度级别,就必须完全满足关键过程域所规定的要求,即满足关键过程域的目标。

表 4-1 关键过程域的分类

过程	管理方面	组织方面	工程方面
最优级	—	技术改进管理 过程改进管理	缺陷预防
可管理级	定量管理过程		软件质量管理
已定义级	集成软件管理 组间协调	组织过程焦点 组织过程定义 培训程序	软件产品工程 同级审批
可重复级	需求管理 软件项目计划 软件项目跟踪与监控 软件子合同管理 软件质量保证 软件配置管理	—	—

2) CMM 能力成熟度模型

(1) 软件能力成熟度模型:主要是描述此模型的结构,并且给出该模型的基本构件的定义。

(2) 能力成熟度模型的关键惯例:详细描述了每个方面涉及的关键惯例。

每个软件能力成熟度等级包含若干组至关重要的相关联的活动,称为关键过程方面,它们的实施对达到该成熟度等级的目标起到保证作用。关键惯例是指使关键过程方面得以有效实现和制度化的作用最大的基础设施和活动,包括对关键过程的实施起关键作用的方针、规程、措施、活动以及相关基础设施。

在 CMM 框架的不同级别中,需要解决带有不同级别特征的软件过程问题。任何软件开发组织在致力于软件过程改善时,只能由所处的级别向紧邻的上一级别进化。而且在由某成熟级别向更成熟级别进化时,在原有级别中那些已经具备的能力还必须得到保持与发扬。

4.6.4　ISO 9000 简介

国际标准化组织(ISO)成立于 1947 年 2 月 23 日,总部设在瑞士的日内瓦,成员包括 117 个国家和地区,是世界上最大的国际标准化组织。其宗旨是在世界上促进标准化及其相关活动的发展,以便于商品和服务的国际交换,在智力、科学、技术和经济领域开展合作。

ISO 通过它的 2856 个技术机构开展技术活动。其中技术委员会(简称 TC)共 185 个,分技术委员会(SC)共 611 个,工作组(WG)2022 个,特别工作组 38 个。

ISO 的 2856 个技术机构技术活动的成果(产品)是"国际标准"。ISO 现已制定出国际标准共 10300 多个,主要涉及各行各业各种产品的技术规范。

1. ISO 9000 标准

ISO 制定出来的国际标准除了有规范的名称之外,还有编号,编号的格式是:ISO+标准号+［连字符＋分标准号］＋冒号＋发布年号(方括号中的内容可有可无),例如:ISO8402:1987、ISO 9000-1:1994 等,分别是某一个标准的编号。但是,ISO 9000 不是指一个标准,而是一族标准的统称。根据 ISO 9000-1:1994 的定义:ISO 9000 族是由 ISO/TC176 制定的所有国际标准。至今,ISO 9000 族一共有 17 个标准。其中与软件工程质量相关的有三个:

① ISO 9001:1994《品质体系　设计、开发、生产、安装和服务的品质保证模式》;
② ISO 9002:1994《品质体系　生产、安装和服务的品质保证模式》;
③ ISO 9003:1994《品质体系　最终检验和试验的品质保证模式》。

ISO 9000 的推广实施,对衡量一个企业的质量管理水平和质量保证能力提供了一个共同的标尺。因此,在它发布后的十多年时间里,全球兴起了一股 ISO 9000 热潮。目前,全球已有 100 多个国家和地区在积极推广 ISO 9000 国际标准,我国也不例外。

2. 认证的概念

认证的定义是由可以充分信任的第三方证实某一经鉴定的产品或服务符合特定标准或规范性文件的活动。举例来说,对第一方(卖方)生产的产品甲,第二方(买方)无法判定其品质是否合格,而由第三方(认证机构)来判定。第三方既要对第一方负责,又要对第二方负责,不偏不倚,出具的证明要能获得双方的信任,这样的活动就叫做"认证"。

认证机构的认证活动必须公开、公正、公平,才能有效。这就要求认证机构必须有绝对的权力和威信,必须独立于第一方和第二方之外,必须与第一方和第二方没有经济上的利害关系。现在,各国的认证机构主要开展如下两方面的认证业务:

1) 产品品质认证

目前,全世界各国的产品品质认证一般都依据国际标准进行认证。国际标准中的 60% 是由 ISO 制定的。产品品质认证包括合格认证和安全认证两种。依据标准中的性能要求进行认证叫做合格认证;依据标准中的安全要求进行认证叫做安全认证。前者是自愿的,后者是强制性的。

产品品质认证工作,从 20 世纪 30 年代后发展很快。到了 50 年代,所有工业发达国家基本得到普及。第三世界的国家多数在 70 年代逐步推行。我国在 1981 年 4 月成立了第一个认证机构——"中国电子器件质量认证委员会",虽然我国的产品品质认证工作起步晚,但起点高,发展快。

2) 品质管理体系认证

自从 1987 年 ISO 9000 系列标准问世以来,为了加强品质管理,适应品质竞争的需要,世界各国的企业纷纷采用 ISO 9000 系列标准在企业内部建立品质管理体系,申请品质体系认证,很快形成了一个世界性的潮流。目前,全世界已有近 100 个国家和地区正在积极推行 ISO 9000 国际标准。一套国际标准,在这短短的时间内被这么多国家采用,影响如此广泛,这是在国际标准化史上从未有过的现象,已经被公认为 ISO 9000 现象。

3. 推行 ISO 9000 的作用

1) 强化品质管理,提高企业效益

负责 ISO 9000 品质体系认证的认证机构都是经过国家认可机构认可的权威机构,对企业的品质体系的审核是非常严格的。这样,对于企业内部来说,可按照经过严格审核的国际标准化的品质体系进行品质管理,真正达到法治化、科学化的要求,极大地提高工作效率和产品合格率,迅速提高企业的经济效益和社会效益。对于企业外部来说,当顾客得知供方按照国际标准实行管理,拿到了 ISO 9000 品质体系认证证书,并且有认证机构的严格审核和定期监督,就可以确信该企业是能够稳定地生产合格产品乃至优秀产品的信得过的企业,增强客户信心,从而放心地与企业订立供销合同,扩大了企业的市场占有率。

2) 获得了国际贸易"通行证",消除了国际贸易壁垒

许多国家为了保护自身的利益,设置了种种贸易壁垒,包括关税壁垒和非关税壁垒。其中非关税壁垒主要是技术壁垒,技术壁垒中,又主要是产品品质认证和 ISO 9000 品质体系认证的壁垒。特别是在世界贸易组织内,各成员国之间相互排除了关税壁垒,只能设置技术壁垒,所以,获得认证是消除贸易壁垒的主要途径。

3) 节省了第二方审核的精力和费用

在现代贸易中,第二方审核早就成为惯例,在实践中逐渐发现其存在很大的弊端:一个供方通常要为许多需方供货,第二方审核无疑会给供方带来沉重的负担;另一方面,需方也需支付相当的费用,同时还要考虑派出或雇佣人员的经验和水平问题,否则,花了费用也达不到预期的目的。唯有 ISO 9000 认证可以排除这样的弊端。因为作为第一方的生产企业申请了第三方的 ISO 9000 认证并获得了认证证书以后,众多第二方就不必要再对第一方进行审核,这样,不管是对第一方还是对第二方都可以节省很多精力或费用。还有,如果企业在获得了 ISO 9000 认证之后,再申请 UL、CE 等产品品质认证,还可以免除认证机构对企业的品质保证体系进行重复认证的开支。

4) 有利于国际间的经济合作和技术交流

按照国际间经济合作和技术交流的惯例,合作双方必须在产品(包括服务)品质方面有共同的语言、统一的认识和共守的规范,方能进行合作与交流。ISO 9000 品质体系认证正好提供了这样的信任,有利于双方迅速达成协议。

4. 企业建立质量体系的步骤

企业建立质量体系的步骤大致分为以下 7 步:
① 向认证机构提出申请并签订合同。
② 派人参加 ISO 9000 标准培训和内部审核员培训。
③ 高层管理者分析本企业及产品的特点,确定合适的组织,制定质量方针和目标。
④ 开始编制企业的质量体系文件。
⑤ 本企业人员学习质量体系文件,开始试运行质量体系并不断修改完善体系文件。
⑥ 联系认证机构实施审核。
⑦ 针对审核组提出的不符合项报告,及时整改。

案 例 分 析

1. 案例一(选择题)

软件配置管理是一种标识、组织和(　1　)的技术,应用于整个软件工程过程,它的 4 项基本活动是配置项标识、变更控制、配置状态报告、(　2　)。

（1）A. 程序编写　　　　B. 控制修改　　　　C. 环境测试　　　　D. 过程管理

（2）A. 版本修改　　　　B. 排除 Bug　　　　C. 发现错误　　　　D. 配置审核

分析

（1）软件配置管理是一种标识、组织和控制修改的技术，应用于整个软件工程过程。

（2）软件配置管理（SCM）包括如下 4 项基本活动：

① 配置项标识：所有软件配置项都按照相关规定统一编号，按照相应的模板生成，并在文档的规定章节（部分）中记录对象的标识信息。在引入软件配置管理工具进行管理后，这些配置项都应以一定的目录结构保存在配置库中。

② 变更控制：在对各个配置项（SCI）做出了识别，并且利用工具对它们进行了版本管理之后，变更控制就是通过结合人的规程和自动化工具，以提供一个变化控制的机制。

③ 配置状态报告：根据配置项操作数据库中的记录向管理者报告软件开发活动的进展情况，用数据库中的客观数据真实反映各配置项情况。

④ 配置审核：配置审核的主要作用是作为变更控制的补充手段，来确保软件开发过程中的变更需求能完整地实现。在某些情况下，它被作为正式的技术复审的一部分。

参考答案

（1）B　　　（2）D

2. 案例二（选择题）

CMM 提供了一个框架，将软件过程改进划分成（　　　　）个成熟度等级。

A. 3　　　　　　　　B. 4　　　　　　　　C. 5　　　　　　　　D. 6

分析

CMM 框架用 5 个不断进化的级别来评定软件生产的历史与现状：初始级（Initial）、可重复级（Repeatable）、已定义级（Defined）、可管理级（Managed）、最优级（Optimizing）。其中初始级是混沌的过程，可重复级是经过训练的软件过程，已定义级是标准一致的软件过程，可管理级是可预测的软件过程，优化级是能持续改善的软件过程。每个成熟度级别（第一级除外）规定了不同的关键过程域，一个软件组织如果希望达到某一个成熟度级别，就必须完全满足关键过程域所规定的要求，即满足关键过程域的目标。

参考答案

C

3. 案例三（问答题）

【说明】　C/S 结构服务器通常采用高性能的 PC、工作站或小型机，并采用大型数据库系统。B/S 结构客户机上只要安装一个浏览器，服务器安装数据库，浏览器通过 Web 服务器同数据库进行数据交互。

【问题】　分析 C/S 与 B/S 主要区别，说明两者之间的差别有哪些？

分析

C/S 与 B/S 主要区别有：

（1）硬件环境不同：C/S 一般建立在专用的网络上，小范围里的网络环境，局域网之间再通过专门服务器提供连接和数据交换服务。B/S 建立在广域网之上的,不必是专门的网络硬件环境,例如电话上网,租用设备,信息自己管理。有比 C/S 更强的适应范围,一般只要有操作系统和浏览器就行。

(2) 对安全要求不同:C/S 一般面向相对固定的用户群,对信息安全的控制能力很强。一般高度机密的信息系统适宜采用 C/S 结构,可以通过 B/S 发布部分可公开信息。B/S 建立在广域网之上,对安全的控制能力相对弱,可能面向不可知的用户。

(3) 对程序架构不同:C/S 程序可以更加注重流程,可以对权限多层次校验,对系统运行速度可以较少考虑。B/S 对安全以及访问速度的多重的考虑,建立在需要更加优化的基础之上,比 C/S 有更高的要求。B/S 结构的程序架构是发展的趋势。

(4) 软件重用不同:C/S 构件的重用性不如在 B/S 要求下的构件的重用性好。

(5) 系统维护不同:C/S 程序由于整体性,必须整体考察,处理出现的问题以及系统升级难。B/S 构件组成,方便构件个别的更换,实现系统的无缝升级. 系统维护开销减到最小,用户从网上自己下载安装就可以实现升级。

(6) 处理问题不同:C/S 程序可以处理的用户面固定,并且在相同区域,安全要求高,需求与操作系统相关,应该都是相同的系统。B/S 建立在广域网上,面向不同的用户群,分散地域,这是 C/S 无法做到的。与操作系统平台关系最小。

(7) 用户接口不同:C/S 大多是建立在 Windows 平台上,表现方法有限,对程序员普遍要求较高。B/S 建立在浏览器上,有更加丰富和生动的表现方式与用户交流,并且大部分难度减低,减少开发成本。

(8) 信息流不同:C/S 程序一般是典型的中央集权的机械式处理,交互性相对低。B/S 信息流向可变化,更像交易中心。

参考答案

C/S 与 B/S 的主要区别:硬件环境不同,对安全要求不同,对程序架构不同,软件重用不同,系统维护不同,处理问题不同,用户接口不同,信息流不同。

习　题

4.1　什么是软件体系结构?软件体系结构的类型有哪些?

4.2　集中式计算处理系统和分布式计算处理系统之间有何区别?

4.3　简述三层 B/S 结构的优势和不足。说明采用 C/S 与 B/S 结合方案有哪些优点?

4.4　简述中间件的定义、作用和分类。

4.5　简述数据库的基本结构和主要特点。

4.6　什么是关系数据库、面向对象数据库、数据字典?

4.7　简述数据仓库的定义、数据组织结构和组织形式?

4.8　开放源代码的基本思想是什么?开放源代码有哪些问题?

4.9　简述内容管理技术研究的主要内容和关键技术。

4.10　软件项目管理的主要职能是什么?软件项目管理的主要内容有哪些?

4.11　简述软件能力成熟度模型(CMM)的内容和企业建立质量体系的步骤。

第5章　计算机网络工程

主要内容

(1) 计算机网络的定义、OSI 参考模型和 TCP/IP 协议族；

(2) 网络拓扑结构、传输方式和网络互联设备；

(3) 局域网、城域网和广域网的概念；

(4) 互联网、物联网、云计算和无线网络的概念；

(5) 信息交互网、三网融合的概念。

5.1　计算机网络的概念

计算机网络并不是随着计算机的出现而出现的，而是随着社会对资源共享和信息交换与及时传递的迫切需要而发展起来的。它是现代计算机技术和通信技术密切结合的产物。

5.1.1　计算机网络的定义和分类

虽然计算机应用越来越广泛普及，但是如果不联网单台使用，总有些美中不足。例如，公司为每个人都配备了一台计算机，如果给所有计算机都配备打印机，它们多数情况下是处于闲置状态，这是一种浪费。解决的办法是公司只给一台计算机配备打印机，而其他所有计算机都可以在这上面打印并且相互之间不影响工作，这就是资源共享。共享资源既节省了大量的开支，又便于集中管理。

1. 计算机网络的定义

早期的计算机系统是高度集中的，所有的设备安装在单独的房间中，后来出现了批处理和分时系统，分时系统所连接的多个终端必须紧接着主计算机。20 世纪 50 年代中后期，许多系统都将分散的多个终端通过通信线路连接到一台中心计算机上，这样就出现了第一代计算机网络。

第一代计算机网络是以单个计算机为中心的远程联机系统。当时，人们把计算机网络定义为：以传输信息为目的而连接起来，实现远程信息处理或进一步达到资源共享的系统。

第二代计算机网络以通信子网为中心，这个时期网络的定义是：以能够相互共享资源为目的互联起来的、具有独立功能的计算机之集合体。第二代网络是以多个主机通过通信线路互联起来，兴起于 20 世纪 60 年代后期。主机之间不是直接用线路相连，而是接口报文处理机（IMP）转接后互联的。IMP 和它们之间互联的通信线路一起负责主机间的通信任务，构成了通信子网。通信子网互联的主机负责运行程序，提供资源共享，组成了资源子网。两个主机间通信时对传送信息内容的理解，信息表示形式以及各种情况下的应答信号都必须遵守一个共同的协议。

第三代计算机网络是具有统一的网络体系结构并遵循国际标准的开放式和标准化的网络。ISO 在 1984 年颁布了 OSI/RM 模型标准,该模型分为 7 个层次,称为 7 层开放系统交互式连接模型,为普及局域网奠定了基础。局域网是用一组电缆把通信设备连接在一起,构成网络。

第四代计算机网络从 20 世纪 80 年代末开始,局域网技术发展成熟,出现了光纤及高速网络技术、无线网络和智能网络,整个网络就像一个对用户透明的巨大的计算机系统,发展为以 Internet 为代表的国际互联网。此时计算机网络定义:将多个具有独立工作能力的计算机系统,通过通信设备和线路由功能完善的网络软件实现资源共享和数据通信的系统。

2. 计算机网络的分类

用于计算机网络分类的标准很多,如按传输距离、介质、拓扑结构等进行分类。

1) 按距离分类

(1) 局域网(LAN):一般限定小于 10km 的区域范围内,采用有线或无线的方式把网络连接起来,其特点是配置容易,不存在寻径问题,由单个的广播信道来联结网上计算机,速率高。局域网通常用于一个单位内,特别适合于一个地域跨度不大的企业建立内部网,即 Intranet。

(2) 城域网(MAN):规模局限在一座城市的范围内,大约 10km 至 100km 的区域范围。对一个城市的 LAN 互联,采用 IEEE 802.6 标准。

(3) 广域网(WAN):也称为远程网,网络跨越国界、洲界,区域范围达到几百千米至几千千米。发展较早,租用专线,通过 IMP 和线路连接起来,构成网状结构,解决路径问题。

2) 按传输介质分类

(1) 有线网:采用同轴电缆或双绞线来连接的计算机网络。同轴电缆网是常见的一种联网方式。它比较经济,安装较为便利,传输率和抗干扰能力一般,传输距离较短。双绞线网是目前最常见的连网方式。它价格便宜,安装方便,但易受干扰,传输率较低,传输距离短。

(2) 光纤网:光纤网也是有线网的一种,但由于其特殊性而单独列出。光纤网采用光导纤维做传输介质,光纤传输距离长,传输率高,可达数百吉比特每秒,抗干扰能力强,不会受到电子监听设备的监听,是高安全性网络的理想选择。不过其价格高,安装技术要求也高。

(3) 无线网:采用空气做传输介质,用电磁波作为载体来传输数据,建设成本低,联网方式灵活方便,易于扩展,是一种很有前途的联网方式。

5.1.2 OSI 参考模型

协议是实现计算机互连的前提,是计算机网络工作的基础。网络协议是指在网络环境中,要对同层通信实体间交换的报文的格式、如何交换以及必要的差错控制设施(如超时重发)做出全网一致的约定,这些约定(规则)称为网络协议。网络接口是指在网络环境中,要求对相邻层实体间合作所需交换的信息格式、交换规则及必要的差错控制加以规定,这些规定称为接口。

OSI/RM 最初用来作为开发网络通信协议族的一个工业参考标准,是各个层上使用的协议国际化标准。整个 OSI/RM 模型共分 7 层,当接收数据时,数据是自下而上传输的;当发送数据时,数据是自上而下传输的。它定义了每一层该做什么,但未确切描述用于各层的协议和服务。

1) 物理层

物理层协议规定不同种类传输设备、传输媒介如何将数字信号从一端传送到另一端。它是完全面向硬件的,通过一系列协议定义了通信设备的机械、电气、功能和规程特征。

(1) 机械特征:规定线缆与网络接口卡的连接头的形状、几何尺寸、引脚线数、引线排列方式和锁定装置等一系列外形特征。

(2) 电气特征:规定了在传输过程中多少伏特电压代表 1,多少伏特电压代表 0。

(3) 功能特征:规定了连接双方每个连接线的作用,包括数据线、控制线、定时线和地线。

(4) 过程特征:具体规定了通信双方的通信步骤。

2) 数据链路层

数据链路层通过一系列协议实现以下功能:

(1) 封装成帧:把数据组成一定大小的数据块(帧),以帧为单位发送、接收和校验数据。

(2) 流量控制:实时控制传输速率,以免出现发送数据过快而丢失数据的情况。

(3) 差错控制:对接收的数据进行检验,如果发现错误,则通知发送方重传。

(4) 传输管理:对数据链路进行管理。

最典型的数据链路层协议是 IEEE 开发的 802 系列规范,在该系列规范中将数据链路层分成了两个子层:逻辑链路控制层(LLC)和截至访问控制层(MAC)。IEEE 802 包括以下内容:

- 802.1:802 协议概论。
- 802.2:逻辑链路控制层协议。
- 802.3:以太网的 CSMA/CD(载波监听多路访问/冲突检测)协议。
- 802.4:令牌总线(Token Bus)协议。
- 802.5:令牌环(Token Ring)协议。
- 802.6:城域网协议。
- 802.7:宽带技术协议。
- 802.8:光纤技术协议。
- 802.9:局域网上的语言/数据集成规范。
- 802.10:局域网安全互操作标准。
- 802.11:无线局域网(WLAN)标准协议。

3) 网络层

网络层用于从发送端向接收端传送分组,负责确保信息到达预定的目标。如果通信双方在网络中不是邻接的,当一个数据分组从发送端发送到接收端时,就可能要经过多个网络结点,这些结点暂时存储"路过"的数据分组,再根据网络的"交通状况"选择下一个结点将数据分组发出去,直到发送到接收方为止。工作在网络层上的协议主要有 IP 协议和 IPX 协议。

4）传输层

传输层实现发送端和接收端的端到端的数据分组传送,负责实现数据包无差错、按顺序、无丢失和无冗余地传输。在传输层上,所执行的任务包括检错和纠错。工作在传输层的协议有 TCP 协议、UDP 协议和 SPX 协议。

5）会话层

会话层主要负责管理远程用户或进程间的通信,包括通信控制、检查点设置、重建中断的传输链路,以及名字查找和安全验证服务。

6）表示层

表示层以下的各层只关心从源地到目的地可靠地传输数据,而表示层则关心的是所传送信息的语义与语法。它负责将接收到的数据转换为计算机内的表示方法或特定程序的表示方法。也就是说,它负责通信协议的转换、数据的翻译、数据的加密和字符的转换等工作。

7）应用层

应用层就是直接提供服务给使用者的应用软件的层。应用层可实现网络中一台计算机上的应用程序与另一台计算机上的应用程序之间的通信,就像在同一计算机上操作一样。在 OSI 参考模型中应用层的规范具体包括各类应用过程的接口和用户接口。

5.1.3 TCP/IP 协议族

TCP/IP 协议实际上就是在物理网上的一组完整的网络协议。其中 TCP 是提供传输层服务,而 IP 则是提供网络层服务。TCP/IP 协议族分为四层,在最低层可以有多种网络协议,包括 ATM、FDDI、802.3、802.11 等,甚至 IP 协议本身也可以工作在最低层,就是说,IP 数据包仍然可以继续由 IP 协议进行封装(如 IP 隧道)。这些网络协议由硬件(如网络适配器)和软件(如网络设备驱动程序)共同实现(见图 5-1)。

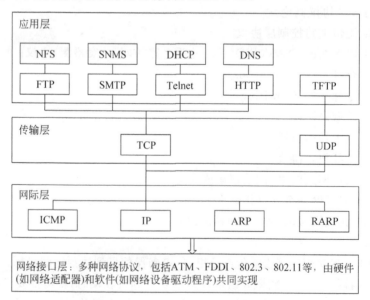

图 5-1 TCP/IP 协议体系结构示意图

1. 应用层

TCP/IP 协议应用层对应于 OSI 模型的应用层和表示层,应用程序通过本层的协议利用网络。

(1) 文件传输协议(FTP):把文件从客户机复制到服务器上的一种途径。

(2) 简单文件传输协议(TFTP):是用于客户机与服务器之间进行简单文件传输的协议。它只能从文件服务器获得或写入文件,不能列出目录,也不进行认证。它传输 8 位数据。

(3) 超文本传输协议(HTTP):用于从 WWW 服务器传输超文本到本地浏览器的传送协议。

(4) 简单邮件传输协议(SMTP):是一种提供可靠且有效的电子邮件传输协议。

(5) 动态主机配置协议(DHCP):分为服务器端和客户端两部分。所有 IP 网络设定数据都由 DHCP 服务器集中管理,IP 地址分配有 3 种方式:固定分配、动态分配和自动分配。

(6) 网络文件系统(NFS):允许一个系统在网络上与他人共享目录和文件。

(7) 远程登录协议(Telnet):允许用户登录进入远程主机系统。

(8) 域名系统(DNS):用于命名组织到域名层次结构中的计算机和网络服务。

(9) 简单网络管理协议(SNMP):指一系列网络管理规范的集合,包括协议本身、数据结构的定义和一些相关概念。目前 SNMP 已成为网络管理领域中事实上的工作标准,并被广泛支持和应用,大多数网络管理系统和平台都是基于 SNMP 的。

2. 传输层

TCP/IP 传输层对应于 OSI 模型的会话层和传输层,负责提供流控制、错误校验和排序服务。

(1) 传输控制协议(TCP):是 TCP/IP 协议族中最重要的协议之一,它在 IP 协议提供的不可靠数据服务的基础上,采用了重发技术,为应用程序提供了一个可靠的、面向连接的、全双工的数据传输服务。TCP 协议一般用于传输数据量比较少,且对可靠性要求高的场合,如文件传输。

(2) 用户数据报协议(UDP):是一种不可靠的、无连接的协议,可以保证应用程序进程间的通信,一般用于传输数据量大,对可靠性要求不是很高,但要求速度快的场合。TCP 有助于提供可靠性,而 UDP 则有助于提高传输的高速率,适合向视频应用提供服务。

3. 网际层

TCP/IP 协议网际层对应于 OSI 模型的网络层,用来处理信息的路由及主机地址解析。

(1) 网际协议(IP):提供端到端的分组分发及很多扩充功能。所提供的服务通常被认为是无连接的和不可靠的,因此把差错检测和流量控制之类的服务授权给了其他的各层协议。

(2) 地址解析协议(ARP):用于动态地完成 IP 地址向物理地址(MAC 地址)的转换。

(3) 反向地址解析协议(RARP):用于动态完成物理地址向 IP 地址的转换。

（4）网际控制报文协议（ICMP）：专门用于发送差错报文的协议，由于 IP 协议是一种尽力传送的通信协议，即传送的数据可能丢失、重复、延迟或乱序传递，所以 IP 协议需要一种尽量避免差错并能在发生差错时报告的机制。

（5）网际组管理协议（IGMP）：IP 主机用做向相邻多目路由器报告多目组成员的协议。

4. 网络接口层

TCP/IP 协议网络接口层对应于 OSI 模型的数据链路层和物理层，TCP/IP 协议不包含具体的物理层和数据链路层，只定义了网络接口层作为物理层的接口规范。网络接口层处在 TCP/IP 协议的最底层，主要负责管理为物理网络准备数据所需的全部服务程序和功能。

5.1.4 网络拓扑结构和传输方式

1. 网络拓扑结构

网络的拓扑结构是抛开网络物理连接来讨论网络系统的连接形式，网络中各站点相互连接的方法和形式称为网络拓扑。拓扑图给出网络服务器、工作站配置和相互间的连接，有以下几种：

1）星型结构

星型结构是指各工作站以星型方式连接成网（见图 5-2）。网络有中央结点，其他结点（工作站、服务器）都与中央结点直接相连，这种结构以中央结点为中心，因此又称为集中式网络。它的特点是：结构简单，便于管理；控制简单，便于建网；网络延迟时间较小，传输误差较低。其缺点是成本高、可靠性较低、资源共享能力也较差。

2）环型结构

环型结构由网络中若干结点通过点到点的链路首尾相连形成一个闭合的环（见图 5-3），这种结构使公共传输电缆组成环型连接，数据在环路中沿着一个方向在各个结点间传输，信息从一个结点传到另一个结点。信息流在网中是沿着固定方向流动的，两个结点仅有一条道路，故简化了路径选择的控制；环路上各结点都是自举控制，故控制软件简单。其缺点是由于信息源在环路中是串行地穿过各个结点，当环中结点过多时会影响信息传输速率，使网络的响应时间延长；环路是封闭的，不便于扩充；可靠性低，一个结点故障会造成全网瘫痪；维护难，故障定位较难。

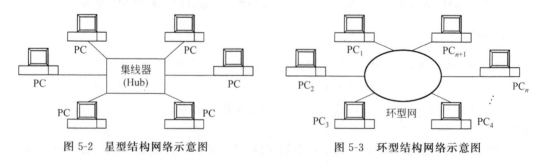

图 5-2　星型结构网络示意图　　　　　　图 5-3　环型结构网络示意图

3）总线型结构

总线结构是指各工作站和服务器均挂在一条总线上（见图 5-4），各工作站地位平等，无中心结点控制，公用总线上的信息传递方向总是从发送信息的结点开始向两端扩散，如同广播电台发射的信息一样，因此又称广播式计算机网络。各结点在接受信息时都进行地址检查，看是否与自己的工作站地址相符，相符则接收网上的信息。总线型结构的网络优点是结构简单，可扩充性好。当需要增加结点时，只需要在总线上增加一个分支接口便可与分支结点相连；使用的电缆少，且安装容易；使用的设备相对简单，可靠性高。其缺点是维护难，分支结点故障查找难。

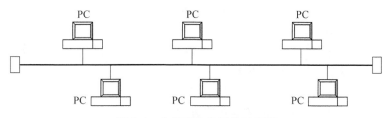

图 5-4　总线型结构网络示意图

4）分布式结构

分布式结构的网络是将分布在不同地点的计算机通过线路互连起来的一种网络形式，它有如下特点：由于采用分散控制，即使整个网络中的某个局部出现故障，也不会影响全网的操作，因而可靠性高；网中的路径选择最短路径算法，故网上延迟时间少，传输速率高，但控制复杂；各个结点间均可以直接建立数据链路，信息流程最短；便于全网范围内的资源共享。

5）树型结构

树型结构是分级的集中控制式网络，与星型相比，它的通信线路总长度短，成本较低，结点易于扩充，寻找路径比较方便，但除了叶结点及其相连的线路外，任一结点或其相连的线路故障都会使系统受到影响。

6）网状拓扑结构

在网状拓扑结构中，网络的每台设备之间均有点到点的链路连接，这种连接不经济，只有每个站点都要频繁发送信息时才使用这种方法。它的安装也复杂，但系统可靠性高，容错能力强。

7）蜂窝拓扑结构

蜂窝拓扑结构是无线局域网中常用的结构。它以无线传输介质（如微波、卫星、红外等）点到点和多点传输为特征，是一种无线网，适用于城市网、校园网、企业网。

除了以上几类，计算机网络还有其他类型的拓扑结构，但使用最多的是总线型和星型结构。

2. 网络带宽和传输方式

1）带宽

一个通信信道的带宽是可传送的最高频率与最低频率之差，即传输的频率范围，它决定了信道最大的数据传输率。数据传输率的测试单位是位/秒(bps),称为比特率。

(1) 基带传输:信号以其原始频率传输,一个信号占用整个带宽。一般使用数字信号,可以双向传输。该方法常用于局域网。

(2) 宽带传输:可同时进行多路传输,使用模拟信号,一般只能单向传输。用于高传输率传输。

2) 传输方式

数据传输时接收方必须知道它所接收的每一位的开始时间和持续时间,这种发送方和接收方在定时时钟上的协调一致称之为位同步。位同步有两种传输方式:

(1) 异步传输:一次只传送一个字符,并且每个字符前加一个起始位,字符后跟一个终止位。异步传输主要用于传输速率低于 2400bps 的低速传输。

(2) 同步传输:每次传送一组字符(即数据块),并在首尾加上由处理机规定的线路确认的字符。同步传输主要用于高速传输。

3) 传输方向

通信信道可以提供三种类型的数据传输方向:

(1) 单工:信号在传输线中只能沿一个方向传送。

(2) 半双工:信号在传输线中可以沿两个方向传送,但某一时刻只能沿一个方向传送。

(3) 全双工:允许数据在同一时刻进行双向传送,主要用于计算机系统之间的高速传送。

5.2 局 域 网

局域网(LAN)是在一个局部的地理范围内(如一个学校、工厂和机关内),一般是方圆几千米以内,将各种计算机,外部设备和数据库等互相联结起来组成的计算机通信网。

5.2.1 局域网的组成和特征

局域网是广泛使用的网络技术,它可提供系统内各种独立的数据设备间的相互通信。局域网没有路由问题,任何两点之间可用一条链路,所以可以不需要单独设置网络层,而将寻址、排序、流控、差错控制等功能放在数据链路层中实现。

1. 局域网的组成

1) 服务器

服务器是网络控制的核心,用它运行网络操作系统(NOS),提供硬盘、文件数据及打印机共享等服务功能。服务器的类型主要有以下四种:

(1) 塔(台)式服务器:采用大小与普通立式计算机大致相当的机箱,内部结构比较简单。

(2) 机架式服务器:外形像交换机,有 1U(1U=1.75 英寸)、2U、4U 等规格。机架式服务器安装在标准的 19 英寸机柜里面。这种结构的多为功能型服务器。

(3) 机柜式服务器:属高档企业服务器,内部结构复杂,设备较多,把许多不同的设备单元或几个服务器都放在一个机柜中。

（4）刀片式服务器：刀片式服务器是指在标准高度的机架式机箱内可插装多个卡式的服务器单元，实现高可用高密度。每一块"刀片"实际上就是一块系统主板，通过各自的硬盘启动自己的操作系统，类似于一个个独立的服务器。在这种模式下，每一块母板运行自己的系统，服务于指定的不同用户群，相互之间没有关联。管理员使用系统软件将这些母板集合成一个服务器集群，以提供高速的网络环境，并同时共享资源，为相同的用户群服务。在集群中插入新的"刀片"，就可以提高系统整体性能。"刀片"安装都是热插拔的，所以，系统可以轻松地进行替换。刀片式服务器的特点是低功耗、空间小、售价低；通过内置的负载均衡技术，可有效地提高服务器的稳定性和核心网络性能；为用户提供灵活、便捷的扩展升级手段等。

2）工作站

工作站既可以有自己的操作系统，独立工作，也可以通过运行工作站网络软件，访问服务器共享网络资源。

3）网络适配器（网卡）

其功用是将工作站和服务器连到网络上，实现资源共享和相互通信，数据转换和电信号匹配。网卡（NTC）的分类有以下几种方式：

（1）速率：10Mbps、100Mbps、1000Mbps、10Gbps。

（2）总线类型：ISA、PCI。

（3）传输介质接口：细缆接插件（BNC）、非屏蔽双绞线连接器（RJ-45）。

4）传输介质

（1）双绞线：将一对以上的铜线封装在一个绝缘外套中，为了降低干扰，每对相互扭绕，形成双绞线（TP）。双绞线分为非屏蔽双绞线（UTP）和屏蔽双绞线（STP）。根据其传输特性可分为 5 类、超 5 类、6 类、6A 类几种，其中 5 类和超 5 类线支持 100Mbps 带宽，6 类线支持 1000Mbps 带宽，6A 类线支持 10Gbps 带宽。

（2）同轴电缆：由一根空心的外圆柱导体和一根位于中心轴线的内导线组成，两导体间用绝缘材料隔开。按直径分为粗缆和细缆。

① 粗缆：传输距离长，性能高但成本高，用于大型局域网干线，连接时两端需终接器。每段 500m，4 个中继器，最大可达 2500m，每段 100 个用户，收发器之间最小 2.5m，最大 50m。

② 细缆：传输距离短，相对便宜，用 T 型头与 BNC 网卡相连，两端安 50Ω 终端电阻。每段 185m，4 个中继器，最大 925m，每段 30 个用户，T 型头之间最小 0.5m。

（3）光纤：是光导纤维的简称，由直径大约为 0.1mm 的细玻璃丝构成，比头发丝还细，具有把光封闭在其中并沿轴向进行传播的导波结构。通常为了保护光纤，包层外还往往覆盖一层塑料加以保护。应用光学原理，由光发送机产生光束，将电信号变为光信号，再把光信号导入光纤，在另一端由光接收机接收光纤上传来的光信号，并把它变为电信号，经解码后再处理。光波波长范围是在近红外区内，波长为 $0.8 \sim 1.8 \mu m$。可分为短波长段（$0.85\mu m$）和长波长段（$1.31\mu m$、$1.55\mu m$）。

纤芯和包层的主体材料都是石英玻璃，但两区域中掺杂情况不同，因而折射率也不同。

纤芯的折射率一般是 1.463~1.467,包层的折射率是 1.45~1.46 左右。也就是说,纤芯的折射率比包层的折射率稍微大一些。这就满足了全反射的条件,当纤芯内的光线入射到纤芯与包层的交界面时,只要其入射角大于临界角,就会在纤芯内发生全反射,光就会全部由交界面偏向中心。光纤中的光在芯包交界面上,不断地来回全反射,传向远方,而不会漏射到包层中去。弯曲给光纤带来的光能损耗是很小的。

光纤分单模光纤和多模光纤两类,可以从纤芯的尺寸大小来简单来判别。单模光纤的纤芯很小,纤芯/外皮的尺寸为 8.3/125μm,由激光作光源,运行波长为 1310nm 或 1550nm,只传输主模态。这样可完全避免模态色散,使传输频带很宽,传输容量很大。这种光纤适用于大容量、长距离的光纤通信,传输距离长达 5km。

多模光纤又分为多模突变型光纤和多模渐变型光纤。由二极管发光,运行波长为 850nm 或 1300nm,传输距离可达 2km。前者纤芯直径较大,纤芯/外皮的尺寸为 62.5/125μm,传输模态较多,因而带宽较窄,传输容量较小;后者纤芯/外皮的尺寸为 50/125μm,可获得比较小的模态色散,因而频带较宽,传输容量较大。光缆应用于主干时,每个楼层配线间至少要用 6 芯光缆,高级应用最好能使用 12 芯光缆。这要从应用、备份和扩容三个方面去考虑的。光纤的优点主要有:

① 传输频带宽,通信容量大。光纤使用的光波频率比微波频率高 1000~10000 倍,所通信容量约可增加 1000~10000 倍。在一根光纤上可同时传输三万多路电话,而电通信中容量最大的同轴电缆,通信容量仅同时传输一千多路电话。

② 损耗低。石英玻璃介质的纯度极高,所以光纤的损耗极低,传输中继距离可以很长。这样,在通信线路中可以减少中继站的数量,降低成本且提高通信质量。

③ 不受电磁干扰,绝缘保密性好。光纤是非金属的介质材料,有不受电磁干扰的特性。光信号束缚在光纤芯子中传输,在芯子外很快衰减,能保证同一光缆中不同光纤间光信号的传输质量,不会产生光纤间的串光现象,所以其保密性好、使用安全。光纤具有抗高温和耐腐蚀的性能。

④ 线径细,重量轻。光纤的体积小、重量轻,便于敷设。光缆成品要比金属电缆细,重量轻很多,这样便于制造多芯光缆,提高线缆的空间使用率。

⑤ 资源丰富。光纤的主要成分是石英,因此制造光纤的材料资源丰富,制造成本也低。

光纤的主要缺点是光纤质地较脆,机械强度低。施工过程中稍不注意,就会折断。

5) 交换机

交换机是一种具有简化、低价、高性能和高端口密集特点的交换产品,体现了桥接技术的复杂交换技术在 OSI 参考模型的第二层操作。与桥接器一样,交换机按每一个包中的 MAC(媒体访问控制协议)地址相对简单地决策信息转发。与桥接器不同的是交换机转发延迟很小,操作接近单个局域网性能,远远超过了普通桥接互联网络之间的转发性能。

交换技术允许共享型和专用型的局域网段进行带宽调整,以减轻局域网之间信息流通出现的瓶颈问题。类似传统的桥接器,交换机提供了许多网络互联功能。交换机能经济地将网络分成小的冲突网域,为每个工作站提供更高的带宽。协议的透明性使得交换机在软件配置简单的情况下直接安装在多协议网络中;交换机使用现有的电缆、中继器、集线器和工作站的网卡,不必作高层的硬件升级;交换机对工作站是透明的,这样管理开销低廉,简化了网络结点的增加、移动和网络变化的操作。其端口造价低于传统型桥接器。按交换机应用领域分类,可分为:台式交换机;工作组交换机;主干交换机;企业交换机;分段交换机;端口交换机;网络交换机等类型。

局域网交换机是组成网络系统的核心设备。对用户而言,局域网交换机最主要的指标是端口的配置、数据交换能力、包交换速度等因素。

2. 局域网的特征

局域网分布范围小,投资少,配置简单等,具有如下特征:
① 传输速率高:可达 100Mbps、1000Mbps、10Gbps。
② 支持传输介质种类多,传输控制简单,通信费用低。
③ 局域网拓扑结构灵活,便于扩展、重构系统,易于管理。
④ 传输质量好,误码率低,保密性能较好。

5.2.2　局域网系统方案的选择

1. FDDI 网络技术

FDDI(Fiber-optic Distributed Data Interface,光纤分布式数据接口)是 20 世纪 80 年代就推出的一种很成熟的技术,采用光纤作为传输媒质,当采用多模光纤时其最大传输距离可达 2000m,采用单模光纤可传输更长的距离(典型的为 10km),特别适用于作为园区网的主干或用于距离跨度较远的局域网。由于光纤良好的抗干扰性,FDDI 也特别适用于处于较大电磁干扰环境中的工厂和研究所等。FDDI 基本上采用与令牌环相同的帧格式,即 RFC1042 SNAP 编码,在网络访问机制中不存在碰撞和冲突,与传统的使用 CSMA/CD 技术的共享式以太网相比具有较好的性能和传输效率。FDDI 的缺点是造价高,而且不利于结构化布线,随着 100Mbps 交换式以太网的出现,FDDI 在一般的局域网设计和智能化大厦建设中已没有优势。

2. ATM 网络技术

ATM(Asynchronous Transfer Mode,异步传输模式)方式,是一种既适用于局域网又适用于广域网的技术。ATM 目前提供 25Mbps、155Mbps 和 622Mbps 三种速率,将来可达到更高。由于既跨越了整个速率范围,又跨越了局域和广域,因而 ATM 的统一信元格式和信令协议有利于紧密的网际互连和统一的服务应用,便于作为园区网的骨干,为各分离的 LAN 交换机提供中心交换。ATM 的优势除了具有较高的带宽外,其服务质量(QoS)机制保证及其基于信元的操作使得同一个多服务网络能够传输语音、视频和数据等所有流量类型,从而降低当今多负担网络的成本和复杂性。这些性能主要在企业网、公共网和广域网中尤为重要。

ATM 的缺点是如果要充分利用 ATM 的独特性能,必须将 ATM 直接扩展到工作站,则原有的应用程序和网络软件都需要进行修改,需要开发专门的应用软件。ATM 在局域网上连接多个网络交换机时,将以牺牲 ATM 最为宝贵的特性为代价,而且 LANE 过程中数据要重新分组、打包,会增加额外的开销。ATM 的另一缺点是造价高。

3. 千兆以太网技术

千兆以太网是基于传统的快速以太网(100Mbps)技术,采用与快速以太网同样的访问方式。所以大量传统的基于以太网环境下开发的应用不需要修改就可运行。与快速以太网相同,全交换连接的以太网完全消除了 CSMA/CD(载波侦听多路访问/冲突检测)技术在共享式以太网中存在的碰撞和冲突问题,特别是随着第三层交换机的出现,网络传输效率大大提高,经 IDC 测试,在交换以太网环境下,千兆以太网可利用 99% 千兆的带宽。国内外名牌局域网交换机还具有虚拟连网支持功能,可以通过 ISL(InterSwitch Link)技术通过快速以太网实现跨交换机的虚网连接。快速以太网的价格便宜、易于管理维护,是非常理想的主干网技术。

千兆位以太网是 IEEE 802.3 以太网标准的扩展,传输速度为每秒 1000 兆位(即 1Gbps)。最初应用于大型校园网,能把现有的 10Mbps 以太网和 100Mbps 快速以太网连接起来。采用同样的 CSMA/CD 协议,同样的帧格式,是现有以太网最自然的升级途径,使用户对以太网原有设备管理工具的投资得以保护。

千兆位以太网是超高速主干网的一种选择方案。在数据、话音、视频等实时业务方面它虽然不能提供真正意义上的 QoS,但千兆位以太网频宽,结合交换以太网技术,可以提供极高的性能、吞吐量和服务保证等特性。千兆位以太网支持交换机之间、交换机与终端之间的全双工连接,支持共享网络的半双工连接方式,使用中继器和 CSMA/CD 冲突检测机制。

4. 交换式网络平台

交换式网络平台包括网络交换技术、虚拟局域网(VLAN)技术、虚网路由技术等。传统的共享式以太网所有站点共享 10Mbps 带宽,冲突和碰撞始终存在,一旦业务繁忙,网络利用率增大,网上大量的碰撞、等待和重发将造成传输的延迟和网络性能的急剧下降。据统计,当网络利用率为 20% 时,以太网性能已严重下降;当网络利用率达 40%～50% 时,网络实际带宽下降到只有 2Mbps,这对于业务量日益增长的集中式应用来说是无法忍受的。传统共享式以太网如图 5-5 所示。

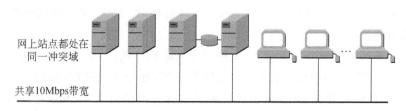

网上站点都处在
同一冲突域

共享10Mbps带宽

图 5-5　传统共享式以太网

交换技术的使用将共享总线变为每对交换端口独占 10Mbps 带宽,因而支持多个同时并发的会话,网络带宽得到极大扩展,完全消除了传统共享式以太网上的碰撞和冲突问题,在网络利用率为 70% 时,其交换速率仍稳定不变。因此,交换技术是取代易阻塞的传统共享式以太网的最佳选择,如图 5-6 所示。快速以太通道技术是一种逻辑通讯管道,采用同一种队列算法对这个逻辑端口联系的各个物理端口进行控制,从而使两个全双工的快速以太网端口提供400Mbps带宽或四个全双工端口提供800Mbps带宽,大大扩展了主干的带宽,提高了主干的稳定性、冗余性,消除了拥塞和瓶颈,使主干的通信更加流畅。

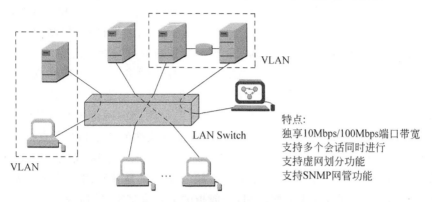

图 5-6 性能优越的交换式局域网

通过划分虚网,可根据需要在不同部门、不同的应用系统之间进行隔离,实现对跨系统、跨部门的访问控制,既保证了安全性,也提高了可管理性。采用虚网技术及路由器的防火墙功能对整个网络进行管理和控制,不同的虚网之间如需要互相通信,必须通过以太网端口与路由器相连,由路由器提供虚网的路由。

为清晰地描述交换网络的理想的完整结构层次,可将交换网络分为两部分。第一部分是交换核心,称为骨干交换,它包括核心交换平台的构建,以及各楼层局部交换接入核心交换平台的方式,其中包括业务双机备份、核心交换机备份、双路由器备份、安全虚网、MAC地址过滤以及移动办公接入等。骨干交换除作为核心的交换平台外,也提供一些公共的网络功能,如访问Internet、提供拨号访问以支持移动办公。

第二部分是楼层交换,主要包括楼层交换平台的构建,以及各楼层信息点接入楼层局部交换平台的方式,楼层交换平台数量相对较大,分布应根据具体的信息点分布在楼层间提供恰当数量端口数的交换机。虚网划分示意图如图5-7所示。

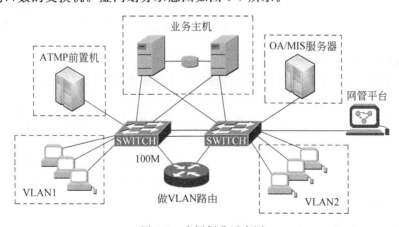

图 5-7 虚网划分示意图

5.3 城 域 网

城域网(MAN)是一种覆盖城市及其郊区范围的,可提供丰富业务和支持多种通信协议的公用网。城域网是广域网和局域网的交接区,是电信网、计算机网、控制网和有线电视网的四网融合区。城域网最初产生于局域网互连和数据新业务发展的需要,在1990年发展成为IEEE所规范的一种覆盖城域范围的特定新型计算机网络,正式形成并成为分布式排队总线(DQDB)的IEEE 802.6标准。以后随着形式的变化逐渐发展成为新兴运营商的区域性多业务通信网,传统电信运营商也开始在其相应的局间中继网范围大量建设类似的多业务区域性通信网。近年来,城域网已经成为社会和业界关注的热点和竞争点。

由于城市具有经济发达、人口密集、产业区集中,覆盖地域紧凑、信息交流旺盛等特点,更高的接入带宽一直是用户最迫切的需求。城域网建设正是针对用户的这一需求,为用户提供宽带接入服务。因此,今天的城域网,一般指的都是宽带IP城域网。

5.3.1 城域网的架构和应用

1. 城域网的架构

城域网关键之处是使用了广播式介质(802.6),使用两条电缆,所有的计算机都连接在上面。DQDB城域网中的两条总线均有一个端点(head-end),这是一个启动传输活动的设备。如果目的计算机在发送者的右面,则使用上方的总线;否则使用下方的总线,所有的计算机都连接在上面,如图5-8所示。从上到下,城域网包括以下几个层次:

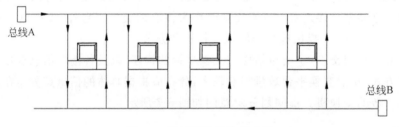

图5-8 城域网的结构示意图

1) 城域间的骨干网络

城域网的骨干网络通常是通过光纤"长距离"连接或者是广域网的部分。

2) 地区和城域的传输核心

地区性的传输环通常在一个较大的城域内连接城市,这是传统的SONET/SDH(同步光纤网/同步数字系列)环占主导地位的领域,一般采用低到中等的速度。在未来,SONET(同步光纤网)将继续在地区性的级别上支持语音业务,在物理传输层,将采用DWDM(密集波分复用)技术增加容量。在物理传输层上,为支持数据网络正在发生重大的变革。

3) 城域内数据中心

数据中心已成为城域网内非常重要的一部分。这些数据中心一般位于地区性传输网络或城域接入网容易到达的地方。

4）城内汇聚网络

其功能是在城域网内的一个独立城市内,汇聚各个大楼的业务。这里采用的技术是TDM(时间划分多路复用)/租用线技术,在铜线上运行,速率在1.5~45Mbps之间。由于费用、带宽、配置能力、易于部署等原因,802.3以太网将在城市内汇聚网占主导地位。但是目前,保持"向后兼容"的能力,用以聚集 TDM(时间划分多路复用)或帧中继接入业务,对城域以太网部署仍然是非常重要的。

5）接入网

城域网的最后部分是"接入"网络,目前主导的接入技术是采用铜缆,速率为1.5Mbps,以及为高端用户实现高速商务连接,会在光纤或者铜缆上采用1000Mbps以太网技术,而在低端市场采用 ADSL(非对称数据用户线)方式的宽带连接是一种趋势。

2. 城域网的应用

宽带网络建设就像公路建设一样,当整个系统建设完之后,公路本身的价值会趋近于零,重要的是公路上的应用和服务。宽带城域网也一样,当基础设施建完之后,能否实现宽带城域网的价值,关键是宽带应用的发展。视讯业务极大地促进了宽带城域网的发展,电视会议及视频点播是主要业务形式,随着 IP 网的普及,电视会议及流媒体技术也由高档应用变得大众化,而各种传统视讯业务也由独立发展走向功能结合,这使传统视讯业务发生深刻变化。传统自成体系的行业将在数字化宽带 IP 网上有机结合,形成综合业务网,这可避免重复投资,并充分利用设备及网络资源。在目前看来,宽带城域网可以向用户提供的业务内容有:

① 高速上网。

② 信息点播,包括视频点播、音频点播、多媒体信息点播、信息放送等。

③ 信息广播,包括 CATV、HDTV、音频广播、数据广播等。

④ Internet 业务,包括 WWW、电子邮件、新闻服务、文件传送、远程登录等。

⑤ 远程计算与事务处理,例如远程数据处理、联机服务、远程医疗、远程教育等。

⑥ 电子商务、会议电视、可视电话、IP 电话、IP 传真、多媒体综合信息服务等。

⑦ 计算机远程通信与控制、线路租赁等。

⑧ 互动式服务:用户可以在门户站点的主页上自己点击,选择各种服务。

5.3.2 城域核心网技术

目前普遍应用的光纤通信网络,是在原有的电子通信系统基础上,将有线通信线路由铜线改为光纤,在电端机上加上光电转换及光纤通信特有的线路编码。由于电子计算机所要处理的信息要先转换为电信号,才能处理。所以存在"电子瓶颈效应",光纤仅仅当作"导线"使用,并未发挥出光纤的巨大带宽等优越性。由于在用户结点之间需要进行光—电、电—光转换,存在着信息传输的"瓶颈"问题,使得进一步提高网络容量和速率受到限制。为了解决这个问题,20 世纪 80 年代,提出了波分复用(WDM)全光网(All Optical Network,AON),又称 WDM 光网络方案,利用光交换来打破电子交换的容量"瓶颈",能提供高速、大容量的传输能力,并具有与现有同步数字体系(SDH/SONET)网络的兼容性以及今后 IP 多业务的可融合性。

1. 全光网络的定义

全光网络由一些功能块组成,这些功能块实现对业务信号的传输、复用、路由、监控管理和自愈保护,而这些功能都完全在光域中进行。在全光网络中,端用户结点之间的信号通道一直保持光的形式,即端到端的全光路,中间没有光电转换器。信号在网络通道中始终以光的形式(即在光域内)传递,不需要进行光—电、电—光转换。全光网络的特点,一是可减少传统通信网结点所需进行的庞大的光—电—光转换工作量及设备,提高网络整体的交换速度。二是整个光传送网络对链路信息格式透明兼容。充分利用光纤频谱资源,实现超大容量、超高速率的通信服务。

2. 全光网络中的关键技术

1) 光交叉连接

OXC 是全光网中的核心器件,它与光纤组成了一个全光网络。OXC 交换的是全光信号,它在网络结点处,对指定波长进行互连,从而有效地利用波长资源,实现波长重用,也就是可以使用较少数量的波长,互连较大数量的网络结点。当光纤中断或业务失效时,OXC能够自动完成故障隔离、重新选择路由和网络重新配置等操作,使业务不中断,即它具有高速光信号的路由选择、网络恢复等功能。OXC 除了提供光路由选择外,还允许光信号插入或分离出电网络层,它好像 SDH 中的 DXC。

2) 光分插复用

OADM 具有选择性,可以从传输设备中选择下路信号或上路信号,或仅仅通过某个波长的信号,但不影响其他波长信道的传输。OADM 在光域内实现了 SDH 中的分插复用器在时域内完成的功能,且具有透明性,可以处理任何格式和速率的信号。它能提高网络的可靠性,降低结点成本,提高网络运行效率,是组建全光网必不可少的关键设备。

3) 掺铒光纤放大器

在光纤通信中采用波分复用(WDM)技术能实现超大容量、超高速的光传输。掺铒光纤放大器(EDFA)是 20 世纪 80 年代末发展起来的一种新型光纤放大器,其增益特性与偏振无关,以及对数据速率与格式透明等特点。它可以对波长在 1530~1575mm 的光信号同时放大,在 1550mm 波段,EDFA 的放大增益可达 30~40dB。EDFA 不但结构简单,与光纤耦合方便,而且连接损耗小。EDFA 可用于 100 个信道以上的密集波分复用(DWDM)传输系统、接入网中的光图像信号分配系统、空间光通信,以及用于研究非线性现象等。EDFA是目前光放大技术的主流,它能简化系统,降低传输成本,增加中继距离,提高光信号传输的透明性,是实现全光网的关键器件。

4) 密集波分复用

密集波分复用(DWDM)技术采用"虚光纤"的方法,使得一根光纤中传输多路不同波长的光信号,可以构建成点对点的光传输网,成为提升传输容量的最理想技术手段。然而,结点间的交换仍然是纯电子式的,不能解决传输中的"电子瓶颈"问题,目前国内外在建和商用的所谓 DWDM 宽带光网本质上还是这种电交换光传输网。为了解决电子瓶颈极限问题和降低成本,就必须引入光交叉连接设备(OXC)和光分插复用设备(OADM),以实现光层的波长路由光交换。

波长路由光交换技术的原理在于:光信号在通过交换结点时,不需要像传统电子交换技术一样,所有过往信息都必须经过光—电—光的转换和处理,因此它不受检测器、调制器等光电器件响应速率的限制,对比特速率和调制方式透明,具有后向兼容的能力,与电子交换技术互补和兼容。

3. 全光网的网管软件

光层网管和 IP 电子层网管的有效结合将进一步降低运营成本,因此,研究和完善光层网络管理系统,提出和完成光层和电子层的一体化网络管理总体方案是 IP over DWDM 光网必须解决的问题,包括 DWDM 光层和 IP 业务层各自路由机制的协调性问题,DWDM 光层保护和 IP 电子层保护的协调性问题,建立一体化网络管理的信息模型,实现对全网的网元配置、路由配置等管理,网管软件实现对全网的故障检测、隔离、定位和告警,支持光网络的实时恢复算法和动态重构,良好的用户界面和可操作性,支持与电信网、计算机网网管的互通互连等。

5.4　广　域　网

广域网(Wide Area Network,WAN)是一种跨越大的地域的网络,通常跨越几个国家。广域网包含运行用户程序的计算机和子网两部分。运行用户程序的计算机通常称为主机,在有的文献中称为端点系统。主机通过通信子网进行连结,如图 5-9 所示。

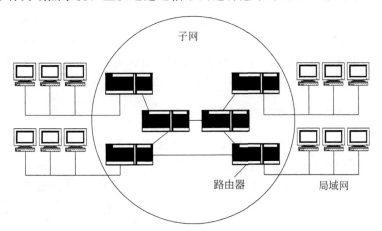

图 5-9　广域网结构示意图

子网的主要功能是把消息从一台主机传送到另一台主机上,通过将通信部分(子网)和应用部分(主机)分开,使得网络的设计得到简化。子网通常由传输线和交换单元(路由器)组成。传输线也称线路、信道和干线,在计算机之间传送数据。交换单元是一种特殊的计算机,用于连结两条或更多的传输线。在 WAN 中,网络包含大量的电缆和电话线,每一条都连结一对路由器。如果两路由器之间没有连线而又想进行通信,则必须通过中间路由器。

当通过中间路由器把分组将从一个路由器发送到另一个路由器时,中间路由器就会将分组接收并保存起来。当需要输出的线路空闲时,该分组就会转发出去。通常有以下几种接入方式连接到广域网中。

1. PSTN(公共电话网)

PSTN 是模拟电路交换网,通过调制设备可进行数据通信,PSTN 提供专线与拨号线两种连接方式。通过 Dial-On-Demand(按需分配带宽),可实现在需要对中心结点进行访问时由路由器自动建立拨号连接,当一段时间无业务流量时,路由器会自动断开连接,使用方便且节省费用。拨号示意图如图 5-10 所示。

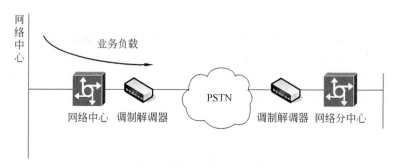

图 5-10　PSTN 拨号示意图

2. 帧中继方式(公用帧中继网)

帧中继只是使用了物理层和链路层的一部分,执行它的交换功能。与 X.25 相比,帧中继在第 2 层(链路层)增加了路由的功能,但是它取消了其他功能。例如在帧中继结点中不进行差错纠正,因为帧中继技术建立在误码率很低的传输信道上,差错纠正的功能由端到端的计算机完成。在帧中继网络中的结点将舍弃有错的帧,由终端的计算机负责差错的恢复。这就意味着,帧中继交换机不需要像 X.25 网络中的交换机那样,在接收到确认之前要保存数据。

3. DDN 专线方式(公用数字数据网)

在业务量扩大时,可考虑 DDN 专线方式,通过路由器(Router)的高速同步口经 DDN 信道直接与网络中心的核心路由器相连,并且由路由器提供的自动拨号备份功能实现对通信线路的备份,避免由于线路故障所造成的业务中断。网点的接入可采用分层树型结构。这种分层结构可大大减少对中心路由器的广域端口需求,减少投资。这种网络分层结构对系统的应用完全透明。各分中心与网络中心之间通过拨号线路实现网络主干的负载分流和备份功能,保证各分中心与网络中心之间的可靠连接。连接方式如图 5-11 所示。

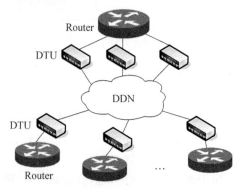

图 5-11　DDN 专线方式示意图

4. X.25 网络(公用分组数据交换网)

X.25 也是在模拟电路基础上开发出来的,X.25 网络的设计使用了 OSI 的下 3 层协议,网络从源点到终点的每一步都要进行大量的处理,在每一个结点都要对数据信息进行存储和处理,建立帧头帧尾,并检查数据信息是否有错。因此在传输中引入了较多的延迟,实时性差。目前国内 X.25 网络的主干带宽较窄,网络拥塞较为严重,一些地区已达满负荷,已无法申请到 X.25 端口。

5. 广域网技术选型分析

在做网络规划和设计时,除了要考虑迅速增长的计算机数量对网络的连接性要求之外,还需要考虑给通信网络提出的信息流量和性能方面的要求。要求网络通信具有高的传输速率,短的响应时间,以适应突发性通信的需求。

PSTN 是最普及的通信媒介,Internet 访问、广域网备份、DDR(按需拨号连接)等都大量使用 PSTN 拨号方式。在数据量不是很大,不需要永久连接时,PSTN 拨号方式又是最灵活、最便宜的解决方案。由于 PSTN 是模拟电路,因而通信质量较差,速率也较低。

X.25 也是在模拟电路的基础上开发出来的,模拟线路的通信质量差,误码率高。随着帧中继业务的发展,X.25 技术已显得落后,电信部门对 X.25 的建设投资也将大大减少,对实时性要求高,业务量大的应用不建议使用这种传输方式。

同 X.25 相比帧中继的许多优越性能是由于它不需要进行第三层的处理,它能在每个交换机中让帧直接通过,即在帧的尾部还未接收到之前,交换机就可以把帧的头部发送给下一个交换机。

在处理方面的这些减少带来了明显的效果。首先帧中继有较高的吞吐量;第二,在帧中继网络中的时延很小。在 X.25 网络中每个结点进行帧检验产生的时延为 5~10ms,而帧中继结点小于 2ms。因而,帧中继特别适用于突发数据流量的数据通信。

DDN 与帧中继、X.25 交换方式不同。它所提供的是独占的数字透明信道,在该信道中用户可根据需要使用各种传输协议,是一种类似专线的连接,其传输时延最小,在网络的安全性、保密性等方面都有很高的保证。

从费用方面考虑,帧中继和 DDN 专线均采用固定收取专线月租的形式,每月固定收费。市内的 DDN 线路租费较为便宜,9600bps 的月租与 64Kbps 月租两者差价很小。帧中继信道月租费应比同样速率的 DDN 专用信道便宜,但目前国内的帧中继属起步阶段,收费较不规范,还没有遵循一个统一的标准。

5.5 网络互联设备

网络互联时,必须解决的问题是:在物理上如何把两种网络连接起来;一种网络如何与另一种网络实现互访与通信,如何解决它们之间协议方面的差别;如何处理速率与带宽的差别等。要解决这些问题,就要使用协调、转换机制的部件设备。

5.5.1 网络传输介质互联设备

1. T型连接器与接插件

T型连接器与接插件(BNC)同是细同轴电缆的连接器,它们对网络的可靠性有着至关重要的影响。同轴电缆与T型连接器之间是依赖于接插件进行连接的,接插件有手工安装和工具型安装之分,用户可根据实际情况进行选择。

2. 非屏蔽双绞线连接器

非屏蔽双绞线连接器(RJ-45)有8根连针,在10Base-T标准中,仅使用4根,即第1对双绞线使用第1针和第2针,第2对双绞线使用第3针和第6针(第3对和第4对作备用)。具体使用时可参照厂家提供的说明书。

3. 终端匹配器

终端匹配器(也称终端适配器)安装在同轴电缆(粗缆或细缆)的两个端点上,它的作用是防止电缆无匹配电阻或阻抗不正确。无匹配电阻或阻抗不正确,则会引起信号波形反射,造成信号传输错误。

4. 调制解调器

调制解调器(modem)的功能是将计算机的数字信号转换成模拟信号或反之,以便在电话线路或微波线路上传输。调制是把数字信号转换成模拟信号;解调是把模拟信号转换成数字信号,它一般通过RS-232接口与计算机相连。

5. 其他连接部件设备

DB-25(RS-232)接口是目前微机与线路接口的常用方式。

DB-15接口用于连接网络接口卡的AUI接口,可将信息通过收发器电缆送到收发器,然后进入主干介质。

VB35同步接口用于连接远程的高速同步接口。

5.5.2 网络物理层互联设备

1. 中继器

中继器是最简单的网络互联设备,主要完成物理层的功能,负责在两个结点的物理层上按位传递信息,完成信号的复制、调整和放大功能,以此来延长网络的长度。当传输介质超过了网段长度后,可用中继器延伸网络的距离,对弱信号予以再生放大,IEEE 802标准规定最多允许4个中继器接5个网段。中继器工作在物理层,不提供网段隔离功能。

2. 集线器

集线器(hub)是一种特殊的中继器,它以星型拓扑结构将通信线路集中在一起,相当于总线,是局域网中应用最广的连接设备。集线器作为网络传输介质间的中央结点,克服了介质单一通道的缺陷。以集线器为中心的优点是:当网络系统中某条线路或某结点出现故障时,不会影响网上其他结点的正常工作。市场上常见有 10Mbps、100Mbps 和 1000Mbps 等速率的集线器。其分类方法有:

(1) 按照系统结构分类

① 无源(passive)集线器:只负责把多段介质连接在一起,不对信号作任何处理,每一种介质段只允许扩展到最大有效距离的一半。

② 有源(active)集线器:类似于无源集线器,但它具有对传输信号进行再生和放大从而扩展介质长度的功能。

③ 智能(intelligent)集线器:除具有有源集线器的功能外,还可将网络的部分功能集成到集线器中,如网络管理、选择网络传输线路等。智能集线器改进了一般集线器的缺点,增加了桥接能力,可滤掉不属于自己网段的帧,增大网段的频宽,且具有网管能力和自动检测端口所连接的 PC 网卡速度的能力。

(2) 按照管理方式分类

① 切换式集线器:切换式集线器重新生成每一个信号并在发送前过滤每一个包,且只将其发送到目的地址。切换式集线器可以使 10Mbps、100Mbps 和 1000Mbps 的站点用于同一网段中。

② 共享式集线器:共享式集线器提供了所有连接点的站点间共享一个最大频宽。例如,一个连接着几个工作站或服务器的 100Mbps 共享式集线器所提供的最大频宽为100Mbps,与它连接的站点共享这个频宽。共享式集线器不过滤或重新生成信号,所有与之相连的站点必须以同一速度工作(10Mbps 或 100Mbps)。所以共享式集线器比切换式集线器价格便宜。

③ 堆叠共享式集线器:堆叠共享式集线器是共享式集线器中的一种,当它们级连在一起时,可看作是网中的一个大集线器。当 6 个 8 口的集线器级连在一起时,可看作是 1 个48 口的集线器。

(3) 按照配置形式分类

① 独立型集线器:此类型的集线器在低端应用是最多的,带有许多端口的单个盒子式的产品。它具有低价格、容易查找故障、网络管理方便等优点,在小型的局域网中广泛使用。

② 模块化集线器:模块化集线器一般都配有机架,带有多个卡槽,每个槽可放一块通信卡,每个卡的作用就相当于一个独立型集线器。这类集线器已经采用交换机的部分技术,在较大型网络中得到了广泛应用。

③ 堆叠式集线器:堆叠式集线器可以将多个集线器“堆叠”使用,当它们连接在一起时,其作用就像一个模块化集线器一样,堆叠在一起集线器可以当作一个单元设备来进行管理。其优点是可非常方便地实现对网络的扩充,是新建网络时最为理想的选择。

5.5.3 数据链路层互联设备

1. 网桥

网桥(bridge)也称桥接器,是连接两个局域网的存储转发设备,用它可以完成具有相同或相似体系结构网络系统的连接。一般情况下,被连接的网络系统都具有相同的逻辑链路控制规程(LLC),但媒体访问控制协议(MAC)可以不同。网桥属于网络层的一种设备,它的作用是扩展网络和通信手段,在各种传输介质中转发数据信号,扩展网络的距离,同时又有选择地将有地址的信号从一个传输介质发送到另一个传输介质,并能有效地限制两个介质系统中无关紧要的通信。网桥分本地和远程网桥两种。

1) 本地网桥

本地网桥是指在传输介质允许长度范围内国际互联网络的网桥。在网络的本地连接中,网桥可以使用内桥和外桥。内桥是文件服务的一部分,通过文件服务器中的不同网卡连接起来的局域网,由文件服务器上运行的网络操作系统来管理。外桥安装在工作站上,实现两个相似或不同的网络之间的连接。外桥不运行在网络文件服务器上,而是运行在一台独立的工作站上,外桥可以是专用的,也可以是非专用的。作为专用网桥的工作站不能当普通工作站使用,只能建立两个网络之间的桥接。而非专用网桥的工作站既可以作为网桥,也可以作为工作站。

2) 远程网桥

远程网桥是指连接的距离超过网络的常规范围时使用的远程桥,通过远程桥互联的局域网将成为城域网或广域网。如果使用远程网桥,则远程桥必须成对出现。

2. 交换机

网络交换技术是近几年来发展起来的一种结构化的网络解决方案。它是计算机网络发展到高速传输阶段而出现的一种新的网络应用形式。它不是一项新的网络技术,而是现有网络技术通过交换设备提高性能。由于交换机(switch)市场发展迅速,产品繁多,而且功能上越来越强,所以用企业级、部门级、工作组级、交换机到桌面进行分类。

交换机按以太网数据包的目的地址将以太包从原端口送至目的端,向不同的目的端口发送以太包时,就可以同时传送这些以太包,达到提高网络实际吞吐量的效果。交换机可以同时建立多个传输路径,所以在应用联结多台服务器的网段上可以收到明显的效果。交换机分类如下:

(1) 端口交换。端口交换技术最早出现在插槽式的集线器中,这类集线器的背板通常划分有多条以太网段,不用网桥或路由连接,网络之间是互不相通的。以太主模块插入后通常被分配到某个背板的网段上,端口交换用于将以太模块的端口在背板的多个网段之间进行分配、平衡。

(2) 帧交换。帧交换是目前应用最广的局域网交换技术,它通过对传统传输媒介进行微分段,提供并行传送的机制,以减小冲突域,获得高的带宽。一般来讲每个公司的产品的实现技术均会有差异,但对网络帧的处理方式一般有以下两种:

① 直通交换:提供线速处理能力,交换机只读出网络帧的前 14 个字节,便将网络帧传送到相应的端口上。适用于同速率端口和碰撞误码率低的环境。交换速度非常快,但缺乏对网络帧进行更高级的控制,缺乏智能性和安全性,并无法支持具有不同速率的端口的交换。

② 存储转发:通过对网络帧的读取进行验错和控制。适用于不同速率端口和碰撞,误

码串高的环境。

（3）信元交换。ATM 采用固定长度 53 个字节的信元交换。由于长度固定,因而便于用硬件实现。ATM 采用专用的非差别连接,并行运行,可以通过一个交换机同时建立多个结点,但并不会影响每个结点之间的通信能力。ATM 还容许在源结点和目标、结点建立多个虚拟链接,以保障足够的带宽和容错能力。ATM 采用了统计时分电路进行复用,因而能大大提高通道的利用率。ATM 的带宽可以达到 25Mbps、155Mbps、622Mbps 甚至数吉比特每秒的传输能力。

3. 虚拟局域网的划分

VLAN 是一种将局域网设备从逻辑上划分成一个个网段,从而实现虚拟工作组的数据交换技术,主要应用于交换机中。由于它是从逻辑上划分,而不是从物理上划分,所以这些工作站可以在不同物理 LAN 网段。一个 VLAN 内部的广播和单播流量都不会转发到其他 VLAN 中,从而有助于控制流量、减少设备投资、简化网络管理、提高网络的安全性。

1）静态划分

静态虚拟网的划分是基于端口的划分。通常是网管人员使用网管软件或直接设置交换机的端口,使其直接从属某个虚拟网。这些端口一直保持这些从属性,除非网管人员重新设置。这种方法虽然比较麻烦,但比较安全,容易配置和维护。

2）动态划分

动态 VLAN 一般通过管理软件来进行管理。有 3 种划分方法:

（1）根据 MAC 地址划分:对每个 MAC 地址的主机都配置它属于哪个组。这种划分方法最大优点是当用户物理位置移动时,即从一个交换机换到其他的交换机时,VLAN 不用重新配置,是基于用户的 VLAN 划分。这种方法的缺点是初始化时,所有的用户都必须进行配置。

（2）根据网络层划分:根据每个主机的网络层地址或协议类型划分。这种方法的优点是当用户的物理位置改变时,不需要重新配置所属的 VLAN,而且可以根据协议类型来划分 VLAN。缺点是效率低,因为检查每一个数据包的网络层地址是需要消耗处理时间的。

（3）根据 IP 组播划分:IP 组播实际上也是一种 VLAN 的定义,即认为一个组播组就是一个 VLAN,这种划分的方法将 VLAN 扩大到了广域网,因此这种方法具有更大的灵活性,而且也很容易通过路由器进行扩展,当然这种方法不适合局域网,主要是效率不高。

5.5.4 网络层互联设备

路由器（router）是在多个网络和介质之间实现网络互联的一种设备,是一种比网桥更复杂的网络互联设备,能够实现路由选择功能的设备包括路由器和具有包转发功能的服务器。路由器属于网络应用层的一种互联设备,只接收源站或其他路由器的信息,它不关心各子网使用的硬件设备,但要求运行与网络层协议相一致的软件。路由和交换之间的主要区别就是交换发生在 OSI 模型的第二层,而路由发生在第三层。这一区别决定了路由和交换在移动信息的过程中需要使用不同的控制信息,两者实现各自功能的方式不同。

路由器提供一种方法来开辟通过一个网状联结的路径,路由选择协议的任务是为路由器提供它们建立通过网络最佳路径所需要的相互共享的路由信息。路由信息协议（RIP）是一种应用较早、使用较普遍的内部网关协议（IGP），适用于小型同类网络。OSPF（Open Shortest Path First,开放式最短路径优先）是另外一种内部网关协议，主要用于在单一自治系统（AS）内决策路由。RIP 是距离矢量路由协议，OSPF 是链路状态路由协议。一般情况，路由协议通常都采用简单的 RIP 协议，而 OSPF 协议适用于部门多、规模大，需要 IP 较多的内网。路由器的类型主要有：

① 本地路由器：本地路由器是用来连接网络传输介质的，如光纤、同轴电缆和双绞线。

② 远程路由器：远程路由器是用来与远程传输介质连接并要求相应的设备，如电话线要配调制解调器。

5.5.5　应用层互联设备

网关（gateway）被用来连接不同类型而协议差别又较大的网络，其主要功能是把一种协议变成另一种协议，把一种数据格式变成另一种数据格式，以求两者的统一，并提供中转中间接口，以便在两个不同类型的网络系统之间进行通信。由于协议转换是一件复杂的事，一般来说，网关只进行一对一转换，或是少数几种特定应用协议的转换，网关很难实现通用的协议转换。用于网关转换的应用协议有电子邮件、文件传输和远程工作站登录等。

网关和多协议路由器（或特殊用途的通信服务器）组合在一起可以连接多种不同的系统。目前，网关已成为网络上每个用户都能访问大型主机的通用工具。和网桥一样，网关也有本地的和远程的两种。

5.6　Internet

5.6.1　Internet 的概念

1. Internet 的定义

Internet 简称因特网，是把世界上的上百个国家大大小小几千万台计算机连为一体，在全世界范围内实现全方位的资源共享和信息交换。

Internet 起源于 1969 年美国国防部高级研究计划局协助开发的 4 个结点组成的 ARPA 网。1987 年，NSF（美国国家科学基金会）采用招标的形式，由 IBM 等 3 家公司合作建立了一个新的广域网，美国其他部门的计算机网络相继并入此网，形成了目前的 Internet 主干网 ANSnet。1994 年 4 月，我国中科院计算机网络信息中心（CNIC）正式接入国际互联网，目前，我国已初步建成四个骨干广域网，即邮电部的 CHINANET、教委的 CERNET、科学院的 CSTNET、电子部的 CHINAGBN，这 4 个广域网均与 Internet 直接相连。

Internet 的定义可抽象为应用 TCP/IP 技术用路由器连接起来的全球网络。它把世界各地的计算机网、数据通信网以及公用电话网，通过路由器和各种通信线路在物理上连接起来，再利用 TCP/IP 协议实现不同类型的网络之间相互通信，是一个"网络的网络"。

2. IP 协议和 IP 地址

IP 协议又称为网间协议（Internet Protocal），工作在开放系统参考模型的网络层，它通过网络的信息接收数据链路层发出 TCP 信息,并在信息头部加入具体的路径信息,这段信息称为 IP 数据报。数据报信息通过数据链路层传给网络驱动程序,并在段头附加信息。这样就形成了信息包,可以在网络中传送了。

Internet 是由不同物理网络互连而成,不同网络之间实现计算机的相互通信必须有相应的地址标识,这个地址标识称为 IP 地址。IP 地址提供统一的地址格式,由 32 位组成,使用"点分十进制"方式表示。IP 地址唯一标识出主机所在的网络和网络中位置的编号,按照网络规模的大小,常用 IP 地址分为以下 3 类:

(1) A 类地址的特点是以 0 开头,第 1 字节表示网络号,第 2～4 字节表示网络中的主机号,网络数量少,最多可以表示 126 个网络号,每一网络中最多可以有 16 777 214 个主机号。

0*******	********	********	********
1～126	0～255	0～255	1～254

(2) B 类地址的特点是以 10 开头,第 1、2 字节表示网络号,第 2、3 字节表示网络中的主机号,最多可以表示 16384 个网络号,每一网络中最多可以有 66534 个主机号。

10******	********	********	********
128～191	0～255	0～255	1～254

(3) C 类地址的特点是以 110 开头,第 1、2、3 字节表示网络号,第 4 字节表示网络中的主机号,网络数量比较多,可以有 2097152 个网络号,每一网络中最多可有 254 个主机号。

110*****	********	********	********
192～233	0～255	0～255	1～254

IP 地址规定:网络号不能以 127 开头,第一字节不能全为 0,也不能全为 1。主机号不能全为 0,也不能全为 1。

3. IPv6

目前广泛使用的 IP 地址协议版本号是 IPv4,它的下一个版本就是 IPv6,其优点有:

(1) Pv6 具有更大的地址空间:IPv4 中 IP 地址长度为 32 位,IPv6 中为 128 位。

(2) IPv6 使用更小的路由表:IPv6 的地址分配一开始就遵循聚类原则,使路由器能在路由表中用一条记录表示一个子网,减小了路由表的长度,提高了路由器转发数据包的速度。

(3) IPv6 增加了增强的组播支持及对流的支持:这使得网络上的多媒体应用有了长足发展的机会,为服务质量(QoS)控制提供了良好的网络平台。

(4) IPv6 加入了对自动配置的支持:使得网络的管理更加方便和快捷。

(5) IPv6 具有更高的安全性:在使用 IPv6 网络时,用户可以对网络层的数据进行加密并对 IP 报文进行检验,极大地增强了网络的安全性。

5.6.2 域名系统

域名通俗地说，就是网上计算机地址的代名词。Internet 上的每一台计算机都有一个 IP 地址，相当于号码，便于其他计算机能准确无误地访问，它的原本形式是***.***.***.***，这不便于记忆，于是人们就用一串形象的，直观的字符来代替，这就是域名。

1. 域名的形式

域名是通过申请合法得到的。中国互联网络信息中心（CNNIC）是国务院信息办授权管理中国域名的唯一机构。为了唯一地标识 Internet 的主机位置，避免名称重复，Internet 国际特别委员会采取了在主机名后加上后缀名的方法，这个后缀名称即为域名，用来标识主机的区域位置，即"主机名.域名"。如：www.sz.gov.cn 名字中 www 为主机名，由服务器管理员命名，sz.gov.cn 为域名。域名一般结构形式为"区域层次名.机构名.机构类型代码.国家或地区代码"，sz 表示深圳，gov 表示政府机构部门，cn 表示中国。

（1）域名机构性代码有 7 类，分别为：

- COM：商业机构组织；
- EDU：教育机构组织；
- INT：国际机构组织；
- GOV：政府机构组织；
- MIL：军事机构组织；
- NET：网络机构组织；
- ORG：非赢利机构组织。

（2）地理性国别域名，对于不同的国家有不同的名称：

- CN：中国；
- US：美国；
- JP：日本；
- FR：法国；
- CA：加拿大；
- UK：英国等。

2. 域名的商业价值

域名是企业的网上商标，这里面就必然有其商业价值，否则就不会出现那么多的域名抢注现象。互联网发展初期，很多人还未能认识到它的前景，就连国际上许多著名的大公司也没有及时注意到它的发展，更谈不上采取对策，这就给了那些不怀好意者以可乘之机。有些投机者甚至一人独注了上千个域名，以期从中牟利。据悉，在美国域名管理机构的数据库里通用顶级.com 下涉及中国商业的域名，如"中国化工"、"中国机械"、"中国工具"、"中国鞋"等都已被注册，而且其后仍有涉及中国商业的域名被注册。但注册者并未开展相当的万维网（Web）服务，抢注的意图显而易见。随着信息业的发展，域名也逐渐成为一种无形资产。

如果说商标保护有工商局在管理着，那么企业的域名保护只能是由企业自己来掌握，因为互联网是开放的、自由的,这就是互联网的游戏规则。企业务必要提高对域名的商业价值的认识,尽早注册属于自己企业的域名,将自己企业的域名保护好。

3. DNS 服务器

DNS 服务器,就是域名服务器。在互联网中采用域名技术,并没有改变互联网的 IP 地址的分配和寻址机制。当用户在寻址时以域名形式提交请求,必须转换为对应的 IP 地址,才能进行网络通信,这种转换就称之为域名解析。在互联网上域名解析工作是交由一台服务器自动进行,这台服务器就是 DNS 服务器。域名解析方法有两种:反复转寄查询解析和递归解析。

5.6.3 Internet 的接入上网方式

接入 Internet 的方式多种多样,一般都是通过提供 Internet 接入服务的 ISP(Internet Service Provider)接入 Internet。主要的接入方式有:

1. 无线接入

无线接入有微波接入和卫星接入两种。这两种无线接入都具有使用方便灵活的特点,无须铺架设网络接入的线路。这一特点对于有线接入困难的移动用户、偏远山区、海岛等更有重要意义。

2. 有线接入

用户接入网是指从本地电信部门到用户之间的连接部分。它是互联网的重要组成部分,这一部分也就是所谓信息高速公路的“最后一千米”。它是制约互联网传输速率最主要的“瓶颈”所在。当然,互联网传输速率的问题绝不仅仅在这“最后一千米”,还受制于整个骨干网的传输速率。骨干网改造难度大,所费投资多,是信息高速公路的主干道。常用的有线接入方式分为四种:即专线接入、光纤接入、有线电视网接入和公用电话网接入。

一般单位的局域网都已接入互联网,局域网用户即可通过局域网接入互联网。局域网接入传输容量较大,可提供高速、高效、安全、稳定的网络连接。现在许多住宅小区也可以利用局域网提供宽带接入。

1) 宽带网卡上网

网卡是一块插入计算机 I/O 槽中,用于发出和接收不同的信息,以实现计算机通信的集成电路卡。它按总线类型可分为 ISA 网卡、EISA 网卡、PCI 网卡等。网卡的工作原理与调制解调器的工作原理类似,只不过在网卡中输入和输出的都是数字信号,传送速度比调制解调器快得多。网卡有 16 位与 32 位之分,也有不同的速率,现在常见的网卡是 10/100Mbps 自适应网卡。

2) modem 上网

利用现有电话线路和 modem 就可以上网,这是目前最便捷,也是大多数人的上网方式。通信线路分为模拟线路和数字线路两种。它们的区别在于线路上传输的信号分别是连续信号和离散信号。当前我国广大拨号上网用户使用的是市话线路,属于模拟线路。但计算机发出的原始信号却是离散的二进制数字信号序列。为了利用现有电话线路进行异地之间的计算机通信,必须在发送端先通过一个调制器,将数字信号转换为模拟信号,而在接收端则通过解调器,将模拟信号还原成数字信号。其最大的缺点是速度慢,目前 modem 的最高速率是 56Kbps。用 modem 上网,由于速度慢,因而不能胜任需要实时传送活动图像的任务,如视频点播、远程医疗等。

3) ISDN 上网

ISDN 是综合业务数字网的简称,它由电话综合数字网(IDN)发展而来。ISDN 是数字交换和数字传输的结合,它以迅速、准确、经济、有效的方式提供目前各种通信网络中现有的业务,而且将通信和数据处理结合起来,开创了很多前所未有的新业务。ISDN 是一个全数字的网络,也就是说,不论原始信号是话音、文字、数据还是图像只要可以转换成数字信号,都能在 ISDN 网络中进行传输。目前中国电信推出的"一线通"业务是窄带综合业务数字网(N-ISDN),把各种电信业务(电话、电报、传真、数据图像等)综合在同一个网内处理、传输,并可在不同的业务终端之间实现互通。用户只要用一个电话端口即可实现电话、传真与图像同时传送。用户可以用一根电话线,一边在 Internet 上漫游,一边打电话,或者一边发传真,因此被称"一线通"。

4) ADSL 上网

ADSL(Asymmi Digital Subscriber Line)技术是通过使用普通的电话双绞线向用户提供更高速率的数据服务,是一种宽带接入技术。而 56Kbps modem 技术和 ISDN 技术都属于窄带接入的范畴,并不能代表未来接入手段的主流。ADSL 具有窄带接入不可比拟的带宽和对多业务的支持,为现代人的信息生活提供了丰富、便捷的手段。ADSL 采用先进的调制技术来提供更高的接入速率和抗干扰能力,其最高速率是 56Kbps modem 接入的 150 倍,128Kbps ISDN 接入的 70 倍。ADSL 设备将数据业务从公众交换电话网转移到数据网中,消除了由大量互联网业务涌入电话网而引起的日益严重的电话网拥塞问题。采用了点对点的网络拓扑结构,用户可独享高带宽,同时对信息的安全性、保密性都有了很大的提高。

5) cable modem 上网

基于有线电视的线缆调制解调器(cable modem)接入方式可以达到下行 8Mbps、上行 2Mbps 的高速率接入。要实现基于有线电视网络的高速互联网接入业务还要对现有的 CATV 网络进行相应的改造。基于有线电视网络的高速互联网接入系统有两种信号上下行信号传送方式,一种是通过 CATV 网络本身采用上下行信号分频技术来实现,另一种通过 CATV 网传送下行信号,通过普通电话线路传送上行信号。

6) 光纤接入技术

光纤用户网是指电信局端与用户之间完全以光纤作为传输媒体的接入网。用户网光纤化有很多方案,有光纤到路边(FTTC)、光纤到小区(FTTZ)、光纤到办公室(FTTO)、光纤到楼面(FTTF)、光纤到家庭(FTTH)。但不管是何种领域的应用,实现光纤到户都必须是为了满足高速宽带业务以及双向宽带业务的客观需要。光纤接入的带宽可达到 1000Mbps 以上,大大提高了互联网的接入速率。光纤用户网的主要技术是光波传输技术。目前光纤传输的复用技术用得最多的有时分复用(TDM)、波分复用(WDM)、频分复用(FDM)、码分复用(CDM)等。

5.6.4 Internet 的基本功能和云计算

1. Internet 的基本功能

信息服务是 Internet 的最基本功能。它的主要功能包括：

1）信息浏览与搜索

Internet 上的信息浩如烟海。在这样的信息海洋中，怎样才能找到合适自己的东西呢？Web 的出现终于使得网上获取信息的手段有了本质的改善。Web 服务器也称为 WWW（Word Wide Web）服务器，它是漫游互联网的工具，主要功能是提供网上信息浏览服务。

Web 是一个基于超文本方式的信息检索工具，它为用户提供了一种友好的信息查询接口，是 Internet 上的信息服务系统。它把 Internet 上不同地点的相关信息聚集起来，通过 Web 浏览器（又叫做 WWW 浏览器，如 Netscape、IE 等）检索它们，无论用户所需的信息在什么地方，只要通过浏览器检索，就可以将这些信息（文字、图片、动画、声音等）提取到用户的计算机屏幕上。由于 Web 采用了超文本链接，用户只需轻轻单击鼠标，就可以很方便地从一个信息页转移到另一个信息页。

2）电子邮件

电子邮件（E-mail）是互联网最常用、最基本的功能，也是一种最便捷的利用计算机和网络传递信息的现代化手段。网络用户可以通过互联网与其他地区的用户收发信件。电子邮件的内容不仅仅包含文字，还可以包含图像、声音、动画等多媒体信息。可以通过申请获得自己的信箱，使用计算机软件撰写邮件，通过网络送往对方信箱，对方从自己的信箱中读取信件。电子邮件因其快速、低廉而被广泛采用。互联网的电子邮件系统是由两台服务器构成。一台叫邮件发送服务器，专司邮件发送，一台叫邮件接收服务器，用于邮件的接收、存储。电子邮件的收发必须遵守以下两个协议：

（1）邮局协议（POP3）是一种接收邮件的协议，它规定了用户的计算机如何与 Internet 上的邮件服务器相连，从而保证用户将邮件下载到自己的计算机以便脱机阅读或撰写邮件。

（2）简单邮件传送协议（SMTP）保证邮件传送服务器将你的邮件转移到另一个 POP3 邮件接收服务器，该邮件服务器将接收到的邮件存储并转发给受信人。

3）文件传输

在互联网上有着取之不尽的信息资源，仅仅依靠浏览器还是不够的，文件传输是信息共享的重要方式之一，也是互联网基本功能之一。

文本传输协议（FTP）既是一种协议，又是一个程序。网络上的用户可以通过 FTP 功能登录到远程计算机，从其他计算机系统中下载所需要的文件，包括获取各种软件、图片、声音等，用户也可以将自己的文件上传给网络。

4）远程登录

远程登录（Telnet）是互联网最早应用程序之一，也是它的基本功能之一。它是互联网远程访问的工具。利用远程登录，在网络协议的支持下，可使用户的计算机暂时成为另一台远程计算机的虚拟终端。一旦登录成功，用户就可以进入远程计算机，并实时地使用该机上全部对外开放资源。通过远程登录，用户不仅可以进入世界各国的图书馆进行联机检索，也可以进入政府部门对外开放数据库进行查阅,甚至可以在登录的计算机上运行程序。

5)电子公告

电子公告(BBS)是一种交互性强、内容丰富而及时的互联网电子信息服务系统。其性质和街头或校园内公告栏相似,只不过 BBS 是通过互联网来传播或取得消息。用户在 BBS 站点可以获得各种信息服务:下载软件、发布信息、参加讨论、聊天、收发邮件、发送文件等。

6)新闻组

新闻组(Newsgroup)是一个在 Internet 上提供给网络用户用来彼此交换或是讨论某一共同话题的系统。它是 Internet 信息服务基本功能之一。在新闻组里,大家可以公开发表和交换意见,可以针对特定的议题进行讨论,也可以单纯看看别人所发表的文章。

2. 网络计算机

网络计算机(NC)是专用于高速网络环境下的一种计算机终端设备。它一般不需要硬盘、软驱及光驱等外部存储器,而是通过网络获取大部分资源,其所需要的应用程序和数据都存储在服务器上。NC 与 PC 相比较,具有以下优势:

① 性价比高:常规配置下,PC 比 NC 贵一倍左右,PC 资源利用率很低,软件利用率仅为 5%。

② 安全性好:NC 本地不存储数据,也不独立运行应用软件,不存在本地数据丢失的风险,也很难在本地感染计算机病毒,更不易成为计算机病毒的传染源。

③ 易于维护管理:仅需系统对服务器进行软、硬件的升级,大大降低了系统维护的成本。

3. 云计算

1)云计算的定义

云计算(cloud computing)是并行计算、分布式计算和网格计算的发展,它将大量用网络连接的计算资源统一管理和调度,构成一个计算资源池向用户按需服务,使用户终端可简化成一个单纯的输入输出设备,并能按需享受"云"的强大计算处理能力。网络服务提供商透过云计算可在数秒之内,达成处理数以千万计甚至亿计的信息,达到和"超级计算机"同样强大的网络服务。

云计算定义的关键在于"云"这个词本身。云是一组数量众多的、互联到一起的计算机。这些计算机可以是个人计算机或网络服务器,它们可以是公共的,也可以是私有的。例如,谷歌提供的云是由微型的个人计算机和大型的服务器组成的。谷歌的云是私有的,但它可公开访问。

云所提供的应用和数据可广泛用于许多用户,云服务和云存储是跨企业和跨平台。对云的访问是通过 Internet 完成的,任何授权用户都可以在世界上的任何地方使用任何一台计算机上,通过 Internet 连接访问这些文档和应用。

云计算实现了从计算机到使用者,从应用到任务,从孤立的数据到可以随处访问、可与任何人共享的数据的转变。数据资源在云中,使用者可以不再从事数据资源管理的任务,甚至无须记住数据的位置,就可以方便地使用它们。目前,云计算作为一场信息技术变革,正以雷霆万钧之势席卷全球,对整个信息产业和人类社会的发展必将产生极为深刻的影响。

2)云计算的特点

(1)超大规模、功能强大:云中成千上万台计算机群所形成的巨大的计算能力、存储能力能够为使用者完成传统上单台计算机根本无法完成的事情,例如谷歌云已经拥有100多万台服务器。

(2)虚拟化:支持用户在任意位置、任意时间使用各种终端获取应用服务。

(3)智能化:云计算基于海量数据的数据挖掘技术来获得大量的新知识。云计算使知识在 Internet 上的定义可以用公式表示为:

$$知识 = 海量数据 + 海量的分析$$

(4)高可靠性:云使用了数据多副本容错、计算结点同构可互换等措施来保障服务的高可靠性,要比使用本地计算机可靠。

(5)高通用性:云计算不针对特定应用,在云的支撑下可以构造出千变万化的应用,同一个云可以同时支撑不同的应用运行。

(6)高可扩展性:云的规模可以动态伸缩,满足应用和用户规模增长的需要。

(7)按需服务:云是易于访问的,海量数据存储在于云中,作为一个使用者,一旦用户连接到云中,则那里存放的任何东西,包括文件、数据、图片、应用和设备等都可以在任何时间、任何地点以某种便捷的方式安全地获得或与其他人分享。

(8)极其廉价:由于云的特殊容错措施,可采用极其廉价的结点来构成,其自动化集中式管理使大量企业无需负担日益高昂的数据中心管理成本,云的通用性使资源的利用率大幅提升。

5.6.5 物联网和智慧地球

1. 物联网

物联网是指通过射频识别(RFID)、红外感应器、激光扫描器、智能卡、手机等信息传感设备,按约定的协议,把物品与互联网联系起来,进行信息交换和通信,以实现智能化识别、定位、跟踪、监控和管理的一种网络。物联网的概念是在 1999 年提出的,其核心和基础仍然是互联网,是在互联网基础上的延伸和扩展的网络。物联网和互联网最大的区别在于后者仅仅是人与人之间的信息交互,是一个虚拟世界,而物联网则是依靠网络实现物与物之间的两两互联,它是对现实物理世界的所有有价值物体的感知和互联,不需要人的参与就可以智能运转。物联网上传输的数据既包括了人与人之间通过计算机交换的数据,还包括了物件之间更大量的数据交换,以及人与物件之间交换的数据。

通常,物联网应分为三个层面:

(1)设备层:如电子标签、激光扫描器、手机等信息传感设备,用于感知和获取信息。

(2)连接层:通过无线或有线方式,利用互联网或移动通信网来传输获取信息。

(3)应用层:即用于控制和管理获取信息的软件系统。

物联网的应用需求极其广泛,遍及电力安全监控、智能交通、环境保护、政府工作、公共安全、平安家居、智能消防、工业监测、老人护理、个人健康、花卉栽培、水系监测、食品溯源、资产管理、智能设备管理、节能管理,以及敌情侦查和情报搜集等多个领域。凡是需要对大量设备进行连接、监测、集成、分析和管理的应用,都可以用物联网技术。

物联网概念的问世,打破了之前的传统思维。过去的思路一直是将物理基础设施和IT基础设施分开:一方面是机场、公路、建筑物,而另一方面是数据中心、个人计算机、宽带等。而在物联网时代,钢筋混凝土、电缆将与芯片、宽带整合为统一的基础设施,实现人类社会与物理系统的整合。在此基础上,人类可以以更加精细和动态的方式管理生产和生活,提高资源利用率和生产力水平,改善人与自然间的关系。有研究机构预计10年内物联网就可能大规模普及,这一技术将会发展成为一个上万亿元规模的高科技市场,其产业要比互联网大30倍,从而为信息产业开拓了又一个潜力无穷的发展机会。

2. 智慧地球

2009年1月28日,奥巴马就任美国总统后,与美国工商业领袖举行了一次仅有两名代表的会议,IBM首席执行官彭明盛首次提出"智慧地球"(Smart Planet)概念,建议美国政府投资新一代的智慧型基础设施。他认为信息产业下一阶段的任务是把新一代IT技术充分运用在各行各业之中,即把感应器嵌入和装备到各种物体中,并且与互联网连接起来,形成物联网。在此基础上,人类可以以更加精细和动态的方式管理生产和生活,从而达到"智慧"状态。他还提出,如果在基础建设的执行中,植入"智慧"的理念,不仅仅能够在短期内有力的刺激经济、促进就业,而且能掀起互联网浪潮之后的又一次科技革命。为了实施这一全新的战略,IBM已经推出了各种"智慧"的解决方案,如智慧医疗、智慧电网、智慧油田、智慧城市、智慧企业等。

智慧地球的概念是建立在互联网和物联网的基础之上的,其表达公式如下:

$$互联网 + 物联网 = 智慧地球$$

智慧地球作为一个智能项目,被认为与当年的"信息高速公路"有许多相似之处,已被世界各国当作应对国际金融危机、振兴经济的重点领域,受到人们的高度重视。

5.7 无线网络

无线网络技术涵盖的范围很广,既包括允许用户建立远距离无线连接的全球语音和数据网络,也包括为近距离无线连接进行优化的红外线技术及射频技术。与有线网络一样,无线网络可根据数据传输的距离分为几种不同类型。

1. 无线广域网

无线广域网(WWAN)技术可使用户通过远程公用网络或专用网络建立无线网络连接,目前的WWAN技术主要是指第三代数字通信(3G)。通过使用由无线服务提供商负责维护的若干天线基站或卫星系统,这些连接可以覆盖广大的地理区域,包括一个国家或几个省的范围。

国际电信联盟(ITU)在2000年5月确定WCDMA、CDMA2000和TD-SCDMA三大主流无线接口标准,写入3G技术指导性文件《2000年国际移动通信计划》(简称IMT-

2000)。该标准规定,移动终端以车速移动时,其传输数据速率为144kbps,室外静止或步行时速率为384kbps,而室内为2Mbps。现在欧洲采用WCDMA制式,美国采用CDMA2000制式,中国采用自主研发的TD-SCDMA制式。

2. 无线城域网

无线城域网(WMAN)技术使用户可以在城区的多个场所之间创建无线连接,而不必花费高昂的费用铺设光缆、铜质电缆和租用线路。基于IEEE 802.16系列标准的宽带无线城域网技术能够提供高速数据无线传输及实现移动多媒体宽带业务。为确保不同供应商产品与解决方案的兼容性,采用IEEE 802.16标准技术的部分供应商于2003年4月发起并成立了旨在推进无线宽带接入的WiMax论坛。WiMax全称为World Interoperability for MicrowaveAccess,即全球微波接入互操作系统,其技术标准为IEEE 802.16系列。WiMax联盟的目标是促进IEEE 802.16标准的应用。

WiMax采用IEEE 802.16系列标准尤其是802.16e,除传输最高可达百兆的速率外,WiMax技术可在2~66GHz频带范围内确保QoS等功能。WiMax设备由安装在塔式基站和用户接入终端组成,用户在局域网内部可使用任意局域网技术传送语音、数据和多媒体信号,对外连接则通过定向天线向服务提供商的蜂窝塔发送信号,在蜂窝塔接收基站接收到多个用户发来的信号,进行处理(补偿信号失真和衰落等)后,通过无线或有线信道将信号传送到满足802.16协议的交换中心,然后交换中心将数字信号流接入互联网或电话网进行传输。WiMax技术极强的传输能力可使信号传输距离最高达50km,通常情况下单一基站的有效覆盖范围也可达6~10km,带宽高达100Mbps。同时,802.16e还可以较好地实现与采用802.11无线局域网(WLAN)及商用无线热点的互连互通。我国已将3.5GHz和5.8GHz两个频带规划为城域网无线接入专用频带。与3G网络相比,WiMax的优点非常明显,因为它比3G网络的数据传输快30倍以上,覆盖范围比3G大10倍。

3. 无线局域网

无线局域网(WLAN)与有线局域网的用途十分类似,最大的不同在于传输媒介的不同,它利用无线电技术取代网线。有线网络在敷设专用通信线路时,布线施工难度大,费用高、耗时多、扩展难,而WLAN克服了有线网络的这些缺点,具有安装便捷、使用灵活、经济节约、易于扩展等优点。

无线局域网采用IEEE 802.11系列标准(又称为Wi-Fi),1999年工业界成立了Wi-Fi联盟,致力解决符合IEEE 802.11标准的产品生产和设备兼容性问题。最开始推出的是IEEE 802.11b,数据通过2.4GHz频段频率以11Mbps速度传输,因为它的传输速度比较低,随后推出了IEEE 802.11a标准,数据采用5GHz频段频率传输,传输速率可达54Mbps。由于IEEE 802.11b和IEEE 802.11a两者不兼容,后来又推出了与两者兼容的IEEE 802.11g标准,IEEE 802.11g比IEEE 802.11b速度要快出5倍。由IEEE最新推出的IEEE 802.11n标准传输速率增加至108Mbps以上,最高传输速率可达320Mbps,IEEE 802.11n协议导入多重输入输出(MIMO)技术,为双频工作模式(包含2.4GHz和5GHz两个工作频段),并且IEEE 802.11n保障了与以往的IEEE 802.11a、b、g三个标准都兼容。

由 Intel 公司和 Cisco 公司积极主导的 IEEE 802.11s,兼容 IEEE 802.11a/b/g 标准,可实现自动构建路径和自配置拓扑结构的多跳网络,同时支持广播和多播业务。常用的无线局域网(WLAN)网络结构有两类型:

1) 单跳网络

每个客户端均通过一条与无线接入点(Access Point,AP)相连的无线链路来访问网络,用户如果要进行相互通信的话,必须首先访问一个固定的 AP,通信距离为 3～5km。与多跳无线网络相比,其优点是传输距离远,缺点是单一覆盖,没有对给定频段进行复用,支持的终端数少,而且要求发射的信号功率较大。

2) 多跳网络

无线 Mesh(无线网状网络)是一种新型的支持多点对多点的网状结构,它的任何无线设备结点都可以同时作为接入,网络中的每个结点都可以发送和接收信号,每个结点都可以与一个或者多个对等结点进行直接通信。具有自组网、自修复、多跳级联、结点自我管理等智能优势,以及功率小、干扰小、移动宽带、无线定位等特点,是一种大容量、高速率、覆盖范围广的网络,成为无线宽带接入的一种有效手段。但传输距离短,两个结点之间距离约 500m。

4. 无线个人网

无线个人网(WPAN)技术使用户能够为个人操作空间(POS)设备(如 PDA、移动电话和笔记本电脑等)创建临时小范围无线通信。POS 指的是以个人为中心,最大距离为 10m 的一个空间范围。目前,两个主要的 WPAN 技术是蓝牙和红外线。蓝牙是一种电缆替代技术,可以在 10m 以内使用无线电波传送数据。蓝牙数据可以穿过墙壁、口袋和公文包进行传输。

5. 无线接入

计算机无线上网要用无线网卡,但是只有无线网卡还无法连接无线网络,必须要有 AP 与之配套。无线网卡相当于是接收器,AP 相当于发射器,只有在 AP 可以覆盖的区域内进行适当的设置,才能连接无线网络。无线接入有 3 种类型:

① 无线接入点:相当于一个无线的集线器,或说是无线接收器。
② 无线网桥:除了具有无线集线器的功能外,它还可以无线桥接,无线中继。
③ 无线路由器:相当于是无线集线器加上路由器的一体化产品。

6. 上网本

上网本是一种功能不完全的笔记本电脑,上网是它的核心应用,Wi-Fi 无线宽带是它的核心功能。上网本几乎所有的设置和配置都是围绕上 Internet 做的,主要在无线城市中使用。无线城市在整个城市的范围内实现了无线网络的覆盖和服务,提供随时随地接入和速度更快的无线宽带网络应用服务。计算机、上网本和智能手机等不再需要连接网线就可以实现联网,包括上 Internet。如果你不在无线城市生活或周围没有 Wi-Fi 服务,上网本也就无用武之地了。

上网本的使用方式与笔记本电脑不同,笔记本电脑可以进行内容的创建和编辑,上网本主要以"消费"内容为主,主要是支持网络交友、网上冲浪、听音乐、看照片、观看流媒体、即时聊天、收发电子邮件、基本的网络游戏等。

上网本与尺寸更小的超便携个人移动设备(UMPC)和手持移动设备(MID)也有很大区别。UMPC 尺寸一般在 5.6～7 英寸之间,多具有旋转屏幕或触摸屏等功能,价格比上网本要高得多。而 MID 的尺寸比 UMPC 更小,更适合放在口袋中。

5.8 信息交互网

随着信息技术和通信技术迅猛发展,各种数据和计算机通信网络迅速崛起,一方面每个城市都有几种不同背景的电信、广播、电视、计算机网络和通信网络同时独立地、互不相干地为客户服务工作,而客户之间要想进行不同网际间的数据交换、访问却无法进行;另一方面对于 Internet、各种局域网、城域网的互联、访问虽然可以通过北京甚至美国的服务器实现,但是访问不仅要受出口带宽的限制,影响网络速度,而且由于距离远,造成费用大、资源浪费。为了解决这些问题,实现同城信息本地交换的目标,同城信息的交流和传输必须向交互式方向发展。

信息交互网的建立,有可能实现一个真正综合性的、宽带域、多功能,可以随时随地满足人们多角度、全方位需求的通信方式。

1. 信息交互网的交换中心

1) 信息交互网的构成

建立信息交互网的目的是要实现城市范围内的信息交换。交互网的结构由交换中心的局部高速网络和主干网络两部分组成。交换中心的局部高速网络提供高速大容量的数据交换平台,它通过骨干网按照统一标准和各应用系统的网络和大型数据库连接,提供数据交换服务。在此基础上,根据实际的需要和可能,逐步向全社会提供虚拟网络接入以及信息导航服务。

该网络工程的实现将解决各个计算机数据网络之间的互联。该网络建成后,将本地通信和外地通信(包括国际通信)区分开来,本地通信全部通过交换中心交换,在这个意义上,本地网络实现了互联。另一方面,各个网络结点原有的传送渠道,包括国际出口仍然保持不变,而且交换中心不干预、不影响原有网络系统的稳定性和安全性。

2) 交换中心的功能

交换中心是一个具有高速信息交换功能的局部网络,它的主要功能是实现高速数据交换,交换中心的功能将分两个阶段实现。第一阶段实现本地信息的互连互通,并进行部分监控管理。第二阶段再实现虚拟网络接入。

3) 第一阶段的基本功能

(1) 为全国四大具有国际出口的 Internet 在本市的结点,以及其他接入本交换网的专网、信息应用系统和其他 ISP(Internet 服务提供者)提供高速、可靠的数据交换连接。实现"同城信息,本地交换"。

（2）网络管理。对中心的高速局部网络及骨干网的各结点路由器实施监控、故障处理、业务统计、用户登记，远程路由管理与维护、安全管理和计费等，实现数据传输路径的有序管理。

（3）接入服务。交换中心提供对其他结点的接入服务，接入方式可通过各自的局域网接入，某些重要信息源亦可以主机方式接入。交换中心支持专线、无线等多种物理接入方式。

（4）其他服务信息交互网的信息导航。协助各单位制作主页，培训各级人才。

4）交换中心的技术框架和关键技术

为了实现交换中心最基本的功能——数据交换功能，交换中心最简单的结构只需一台路由器，然后在主干网的每一个接入端也配置一台路由器作为边界路由器，并在它们之间运行 BGP（边界网关协议）即能完成数据交换的功能。然而，为了交互网工作安全、可靠、便于维护，同时也便于功能的扩充，交换中心可以构建一个局域网，并且有高速交换能力，例如，可采用帧中继（FR）或 ATM 技术。为了做到这一点，需要增加帧中继或 ATM 模块。

作为一个地区性的信息交换中心，就是要在接入的各个网络之间进行可靠的、有效的信息交换；要具有高的性能以保证今后若干年内信息网络发展的需要；要保证各个有国际出口的互联网正常运行，从技术上确保它们的国际出口互相独立，不受影响；交换中心不对接入的网络运行的稳定性和安全性产生不良影响。

交换中心的运行必须符合 Internet 的有关标准，同时要简单易行，便于管理。

主路由器通过光缆和各结点的接入子网的边界路由器连接，并在其上运行边界路由协议 BGP4。并且只接受交换中心路由器提供的路由信息，同时该路由器根据多个网络的路由配置和国际出口情况，把路由信息传给其他路由器。此外，这个路由器还要完成 IP 包的过滤和传递工作，而所有的 IP 数据将在交换中心得到交换。

2. 信息交互网的主干网

信息交互网是地区性的信息交换平台，主干网是其核心，是为地区信息交换服务的。由于实际情况，目前还不可能完全利用公共传输网来建主干网。因此必须建设部分专线再利用部分公共传输网来建立主干网。主干网的结构可以采用星型网。星型网结构简单，容易建设，路由策略设置灵活，可充分发挥网络交换设备的能力。如果在某些主要结点之间再用专线连接，可增加主干网的备用路由或迂回路由，对提高主干网的可靠性与稳定性有好处。星型网必须在交换中心位置确定以后才能动工，总的来说建设成本可能会略高于环型网。

基于以上分析，从城市信息交互网目前实际的需要与可能，并考虑到信息系统工程发展带来的信息应用系统和信息资源的接入，宜选择星型网结构以便充分发挥网络技术的强大功能和大量信息网络接入后的复杂的通信要求，以及随着技术发展而带来的不断升级。

总之，信息交互网是面向全市的信息交换平台，是信息枢纽，建成信息交互网，就能使全市各个网络实现互联互通，达到信息共享。交互网是为全市所有的信息应用系统和 ISP 服务的，因此它的组织和运行应遵循以下原则：

① 中立性：即不属于任何特定的网络系统，其服务是非赢利的。

② 平等性：对符合要求的信息网络都应提供公平的，平等的接入服务。

③ 唯一性：交互网中心是全市唯一的本地信息交换中心，因此，该中心应由市政府或通过其下属部门直接管理。

按照上述基本原则，充分利用现有信息技术，以服务为宗旨，精心组织，加强管理，建好信息交互网是信息系统工程建设最重要的战略任务。

5.9 三 网 融 合

三网融合是指电信网、广播电视网、计算机网络在向宽带通信网、数字电视网、下一代互联网演进过程中，三大网络通过技术改造，其技术功能趋于一致，业务范围趋于相同，网络互联、资源共享，能为用户提供语音、数据和广播电视等多种服务。融合并不意味着三大网络的物理合一，而主要是指高层业务应用的融合。三网融合应用广泛，遍及智能交通、环境保护、政府工作、公共安全、平安家居等多个领域。以后的手机可以看电视、上网，电视可以打电话、上网，计算机也可以打电话、看电视。三者之间相互交叉，形成你中有我、我中有你的格局。

5.9.1 三网融合的起因

1. 常用的四种电子网络系统

目前，人们工作和生活中主要使用着四种独立的(基于不同通信传输协议)电子网络系统：电信网、广播电视网、计算机网和控制网。其中控制网又因为各种自动控制设备接口协议模式的不同，再分为视频监控网、消防网、考勤网、防盗报警网、周边安防网、停车场网、门禁网，以及各种建筑设备自动控制网等，特征各异，五花八门。在一个建筑物的弱电线槽内会有几条，甚至十几条网线，各种功能的子系统，各唱各的调(协议)，各走各的道(网线)。这种分散混乱的局面完全不符合可持续发展、节能环保的理念和要求，既造成了电子材料和能源等方面极大的浪费，又大大降低了系统的可靠性、稳定性和可维护性。

2. 模拟设备与数字设备的对比

不论哪种电子网络系统，它们都是由许多功能各异的电子设备构成的，尽管它们的用途、外形和内部结构千差万别，但就其物理量测量值的共同特性而言，可以归纳为两类，一类为模拟量，另一类为数字量。在各种各样的电子设备中，许多物理量既可以用模拟形式来表示，又可以用数字形式来表示。利用现代电子技术，可以实现模拟量和数字量之间的相互转换。A/D 是模数转换，把模拟量转换成数字量。D/A 是数模转换，把数字量转化成模拟量。

人们常用的电子网络系统有不少是采用模拟电路的设备或器件(如电视、电话等)，体积大，能耗高。模拟信号在长距离传输和多次加工、放大过程中信号电流的波形会改变，使信号失去一些信息，表现为声音、图像失真，严重时出现信号中断。

数字电路与模拟电路相比较，具有功耗低，信号稳定、功能更强大等优点。除此外，电子计算机内部采用二进制表示指令和数据，任何需要利用计算机进行采集、存储、运算、处理和传输的信息必须是数字量，即原本是模拟形式的数据必须转换数字形式，才能被计算机读取到。人们把将模拟信号转换为表示同样信息的数字信号的过程称之为数字化。数字化是信息化的基础,数字化进程直接关系到信息资源建设这个核心问题。没有数字化的支撑,信息化就会变成空中楼阁。目前,数字化技术正在引发一场范围广泛的产品革命,各种电器设备都将向数字化方向发展,如电视、电影、摄像机、电话等。电子设备数字化的优点主要有以下几方面:

① 稳定可靠:数字信号受外部杂波影响小,信号传送稳定性好、可靠性高、抗干扰能力强。

② 集成度高:数字设备使用大规模集成电路,集成度越来越高。

③ 价格便宜:数字设备器件和电路可微型化,适宜于大规模批量生产,成本低、可靠性高。

④ 节能环保:数字电路简单、微型化,功耗低,可降低耗电量。

⑤ 方便压缩:数字信号是多媒体技术的基础,易于进行压缩,适宜于图像处理。

⑥ 加密性好:数字信号形式简单,可以进行加密处理。

⑦ 维护简单:数字电路没有模拟电路里的各种调整,工作稳定,维护简单方便。

3. 控制网的数字化发展

随着可持续发展和节能环保的观念逐步深入人心,人们认识到电子模拟设备和系统数字化已经不仅仅是信息技术的应用和对传统产业的改造,而且还有信息技术本身和基于信息技术所包含、所带来的知识、技术、市场模式等的扩散和创新,以及由此而形成的电子信息行业的巨大变革和重组。四网融合是电子网络系统数字化发展的方向,其做法是将系统中所有的模拟设备数字化,以实现各种信息传输网络系统都能统一到计算机网络上。采用TCP/IP 协议实现四网融合,用户只与一个物理网络相联,就可以享用所有的资源或进行通信。

近年来,自动控制设备和网络的数字化发展很快,不论视频监控系统、智能一卡通系统、安防报警系统,还是各种建筑设备自动控制系统等,基本上都已经实现了模拟系统向数字系统的转变,设备可以直接接入到计算机网络(TCP/IP)中。以视频监控系统的发展为例,从20 世纪 90 年代开始,经历了 10 年左右的时间,由纯模拟系统发展到了全数字系统,新的数字式网络摄像机淘汰了模拟摄像机,视频图像通过 TCP/IP 网络(无线或有线)传输给视频服务器,图像数据的处理、显示、录像和共享都是围绕着视频服务器,通过 PC 客户端访问来进行的。

5.9.2 三网融合的发展

随着自动控制设备和网络数字化问题的基本解决,控制网基本上已经融合到计算机网络上了,四网融合实际上就变成了三网融合的问题,即原先独立设计运营的传统电信网、有线电视网和计算机网三网的相互融合。三网融合是我国信息化发展不容回避的重要课题,已经引起了我国领导人和电子信息产业界的高度重视。

三网融合包括技术融合、业务融合、行业融合、终端融合及网络融合等方面的问题,先易后难,目前更主要的是应用层次上互相使用统一的通信协议,采用 IP 优化宽带光纤网络,使三类不同的业务、市场和产业也相互渗透和相互融合,逐渐形成一个统一的网络系统,并以全数字化的网络设施来支持包括数据、话音和视像在内的所有业务的通信。

三网的融合的发展将有利于极大地减少基础建设投入,简化网络管理,降低维护成本,将使网络从各自独立的专业网络向综合性网络转变,网络性能得以提升,资源利用水平进一步提高。与此同时,三网融合不仅是将现有网络资源有效整合、互联互通,而且会形成新的服务和运营机制,并有利于信息产业结构的优化,以及政策法规的相应变革。三网融合以后,信息传播、内容和通信服务的方式会发生很大变化,企业应用、个人信息消费的具体形态也将会有质的变化。随着三网融合的加速推进,将为电子信息产业的发展提供潜在的市场空间,为衍生业务形态开拓丰富的创意空间,从而使企业得到更多的市场受益机会,使老百姓的信息交互应用更为廉价便利。

案 例 分 析

1. 案例一(选择题)

常用 4 层模型来描述 TCP/IP 体系结构。IP 是核心,位于第 2 层;第 3 层是传输层,包括两个主要的协议,其中(　1　)适合向视频应用提供服务,而(　2　)适合向文件传输应用提供服务。很多现存的网络协议都能够工作在第 1 层(最低层),包括(　3　)。如果第 1 层协议采用 802.3,则将设备的 IP 地址映射为 MAC 物理地址的协议是(　4　)。虽然不同的操作系统上可有不同的 WWW 浏览器,但是这些浏览器都符合(　5　)协议,该协议属于4 层模型的第 4 层。

(1) A. TCP 　　　　　B. UDP 　　　　　C. FTP 　　　　　D. TFTP
(2) A. TCP 　　　　　B. UDP 　　　　　C. FTP 　　　　　D. TFTP
(3) A. 以太网、FDDI、ATM,甚至 IP 本身都是允许的
　　 B. 以太网、FDDI、ATM 都是允许的,但是 IP 本身不允许
　　 C. 以太网、FDDI、ATM 都是允许的,但是无线网络协议不允许
　　 D. 以太网、FDDI 都是允许的,但是 ATM 不允许
(4) A. FTP 　　　　　B. TFTP 　　　　　C. ARP 　　　　　D. ICMP
(5) A. SNMP 　　　　B. SMTP 　　　　　C. HTML 　　　　D. HTTP

分析

常用 4 层模型来描述 TCP/IP 体系结构。在最低层可以有多种网络协议,包括 ATM、FDDI、802.3、802.11 等,甚至 IP 协议本身也可以工作在最低层,就是说,IP 数据包仍然可以继续由 IP 协议进行封装(如 IP 隧道)。这些网络协议由硬件(如网络适配器)和软件(如网络设备驱动程序)共同实现。第 2 层包含有一个网际协议(IP),是整个体系结构的核心。第 3 层包括两个主要的协议:传输控制协议(TCP)和用户数据报协议(UDP)。TCP 和UDP 为应用程序提供可选逻辑信道,TCP 提供可靠的字节流信道,UDP 提供不可靠的数据报(datagram)传送信道。第 4 层运行的应用协议包括 FTP(文件传输协议,使用 TCP 信道)、TFTP(小型文件传输协议,使用 UDP 信道)、HTTP(超文本传输协议,使用 TCP 信

道)、Telnet(远程登录协议)、SMTP(简单邮件传输协议)等。其中 HTTP 协议是 WWW 浏览器遵循的核心协议。假如最低层协议采用 802.3,即 TCP/IP 工作在以太网上,负责 IP 地址与设备的物理地址(MAC 地址)转换的协议是 ARP(地址解析协议)。另外需要注意的是,文件传输服务要求必须可靠(即出错后能够纠正),而视频服务不要求可靠传输(帧的偶发错误,不影响服务的质量)。

参考答案

(1) B   (2) A   (3) A   (4) C   (5) D

2. 案例二(选择题)

路由选择协议是 IP 网络实用化的关键,它决定了数据包从"源"传送到"目的地"的路径。IP 网络中最广泛使用的路由协议之一是(　1　)。能够实现路由选择功能的设备(　2　)。

(1) A. RIP   B. RUP   C. IPX   D. SPX

(2) A. 包括路由器和具有包转发功能的服务器

　　 B. 包括路由器和网络交换机

　　 C. 仅包括路由器

　　 D. 仅包括网关

分析

在 IP 网络中最广泛使用的路由协议之一就是路由选择信息协议(Routing Information Protocol,RIP),它是建造在距离向量算法基础之上的路由协议。RUP 是软件工程中的统一过程(Rational Unified Process)开发模式。IPX 和 SPX 是 Novell 公司开发的网络通信协议。

路由器能够实现路由转发功能,一些网络操作系统也能支持路由转发;而网关主要负责不同网络协议之间的转换。

参考答案

(1) A   (2) A

3. 案例三(问答题)

【说明】　虚拟局域网(VLAN)是一种将局域网设备从逻辑上划分成一个个网段,从而实现虚拟工作组的数据交换技术,主要应用于交换机中。

【问题】　通常 VLAN 有静态和动态两种划分方法,这两种划分方法分别是如何实现的? 各有什么特点?

分析和参考答案

(1) 在静态划分方法中,网络管理员将交换机端口静态地分配给某一个 VLAN,这是经常使用的一种配置方式。静态划分 VLAN 非常简单有效、安全、易监控管理,是一种通用的 VLAN 划分方法。几乎所有的交换机都支持这种方法。

(2) 在动态划分方法中,管理员必须先建立一个正确的 VLAN 管理数据库,例如输入要连接的网络设备的 MAC 地址及相应的 VLAN 号,这样,当网络设备接到交换机端口时,交换机自动把这个网络设备所连接的端口分配给相应的 VLAN。动态 VLAN 的配置可以基于网络设备的 MAC 地址、IP 地址、应用协议来实现。动态 VLAN 一般通过管理软件来进行管理。

动态划分 VLAN 的优点是在新增用户或用户移动时，可以减少配线间中的管理工作，但是数据库的建立和维护较复杂。此外，在使用基于 MAC 地址划分 VLAN 时，一个交换机端口有可能属于多个 VLAN，在一个端口上必须接收多个 VLAN 的广播信息，势必会造成端口的拥挤。基于第三层协议类型或地址划分 VLAN 的方法的优点是有利于组成基于应用的 VLAN。

习　　题

5.1　什么是计算机网络？计算机网络的类型有哪些？

5.2　论述 OSI 模型、TCP/IP 协议族、网络拓扑结构、网络带宽的定义及其相关内容。

5.3　论述局域网、城域网、广域网的基本结构和主要特点。

5.4　网络互联设备有哪些？它们用在什么地方，作用是什么？

5.5　什么是互联网？什么是 TCP/IP 协议？

5.6　论述域名的形式及其商业价值。

5.7　论述云计算、物联网和智慧地球定义及其特性。

5.8　什么是无线广域网、无线城域网、无线局域网、无线个人网和无线 Mesh？

5.9　简述信息交互网的构成、交换中心的功能和关键技术。

5.10　简述三网融合的起因，以及三网融合的发展。

第6章 企业信息化

主要内容

(1) 企业信息化的特征、重要性及信息化与工业化的关系；

(2) 企业信息数据标准化和企业信息化管理系统；

(3) 企业资源计划系统、决策支持系统和专家系统；

(4) 实验室信息管理系统和会计信息化；

(5) 计算机辅助设计和机器人技术。

6.1　企业信息化的基本概念

企业信息化是实施国民经济信息化战略的重要内容，也是国民经济信息化的重要基础。没有企业信息化，根本谈不上国民经济的信息化，所以企业信息化是当前我国信息化建设的重点。随着我国国民经济高速发展及经济体制的改革，市场化压力的逐渐增大，各行各业已经深切地体会到企业信息化的重要性，对信息化可以促进企业发展的认识有了很大提高，基本上达成了共识：企业信息化不仅可以提高企业经济效益、增强企业的市场竞争力，而且必将对国民经济信息化整体水平的提高和信息产业的发展产生重大而深远的影响。

6.1.1　企业信息化的定义与特征

1. 企业信息化的定义

企业信息化是企业利用现代信息技术，通过对信息资源的深化开发和广泛利用，不断提高生产、经营、管理、决策的效率和水平，实现企业现代化，提高企业经济效益和企业竞争力的过程。企业信息化实质是以企业业务流程改进为基础，将企业的生产过程、物料移动、事务处理、现金流动、营销策略、客户交互等业务过程数字化，通过信息网络加工，生成新的信息资源，及时为企业的运作和决策系统提供准确而有效的数据信息和决策参考，以便对市场需求做出迅速的反应，从而做出有利于生产要素组合优化、合理配置资源的行为决策，以使企业能适应瞬息万变的市场经济竞争环境，求得最大的经济效益。其本质是加强企业的"核心竞争力"。

从企业生产和经营管理过程来看，企业信息化包含了 4 个层次的内容：运作层、运作管理层、战术管理层和战略管理层。企业信息化是解决企业生产和管理中突出问题的有效措施，是促进企业高效生产、管理创新及体制创新的重要途径，是带动企业各项工作水平提升的重要突破口。

2. 企业信息化基础

从企业信息化的定义可以看出，企业信息化实质上是企业以现代信息技术为手段，以开发和利用信息资源为对象,以改造企业的生产、管理和营销等业务流程为主要内容,以提升企业的经济效益和竞争力为目标的动态发展过程。其具体作法主要包括将企业的生产过程、物料移动、事务处理、现金流动、客户交互等业务过程数字化,通过各种信息系统网络加工生成新的信息资源,提供给各层次的人们洞悉、观察各类动态业务中的一切信息,以使企业资源得到合理配置。

可见,企业信息化基础包括技术和管理两个方面。技术方面是指要建设完善的信息基础设施,在引进设备和推进信息化过程中,要考虑企业信息系统能否集成,能否实现体系与外界、系统与系统之间的兼容,能否实现资源共享、优化结构,而不会产生"信息孤岛"。所谓信息孤岛是指信息在企业各个部门之间无法顺畅流动,处于孤立状态。管理方面是指从企业战略和商业利益的角度出发,充分考虑使用信息技术对企业组织结构、业务流程和企业文化等进行现代化改造。三分技术,七分管理。在讨论企业信息化建设问题时,需要强调的是:企业信息化的基础是企业的管理和运行模式,而不是信息技术本身,其中的信息技术仅仅是企业信息化的实现手段。

3. 企业信息化特征

企业信息化的特征主要表现在以下几个方面:

① 发展性:企业信息化的概念是发展的,它随着管理理念、实现手段等因素的发展而发展。

② 系统性:企业的信息化建设是一个人机合一的有层次的系统工程,包括企业领导和员工理念的信息化;企业决策、组织管理信息化;企业经营手段信息化;设计、加工应用信息化。

③ 动态性:企业的信息化是一个动态发展过程,它随着企业的发展壮大、信息技术的快速发展和产品的更新换代,不断地改进、提高和逐步完善,永无止境。

④ 集成和共享性:企业建设信息化的关键点在于信息的集成和共享,即实现将关键的准确的数据及时的传输到相应的决策人的手中,为企业的运作决策提供数据。

4. 企业信息化的内涵

企业信息化是一项复杂的系统工程,它既涉及现代信息技术的应用,巨大的人力、物力和财力的投入,同时也涉及企业组织管理和企业业务流程的重组和再造。其作用和意义主要表现在能提高企业管理水平和决策科学性,降低采购和库存成本,提高生产率和客户服务水平,增强企业竞争力和增加利润等。其内涵主要包括以下几个方面:

① 信息技术的广泛应用:现代信息技术的发展和在企业中的广泛应用构成了企业信息化的一个显著特征。企业信息化建设的关键步骤是建立企业数据共享环境,包括企业生产,经营和管理活动的数据采集,加工和处理,以及以数据共享为中心的系统集成平台和综合应用数据库的建设。按照信息数据唯一化、规范化和统一化等标准要求,保证正常的信息传递及其有效的关联,达到企业系统资源共享,信息流通畅顺、快捷,以提高信息使用效率。

② 信息资源的开发利用:从作用对象看,企业信息化是企业对信息资源的组织、开发和利用。信息与资本、劳动和土地一样,是经济活动中一项重要的战略资源。有效开发、利

用信息资源已经成为企业信息化的中心内容,而且这一开发和利用是以现代信息技术为手段和工具,从而有别于传统的信息资源开发和利用方式。

③ 企业流程的优化改造:企业信息化是以提高企业生产、管理和决策的效率和水平为目的,因此,企业必须根据企业战略和内外部条件,合理构建企业的业务流程和管理流程,完善企业组织结构、管理制度等,而不能盲目投资于最先进的软硬件,以避免形成设备闲置和投资浪费。

④ 现代管理理念的形成:从企业自身来看,随着体制改革,市场化压力的逐渐增大,企业已经深切地体会到了信息化的重要性。认识到企业信息化建设是实现管理创新的重要途径,是解决当前企业管理中突出问题的有效措施,是形成现代管理理念、提高企业整体素质和增强企业市场竞争力的需要。

⑤ 动态发展过程:从演化过程看,企业信息化是一个不断提高和改善企业竞争力、效率和效益的动态发展过程。企业信息化不是一朝一夕所能完成的,而是随着技术的进步、企业的成长和组织管理的变化而不断演进和深化的过程,这一过程只有起点、没有终点。

⑥ 信息化人才的培养:企业信息化中所采用的模式或系统都是人机统一的,它需要既精通信息技术,也知晓管理知识的复合型人才。企业信息化系统开发者在实施硬件、软件安装调试的同时,要为企业培养熟练操作和具有一般维护知识的技术力量,其中包括各个岗位的熟练操作员、系统维护人员,以及熟悉本企业实际业务、具有相应文化知识的信息数据管理分析人员等。

6.1.2 企业信息化的重要性

在信息时代,以互联网技术为核心的电子商务的迅速发展,加快了全球经济一体化的进行,推动人类社会从过去的工业经济时代进入到电子商务时代。在当代信息经济环境下,经济全球化与网络化已经成为一种潮流,电子商务加快了世界经济结构的调整与重组。

1. 企业市场竞争格局的变化

追求利润最大化是企业经营的基本目标,由于全球经济一体化,企业参与国际市场竞争愈来愈普遍,传统产业的竞争日益激烈。信息作为一个重要的生产要素,已经同物质、能量一样成为企业基本的生产要素;信息流在企业生产管理和经济流通过程中处于中心地位,控制着物流、资金流和人才流。如今,市场风云瞬息万变,市场信息流的传播速度大大加快,谁能抢先一步获得信息、抢先一步做出响应,谁就能捷足先登,独占商机。信息化已经成为决定企业生死存亡的最重要的因素,大大加速了电子商务时代企业"适者存,逆者亡"的进程,以往"大鱼吃小鱼"的市场竞争格局,正逐步让位于"快鱼吃慢鱼"的市场竞争格局。

为了适应市场竞争格局的这种变化,企业借助于信息化的作用,其经营体制正在发生一系列的积极的变化,主要特征是行业变化越来越快,行业边界越来越模糊,信息产业成为主导产业,生产与服务越来越紧密,信息和信息技术广泛应用于企业生产和管理中。包括在管理中引入信息技术提高管理效率;在生产中引入信息技术,产生柔性生产,零库存,大规模定制;通过电子商务提高交易效率,降低交易成本等。

现举一例:2012年1月19日,影像产品巨头美国柯达公司宣布在纽约州申请破产保护。柯达胶卷曾是全球最成功的胶卷之一。1883 年柯达公司的创始人伊士曼发明胶卷，1888 年第一部柯达照相机上市，开启大众摄影新时代，柯达发明的胶卷为爱迪生发明电影摄像机创造了条件。柯达公司在 20 世纪 60 年代的地位相当于现在的苹果公司和谷歌公司。其成功神话延续百余年，到 1981 年，柯达公司的销售额冲破 100 亿美元。但是近年来，柯达公司在向数码设备转型阶段丧失了许多传统的胶片业务，竞争力不断下降，导致这家拥有百年历史的公司不得不决定出售旗下众多专利以维持现金流。破产文件显示，柯达公司登记资产 51 亿美元，负债 68 亿美元。

优胜劣汰是市场竞争法则。曾经红极一时的大公司柯达为什么会落到今天这个地步，在信息时代转型太慢被认为是重要因素。柯达曾经辉煌，拥有很强的实力（不论是资本、技术，还是市场），但是信息技术革命的冲击来袭，柯达转型得太慢了。事实上，柯达 1975 年就发明首部数码照相机，不过，因为柯达在胶卷市场上曾经太成功，以至于发明出了数码相机后，它也舍不得丢掉胶卷。由于担心数码业务可能冲击当时利润丰厚的胶卷业务，柯达把这种产品束之高阁。

柯达的竞争对手日本富士公司则不同，在 20 世纪 80 年代，随着信息技术的高速发展，富士公司看到数码成像技术正在给传统胶片产业敲响丧钟。在延续胶卷业务的同时，富士公司极力研发自己的数码相机产品，重点始终在民用相机领域，实现了从胶片向数字的成功转型。

在当今信息时代，像柯达这样的大公司，由于新经济的竞争而破产的不在少数，这说明新经济推动的结构性调整还在持续进行之中。这就警示人们：企业求大，更要求强。企业发展好比逆水行舟，不进即退。因此，在信息时代要高度重视企业信息化建设，广泛深入地应用信息技术，精心打造企业的核心竞争力。没有核心竞争力，再大的企业遇到历史性的技术革命也会一朝覆亡。

2. 市场决定企业存亡

市场竞争既是公正的，又是残酷无情的。据有关资料统计，美国每年申请注册企业达 75 万个，但 5 年之内真正生存下来的仅 5%，其中 95% 的企业则在竞争中关闭、被兼并或转产。这种现象，随着我国社会主义市场经济的建立，也已成为大家熟知的事实，现今我国每年有数以十万计的企业产生与消亡，就是证明。

由于全球经济一体化，企业参与国际市场竞争愈来愈普遍，传统产业的竞争日益激烈，向企业提出了集约化、低成本、高效率的要求；企业生产过程自动化的水平愈来愈高；管理决策定量化，多目标优化和多方案比较的要求愈来愈迫切；以及企业内部、外部信息量的激剧增长，对信息处理手段和方法现代化的要求亦越来越强烈，有力地促进了信息技术在企业中的应用迅速发展。

在当前激烈的市场竞争中，信息化不仅是决定企业存亡的重要因素，而且会改造企业体制，促使管理思想转变和理念更新。增强企业竞争力，推动企业发展。而没有信息化的企业就像停留在农耕时代一样，终将被历史淘汰。

3. 信息对企业运作的影响

企业运作过程客观上要求物流和信息流的同步化，即反映物流状态的信息要及时记录、反馈和控制。这个要求实际上是很难达到的,只能作为一种目标,努力使信息流与物流接近于同步。因为先有信息的记录、反馈和分析,然后采取相应的措施,对物流的进程加以控制,这中间的每一步都要花费一定时间。而在这一段时间内,物流是不能等待的,所以,信息流总是落后于物流,即所谓信息的滞后性。这样一方面要求物流与信息流同步化,另一方面信息流又具有滞后性这一特点,因此,产生了矛盾,解决这一矛盾的唯一的办法是提高管理效率,采用现代化的实时管理方法和手段,使信息流与物流接近于同步。

信息不仅要及时,而且要求能准确反映实际情况,有了可靠的原始数据,才能加工出正确的信息,才能使决策者做出正确的判断。如果信息不正确,所谓"假账真算",就不能对生产实践起到指导作用,反而会贻误时机。企业生产经营活动的各个环节是相互联系、相互制约的,反映这些活动环节的信息也有其严密的相关性。企业中的许多信息在不同的管理业务中都要使用,因此,企业中各处使用的同一信息应具有统一性(唯一性),这也是信息准确性的另一含义。

企业各级管理部门所要求的信息资源,在范围、内容、时限、详细程度和需要频率等方面都是各不相同的,因此,管理信息是否有效,还取决于是否适用。通过企业内部网络可以实现内部信息沟通、文件传递等一系列功能,从而大大提高了企业运作效益,降低了企业成本。

企业在经营发展过程中,除了内部运转管理外,还有大量外部业务活动,包括与客户、合作伙伴、甚至竞争对手的各式各样的业务往来。过去这些业务活动多半是通过电话、传真、信件等传统通信方式进行。今天,电子商务出现以后,这些业务活动开始转移到互联网上。企业将自己的业务放在互联网上。用户通过网络交易省去烦琐的文件往返,最终达到降低成本的目的,同时,还可通过网络接触到更多的销售渠道,加速采购流程。

4. 信息化对企业的作用

信息化对企业产生的影响和作用,表现在信息化为企业研发、生产、销售和服务过程提供了众多的支持,主要包括技术、资源、管理和市场等多个方面,为企业的快速发展营造了较好的内部、外部环境和技术供给系统,为企业发展提供众多机会。归纳起来,主要有以下几个方面:

(1) 信息化提升了信息在企业生产中日益重要的地位:信息已经作为一种极为重要的生产资源和社会资源,使企业对信息依赖的程度越来越高。

(2) 信息化促进企业内部组织结构的调整:企业在信息化过程中,可以改变传统金字塔形的企业组织结构,取而代之的是一个以精简化和扁平化为特征的新的管理模式,可以有效减少管理层次和中间环节,消除信息流通不畅的问题,加强管理的有效性和及时性。

(3) 信息化增强企业竞争的基础:成本是企业竞争的最坚实的基础,信息技术改变了企业成本结构,使企业可变成本大量地沉淀为固定成本,这种现象叫做信息技术转换成本效应。企业信息化不仅可以使生产成本相对收缩,而且可以大幅度削减企业管理成本,降低企业交易成本,从而提高企业成本优势。

(4) 信息化衍生竞争新领域:信息技术使企业可以用比以往都要低的进入成本进入相互独立的相关行业开展跨行业的竞争,从而在行业界限上扩大了竞争范围。信息技术使新业务在技术上成为可行,并使企业在全球范围内调整自身行动的能力增强,从而在更广的地理范围内产生竞争优势。

（5）信息化改变竞争方式：其方法主要是通过"时空压缩"和"时空放大"来实现的。互联网使地球变成"地球村"，这就是"时空压缩"的一个例子，"时空压缩"效应使企业信息交流变得直接且简单。信息技术的"时空放大"效应可以理解为互联网等新兴的信息技术给企业产品生产，销售服务和商务等方面提供更多的时空选择，减少了中间环节，扩大产品辐射范围。

（6）信息化成为一种整合资源和推动企业发展的力量：信息化促进了高科技在企业中的应用及规范企业的多层次全方位管理，提高了企业资源利用效率，促进了企业的整体效率及节约成本。

（7）信息化引发企业管理的革命：从企业各个部门正在发生管理流程的重组，引发了业务流程和电子商务等新的管理和运作体制，使企业实现电子商务模式，拓宽交流范围，缩短交流时间，丰富交流方式，以及维护企业与社会之间保持良好的关系，从而增强企业的市场竞争能力。

6.2　信息化带动工业化

2000 年中共中央十五届五中全会正式提出了"以信息化带动工业化，发挥后发优势，实现社会生产力的跨越式发展"，并由《2006—2020 年国家信息化发展战略》进一步明确，我国信息化发展的指导思想是"信息化带动工业化，工业化促进信息化"，虽然文字上作了一些变动，但基本思路没有大的变化，就是要实现"信息化带动工业化"这一战略任务。

1. 信息化带动工业化的概念

工业化是相对农业社会来说的，是指人类社会出现的以工业生产和城市生活占一个国家的主导地位的过程，即是机器大工业诞生以来经济结构的变动过程。而信息化是相对工业社会来说的，是信息技术的广泛应用过程，而且最先导致经济结构出现明显的变化。

信息化是建立在高度的工业化基础之上的。也就是说，西方发达国家上世纪中叶开始的信息化高潮，是建立在高度的工业化基础上的，是工业化和科技进步到一定程度的结果。当然信息化的发展，也会促进和改造工业化。目前，信息化和工业化正在处于相互促进、相互影响、相互融合中。但是人类发展的顺序并不一定是直线型的，在某些落后地区不必完全遵照"先工业化，后信息化"的既定技术发展路线，而是可以将两者结合起来，即新型工业化道路和有根基的新型信息化模式结合起来。社会跨越式发展，并不等于工业化可以直接被跨越。按照目前的社会发展，工业化在我国是不可逾越的。在人口众多、素质不高、社会发展多样化和多层次的情况下，要普遍进入信息社会，工业化是一个必须的过程，而不能被整体上跨越。实现社会跨越发展绝不是不要工业化，而是如何协调两者的发展，利用信息化带动工业化的快速发展。

2. 信息化、工业化与现代化三者的关系

实现工业化是我国现代化进程中艰巨的历史性任务。坚持以信息化带动工业化，以工业化促进信息化,走出一条科技含量高、经济效益好、资源消耗低、环境污染少、人力资源优势得到充分发挥的新型工业化路子。为了摆正和理顺信息化、工业化与现代化三者的关系,必须明确信息化带动工业化的目标。首先就是中国的现代化不能回避或者绕开工业化,对于像我国就业压力大、经济环境复杂、地域广阔和处在发展中的大国来说,没有强大的、坚实的工业基础,就难以确保整个经济体系的安全和健康;其次信息化已经是历史潮流,发展的必然趋势,忽视或绕开信息化来进行现代化,也是不现实的、危险的。那么要实现我国现代化,就必须处理好工业化与信息化的关系,其目标就是探索出中国新型工业化道路(见图6-1)。

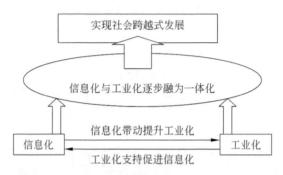

图 6-1　信息化与工业化的关系

信息化带动工业化既是一个普遍规律,也是我国的特色。从普遍规律上讲,信息化的发展,肯定能够影响和促进当地的工业化,即使在工业发达的国家和地区也是如此,工业化的标准也将因信息化的发展而改变;根据我国国情,信息化带动工业化具有极为重要的战略意义,它是在特定的历史阶段和历史条件下所做出的正确选择,是我国实现现代化的重要决策。具体说来,就是在一个发展中的大国这个特定的历史条件下,在全球经济一体化趋势更加明显和信息社会正在来临的历史阶段中,工业化和信息化这两个不同维度的社会进化过程同一个时期在我国重叠,而且需要两步并作一步走,既要搞信息化,还必须搞工业化,它们之间的关系就是由最先进的生产力带动次先进的生产力。

信息化带动工业化其核心是做好信息化,其成败关键是人的思想观念的改变,其主要着力点是要利用信息化来解决长期制约我国工业化发展过程中的种种问题;政府在信息化带动工业化过程要发挥积极和恰当的作用,但要认识到其作用非常关键又极为有限。

3. 信息化带动工业化的主要方式

1)加速经济模式转移

信息技术的推广与广泛应用正渗透到每一个工业生产领域,先进数字系统导致了众多产品和服务的生产方式从旧模式向新模式转移,各行各业所有的企业都在经历一场深刻的经营管理模式的重大变革。有越来越多的企业正在采取新模式来取代工业时代的"大生产模式"(或称为福特模式),特别是随着计算机容量不断扩大和运算速度急剧提高,先进数字技术的推广应用、使用成本的不断下降,以及网络的普遍应用,促使企业经济模式深刻地、越来越快地向先进的模式转移。

2）采用先进制造技术提高企业的竞争力

先进制造技术是指由于信息技术的使用而提供的先进的技术设备、手段和方法，其中包括信息技术及其相关技术的综合作用效果。先进制造技术将功能引入系统进行集成，通过自动化的过程取代原来的手工监测和控制功能，为生产更多不同性能的产品提供了潜在的可能性，并为产品、技术、工艺和流程的创新奠定了基础，从而能够使企业经营更加灵活、更加注重产品和服务的质量、更加关注消费者和用户的需求。实践证明，先进制造技术能使整个工业体系产生不断提高效益、降低成本和持续创新的动力。

3）信息技术促进先进技术的推广

信息化改造工业，不仅是对机器、技术和产品的改造，而且还需要对最具活力的生产要素——人进行改造。因为人的作用和组织方式是成功进行技术创新的关键因素。利用先进的信息技术和设备，如多媒体视听系统、网络远程教育等组织员工进行技术、业务和思想教育培训，可以提高员工的技术水平、业务能力、管理知识和职业道德水平。组织员工学习先进的信息技术，能改变员工的工作、学习和生活习惯，树立正确的科学观念，接受和掌握先进的技术设备和操作方法，从而促进先进技术推广应用、缩短生产周期、促进产品质量提高和节约成本。

4. 信息化带动工业化的实现途径

信息化带动工业化的实现途径主要包括以下 5 个方面：

（1）信息化引导工业化：信息化为工业化发展指明了方向，工业化必须在信息化的框架内进行。

（2）信息化促进工业化：信息化促进大量新的高科技产业和企业问世，促进工业化增长。

（3）信息化改造工业化：信息化可以改造原有的工业格局和企业的生产、管理和销售，以及资源配置，使整个工业领域的产业结构更为合理、提高效率，降低成本。

（4）信息化提升工业化：信息化带动技术创新，可以提升产业和企业的活力，提升产品的质量和服务能力，提升企业的效率、灵敏度和竞争力。

（5）信息化带旺市场需求：信息化建设需要大量的资源、设备和设施，并形成其他新的资源，因而信息化提升了市场消费需求，促进了市场创新、需求创新和服务创新，扩大了工业产品的市场容量和市场空间，带动了工业化的发展。

6.3　企业信息数据标准化

企业信息化建设的本质就是对信息资源的充分开发和利用，其中信息资源规范化和标准化工作是企业进行信息化建设最基础的工作，是企业信息化系统整体化和信息共享的基本保证，也是保证企业信息化成功最为关键的因素之一。

企业要应用计算机网络处理各项业务，被处理的信息数据必须标准化、规范化。没有标准化、规范化的数据，企业信息化建设再大的投资也将付诸东流，只有实现信息数据的统一和标准化，业务流程才能通畅流转；只有实现信息数据的有效积累，决策才能有据可循；只有信息数据准确,才能保证系统的完善。以往许多企业信息化系统的失败,在很大程度上是由于信息数据标准化工作的失误造成的,或者是根本就没有有效地进行信息数据标准化工作。

企业信息数据标准化体系的设计目标是规范、标准、可控、支持高效信息数据处理和深层信息数据分析的数据结构以及稳定、统一的信息数据应用体系及管理架构。

1. 企业信息数据标准化的原则

企业信息数据标准化体系建设中,一方面采用战略目标集转换法和关键成功因素法,自上而下分析企业数据类别;另一方面借助系统规划和业务流程优化思想,梳理部分业务流程,自下而上提取基础数据;进而,提取并识别概念数据库、逻辑数据库、数据类、数据元素,建立数据模型,遵循关系数据库规范设计数据库结构,最终实现信息的全面性和数据的规范性。企业基本数据必须遵守统一格式,遵循以下原则:

(1)唯一性原则:每一个数据元素的定义在整个企业范围内是完全一致的,不能存在二义性。尽管每一个数据元素在不同的系统中可能有不同的叫法和描述,但其编码、含义却只能有一个。

(2)规范性原则:数据标准要规范化,这样才能提高其稳定性和可靠性。

(3)稳定性原则:信息数据基本原则是遵循有关标准基础形成的,不可随意改动。

2. 业务流程标准化

企业的运作需要各个部门的协调来完成,这种协调应该有标准,这就是业务标准化流程。业务流程标准化工作的第一步是整合规范业务流程;第二步制定并贯彻各岗位职责和工作标准,建立完善的标准化体系,确保业务工作质量。通过清晰描述岗位和岗位之间的关系、业务和业务之间的协作关系、流程和流程之间的互动关系,清晰展现物流、资金流、信息流,为企业信息化建设提供全面准确的业务支持。

3. 数据编码

数据编码是建立企业信息的基础,要对企业的所有管理对象进行编码,并保证每一个管理对象的编码都是唯一的。计算机系统是严格按代码管理的,各种代码始终贯穿于所有信息中,如供应商在计算机中有供应商代码,合同有合同代码,商品有商品代码和商品条码,商品分类有商品分类码,人员有人员编码,部门有部门编码,而且这些代码同代码之间有很大的关联,因此在建立数据编码标准时要充分考虑这些因素,使代码同代码之间进行协调统一,在以后企业信息化管理系统的数据准备中,必须严格依据所制定代码进行按照标准化、规范化管理和执行。

编码的分类与取值是否科学和合理直接关系到信息处理、检索和传输的自动化水平和效率,信息编码是否规范和标准影响和决定了信息的交流与共享等性能。因此,编码必须遵循科学性、系统性、可扩展性、兼容性和综合性等基本原则,从系统工程的角度出发,把局部问题放在系统整体中考虑,达到全局优化效果。遵循国际和国家标准、行业和企业标准的原则,建立适合和满足本企业管理需要的信息编码体系和标准。

4. 信息指标体系标准化

信息指标体系是指一定范围内所有信息的标准,按其内在联系所组成的、科学的有机整体,它应具有目标性、集合性、可分解性、相关性、适应性和整体性等特征。在管理层次和管理部门众多的情况下,只有统一和规范指标体系,才能使各系统和各个层次开发和实施的信息系统能够实现数据和信息的兼容与共享。

5. 信息系统开发标准化

信息系统开发标准化是指在系统开发中遵守统一的系统设计规范、程序开发规范和项目管理规范。系统设计规范规定字段、数据库、程序和文档的命名规则和编制方法,应用程序界面的标准和风格等。程序开发规范对应用程序进行模块划分,对标准程序流程的编写、对象或变量命名、数据校验及出错处理等过程和方法做出规定。项目管理规范规定项目开发过程中各类问题的处理规范和修改规则,文档的编写维护,在信息系统开发过程中,必须遵守软件工程的设计规范,实现信息系统开发标准化。

6. 信息交换接口标准化

目前有许多企业使用的各种应用系统,大多是在不同的操作系统、数据库系统、程序设计语言、硬件平台和网络环境下开发与运行的,这些应用系统在开发时并没有考虑到企业数据的集成,造成企业内部数据比较散乱,容易出现数据不一致的现象。可以说信息系统的质量与接口的标准化密切相关,接口标准化已成为企业数据信息标准化的重要一环。信息交换接口标准化对信息系统内部和信息系统之间各种软件和硬件的接口与联系方式,以及信息系统输入和输出的格式制定规范和标准,包括网络的互联标准和通信协议、各种数据库的数据交换格式,不同信息系统之间数据的转换方式等。

企业信息化建设是一项长期的系统工程,信息数据标准化是企业信息化建设的基础性工作,是直接影响企业信息化成败的重要因素,只有管好数据,用好数据,保证数据的唯一性、完整性、准确性、及时性,才能使系统真正发挥出应有的作用。

6.4 企业信息化管理系统

企业信息化的目的,首先在于实现生产过程中的自动化,即通过信息技术对生产过程的设计、制造、测量和控制实现自动化。为此,企业需要采用计算机辅助设计(CAD)、计算机辅助制造(CAM)以及其他自动控制技术,来控制设计和生产过程,以减轻人们的劳动,提高产品的质量。企业信息化的另一目标是实现计划、财务、人事、物资、办公等方面的管理自动化,并通过网络使企业内部信息交流畅通、资源共享,监控物流的整个过程。

6.4.1 办公自动化系统

办公自动化系统(OS)是指办公室日常工作的自动化系统,其主要内容包括复印、传真、电话接听留言、文字处理、文件收发及归档、日程安排、会议管理、资料档案管理、办公用品管理、内部或网络信息发布、各种文件的起草、审批、签发和流转管理,以及各种办公业务的自动化、数字化管理等。在企业内部建立一套规范统一的办公自动化系统和计算机网络平台,可以实现企业信息资源共享、工作流程自动化和网上办公,包括企业各部门协同办公、电子邮件沟通、网上公文审批和自动流转、网络广告宣传等。

办公自动化系统极大地方便了企事业领导和各级管理人员、工作人员的管理和日常事务的处理工作。它不仅大大提高了每个工作人员的办公效率和办公质量,更重要的是可以实现大范围的群体协同工作、远程办公和移动办公,包括在地理空间上分布很广、很散,甚至分布在全国和全球各地的工作人员的协同工作,例如在全国或世界各地都有分支机构的大企业,都可以利用办公自动化系统和信息高速公路的优势实现远程协同办公。

6.4.2　企业管理信息系统

企业管理的核心问题是信息流控制物流和资金流。生产和销售过程是一个物流和资金流的投入产出过程,且是不可逆的过程。管理过程是通过分析企业的信息流程来把握市场和生产规律,促进企业发展的过程。

1. 管理信息系统的定义

管理信息系统(MIS)是以信息技术为基础,为日常业务操作、商务管理和决策提供信息支持的系统。其特点是最大限度地利用现代计算机及网络的通信技术加强信息管理,通过对企业拥有的人力、物力、设备、生产、财务、技术等资源的调查了解,收集相关信息,建立企业数据库,实现数据共享。其最终目的是对企业数据进行加工处理,编制成各种信息资料及时提供给企业管理人员,并将信息及时反馈给上层管理人员,使他们了解企业现状及目前迫切需要解决的问题,以便进行正确的决策,不断提高企业的管理水平和经济效益。

一个完整的 MIS 应包括:办公自动化系统、辅助决策系统(DSS),数据库,模型库,方法库,知识库和与上级机关及外界交换信息的接口。早期的 MIS 系统的核心是客户端/服务器(C/S)架构,后来为浏览器/服务器(B/S)架构所取代。C/S 架构依赖于专门的操作环境,操作者的活动空间受到极大限制;B/S 架构比起 C/S 架构有着很大的优越性,因为它不需要专门的操作环境,在任何地方,只要能上网,就能够操作 MIS 系统,充分体现了现代网络的特点。

MIS 一般强调的是数据管理,不涉及管理思想和资源重组问题,即将原来手工进行的数据管理工作,搬到计算机网络上进行。它可以按企业内的职能部门划分模块,其模块化特点明显,各模块业务关系不明显,相对独立,突出的特点就是高度自动化,本着简化具体工作的目的而开发,而且很大一部分 MIS 都是针对某一具体业务而开发。MIS 作为管理信息系统的代名词,不仅用于企业,而且还广泛应用于政府部门、事业单位、社区、学校、银行、医院、商场、酒店、交通运输、物业管理,以及个人的事务信息管理等。

随着科学技术的高速发展,MIS 涉及的范围还要扩大。任何地方只要有管理就必然有信息,如果形成系统就形成 MIS。虽然计算机软硬件设备并不是 MIS 的必要条件,但是计算机确实使 MIS 更有效,尤其是在现代信息社会,MIS 已经和电子信息设备不可分离。通常说的 MIS 属于计算机软件范畴。其研究的对象是信息,其结构主要由信息的采集、传递、储存、加工处理、使用和维护等几方面组成。

2. MIS 的特点

通常企业信息是指经过加工的、对决策者有价值的数据。信息来源于生产第一线、社会环境、市场、行政管理等部门,来源分散,数量庞大,并具有时间性,其加工方式有多种形式。MIS 的开发必须具有一定的现代科学管理工作基础。只有在合理的管理体制、完善的规章制度、稳定的生产秩序、科学的管理方法和准确的原始数据的基础上,才能进行 MIS 的开发。因此,为适应 MIS 的开发需求,企业管理工作必须逐步完善,其中包括管理工作的程序化,各部门都有相应的作业流程;管理业务的标准化,各部门都有相应的作业规范;报表文件的统一化,固定的内容和格式;以及数据资料的完善化和代码化。

完善的 MIS 具有以下特点:

① 有确定的信息需求。

② 信息是可采集与可加工的。

③ 可以通过程序为管理人员提供有效信息。

④ 可以对信息进行管理。

⑤ 通过 MIS 实现信息增值,用数学模型统计分析数据,实现辅助决策。

⑥ MIS 有生命期,并在不断发展变化。

3. MIS 的作用

使用 MIS 的目的是对企业信息流进行掌握和控制,提高信息反馈的速度和质量。它基本上可以游离于物资流、资金流的日常运作之外,不涉及业务流程的变动。

MIS 的作用主要表现在以下几方面:

① 辅助分析:对于企业的生产经营活动进行决策,需要各种生产经营数据作为依据。采用人工数据处理方式,带有一定的盲目性,会造成大量的浪费。而通过计算机系统将数据组织起来,可以随时提供各种所需的数据,能保证决策的准确、及时。

② 规范化管理:企业中的许多数据如果不采用计算机管理,其采集的时间、格式以及计算方式等有非常大的随意性,不便于审核,容易引起混乱、错误。计算机系统为数据处理提供明确的尺度,使之标准化、规范化。

③ 减少重复劳动、节省人力:系统可以处理大量的重复计算,减轻人的劳动强度,更重要的是输入数据以后,所有的处理都由计算机系统来完成,免去人工方式下数据的重复输入和许多中间处理环节,提高了信息的及时性、准确性、精度和可靠性。

6.4.3 企业资源计划系统

1. ERP 的由来

20 世纪 60 年代,随着经济增长的减缓和市场竞争的加剧,为库存而生产的生产方式使得企业背上了沉重的积压包袱。1965 年,针对当时企业出现的供应滞后、交货不及时等问题,APICS(美国生产与库存管理协会)提出了物料需求计划(MRP)的概念。通过 MRP 管理软件的信息集成系统,企业对生产制造过程中的"销、产、供"等实现了信息集成,使得企业在库存管理上进行有效的计划和控制,发展了生产能力需求计划、车间作业计划以及采购作业计划理论。

20世纪80年代,在MRP的基础上将业务数据同财务数据进行集成,同时将"即时"的运营模式和MRP的计划模式进行了整合,从而产生了制造资源计划(MRPⅡ)的概念及其相应的软件。MRPⅡ把企业作为一个有机整体,从整体最优的角度出发,通过运用科学方法对企业各种制造资源和产、供、销、财各个环节进行有效地计划、组织和控制,使它们得以协调发展,并充分发挥作用。把制造企业归类为不同的生产方式如重复制造、批量生产、按订单生产等来管理,每一种生产方式类型都对应一套管理标准。

20世纪90年代,以计算机和网络技术为代表的新经济开始起飞,以及全球经济一体化加速发展,市场呈现出个性化和多元化的需求变化。企业在生产和运行过程中,已经不能单纯靠扩大规模来降低成本和增加利润,相反,一些规模虽小但信息灵通、反应敏捷、供货及时的企业表现出了勃勃生机,"大鱼吃小鱼"变成了"快鱼吃慢鱼"。

企业为了应对激烈的市场竞争和适应市场需求的变化,过去单一的生产模式变成了混合型的生产模式,MRPⅡ在应对这些复杂和多变的混合生产时,已经无法准确地适应企业的管理需要了。并且,由于MRPⅡ是通过对计划的及时滚动来控制整个生产过程,相比起互联网显得即时性较差,只能实现事后控制。同时,企业越来越强调利润控制的作用,因此简单的财务数据和生产数据的集成,已经无法满足管理控制的要求。

在这样的大背景下ERP应运而生,并逐渐取代了MRPⅡ,成为主流的企业管理软件。ERP与全球化的买方市场环境相适应,在MRPⅡ的基础上,加入了分销和人力资源等条件,以及与企业资源获取和利用相关的管理内容,使得企业的管理核心从"在正确的时间制造和销售正确的产品",转移到了"在最佳的时间和地点,获得企业的最大利润"。ERP将许多先进的管理,如敏捷制造、精益生产、并行工程、供应链管理、全面质量管理等体现在软件系统中,成为崭新的现代企业的管理手段。

2. ERP 的定义

ERP是一种基于供应链管理思想的企业管理系统。它利用信息技术的最新成果,实现企业内部资源的共享和协同,根据市场和客户需求对企业内部及其供应链上各环节的资源进行全面规划、统筹安排和严格控制,以保证人、财、物、信息等各类资源得到充分合理的应用,从而达到提高生产效率、降低成本、满足顾客需求、增强企业竞争力的目的。但实际上,目前大多数ERP系统主要用于企业内部流程的优化,帮助企业实现内部资金流、物流与信息流一体化管理。其定义可用以下公式表示:

$$ERP = 管理 + 信息技术(IT)$$

从公式可看出:首先,ERP是一个软件产品,但它不只是一个软件系统,而是一个集组织模型、企业规范和信息技术、实施方法为一体的综合管理应用体系。ERP是管理与信息技术完美结合的产物,信息技术只是ERP的表现形式和技术支撑,其真正的核心是先进的"管理思想"。

3. ERP 的功能结构

一个优秀的 ERP 软件产品,除了具备先进的管理思想以外,软件本身的技术设计和架构是整个 ERP 的基础。由于企业管理涉及的领域非常广阔,需要实现的管理目标很多,相应的 ERP 系统的结构设计也是一个非常复杂的系统工程,要充分考虑企业的复杂应用环境,采用模块化的软件设计思想。用户可以根据自己的实际状况有针对性地选择不同的应用模块,也可以选择不同供应商的产品,而 ERP 应该具有良好的开放性,便于厂商引入第三方软件或后续开发。通常 ERP 主要包括以下四方面的内容:

(1) 财务管理模块:企业中,清晰分明的财务管理是极其重要的。ERP 中的财务模块与一般的财务软件不同,作为 ERP 系统中的一部分,包括会计核算和财务管理两个主要子模块,它们和系统的其他模块有相应的接口,能够相互集成,例如,它可将由生产活动、采购活动输入的信息自动计入财务模块生成总账、会计报表,取消了输入凭证烦琐的过程,替代以往传统的手工操作。

(2) 生产控制管理模块:生产控制管理是一个以计划为导向的先进的生产管理方法,包括生产计划、物料需求计划,能力需求计划,以及生产控制和制造标准等子模块。首先企业确定它的总生产计划,根据预测和客户订单的输入来安排将来各时期中提供的产品种类和数量,再经过系统层层细分后,下达到各部门去执行。各个原本分散的生产流程实现自动连接,使得生产流程能够前后连贯地进行,而不会出现生产脱节,耽误生产交货时间。

(3) 物流管理模块:现代企业的竞争已经不是单一企业之间的竞争,而是企业供应链之间的竞争。企业不但要依靠自己的资源,还必须把经营过程中的有关各方,如供应商、制造工厂、分销网络、客户等纳入一个紧密的供应链中,才能在市场上获得竞争优势。ERP 的物流管理模块正是适应了这一市场竞争的需要,包括销售和分销管理、采购管理、库存管理等子模块,实现了对整个企业供应链的管理。

(4) 人力资源管理模块:ERP 在加入人力资源管理模块以后,使人力资源管理的功能真正扩展到了全方位企业管理范畴。人力资源管理的功能范围从单一的工资核算、人事管理,发展到可为企业决策提供帮助的全方位解决方案,包括人力资源规划、员工考核、劳动力安排、时间管理、招聘管理、员工薪资核算、培训计划、差旅管理等。并同 ERP 中的财务管理、生产管理和物流管理子系统组成高效的、具有高度集成性的企业资源系统。

4. ERP 的发展趋势

目前,企业对 ERP 的流程以及外部的因素提出了更多、更高的要求,其发展趋势表现在以下几方面:

1) 强调协同商务的应用

随着信息技术的高速发展,企业从过去主要强调内部运作转向企业之间的外部协作,即协同商务,它是企业与电子商务(Electronic Commerce,EC)之间一种新的运作模式。它将企业的关键业务流程管理融入到客户关系管理、供应链管理、财务及人力资源管理等应用中,构成一个强大而全面的电子商务平台。通过一体化和协同化的运作方式,企业可以提高销售预测和生产计划能力,降低生产成本和增加收入,增加灵活性来适应市场的不断变化。

2) 以供应链管理为核心

ERP 把客户需求和企业内部的生产活动以及供应商的制造资源整合在一起,形成一个完整的供应链,并对供应链上的所有环节进行有效管理,这样就形成了以供应链为核心的管理系统。供应链管理(SCM)是指围绕核心企业,主要通过信息手段,对供应各个环节中的各种物料、资金、信息等资源进行计划、调度、调配、控制与利用,形成用户、零售商、分销商、制造商、采购供应商的全部供应过程的功能整体。

ERP 着重于企业内部的流程优化,强调企业管理的纵向化。SCM 着眼于和企业发生关系的上游或下游的合作伙伴,强调企业管理的横向化。SCM 强调从供应链的整体角度出发,并不过多地考虑在企业内部进行制造的某个环节上工序是否合理,时间是否可控,库存是否正常,而是考虑商品在一家企业传递到另一企业的时候如何实现了"链条上的增值"。供应链跨越了部门与企业,形成了以产品或服务为核心的业务流程。SCM 从整个市场竞争与社会需求出发,实现了社会资源的重组与业务的重组,大大改善了社会经济活动中物流与信息流运转的效率和有效性,消除了中间冗余的环节,减少了浪费,避免了延误。因此以SCM 为核心的 ERP 系统,适应了企业在知识经济时代、市场竞争激烈环境中生存与发展的需要,给企业带来了显著的利益。

3) 加强客户关系管理

在以客户为中心的市场经济时代,企业关注焦点逐渐由过去关注产品转移到关注客户上来。由于需要将更多的注意力集中到客户身上,客户关系管理(CRM)就是要通过对企业与客户间发生的各种关系进行全面管理,以赢得新客户,巩固并保留既有客户,增进客户利润贡献度。目前 CRM 已经将管理的对象延伸出直接客户的范畴,包括了企业的代理、媒体合作者、供应商、员工等。虽然 ERP 包含销售管理模块,但只是对销售过程(如销售计划、销售订单、销售催款)的管理。而 CRM 强化了对客户的管理,视客户为最重要的资源之一,对企业与客户发生的各种关系进行全面管理,通过记录客户与企业的交往和交易,并将有可能改变客户购买行为的信息加以整理和分析,同时进行商业情报分析,了解竞争对手、市场和行业动态。

ERP 在以供应链为核心的管理基础上,增加了客户关系管理(CRM)后,将着重解决企业业务活动的自动化和流程改进,CRM 能帮助企业最大限度地利用以客户为中心的资源(包括人力资源、有形和无形资产),并将这些资源集中应用于现有客户和潜在客户身上。其目标是通过缩短销售期和降低销售成本,通过寻求扩展业务所需的新市场和新渠道,并通过改进客户价值、客户满意度、盈利能力以及客户的忠诚度等方面来改善企业的管理。

4) 充分利用 Internet 技术

就软件结构而言,ERP 必须能够适应 Internet,可以支持跨平台、多组织的应用,并和电子商务的应用具有广泛的数据、业务逻辑接口。ERP 将充分利用 Internet 技术及信息集成技术,将供应链管理、客户关系管理、企业办公自动化等功能全面集成优化,资源整合,以支持产品协同商务等企业经营管理模式。网络时代的 ERP 将使企业适应全球化竞争所引起的管理模式的变革,它采用最新的信息技术,呈现出数字化、网络化、集成化、智能化、柔性化、行业化和本地化的特点。

5. OA、MIS 和 ERP 特点的比较

OA 处理的是工作流程，也就是对工作流的优化，重点是对公文流程的管理。它将原来用手工进行的文件、文档、审批等工作，搬到计算机网络上进行，借此提高企业内信息流通的速度。

MIS 是对企业信息流的掌握和控制，基本上不涉及物资流、资金流的日常运作，也不涉及业务流程的变动。它将原来手工进行的数据管理工作，搬到计算机网络上进行。

ERP 是对业务流程的优化与固化，主要是强化对企业物流、资金流的控制，包括对企业拥有的各种资源的系统整合。它运用现代管理思想，根据计算机网络和信息技术的特点，对企业的管理模型重新设计，然后再使之与信息技术相结合。主要定位于企业的运作流程，资源合理分配等。ERP 同时可以集成其他平行系统，如 SCM 系统、CRM 系统、决策支持系统(Decision Support System，DSS)、电子商务(EC)和其他管理信息系统等。

实际上，从企业信息化的角度来看，不论是 OA、MIS，还是 ERP、SCM、CRM、DSS、EC等，虽然它们的定义和内涵有所不同，然而其本质基本相同，即它们都是企业信息化中一个以信息技术为核心的管理系统。与 MIS 相比较，ERP 有一个显著特征，它是按流程而不是按部门来划分模块的。因为 ERP 实施的目的是对企业内的物质流、资金流、工作流进行最优控制，它理所当然地包括了对信息流的全面、动态和实时的掌握和控制。根据企业状态信息和外部的环境信息，再加上 ERP 系统本身的科学理论(如存储、决策、平衡等)，从系统的、全局的观点出发，把最优化的采购、销售、生产调度计划及其现状，以及人员、设备资源和资金需求、具体的实施方案等，全面地提供给企业各级管理人员。显然，这是事关企业生存发展的根本大计，不是某个部门的信息所能决策的。可见 MIS 相对于 ERP 而言，其全局性差的多，所以大多数企业的 ERP 都涵盖了 MIS 模块，并包含 OA 在内。

6.4.4 决策支持系统

1. 决策的基本概念

决策是对未来行为的方向、目标、原则和方法所做的决定，即是决定行动的策略。由于全球经济一体化的进程以及信息技术的飞速发展，消除了许多流通壁垒，现代企业面临着比以往任何时候都更为复杂的生存环境，激烈竞争的压力对企业制定决策的质量、速度都有更高要求，决策的整体质量对企业的成败有重大影响，因此可以说决策是现代企业管理的核心，其他所有的管理活动都是围绕着决策进行的。

1) 决策的分类

(1) 结构化决策：对某一决策过程的环境及规则，能用确定的模型或语言描述，以适当的算法产生决策方案，并能从多种方案中选择最优解的决策。

(2) 非结构化决策：决策过程复杂，不可能用确定的模型和语言来描述其决策过程，更无所谓最优解的决策。

(3) 半结构化决策：介于结构化决策和非结构化决策二者之间的决策，这类决策可以建立适当的算法产生决策方案，使决策方案中得到较优的解。

非结构化和半结构化决策一般用于一个组织的中、高管理层,其决策者一方面需要根据经验进行分析判断,另一方面也需要借助计算机为决策提供各种辅助信息,及时做出正确有效的决策。

2）决策的过程

决策的过程一般分为以下几个步骤:

（1）发现问题并形成决策目标,包括建立决策模型、拟定方案和确定效果度量等。

（2）用概率定量地描述每个方案所产生的各种结局的可能性。

（3）决策者对各种结局进行定量评价,一般用效用值来定量表示。效用值是决策者根据个人才能、经验、风格以及所处环境条件等因素,对各种结局的价值所作的定量估计。

（4）通过综合分析各方面信息,最后决定方案的取舍,有时还要对方案作灵敏度分析,研究原始数据发生变化时对最优解的影响,决定对方案有较大影响的参量范围。

（5）决策往往不可能一次完成,而是一个迭代过程。

决策可以借助于计算机决策支持系统来完成,即用计算机来辅助确定目标、拟定方案、分析评价及模拟验证等工作。

2. 决策支持系统的基本结构

决策支持系统(DSS)是指计算机辅助决策者进行半结构化或非结构化决策的软件应用系统。它是 MIS 向更高一级发展而产生的先进信息管理系统,能为决策者提供分析问题库、建立模型、模拟决策过程和方案的环境,调用各种信息资源和分析工具,帮助决策者提高决策水平和质量。DSS 的概念是 20 世纪 70 年代提出的,并且在 80 年代得到很大发展。决策支持系统基本结构主要由 4 个部分组成,即数据库系统、决策模型库、推理部分和人机交互部分(见图 6-2)。

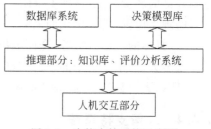

图 6-2　决策支持系统示意图

3. 决策支持系统的主要应用

DSS 能够为企业提供各种决策信息以及许多商业问题的解决方案,从而减轻了企业管理者从事低层次信息处理和分析的负担,使他们可以专注于最需要决策智慧和经验的工作,因此提高了决策的质量和效率。

1）销售支持

应用 DSS 能够分析和评价企业产品的销售业绩,以确定产品成功或失败的因素,并利用全公司的销售数据进行决策,以改进企业产品质量、销售方式和促销手段等。

2）客户分析和市场研究

应用 DSS 可以统计分析每天收集的交易数据,以确定各种类型客户的消费模式,然后采取相应的营销措施,从而实现最大的利润。市场研究包括利用预测模型分析得出每种产品的增长模式,分析客户满意度,研究市场规模和潜在规模,以及企业品牌和形象的研究等。

3）财务分析

应用 DSS 可以按年、月、日进行实际费用和预算的比较,审查过去现金流的趋势,并预测未来的现金需求量,编制复杂项目的预算计划和成本分摊,整合各分支机构的财务数据,形成正确、一致的财务报表。

4）运筹和战略计划

应用 DSS 可以制订企业生产计划,研究分支网点的设立,以及协助制定大规模资本投资计划,并计算投资风险。

5）企业组织分析

应用 DSS 可以对企业组织结构进行战略性分析,包括行业因素、环境因素和组织因素。

4. 决策支持系统的发展

1）智能决策支持系统

20 世纪 90 年代初,决策支持系统开始与专家系统(ES)相结合,形成智能决策支持系统(Intelligent Decision Support System,IDSS)。智能决策支持系统充分发挥了专家系统以知识推理形式解决定性分析问题的特点,又发挥了决策支持系统以模型计算为核心的解决定量分析问题的特点,充分做到了定性分析和定量分析的有机结合,使得解决问题的能力和范围得到了一个大的发展。智能决策支持系统是决策支持系统发展的一个新阶段,在 DSS 系统中加入规则库(RB),用以存储既不能用数据表示,也不能通过模型描述的专门知识和历史经验,为决策提供重要的参考和依据。

2）综合决策支持系统

20 世纪 90 年代中期出现了数据仓库(DW)、联机分析处理(OLAP)和数据挖掘(DM)新技术,DW＋OLAP＋DM 逐渐形成新决策支持系统的概念,由此,将智能决策支持系统(IDSS)称为传统决策支持系统。新决策支持系统的特点是从数据中获取辅助决策信息和知识,完全不同于传统决策支持系统用模型和知识辅助决策。传统决策支持系统和新决策支持系统是两种不同的辅助决策方式,两者不能相互代替,而应该是互相结合。

将传统系统和新系统二者结合起来,即把数据仓库、联机分析处理、数据挖掘、模型库、数据库、知识库和规则库结合起来形成的更高级形式的决策支持系统,称为综合决策支持系统(Synthetic Decision Support System,SDSS)。SDSS 发挥了传统决策支持系统和新决策支持系统的辅助决策优势,实现更有效的辅助决策。

3）决策支持系统的发展方向

由于 Internet 的普及,网络环境下的决策支持系统将以新的结构形式出现。决策支持系统的决策资源,如数据资源、模型资源、知识资源等,将作为共享资源,以服务器的形式在网络上提供并发共享服务,为决策支持系统开辟一条新路。知识管理系统强调知识共享,计算机网络平台强调资源共享,网络环境下的综合决策支持系统是今后的发展方向。

6.4.5　专家系统

1. 专家系统的基本概念

专家系统(Expert System,ES)是一种模拟人类专家解决某个领域问题的计算机程序系统,其内部包含有大量的某个领域专家水平的知识与经验,能够利用人类专家的知识和解决问题的方法来处理该领域问题。换言之,专家系统是一个具有大量的专门知识与经验的程序系统,它应用人工智能技术和计算机技术,根据某领域一个或多个专家提供的知识和经验,进行推理和判断,模拟人类专家的决策过程,以便解决那些需要人类专家处理的复杂问题。

自 1965 年世界上出现第一个推断化学分子结构的专家系统,至今已有 40 多年历史。随着专家系统的理论和技术不断进步,其应用已经渗透到了人类社会的各个领域,化学、数学、物理、生物、医学、农业、气象、地质勘探、军事、工程技术、法律、商业、空间技术、自动控制、计算机设计和制造等众多领域出现了几千个的专家系统,其中不少在功能上已达到,甚至超过同领域中人类专家的水平,并在实际应用中产生了巨大的经济效益。

2. 专家系统的发展

专家系统的发展可以划分为 4 个阶段:

(1) 第一代专家系统以高度专业化、求解专门问题的能力强为特点。但在体系结构的完整性、可移植性等方面存在缺陷,求解问题的能力弱。

(2) 第二代专家系统属单学科专业型、应用型系统,其体系结构较完整,移植性方面也有所改善,而且在系统的人机接口、解释机制、知识获取技术、不确定推理技术、增强专家系统的知识表示和推理方法的启发性、通用性等方面都有所改进。

(3) 第三代专家系统属多学科综合型系统,采用多种人工智能语言,综合采用各种知识表示方法和多种推理机制及控制策略,并开始运用各种知识工程语言、骨架系统及专家系统开发工具和环境来研制大型综合专家系统。

(4) 第四代专家系统是在总结前三代专家系统的设计方法和实现技术的基础上,开始采用大型多专家协作系统、多种知识表示、综合知识库、自组织解题机制、多学科协同解题与并行推理、专家系统工具与环境、人工神经网络知识获取及学习机制等最新人工智能技术来实现具有多知识库、多主体方案。

3. 专家系统的体系结构

专家系统与传统的计算机程序系统有着完全不同的体系结构,通常它由知识库、推理机、综合数据库、知识获取机制、解释机制和人机接口等几个基本的、独立的部分所组成,其中尤以知识库与推理机相互分离而别具特色(见图 6-3)。专家系统的体系结构随专家系统的类型、功能和规模的不同,而有所差异。

早期的专家系统采用通用的程序设计语言(如 FORTRAN、Pascal、BASIC 等)和人工智能语言(如 LISP、Prolog、Smalltalk 等),通过人工智能专家与领域专家的合作,直接编程来实现的。其研制周期长,难度大,但灵活实用,至今尚为人工智能专家所使用。大部分专家系统研制工作已采用专家系统开发环境或专家系统开发工具来实现,各领域专家可以选用合适的工具开发自己的专家系统,大大缩短了专家系统的研制周期,从而为专家系统在各领域的广泛应用提供条件。

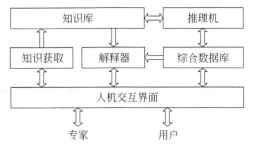

图 6-3　专家系统结构示意图

4. 专家系统的发展趋势

1）通用性专家系统

专家系统的开发是需要相关领域专家和知识工程师共同努力的,而相关领域专家绝大多数只对自己领域范围的知识了解,这就导致所开发的专家系统只适用于某一特定问题领域。通用性专家系统集成多种模型的专家系统,根据用户的需要,可以选择其中的任何一种或多种,形成某一类型的专家系统,从而提高了专家系统的准确率和效率。

2）分布式专家系统

分布式专家系统具有分布处理的特征,其主要目的在于把一个专家系统的功能经分解后,分散到多个处理器上去并行工作,从而在整体上提高系统的处理效率。利用 Internet 建立远程分布式专家系统可以实现异地多专家对同一对象进行控制或诊断,极大提高了准确率和效率。

3）协同式专家系统

协同式专家系统是能综合若干相关领域多个方面的单一专家系统互相协作,共同解决一个更广领域问题的专家系统。系统将总任务合理地分解为几个分任务,分别由几个分专家系统来完成。通过多个专家系统协同合作,各专家系统间可以互相通信,一个或多个专家系统的输出可能成为另一个专家系统的输入,有些专家系统的输出还可以作为反馈信息输入到自身或其他系统中去,经过迭代求得某种“稳定”状态。把解决各个分任务所需要知识的公共部分提炼出来形成一个公共知识库,供各子专家系统共享。而分专家系统中专用的知识,则存放在各自的专用知识库中。

4）分布协同式专家系统

将分布式专家系统与协同式专家系统相结合,在逻辑上或物理上分布在不同处理结点上的若干专家系统协同求解问题。现实中有很多复杂的任务需要一个群体(多位专家)来协同解决问题,当单个专家系统难于有效地求解问题时,使用分布协同式专家系统求解是一个有效的途径。

6.4.6　实验室信息管理系统

1. 实验室信息管理系统的定义

实验室信息管理系统(LIMS)集现代化管理思想与计算机的海量数据处理、存储技术、宽带传输网络技术、自动化仪器分析技术为一体,用于实验室信息管理和控制。

LIMS 有着和 ERP、MIS 之类企业管理软件的共性,如它是通过现代管理模式与计算机管理信息系统支持企业合理、系统地管理经营与生产,最大限度地发挥现有设备、资源、人、技术的作用,最大限度地产生经济效益。但是 LIMS 也有自己鲜明的个性。ERP、MIS 之类的企业管理软件则没有相应的标准可以执行,这就使得不同用户的 ERP、MIS 之间可以存在巨大的差异。但是作为实验室的管理软件,它是有标准可以遵循的。1999 年国际标准化组织和国际电工委员会发布了 ISO/IEC 17025—1999《检测和校准实验室能力的通用要求》标准。符合该标准的检测和校准实验室,其运作也符合 ISO 9001 或 ISO 9002。我国已将该标准等同转化为 GB/T 15481—2000,并由国家质量技术监督局于 2000 年 12 月 27 日颁布,2001 年 9 月 1 日实施。

LIMS 技术应用比较广泛,适用于各行业的分析测试实验室,作为成熟的产品在许多国家已经得到了广泛的推广与应用,适用于制药、石油、化工、环保、供水、医疗、卫生、采矿、冶金、检疫、海关、烟草、酿酒、饮料、食品、商检、电力、机械制造、计量校准,以及教育和科研单位等各行业的分析测试实验室。在现代企业中,LIMS 已成为生产过程质量控制与管理,企业经营销售活动不可缺少的重要组成部分。从进厂原料质量把关、中间产品监控、成品检验判定,到售后质量异议处理,分析检测起着企业眼睛的作用。

2. LIMS 的基本功能

LIMS 将实验室的分析仪器通过计算机网络连起来,实现以实验室为核心的整体环境全方位管理。其核心是规范样品分析的工作流程,对样品分析的每一个环节进行监控和管理,减少由于人为因素造成的分析误差;提高样品分析质量和人员工作效率,帮助实验室建立起一套完善的质量保证体系,对影响实验室质量的要素进行有效地控制,并严格规范实验室的操作规程。

(1) 实验室数据采集自动化:LIMS 具备了仪器集成功能,可为各种常见的实验室分析仪器仪器提供数据通信接口。

(2) 实验室数据处理自动化:对采集的数据自动进行计算,处理多种图谱,如气相色谱仪、液相色谱仪、离子色谱仪、红外光谱仪和紫外光谱仪等图谱,以及进行处理图像分析如金相图像分析、生物图像分析、医学图像分析等。

(3) 实验室管理自动化:自动完成从样品登录、检测、结果输入、数据计算和判定、出检验报告、不合格报警、向有关单位发传真或电子邮件、进行统计分析等工作。

(4) 开放式的操作平台:可在各种操作系统平台上运行,可使用任何遵守 ODBC 标准的数据库,如 Oracle、SQL Server 等。

(5) Internet 应用:统一的浏览器界面和以 Web 服务器为中心的互联网技术的应用。

(6) 管理功能:仪器管理、人员管理、客户管理、质量管理、位置管理、材料管理,财务核算、安全管理,以及办公自动化,如文书编辑处理、报表统计、发文、收文、查询、公文流转和身份认证等。

3. LIMS 的特点

随着现代企业生产过程越来越高速化、连续化、自动化,分析检测系统的配备除满足分析检测的准确性外,还要求具备适时性、快速性。传统的分析检测方法已无法适应生产的快节奏。LIMS 软件既要满足目前的业务状况,又要能适应未来不断增长业务需求,具有灵活的可扩充性。一般应具备以下几个最基本特点:

① 技术上具有先进性、高效性、实用性、安全性。

② 数据管理功能完善,数据的采集、处理、存储、传输和发布过程中不会出现数据丢失。

③ 界面友好,操作简便,使用 Web 数据库技术和统一的浏览器界面。

④ 自动化程度高,网络结构设计简单。

⑤ 符合 ISO/IEC 17025—1999 标准的规范要求,符合实验室管理特点。

⑥ 模块化设计,易于扩充功能;产品设计灵活,客户化周期短。

6.5 会计信息化

会计工作是经济社会发展的基础,直接关系到企事业单位会计信息质量和内部管理,国家宏观决策、社会管理和市场监管,以及市场经济秩序和社会公众利益等各个方面。

会计信息化是国家信息化的重要组成部分。随着社会主义市场经济不断完善和经济全球化,现代信息技术和网络技术的日益普及,会计工作应当按照国家信息化发展战略的要求,全面推进信息化建设。会计工作与信息化建设密切相关、相辅相成、相互促进。通过全面推进会计信息化建设,能够进一步提升会计工作水平,促进经济社会健康发展。

《2006—2020 年国家信息化发展战略》明确指出,国家信息化发展的战略重点包括:全面推进会计信息化工作。国家财政部为了贯彻国家信息化发展战略,于 2009 年 4 月 12 日发布《关于全面推进我国会计信息化工作的指导意见》(财会[2009]6 号),对全面推进我国会计信息化,进一步深化会计改革,充分发挥会计在经济社会发展中的作用进行了全面部署。

1. 会计信息化的概念

财务管理活动是企业内部经营管理的关键环节,会计信息系统(AIM)是企业管理信息系统中的一个重要子系统,该系统产生了企业 70% 以上的信息,在企业管理中发挥着极其重要的作用,所以不实现会计信息化也就谈不上企业管理的信息化。

会计信息化是指在企业的各个活动环节中,充分利用计算机网络系统,使企业的资金流、信息流和物资流集成与同步,建立信息技术与会计高度融合的、开放的现代会计信息系统,为企业经营管理、控制决策和经济运行提供充足、实时、全方位的信息,提高企业财会管理的效率和水平,进而提高企业经济效益和竞争能力的过程。会计信息系统是一个以处理价值信息为基础的控制系统,按照信息及相关技术的控制目标建立一个合理的信息技术管理架构是会计信息化的重要内容。

会计信息化是在"信息技术—业务—财务—管理"四方面信息数据高度共享的条件下构筑起来的。它能够改变传统会计的构架、流程和模式,将会计信息作为管理信息资源,运用以计算机网络和通信为主的信息技术,进行获取、加工、传递、存储、应用等处理,即是采用现代信息技术,对传统会计模型进行重构,并在重构的现代会计基础上建立信息技术与会计高度融合的现代会计信息系统。会计信息化直接带来企业财会工作环境和工作对象发生较大的变化,对企业财会工作产生极大的冲击,并改变了财务主管的职责。会计信息化的实施,大大提高了会计信息处理的速度和准确性,能为用户提供及时、准确的会计信息,是会计事业发展史上一次史无前例的飞跃。会计信息化基本特征有:

1) 以信息技术为基础

会计信息化的所有特征都是建立在计算机、网络及通信等现代信息技术手段的基础上。没有现代信息技术手段,不可能产生会计信息化的财务软件,也不可能有实现会计信息化的现实基础。

2) 会计信息资源共享

传统的会计模式使信息的输出往往滞后于管理者及其投资人的需要。在早期计算机网络技术还不成熟的条件下,会计电算化由于受通信技术的限制,远距离的信息获取仍受限制。但随着计算机网络环境的改善,在会计信息化条件下可以做到信息资源高度共享,进行会计信息交流可以不受时间和空间的限制,会计信息的及时获取及会计信息资源共享使得会计工作能更好地满足用户的需求,提高会计信息在优化资源配置过程中的有效性。

3) 充分发挥会计的管理决策职能

会计信息化不仅是实现会计核算业务的计算机处理,而且利用现代信息技术将会计信息系统与企业其他管理子系统(如 ERP)充分融合,以及与 Internet 上的其他企业的会计信息系统或网上交易系统充分融合,实现统一会计核算和财务监控的一体化管理,以实现物资、资金、信息(包括内部信息和市场信息)流通的协调统一,同时充分利用大型数据库技术进行财务分析和决策,及时提供满足经营管理需要的信息,达到对会计业务的信息化管理,从而充分发挥会计的管理决策职能。

4) 重组会计流程

会计信息化促使会计业务流程发生了重大变革,以适应信息化条件下会计数据集中化和实时化处理的要求。会计业务流程不再是计算机简单模仿手工会计处理事务,而是充分利用计算机网络等现代信息技术的优势突破传统手工会计的局限。会计数据的采集是通过网络从企业各个业务管理子系统直接取得,并通过公共接口,与有关外部系统(如银行、税务、工商、社保、供应商、经销商等)相联结,使会计系统不再是信息的"孤岛",使会计数据的输入呈现出分布化和多元化的特点;会计数据处理中人工干预大大减少,整个会计数据处理可即时完成。

2. 可扩展商业报告语言

国际上,会计信息化建设经历了从利用计算机丢掉手工操作的"电算化阶段",发展到会计工作实现与其他业务的融合贯通,最终实现会计信息的共融共享,其中最重要的成果是可扩展商业报告语言(eXtensible Business Reporting Language,XBRL)在世界各国的推广和应用,XBRL 是一种基于 XML 的标记语言,用于商业和财务信息的定义和交换。

1998 年美国注册会计师协会推出了使用可扩展商业报告语言(XBRL)作为编制财务报表工具的原型,美国证券交易委员会(SEC)很快认识到 XBRL 的重要性和发展前景,成为 XBRL 研究、推广应用强有力的推动者。此后,XBRL 组织迅速发展,成立了由世界各个国家和地区组织组成的国际非营利组织,即 XBRL 国际。2008 年 6 月 XBRL 国际认证并公布了基于国际公认会计原则的完整分类标准,并辅以编制指南。其中,编制指南概括了生成 XBRL 格式财务信息的过程和注意事项,提供了包含 2700 条要素的分类标准、最优做法和案例。XBRL 格式报表的最大优势在于方便报表使用者提取不同企业在不同报表中的数据,并对其进行比较、分析、利用。

XBRL 自诞生以来,受到世界资本市场的广泛重视,在各国监管方的大力倡导下得到了蓬勃发展。我国是世界上最早强制要求上市公司按照 XBRL 格式报送财务报告的国家之一。按照相关规定,自 2005 年起,上市公司在向上交所和深交所报送包括季报和年报在内的所有财务报告时,必须同时报送 XBRL 格式和普通文本格式的财务报告。

XBRL 是一个添加标记的计算机程序,用计算机处理的每则信息都有一个可识别的代码或标记相对应。但是因这些标记与其他用于定义计算机视觉特征的格式标记一起内嵌在信息中,当屏幕上显示或打印输出企业数据时,用户却看不见这些标记。按照 XBRL 格式,一整套财务报表的每个要素、经营与财务评论、管理讨论与分析,以及公司愿意公布的其他信息,将运用一种简明语言标记进行编码。无论这些信息如何被浏览器或者其他工具进行编排、加工,它的标识都不会发生任何改变。在 XBRL 技术下,在第一次对财务信息进行生成和编排时,其数据可以任何形式保存起来。XBRL 程序是完全可定制、可扩展的,如果 XBRL 程序没有包括符合企业需求的标记,企业可以开发特殊标记并添加到程序中。XBRL 最终将为具有特殊性的不同领域及不同行业设计出不同版本,但所有版本都基于同样的 XML 框架。

XML 的主要优势和特点如下:

(1) 计算机可在瞬间对大量 XBRL 文档进行分析处理,通过 XBRL 文档可以清楚了解企业的财务状况。如果各上市公司的报告都采用 XBRL 格式,计算机系统可通过 XBRL 数据自动识别,并同时对多个报告进行不同财务指标的横向比较,完全省去数据的二次录入过程。

(2) XBRL 的数据可以实现跨平台的数据传输交换。因为 XBRL 采用跨平台的 XML 纯文本格式来存储数据,提供了一种独立于软件和硬件的共享数据方式,可以在不同的操作系统上使用。

(3) XBRL 能够充分发挥互联网的优势,使财务信息得到更有效地利用。会计省去重复编制不同样式报表的工作,只需编制一个 XBRL 格式的报告,不同报告需求者便可各取所需。

(4) XBRL 提供了英、法、意、西、德、荷、中、日、韩、阿拉伯等多达十种语言的标签,用户可以通过选择标签的语言,来读懂其他国家的报表。

(5) XBRL 报送端不改变用户的使用习惯,实施简单。对于需要制作报表的企业,不需要了解太多 XBRL 的技术细节,通过使用基于 XBRL 的报送端工具,在不改变财务报告制作者的使用习惯的情况下,即可生成 XBRL 形式的财务报告,其实施过程非常简单。

3. 我国会计信息化发展的历程

我国会计信息化建设始于 1978 年长春一汽进行会计电算化试点,至今已经走过了三十多年的历史。三十多年来,财会软件替代了手工操作,实现了会计处理电子化、会计记录无纸化、会计方法自动化。电子化会计数据与信息替代了纸质的证账表的记录,会计人员的主要精力从致力于会计核算逐渐转向为借助无纸化会计信息,为企业决策者实时地提供决策支持。三十多年的发展表现为:会计确认、计量、记录与报告四个基本程序不断信息化,并从理论上丰富了财务会计基本程序的内涵与外延。会计信息化的发展在很大程度上依赖于现代信息技术的发展,我国信息技术的发展每迈上一个新台阶,会计信息化的发展也跟着迈上一个新台阶,只是时间上要滞后两三年,大致可划分四个阶段:

(1) 第一阶段:从 1946 年至 1985 年我国信息技术是大计算机阶段。微型个人计算机(PC)还没有生产出来或还没有获得普及应用,人们使用的计算机体积大、价格贵,只有银行、政府机关、大企业、科研所等大单位或重要部门才有条件使用。我国会计信息化建设始于 1978 年,到 1988 年的 10 年间,会计电算化实现核算会计业务的计算机处理,主要是大企业和国家机关等大单位自行研发应用。

(2) 第二阶段:从 1985 年至 1995 年我国信息技术是个人计算机(PC)阶段。随着个人计算机获得广泛普及的应用,个人计算机进入了千家万户,信息技术进入并渗透到人类社会的每一个角落。我国会计信息化建设从 1988 年到 1998 年发展迅速。各家软件公司使用个人计算机开发的各种商品化财务软件受到广大中小企业的欢迎。这一时期,财务软件应用的深入普及,为我国经济建设突飞猛进的发展做出了很大贡献。市面上比较典型和畅销的商品化财务软件有用友、金蝶、鹏城等。

(3) 第三阶段:从 1995 年到 2005 年我国信息技术处于有线网络阶段。随着计算机网络,特别是 Internet 获得广泛普及的应用,由计算机网络带来的信息资源共享、电子商务和电子政务等彻底改变了人们传统的生活工作环境,并逐步向一场全方位的社会变革演进。1998 年到 2008 年是会计信息化和企业信息化融合的 10 年。会计子系统初步实现了与企业管理子系统、ERP 其他各子系统的财务与业务一体化。

(4) 第四阶段:从 2005 年以后,我国信息技术进入了无线网络阶段,无线网络、无线移动,及以此为基础的无线城市、移动商务等逐步发展壮大,大有星星之火可以燎原之势,对人类经济社会发展的影响将更加深刻。2008 年,在我国会计信息化已经在第三个阶段徘徊了 10 年之际,国家财政部果断地指出:大力推动会计信息化向标准化和国际化发展的时机已经成熟。于是,随着 2008 年 11 月 12 日我国会计信息化委员会暨 XBRL 中国地区组织的成立,会计信息化第四个阶段的到来也就水到渠成。第四阶段的特点将是信息技术与会计准则、内部控制相关领域相结合,以及统一我国 XBRL 分类标准,推进 XBRL 在我国的推广应用,提升我国国际影响力。

4. 全面推进我国会计信息化工作的目标

全面推进我国会计信息化工作的目标是:力争通过 5～10 年左右的努力,建立健全会计信息化法规体系和会计信息化标准体系(包括 XBRL 分类标准),全力打造会计信息化人才队伍,基本实现大型企事业单位会计信息化与经营管理信息化融合,进一步提升企事业单位的管理水平和风险防范能力,做到数出一门、资源共享,便于不同信息使用者获取、分析和利用,进行投资和相关决策;基本实现大型会计师事务所采用信息化手段对客户的财务报告和内部控制进行审计,进一步提升社会审计质量和效率;基本实现政府会计管理和会计监督的信息化,进一步提升会计管理水平和监管效能。通过全面推进会计信息化工作,使我国的会计信息化达到或接近世界先进水平。

5. 我国会计信息化建设的主要内容

1) 统一会计相关信息平台建设

会计信息化建设的首要任务是建立统一的会计相关信息平台。该平台以企事业单位标准化会计相关信息为基础,涵盖数据收集、传输、验证、存储、查询、分析等模块,具备会计等相关信息查询、分析、检查与评价等多种功能,以实现数出一门、资源共享的目标。如果没有完备的会计信息资源和有效的信息资源共享机制,实现会计信息化建设核心目标的可能性和现实性便会受到极大的限制。统一会计相关信息平台的主要任务是把各种不同系统、不同信息源及不同数据库的信息资源进行采集、处理和存储,并在系统中复合显示、叠加查询、综合分析,以及交换传输等。便于投资者、社会公众、监管部门及中介机构等有关方面高效分析和利用。该平台还应当为会计监管等有关方面预留接口,提供数据支持,以及高度重视和关注信息安全。

2) 会计基础工作信息化建设

会计信息化建设的本质就是对会计信息资源的充分开发和利用,而实现会计信息化最重要的条件是会计基础工作信息化。首先企事业单位要建立比较完善的信息基础设施,包括先进的现代高速、宽带、交互、智能化的信息网络基础设施等。其次是会计信息资源规范化和标准化,没有标准化、规范化的数据,会计信息化建设再大的投资也将付诸东流。只有实现会计信息数据的统一和标准化,会计流程才能通畅流转;只有实现会计信息数据的有效积累,企业决策才有据可循;只有会计信息数据准确,才能保证系统的完善和结果的正确。会计基础工作涉及企事业单位管理全过程,只有基础工作信息化,才能为企事业单位全面信息化奠定扎实的基础。

3) 内部控制流程信息化建设

优先会计准则制度和法制建设,注重会计信息化软、硬件系统建设平衡,不断推进企业管理体系改革。将内部控制流程、关键控制点等固化在信息系统中,促进各单位内部控制规范制度的设计与运行更加有效,形成自我评价报告。会计准则制度有效实施信息化,通过将相关会计准则制度与信息系统实现有机结合,自动生成财务报告,进一步贯彻执行相关会计准则制度,确保会计信息等相关资料更加真实、完整。财务报告与内部控制评价报告标准化,各企事业单位在贯彻实施会计准则制度、内部控制规范制度并与全面信息化相结合的过程中,应当考虑 XBRL 分类标准等要求,以此为基础生成标准化财务报告和内部控制评价报告,满足不同信息使用者的需要。

4) 会计师事务所审计信息化建设

会计师事务所内部管理信息化,提高信息管理系统的应用广度和深度,防止会计信息化建设出现"重硬轻软"的倾向。通过信息化手段实现会计师事务所内部管理的科学化、精细化,促进注册会计师行业做强做大,全面提升会计师事务所的内部管理水平和执业能力。财务报告审计和内部控制审计信息化,加强计算机审计系统的研发与完善,实现审计程序和方法等与信息系统的结合,全面提升注册会计师执业质量和审计水平。

5）会计管理和会计监督信息化建设

充分利用信息技术不断提升会计管理和会计监督水平,推动会计监管手段、技术和方法的创新,提高工作效率,完善会计人员专业技术资格考试制度,推广信息技术在会计专业技术资格考试工作中的应用,切实防范考试过程中的舞弊行为。完善注册会计师行业管理系统,建立行业数据库,对注册会计师注册、人员转所、事务所审批、业务报备等实行网络化管理。建立会计人员管理系统,创新会计人员后续教育网络平台,实现对全社会会计人员的动态管理。

6）会计教育信息化和会计信息化人才建设

加强会计教育信息化建设及会计审计信息化人才的培养,着力打造熟悉会计审计准则制度、内部控制规范制度和信息系统工程建设三位一体的复合型人才队伍。完善会计审计和相关人员能力框架,在知识结构、能力培养中重视信息技术方面的内容与技能,提高利用信息技术从事会计审计和有关监管工作的能力。在全国各省市建立会计理论研究信息平台,及时发布和宣传会计研究最新动态,定期统计、推介和评估有价值的会计理论研究成果,促进科研成果转化为生产力,以指导和规范会计理论研究,为会计改革与实践服务。

6.6　计算机辅助设计技术

计算机辅助设计(CAD)技术是一个广义的概念,它除了通常所说的计算机辅助设计与绘图外,还应包括计算机辅助制造(CAM)、计算机辅助工程分析(CAE)、计算机辅助工艺规划(CAPP)和产品数据管理(PDM)等技术。CAD作为信息技术的一个重要组成部分,将计算机高速、海量数据存储及处理和挖掘能力与人的综合分析及创造性思维能力结合起来,对加速企业产品的开发、缩短设计制造期、提高质量、降低成本、增强企业市场竞争能力与创新能力发挥着重要作用。

经济建设的各行各业,无论是民用还是国防建设,无论是建筑还是制造加工业都离不开CAD技术。现在,国际上所有重大工程实行的招标制度规定:如果没有CAD绘制工程总体设计方案和相应的投标文档,就没有投标的资格,可以说CAD技术已成为企业进入世界市场的"入场券"。

6.6.1　CAD技术的发展历程

CAD是用计算机系统协助产生、修改、分析和优化设计的技术,最早出现在20世纪50年代,以美国麻省理工学院(MIT)为旋风Ⅰ号所配的图形系统为代表。在CAD软件发展初期,CAD的含义仅仅是图板的替代品,CAD技术以二维绘图为主要目标的算法一直持续到20世纪70年代末期,以后作为CAD技术的一个分支而相对单独、平稳地发展。

1. 曲面造型系统

20世纪60年代出现的三维CAD系统只是极为简单的线框式系统。这种初期的线框造型系统只能表达基本的几何信息,不能有效表达几何数据间的拓扑关系。由于缺乏形体的表面信息,CAM 及 CAE 均无法实现。

进入 20 世纪 70 年代,正值飞机和汽车工业的蓬勃发展时期。为了解决飞机及汽车制造中遇到的大量自由曲面问题,法国人首先提出了贝济埃算法,推出了三维曲面造型系统,首次实现以计算机完整描述产品零件的主要信息,同时也使得 CAM 技术的开发有了现实的基础。此时的 CAD 技术价格极其昂贵,软件商品化程度很低,主要应用在军用和汽车工业。由曲面造型系统带来的技术革新,使汽车开发手段比旧的模式有了质的飞跃,新车型开发速度也大幅度提高,许多车型的开发期缩短一半。

2. 实体造型技术的普及应用

20 世纪 80 年代初,由于计算机技术的大跨步前进,CAE、CAM 技术也开始有了较大发展。美国公司在当时星球大战计划的背景下,由美国宇航局支持及合作,开发出了许多专用分析模块,用以降低巨大的太空实验费用,同时在 CAD 技术方面也进行了许多开拓。基于对 CAD、CAE 一体化技术发展的探索,出现了完全基于实体造型技术的大型 CAD、CAE 软件。由于实体造型技术能够精确表达零件的全部属性,在理论上有助于统一 CAD、CAE、CAM 的模型表达,给产品设计带来了惊人的方便性。

新技术的发展往往经历了一些曲折。实体造型技术既带来了算法的改进和未来发展的希望,也带来了数据计算量的极度膨胀。在当时的计算机硬件条件下,实体造型的计算及显示速度很慢,在实际应用中做设计显得比较勉强。实体造型技术也就此没能迅速在整个行业全面推广开。在以后的 10 年里,随着计算机硬件性能的提高,实体造型技术又逐渐为众多 CAD 系统所采用。

3. 参数化实体造型技术

20 世纪 80 年代中期,CAD 的造型技术在无约束自由造型的基础上,出现了一种更先进的算法,即参数化实体造型方法。其主要的特点是:基于特征、全尺寸约束、全数据相关、尺寸驱动设计修改。早期参数化实体造型 CAD 软件性能很低,只能完成简单的工作,但其价格也低。随着计算机技术迅猛发展,硬件成本大幅度下降,很多中小型企业也开始有能力使用 CAD 技术。由于有关设计的工作量并不大,零件形状也不复杂,因此这些企业很自然地把目光投向了中低档的参数化实体造型 CAD 软件。

进入 20 世纪 90 年代,参数化技术变得比较成熟起来,充分体现出其在许多通用件、零部件设计上存在的简便易行的优势,开始进入以汽车及飞机制造业为主的高档 CAD 软件市场。参数化技术的成功应用,使得它在 20 世纪 90 年代前后几乎成为 CAD 业界的标准,许多软件厂商纷纷投资开发研制。

4. 变量化实体造型技术

科学技术发展无止境,人们在生产实践中发现 CAD 参数化技术尚有许多不足之处。首先,全尺寸约束这一硬性规定就干扰和制约着设计者创造力及想象力的发挥。全尺寸约束要求设计者在设计初期及全过程中,必须将形状和尺寸联合起来考虑,并且通过尺寸约束来控制形状,通过尺寸的改变来驱动形状的改变,一切以尺寸参数为出发点。一旦所设计的零件形状过于复杂时,面对满屏幕的尺寸,如何改变这些尺寸以达到所需要的形状就很不直观;再者,如在设计中关键形体的拓扑关系发生改变,失去了某些约束的几何特征也会造成系统数据混乱。于是,为了克服这些缺点,CAD软件开发人员以参数化技术为蓝本,提出了一种比参数化技术更为先进的变量化实体造型技术。

变量化技术的理念是按如下步骤实现的:用主模型技术统一数据表达及变量化勾画草图→变量化截面整形→变量化方程→变量化扫掠曲面→变量化三维特征→变量化装配等。变量化技术既保持了参数化技术的原有的优点,同时又克服了它的许多不利之处。它的成功应用,为CAD技术的发展提供了更大的空间和机遇,带动了CAD、CAM、CAE整体技术的提高以及制造手段的更新。

5. 计算机辅助制造

CAM中最核心技术是数控技术。通常零件结构采用空间直角坐标系中的点、线、面的数字量表示,CAM就是用数控机床按数字量控制刀具运动完成零件加工。数控加工主要分程序编制和加工过程两个步骤。程序编制是根据图纸或CAD信息,按照数控机床控制系统的要求,确定加工指令,完成零件数控程序编制;加工过程是将得到的数控程序传输给数控机床,控制机床各坐标的伺服系统,驱动机床,使刀具和工件严格按执行程序的规定相对运动,加工出符合要求的零件。

20世纪40年代末,美国开始研究数控加工技术,并于1952年生产出第一台数控机床,1957年,第一批数控机床投入使用。我国1958年研制成功第一台配有电子管数控系统的数控机床,1965年开始成批生产晶体管数控系统的三坐标数控铣床。进入20世纪90年代以后,国内外已有数万种技术先进、基于个人计算机的三坐标至六坐标数控机床,并在生产中得到广泛应用。

6. 计算机辅助工程分析

CAE主要是实现结构分析和结构优化。虽然CAE的方法有多种,但应用最广泛、最成熟的是有限元分析,其基本思想是将物体离散成有限个简单单元的组合,用这些单元的集合来模拟或逼近原来的物体,从而将一个连续的无限自由度问题简化为离散的有限自由度问题。有限元分析是结构力学、弹性力学、流体力学、热力学、电磁学、航天航空、土建、水利、材料等工程设计和工程分析领域不可缺少的有效的计算分析方法。

近年来,随着信息技术的迅速发展,CAE已经从对已设计产品性能的简单校核,发展到对产品性能的准确预测,再到产品工作过程的精确模拟。

7. 计算机辅助工艺规划

计算机辅助工艺规划(CAPP)是利用计算机来辅助进行零件加工工艺过程的编制。通过向计算机输入被加工零件的几何信息(形状、尺寸等)和工艺信息(材料、热处理、批量等),由计算机生成该零件的工艺路线和工序内容等工艺信息。工艺规划是连接产品设计和产品制造的桥梁,对产品质量和制造成本有着重要的影响。

世界上最早研究CAPP的国家是挪威,始于1966年,并于1969年正式推出世界上第一个 CAPP 系统 AutoPros,后于 1973 年正式推出商品化 CAPP。从 20 世纪 80 年代开始,人们探索将人工智能(AI)、专家系统技术等应用于 CAPP 系统的研究和开发;或将人工神经元网络技术、模糊推理以及基于实例的推理等用于 CAPP 之中;也有人提出了 CAPP 系统构造工具的思路,并进行了卓有成效的实践;还有人将传统派生法、传统创成法与人工智能结合在一起,综合它们的优点,构造了混合式 CAPP 系统。

8. 产品数据管理

CAD 技术的普及应用,使企业生产中存在的产品设计制造数据共享程度低、传递速度慢、业务管理落后、设计方式陈旧、支撑技术不配套和应用集成系统效率不高的矛盾越来越突出。20 世纪 80 年代初,企业为解决上述矛盾开发了不少自用的产品数据管理(PDM)系统,到 20 世纪 80 年代后期,许多计算机软件专业公司择优将其演变成 PDM 产品,并为许多制造企业采用来进行管理。

PDM 是集成并管理与产品有关的信息、过程及其人与组织的技术,其应用分为企业图档管理、部门级数据管理、企业级数据管理和企业间数据管理四个层次。PDM 通过权限管理、工作流管理、项目管理、配置与变更管理等,实现在正确的时间、把正确的信息、以正确的形式、传送给正确的人、完成正确的任务,最终达到数据共享、人员协同、过程优化和增效减员的目的。PDM 作为一个管理系统,需要针对企业的特殊需求来定制和实施,为此,企业实施规范的制定是加速 PDM 推广应用的关键因素。

6.6.2 CAD 技术的发展趋势

当今 CAD 技术发展的潮流是网络化、集成化、智能化以及集成制造化(CIMS),这也是我国 CAD 技术的发展方向。

1. 网络化

基于互联网模式的公用网络环境,正在形成的所谓知识经济事实上就是网络经济,其表现在于企业组织内部、企业之间和社会团体间的广泛互联,生产和商业活动越来越依赖于网络公共信息基础设施,使企业能有效获得资源、进行协同工作、异地设计、网上经营等活动,不但企业之间得到延伸,还联接到客户、供应商,甚至包括竞争对手。一方面网络环境为 CAD 的集成、开放和智能化创造了条件,使 CAD 技术面临着新的发展契机,另一方面 CAD 技术也是这种经济模式下的一种关键技术支撑。

对于产品设计生产而言,通过网络化的手段可以帮助企业改造传统的设计、生产和管理流程,创造一种顺应人性而又充满魅力的企业发展环境,以便于企业员工能在其中形象化地表现、高效率地研究发展和交流思想。更多的企业员工可以在同一平台下,通过网络针对一项产品设计生产任务进行实时的双向交互通信与合作。任何一项新产品在基于网络协同完成设计任务的同时,可及时与制造、商务等进行全面融合。随着计算机网络技术的不断渗透,支持网络协同设计生产方案的 CAD 网络化软件已经出现并趋于成熟。借助于 Internet 跨地域、跨时空的沟通特性、高度的信息共享和近乎无限的接入能力,CAD 软件的团队协作工作可以直接利用 Internet 进行。

2. 集成化

集成就是向企业提供一体化的解决方案,利用基于网络的 CAD、CAE、CAM、CAPP、PDM 集成技术,把各种功能不同的软件有机地结合起来,用统一的执行控制程序来组织各种信息的提取、交换、共享和处理,保证系统内部信息流的畅通并协调各个系统有效地运行,实现真正的全数字化设计与制造。集成的 CAD 系统是以控制产品生命期为目标的并行工程,其基本要素是优化设计,并从产品性能设计、产品制造工艺性能设计、产品可检测性能设计、产品可维护性能设计及产品依从性能设计入手进行优化,促进市场对路的新产品快出多出。CAD 系统集成的方式有 4 种:

(1) 通过数据文件转换器实现不同系统间的信息共享。

(2) 把不同系统的数据信息转换成中性格式,从而实现各系统数据与中性格式的转换和共享。这方面的技术国内外都在研究开发,部分已达到实用化。

(3) 通过公共数据库实现各系统数据信息的共享。高速信息网络的应用和虚拟设计、虚拟制造环境的建立,使得异地协同设计制造成为现实。

(4) 软件硬件的集成。采用专用集成电路技术,把 CAD 相关算法和软件做成芯片。

3. 智能化

CAD 系统在控制产品的设计和制造过程、应用工程设计,实现优化设计和智能设计的同时,也需具有丰富的图形处理功能,实现产品的"结构描述"与"图形描述"之间的转换。因此,在以几何模型为主的通用 CAD 技术基础上,发展面向设计过程的智能 CAD 技术是一种必然的趋势。

工程设计知识库用来收集和存档相关的几何、属性等工程数据,并自我学习,积累起一定的经验,通过知识提炼,促进清晰地分类,把工程、属性数据库与知识库紧密地结合起来,其中关键技术在于提高了搜索复杂的几何图形和工程信息的计算方法。工程知识库的长远目标就是发展以数学为基础的工具来支持大的工程数据库中进行基于内容的搜索、挖掘。目前在智能 CAD 方面主要开展以下几方面的工作:

① 把工程技术人员长年积累的智慧和经验总结归纳成计算机里的知识库和智能库,为众人所用,这对行业和企业的技术发展是一份极其宝贵的财富。

② 利用现有设备仪器在加工中质量和过程的智能控制,其中包括智能传感技术与系统控制,进行新一代加工智能机器的设计和制造。

③ 智能优化产品设计和加工过程,逐步实现加工单元的智能控制。

④ 进行智能设计、智能制造系统乃至工业智能化的研究。

4. 计算机集成制造系统

计算机集成制造系统(CIMS)是指以计算机为中心的现代化信息技术应用于企业管理与产品开发制造的新一代制造系统,是 CAD、CAM、CAPP、CAE、PDM、ERP、管理与决策系统、网络与数据库及质量保证系统等子系统的技术集成。它把管理与技术结合起来,将企业生产、经营各个环节,从市场分析、经营决策、产品开发、加工制造到管理、销售、服务都视为一个整体,即以充分的信息共享,促进制造系统和企业组织的优化运行,其目的在于通过提高企业的技术创新能力,实现增强企业整体竞争能力的目标,推进企业信息化技术和现代管理技术的应用、提高企业的竞争能力和创新能力。我国在实施 CIMS 时采取了系统发展模式,把系统的总体性能即企业竞争力作为首要目标,而不是单纯追求单元的先进性。CIMS 强调系统目标;强调为达到系统目标在企业的财力、人力等约束条件下的合理构成;强调系统开放便于进一步的扩充发展;强调信息集成以充分利用企业内、外部的各种资源,优化企业的结构和运行;强调以系统发展的需求促进单元技术的发展。在这些观念指导下,CIMS 在企业的成功应用,大大地提高了企业竞争能力,在调整企业的组织结构、产品结构、知识结构中发挥了积极作用。

6.7 机器人技术

机器人(robot)技术作为 20 世纪人类最伟大的发明之一,自 60 年代初问世以来,经历40 多年的发展已取得长足的进步。工业机器人已成为制造业中不可少的核心装备,世界上正在实用中的工业机器人有约 1000 万台。特种机器人作为机器人家族的后起之秀,由于其用途广泛而大有后来居上之势,仿人形机器人、农业机器人、服务机器人、水下机器人、医疗机器人、军用机器人、娱乐机器人等各种用途的特种机器人纷纷面世,而且正以飞快的速度向实用化迈进。

机器人的出现并高速发展是社会和经济发展的必然,是为了提高社会的生产水平和人类的生活质量,让机器人替人们干那些人干不了、干不好的工作。在现实生活中有些工作会对人体造成伤害,比如喷漆、重物搬运等;有些工作要求质量很高,人难以长时间胜任,比如汽车焊接、精密装配等;有些工作人无法身临其境,比如火山探险、深海探密、空间探索等;有些工作不适合人去干,如一些恶劣的环境、一些枯燥单调的重复性劳作等;这些都是机器人大显身手的地方。服务机器人还可以为人类治病保健、保洁保安;水下机器人可以帮助打捞沉船、铺设电缆;工程机器人可以上山入地、开洞筑路;农业机器人可以耕耘播种、施肥除虫;军用机器人可以冲锋陷阵、排雷排弹……。从当代世界工业发展的潮流看,发展机器人是四个现代化的必由之路。没有机器人,人将变为机器;有了机器人,人仍然是主人。

6.7.1 机器人的定义

关于机器人的定义,至今还没有一个举世公认的统一明确的定义。主要原因首先是机器人还在高速发展,新的机型,新的功能不断涌现;其次是因为机器人涉及人的概念,成为一个难以回答的哲学问题。其实并不是人们不想给机器人一个完整的定义,自机器人诞生之日起人们就不断地尝试着说明到底什么是机器人。随着机器人技术的飞速发展和信息时代的到来,机器人所涵盖的内容越来越丰富,机器人的定义也不断充实和创新。在研究和开发未知及不确定环境下作业的机器人的过程中,人们逐步认识到机器人技术的本质是感知、决策、行动和交互技术的结合。

目前,对机器人最普遍认可的定义是:机器人是一种自动化的机器,所不同的是这种机器具备一些与人或生物相似的智能能力,如感知能力、规划能力、动作能力和协同能力,是一种具有高度灵活性的自动化机器。机器人技术综合了人类多学科的发展成果,代表当代高新技术的发展前沿,机器人与一般自动化设备的重要区别是机器人对不同任务和特殊环境所具有的适应性。

现代机器人的研究始于 20 世纪中期,其技术背景是计算机和自动化的发展,以及原子能的开发利用。1954 年美国戴沃尔最早提出了工业机器人的概念,并申请了专利。1962 年美国 AMF 公司推出的 Verstran 工业机器人产品是最早的实用机型,其控制方式与数控机床大致相似,但外形特征迥异,主要由类似人的手臂组成。

随着计算机技术和人工智能技术的飞速发展,使机器人在功能和技术层次上有了很大的提高,移动机器人和机器人的视觉和触觉等技术就是典型的代表。由于这些技术的发展,推动了机器人概念的延伸。现在,日本占世界实际装备机器人总数的一半以上,被誉为"机器人王国"。

我国工业机器人起步于 20 世纪 70 年代初期,经过三十多年的发展,大致分为 3 个时期:70 年代的萌芽期、80 年代的开发期和 90 年代的适用化期。先后研制出了点焊、弧焊、装配、喷漆、切割、搬运、包装码垛等各种用途的工业机器人,并实施了一批机器人应用工程,形成了一批机器人产业化基地,为我国机器人产业的腾飞奠定了基础。机器人的应用领域越来越宽,经济效益和社会效益也会越来越显著。

6.7.2 机器人的分类

机器人技术是一门综合技术,它包括了计算机控制技术、人工智能技术、先进的制造技术等。机器人分类有多种方法,可以按应用领域分类,也可以按结构和控制方式分类,或是按负载重量分类,以及按自由度分类等。

1. 按应用环境分类

(1)工业机器人:工业机器人就是面向工业领域的多关节机械手或多自由度机器人,它是一种具有自动控制的操作和移动功能,能完成各种作业的可编程操作机器。

(2)特种机器人:特种机器人是除工业机器人之外的、用于非制造业并服务于人类的各种先进机器人,包括服务机器人、水下机器人、娱乐机器人、军用机器人、农业机器人、探险机器人、医疗机器人、空中空间机器人等。在特种机器人中,有些分支发展很快,有独立成体系的趋势。

2. 按结构和控制方式分类

(1)操作型机器人:能自动控制,可重复编程,多功能,有几个自由度,可固定或运动,用于相关自动化系统中。

(2)程控型机器人:按预先要求的顺序及条件,依次控制机器人的机械动作。

(3)示教再现型机器人:通过引导或其他方式,先教会机器人动作,输入工作程序,机器人则自动重复进行作业。

(4)数控型机器人:不必使机器人动作,通过数值、语言等对机器人进行示教,机器人根据示教后的信息进行作业。

（5）感觉控制型机器人：利用传感器获取的信息控制机器人的动作。

（6）适应控制型机器人：机器人能适应环境的变化，控制其自身的行动。

（7）学习控制型机器人：机器人能"体会"工作的经验，具有一定的学习功能，并将所"学"的经验用于工作中。

（8）智能机器人：以人工智能决定其行动的机器人。

6.7.3　机器人的结构

1. 机器人的大脑

机器人要模仿动物的一部分行为特征，自然应该具有动物大脑的一部分功能。机器人的大脑就是人们所熟悉的计算机。人工智能是根据控制论的基本原理运用功能模拟的方法，制造计算机模拟人脑的部分功能。

2. 机器人的四肢

机器人必须有"手"和"脚"，这样它才能根据计算机发出的"命令"动作。"手"和"脚"不仅是一个执行命令的机构，它还应该具有识别的功能，这就是通常所说的"触觉"。大脑要控制四肢去完成指定的任务，也需要由手和脚的触觉所获得的信息反馈到大脑里，以调节动作，使动作适当。

机器人的手一般由方形的手掌和节状的手指组成。为了使它具有触觉，在手掌和手指上都装有带有弹性触点的触敏元件（如灵敏的弹簧测力计）。如果要感知冷暖，还可以装上热敏元件。当触及物体时，触敏元件发出接触信号，否则就不发出信号。在各指节的连接轴上装有精巧的电位器，它能把手指的弯曲角度转换成"外形弯曲信息"。把外形弯曲信息和各指节产生的"接触信息"一起送入电子计算机，通过计算就能迅速判断机械手所抓的物体的形状和大小。

现在，机器人的手已经具有了灵巧的指，腕，肘和肩胛关节，能灵活自如的伸缩摆动，手腕也会转动弯曲。通过手指上的传感器还能感觉出抓握的东西的重量，已经具备了人手的许多功能。

3. 机器人的眼睛

人的眼睛是感觉之窗，人有 80％以上的信息是靠视觉获取。机器识别系统与人的视觉系统类似，由信息获取，信息处理与特征抽取，判决分类等部分组成。识别的对象可以是物理实体，如文字、图片等，也可以是抽象的虚体，如气候等。例如机器人认字和识图的研究成果已经广泛用于邮政、工业生产、国防、医疗、政府办公自动化、银行会计、统计、自动排版等领域。机器人识别物体即三维识别系统。一般是以电视摄像机作为信息输入系统。根据人识别景物主要靠明暗信息，颜色信息，距离信息等原理，电视摄像机所拍摄的方向不同，可获得各种图形，参照事先存储在计算机中的物体特征表，便可以识别立体了。物体识别主要用于工业产品外观检查，工件的分选和装配等方面。

4. 机器人的鼻子

机器人的鼻子是用气体自动分析仪做成的,当它遇到某些种类的气体时,它的电阻就发生变化,这样就可以通过电子线路做出相应的显示,用光或者用声音报警。机器人的鼻子不仅能嗅出丙酮、氯仿等四十多种气体,还能够嗅出人闻不出来但是却可以导致人死亡的一氧化碳,可以查出埋在地下的煤气管道漏气的位置。

5. 机器人的耳朵

机器人的耳朵通常是用"微音器"或录音机来做的。被送到太空去的遥控机器人,它的耳朵本身就是一架无线电接收机。用压电材料做成的"耳朵"之所以能够听到声音,其原因就是压电材料在受到拉力或者压力作用的时候能产生电压,这种电压能使电路发生变化。这种特性就叫做压电效应。当它在声波的作用下不断被拉伸或压缩的时候,就产生了随声音信号变化而变化的电流,这种电流经过放大器放大后送入电子计算机进行处理,机器人就能听到声音了。

但是能听到声音只是做到了第一步,更重要的是要能识别不同的声音。目前人们已经研制成功了能识别连续话音的装置,它能够以百分之九十九的比率识别话音。现在人们还在研究使机器人能通过声音来鉴别人的心理状态,人们希望未来的机器人不光能够听懂人说的话,还能够理解人的喜悦、愤怒、惊讶、犹豫和暧昧等情绪。这些都会给机器人的应用带来极大的发展空间。

6.7.4 机器人开发准则

不论是工业机器人还是特种机器人都存在一个与人相处的问题,最重要的是不能伤害人。然而由于某些机器人系统的不完善,在机器人使用的前期,引发了一系列意想不到的事故。

1978 年 9 月 6 日,日本广岛一家工厂的切割机器人在切钢板时,突然发生异常,将一名值班工人当作钢板操作,这是世界上第一宗机器人杀人事件。

1982 年 5 月,日本山梨县阀门加工厂的一个工人,正在调整停工状态的螺纹加工机器人时,机器人突然启动,抱住工人旋转起来,造成了悲剧。

1985 年前苏联曾发生一起震惊世界棋坛的机器人杀人案:国际象棋冠军尼古拉·古得科夫与一台超级电脑机器人对弈,在连克三局后,突然被机器人释放的强大电流击毙,倒在了众目睽睽之下。对这宗不可思议的杀人案,警方立即介入调查。最初怀疑是机器人的电线短路以致引起漏电,但后来对机器人进行了详细的检查,证实机器人本身完好无损。于是,调查人员得出结论,认为机器人是输入了赢棋程序的,当它在棋艺上赢不了对手时,便自行改变输往棋盘的电流,设法将对手杀死。后来,经过多年的调查、测试和分析,人们才开始对这宗"机器人杀人案"有了新的认识。

据测试,各种电子电器设备在使用过程中,都会发出各种不同波长和频率的电磁波。这种电磁波充斥在空间,形成了一种被称为"电子雾"的污染源,它看不见、摸不着、闻不到,因而很容易被忽视。"电子雾"能扰乱周围敏感的电子控制系统,造成各种意外事故,这方面的案例不胜枚举。例如,日本曾有 10 多名工人死在机器人手下,就是由于外来电磁波使机器人内部已编好的程序发生紊乱,以致动作失灵,误伤了工人。再如,日本三重县一家游乐场发生意外,一列过山车与另一列过山车相撞,42 名乘客受伤,其中一些人伤势严重。据调查分析,罪魁祸首也是来历不明的无线电波。

正是基于对大量类似事故的检测分析,加上有关当局的一系列深入调查,终于使搁置数年的上述机器人杀人案真相大白。杀人的罪魁祸首,原来就是外来的电磁波。是它干扰了机器人电脑中已经编好的程序,以致动作失误而突然放出强电流,酿成了这场悲剧。

面对机器人带来的威胁,人们对此进行了深入研究,发现机器人发生事故的原因主要有:硬件系统故障、软件系统故障和电磁波的干扰等。

这种意外伤人事件是偶然也是必然的,因为任何一个新生事物的出现总有其不完善的一面。随着机器人技术的不断发展与进步,这种意外伤人事件越来越少,近几年没有再听说过类似事件的发生。正是由于机器人安全、可靠地完成了人类交给的各项任务,使人们使用机器人的热情才越来越高。机器人在某些方面比人类强,例如,速度比人快,力量比人大等,但机器人的综合智能较人类还相去甚远,还没有对人类形成任何威胁。但这是否说明人类永远能控制或战胜自己的创造物呢? 现在还不得而知。这些预见从另一个角度给人们敲响了警钟,不要给自己创造敌人。对带攻击武器的军用机器人应有所选择并限制其发展,我们不应将生杀大权交给机器人。

为了防止机器人伤害人类,机器人开发应遵循以下的准则:

① 机器人不应伤害人类。

② 机器人应遵守人类的命令,与第一条违背的命令除外。

③ 机器人应能保护自己,与第一条相抵触者除外。

随着人们对机器人技术智能化本质认识的加深,机器人技术开始源源不断地向人类活动的各个领域渗透。机器人从外观上已远远脱离了最初仿人形机器人和工业机器人所具有的形状,其功能和智能程度也已经大大增强,从而为机器人技术开辟出更加广阔的发展空间。

案 例 分 析

1. 案例一(选择题)

企业信息化是一项复杂的系统工程,它既涉及现代信息技术的应用以及巨大的人力、物力和财力的投入,同时也涉及企业组织管理和企业(1)的重组和再造。企业信息化的特征主要表现在以下几个方面:发展性、系统性、(2)、集成和共享性。

(1) A. 资金链　　　B. 市场环境　　　C. 业务流程　　　D. 产品生产

(2) A. 静态性　　　B. 动态性　　　C. 多重性　　　D. 必然性

分析

企业信息化是一项复杂的系统工程,它既涉及企业组织管理和企业业务流程的重组和再造。企业信息化的特征主要表现在：发展性、系统性、动态性、集成和共享性等方面。

参考答案

(1) C   (2) B

2. 案例二（选择题）

LIMS将实验室的分析仪器通过计算机网络连起来，实现以实验室为核心的整体环境全方位管理。其核心是规范(＿＿＿＿)的工作流程。

A. 实验管理   B. 测试方案   C. 实验工艺   D. 样品分析

分析

LIMS将实验室的分析仪器通过计算机网络连起来，实现以实验室为核心的整体环境全方位管理。其核心是规范样品分析的工作流程，对样品分析的每一个环节进行监控和管理，减少由于人为因素造成的分析误差。

参考答案

D

3. 案例三（问答题）

【说明】 我国是世界上最早强制要求上市公司按照 XBRL 格式报送财务报告的国家之一。

【问题】 XBRL 的主要优势和特点体现在哪些方面？

分析和参考答案

XBRL 的主要优势和特点体现在以下几方面：

① 计算机可在瞬间对大量 XBRL 文档进行分析处理，通过 XBRL 文档可以清楚了解企业的财务状况。省却数据的二次录入过程。

② XBRL 的数据可以实现跨平台的数据传输交换，可以在不同的操作系统上使用。

③ XBRL 能够充分发挥互联网的优势，使财务信息得到更有效的利用。

④ XBRL 提供了多达 10 种语言的标签，用户可通过选择标签的语言，读懂其他国家的报表。

⑤ XBRL 报送端不改变用户的使用习惯，即可生成 XBRL 形式的财务报告，实施过程简单。

习　　题

6.1 论述企业信息化的重要性。

6.2 信息化、工业化与现代化三者之间有什么关系？

6.3 论述企业信息数据标准化原则及内容。

6.4 论述 OS 和 MIS 的定义、特点、作用。

6.5 论述 ERP 的由来、定义、功能结构和发展趋势。

6.6 OS、MIS、ERP 三者之间有何区别？

6.7 论述决策的概念以及 DSS 和专家系统的基本结构及发展。

6.8 论述 LIMS 的定义、基本功能、特点。

6.9 论述会计信息化的定义、特征、发展历程及全面推进我国会计信息化工作的目标和任务。

6.10 论述 CAD 技术的发展历程和发展趋势。

6.11 什么是机器人？它是如何分类的？简述机器人的结构和开发准则。

第7章 电子商务

主要内容

(1) 电子商务的体系结构、由来和发展；

(2) 电子商务人才培养和专业资质认证；

(3) 电子商务的分类、特点、作用及其与传统商务的比较，EDI 技术；

(4) 电子商务技术的核心问题、安全认证和中国金融认证中心(CFCA)；

(5) 物流信息化建设的特点、发展历程、内容及移动电子商务。

7.1 电子商务的基本概念

以互联网技术为核心的电子商务不受时间和空间的限制，可以每天 24 小时不分区域地运行，在很大程度上改变了传统商贸的形式。现代社会电子商务的迅速发展，加快了全球经济一体化的进行，推动人类社会从过去的工业经济时代进入到电子商务时代。在当代信息经济环境下，经济全球化与网络化已经成为一种潮流，电子商务加快了世界经济结构的调整与重组，推动着我国从工业化向信息化社会的过渡。我国已将大力发展电子商务列入了国家信息化发展的战略重点。

7.1.1 电子商务的定义和体系结构

1. 电子商务的定义

电子商务是把现代信息技术应用于商务活动，以电子方式进行商务交易。简言之，在网络上做生意：网上产品发布，网上交易，网上中介服务。是一种以互联网为基础、交易双方为主体、银行电子支付和结算为手段、客户数据为依托的全新商务模式。

电子商务是一个不断发展的概念，电子商务的先驱 IBM 公司 1996 年提出了 EC (Electronic Commerce)的概念，到了 1997 年，该公司又提出了 EB(Electronic Business)的概念。但我国在引进这些概念的时候都翻译成电子商务，很多人对这两者的概念产生了混淆。事实上这两个概念及内容是有区别的，EC 是狭义的电子商务，EB 为广义的电子商务。狭义的电子商务(EC)是指实现整个贸易过程中各阶段贸易活动的电子化，集中于电子交易，强调企业与外部的交易与合作，即通过采用 Internet 和其他电子信息技术手段替代传统交易过程中纸介质信息载体的存储、传递、统计和发布等环节，从而实现商品和服务交易以及交易管理等活动的全过程无纸化。广义的电子商务(EB)概念则把涵盖范围扩大了很多，是指利用现代信息技术使整个商务活动实现电子化，不仅有网上交易，而且包括供应链管理(SCM)、客户关系管理(CRM)等。无论是广义还是狭义的电子商务，网络只是手段，商务才是核心。

1）电子商务的基本含意

电子商务的基本含意包含两个方面，一是电子方式，二是商务活动。商业活动，作为人类最基本，最广泛的联系方式，在信息社会中人们用数字信号在网上进行。

电子商务可以通过多种电子通信方式来完成。如通过打电话或发传真的方式与客户进行商贸活动；但是，现在人们所说的电子商务主要是以电子数据交换（EDI）和 Internet 来完成的。尤其是随着互联网技术的日益成熟，电子商务真正的发展将是建立在互联网技术上的。所以也有人把电子商务简称为 IC，即互联网商务。

2）电子商务层次划分

电子商务分为两个层次，较低层次的电子商务如电子商情、电子贸易、电子合同；最完整的也是最高级的电子商务应该是利用互联网络能够进行全部的贸易活动，即在网上将信息流、资金流和部分的物流完整地实现，就是说，人们从寻找客户开始，一直到洽谈、订货、在线付（收）款、开具电子发票，甚至到电子报关、电子纳税等工作都可以通过互联网一气呵成。

当今信息社会的商务是一个大商务的概念，即不仅仅局限于商品流通环节，而是涵盖了商品开发、生产和市场化的各个环节，并且从整个商业生态环境来看，还应该包括政府对于行业经济的管理和调控。由于现代社会生产的分工明细化、专业化，因此电子商务就如同一条链子或者说一张网，能够有机地把社会生产中的各种要素（这个网的结点）串为一个整体，通过网络信息的流动，加强各个部分之间的联系，实现资源的优化配置，及时有效地保证社会化生产的实现。

综上所述，电子商务是通过电子方式进行的商务活动，它是电子信息技术与包括商流、物流、信息流、资金流在内的所有的商务活动高度融合的一项系统工程。

2. 电子商务概念的内涵

人类最早是采取"以物易物"的商品交换方式，此时没有资金流，商品所有权的转换是紧紧伴随着物资流的转换而发生的。随着货币的产生，人类的交易链出现了第一层中介：货币，人们开始用钱来买东西，不过这时是"一手交钱，一手交货"，商品所有权的转换仍然是紧随物资流的。在以货币为媒介的这个阶段，由于生产力的发展和社会分工的出现，信息流开始表现出来。后来随着社会分工的日益细化和商业信用的发展，专门为货币做中介服务的第二层中介出现了。它们是一些专门的机构，如银行，它们所从事的是货币中介服务和货币买卖，由于有了它们，物资流和资金流开始分离，产生了多种交易付款方式：交易前的预先付款，信用证担保付款；交易中的托收、支票、汇票；交易后付款，如分期付款、延期付款。这就意味着商品所有权的转换和物资流分离开来，在这种情况下，信息流的作用就突出地表现出来。因为这种分离带来了风险，要规避风险就得依靠获取尽可能多得信息，如对方的商品质量、价格、支付能力、支付信誉等。

随着 Internet 的出现，电子中介作为一种工具被引入到生产、交换和消费中，人们做贸易的顺序并没有变，还是要有交易前、交易中和交易后几个阶段。但这几个阶段中人们进行联系和交流的工具变了，以前人们用纸面单证，现在改用电子单证。

传统经济运行过程是按生产—流通—分配—消费的过程进行的。电子商务使人类社会的商业模式发生了根本性的转变，它是通过电子手段建立起来的一种新的经济秩序，经济运行过程由消费者的需求开始,其过程为:消费需求—管理—生产—流通—分配—消费。电子商务将公司内部雇员、顾客、供货商和股东一条龙联系起来,既解决交易问题,还解决协作、服务问题,以开放取代封闭,以共享取代独占,以协调取代控制,以合作取代单干。

电子商务网上交易过程通常是,购买者发出一笔电子付款(以电子信用卡、电子支票或电子现金的形式),并随之发出一个付款通知给卖方,卖方通过中介机构对这笔付款进行认证并最终接收,同时发出货物,这笔交易才算完成。这个过程的核心问题在于保证网上支付的安全性,因此必须保证交易是保密的、真实的、完整的和不可抵赖的。目前,是用交易各方的电子证书(即电子身份证明)来提供安全保障。其次,任何一个商业实体面临的核心领域,可以分为电子销售偿付系统、供货体系服务、客户关系解决方案。如市场调研、咨询服务、商品购买指南等都是客户关系解决方案的一部分。

3. 电子商务的基础环境

电子商务的基础支撑环境除了传统商业的因素之外,还包括:

1) 企业信息化是实施电子商务的重要基础

在工业经济环境中,企业和公司是围绕物流和资金流组织生产的。这种生产是追求效率的大规模生产,产品是标准化的、大批量的。为了保证生产,需要有合理的库存储备,也就是不得不准备备份材料、零部件及劳动力等。而在信息经济环境中,企业则是围绕着信息组织生产。企业首先要有获取信息的技术手段,在信息技术的支撑下,企业可以清楚地知道现实的市场需求,在什么地方需要什么产品需要多少,而且能够使潜在的需求明朗化。这种信息化的背景为电子商务的产生奠定了基础。

2) 金融电子化是实施电子商务的保证

电子商务的核心内容是信息的互相沟通和交流。交易双方通过 Internet 进行交流,洽谈确认,最后有可能完成交易。这时对于通过电子商务手段完成交易的双方来说,银行等金融机构的介入是重要而必需的。银行所起的作用主要是支持和服务,属于商业行为。但从整个电子商务网络的发展来看,将来要在网络上直接进行交易,就需要通过银行的信用卡等各种方式来完成交易,以及在国际贸易中通过金融网络的连接来支付和收费。

银行在电子商务整体框架中是必不可少的一个重要组成部分,银行的支付结算服务是电子商务得以开展的必要条件。在电子商务中,无论是企业间的交易活动还是消费者和企业间的网上购物活动,都离不开银行的支持。网上购物可以分为两个基本环节——交易环节和支付结算环节,而支付结算环节是由包括支付网关、发卡行、收单行在内的金融专用网上完成的。因此,离开银行,无法实现网上交易,也就谈不上真正的电子商务。

3) 现代信息技术是实施电子商务的技术基础

电子商务使用了很宽范围的现代信息技术及其基础设施:

(1) 信息高速公路:信息传播的基础设施,主要由骨干网、城域网、局域网等组成,它使任何一台联网的计算机能够随时通过网络同世界连为一体。

(2) 电信通信系统:信息可能是通过电话线传播的,也可能是通过无线电波的方式传递。

(3) 信息的网上发布、查询、检索的实现:像亚马逊公司这样的联机书店,在网站上发布产品目录和存货清单,吸引了网络上数目极为可观的顾客。

（4）多媒体信息传播的工具开发:网络上传播的内容包括文本、图片、声音、图像以及可连续播放的视频录像等,还得确保它传递的消息是可靠的、不可篡改的、不可否认的,在有争议的时候能够提供适当的证据。

4）电子商务政策法规和技术标准的制定

电子商务是建立在跨国界的信息网络之上的贸易方式,相关政策法规必须与此保持一致,但是各国国情相距甚远,电子商务的共同要求和各国具体情况间往往会发生冲突,需要国际社会协调解决。技术标准对于保证计算机网络的兼容性和通用性是十分重要的。

4. 电子商务体系结构和运作模式

一个完善的电子商务系统应该包括哪些部分,目前还没有权威的定论。由于电子商务覆盖的范围十分广泛,包括信息交换、售前服务（提供产品和服务的细节、产品使用技术指南、回答顾客意见）、销售、电子支付（使用电子资金转账、信用卡、电子支票、电子现金）、运输（商品的发送管理和运输跟踪以及可以电子化传送的产品的实际发送）、售后服务、组建虚拟企业（组建一个物理上不存在的企业,集中一批独立的中小公司的权限,以提供比任何单独公司多得多的产品和服务）、公司和贸易伙伴可以共同拥有和运营共享的商业方法等,因此,必须针对具体的应用才能描述清楚系统架构。

作为对传统商务模式的一种革新,电子商务的发展实际上是一项社会系统工程,它是一个由计算机、通信网络及程序化、标准化的商务流程和一系列安全、认证法律体系组成的集合,是一个由不同实体和不同层次组成的应用体系。其内部的体系结构是:在电子商务的环境体系（即支付体系、安全认证体系、法律法规体系、物流配送体系和社会信息化环境体系等）下,以 Internet 基础设施、电子商务技术与标准体系为基础,在电子商务的各参与实体（主要有政府、企业和消费者）之间及内部形成不同的模式:B2C（企业对消费者）、B2B（企业对企业）、B2G（企业对政府）等。简言之,电子商务体系结构主要是以 Internet 为交易平台（基础）,由客户（买方）、商家（卖方）、银行（资金支付）和 CA 认证中心（安全认证）四方组成,其结构如图 7-1 所示。

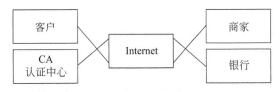

图 7-1 电子商务体系结构示意图

通常,电子商务系统的运作模式可以划分为四个层次:

（1）网络层:电子商务的基础设施,包括 Internet、电子商务技术与标准体系等,是信息传送的载体和用户接入的手段,也是信息流通的主要通道。

（2）信息层:也称多媒体信息发布、传输层,传输信息的内容。

（3）商务层:也称一般业务服务层,实现各种网上商务活动与服务,其中包括安全技术基础设施和各种认证手段。

（4）法律层：政府为促进电子商务发展而制定的一系列法律法规、政策规范，如工商管理、税收、信息定价、传输成本、个人隐私保护、信息安全和信用安全等。

7.1.2　电子商务的由来和发展

电子商务是通过网络和信息传递的方式和手段，使用先进的信息处理工具，利用电子信息技术进行的商务活动，即它是利用先进的电子信息技术进行商务活动的总称。从信息技术发展的观点去认识电子商务，不难看出，它在 20 世纪末的产生及其后的快速发展是人类信息社会发展的一种必然。

1. 电子商务的产生

自 1837 年莫尔斯发明电报和 1875 年贝尔发明电话以后，在人类社会的经济活动中就开始利用电子技术进行的部分商务活动。人们使用电话和电报来互通商务交易中的信息、传递交易中的凭证、文件及合同，但当时却没有人认为这就是电子商务。原因是它未能成为经济活动中商务活动的主流，社会还没有形成电子商务交易的环境和条件。

20 世纪 80 年代，随着经济全球化的步伐加快，以及电子计算机和网络技术的高速发展，开始形成了有利于电子商务发展的社会大环境，特别是 Internet 构建了电子商务赖以存在的交易平台，越来越多的人利用电子这种载体作为媒介来传递商务活动中的交易信息，并预示着它将是未来商务活动的一种发展方向，人们提出了电子商务概念。在当时的信息技术历史条件下提出的这个概念既不够明确清晰，也不统一。直到 20 世纪 90 年代中期，随着 Internet 应用的推广普及，才由 IBM 公司首先正式提出了基于 Internet 应用的电子商务比较清晰的定义及其解决方案，明确提出电子商务是通过 Internet 和其他电子信息化手段打通企业上下游，实现商务电子化运作。

由此可见，电子商务的产生是全球一体化趋势与现代信息技术交融在经济领域应用的结晶，也是商务活动在人类社会发展过程中的必然结果。没有经济全球一体化就没有电子商务应用的市场经济支撑，没有计算机和互联网技术就没有电子商务运行的技术环境。换言之，没有信息时代高科技的发展和人们思想观念的改变，也不可能有电子商务模式的创新和发展。

2. 电子商务的发展

虽然人们在 20 世纪 80 年代就提出了电子商务的概念，但电子商务真正的大发展是从 20 世纪 90 年代中期开始的，至今电子商务的发展经历了 3 个阶段。

1）第一阶段：高速初始发展阶段

20 世纪 90 年代中期，基于计算机技术与通信技术结合的网络环境的出现，利用 Internet 从事商务活动，成为人类社会经济活动中的热点。人们认识到 Internet 最终的主要商业用途就是电子商务，其对社会的影响，不亚于蒸汽机的发明给整个人类社会带来的影响，因此把它看作是一个具有划时代意义的事情。从 20 世纪 90 年代开始，在 IT 业快速发展的推动下，全球主要股市连续上涨 10 年，创造了经济奇迹。在当年电子商务的爆炸式发展中，资本市场的投资，起到了推波助澜的作用，网络概念股在全球股市受到青睐。大量的风险投资涌入电子商务领域,不断有企业宣布拓展电子商务领域,新的电子商务网站不断大量涌现。

实际上,在欧美等发达国家电子商务实践早于电子商务概念,企业的商务需求推动了网络和电子商务技术的进步,并促成电子商务概念的形成,属于商务推动型。当互联网时代到来的时候,它们已经有了一个比较先进和发达的电子商务基础。

(1) 拥有计算机的家庭、企业众多,网民人数占总人口的 2/3 以上,优裕的经济条件和庞大的网民群体为电子商务的发展创造了一个良好的环境。

(2) 普遍实行信用卡消费制度,建立了一整套完善的信用保障体系,这为电子商务的网上支付问题解决了出路。

(3) 物流配送体系相当完善、正规。在电子商务业务还未广泛开展的十多年前,只要客户打电话通知要货,都可以享受免费的送货家政服务。当电子商务时代到来时,只需将各个物流配送点用计算机连接起来,即可完成传统配送向电子商务时代配送的过渡,轻而易举就解决了电子商务活动中最重要最复杂的物流配送环节。

2) 第二阶段:调整蓄势阶段

进入 2000 年,IT 业经过十多年的高速发展之后积累的问题开始暴露,股市泡沫破灭,NASDAQ 指数在一年的时间内就从 5000 点跌至 2000 点以下。和整个 IT 业一道,电子商务开始了调整。随着资金的撤出,许多依赖资本市场资金投入的网站陷入了困境,不少网站开始清盘倒闭。据不完全统计,超过 1/3 的网站销声匿迹了。电子商务经历了其发展过程中的寒冬,许多.com 公司纷纷倒闭。

"E 化"经济泡沫的破灭,促使人们开始对电子商务进行认真反思。电子商务不是简单地将传统商务电子化或搬到 Internet 上,即电子商务的核心不是电子,而是商务。电子商务是基于电子化技术进行商业关系创新的理念、模式和技术。企业电子商务应用的重点是建立起与传统商务不一样的商业关系,强调商业关系的创造和变革。主要有以下几方面内容:

(1) 必须形成商业关系创新的理念。包括商业关系建立的基础,如何创造和变革企业与客户间商业关系,以及客户感知价值的变化对建立新的商业关系有什么影响。

(2) 用什么商业模式支持创新的商业关系。电子商业模式的正确选择对电子商务成功十分重要,其应用总离不开商业模式的设计,简单地把传统商业模式搬到 Internet 上很难成功。

(3) 用什么商务技术支持商业关系创新的理念和模式。商务技术是基于信息技术的商务支持技术,在线商务活动需要与离线商务活动不一样的商务支持技术,如业务流程优化带来的效率对电子商务成功是至关重要的。

3) 第三阶段:复苏稳步发展阶段

2002 年底至今,电子商务步入复苏和稳步发展阶段,经过电子商务发展"寒冬"的严峻考验,生存下来的电子商务网站开始懂得电子商务网站的经营必须要有务实的精神,就是首先要在经营上找到经济的赢利点,有了这些宝贵经验和经营实践,务实的经营理念使这些经营性的网站,扭转长期亏损局面而出现了赢利。人们看到了希望,电子商务网站的经营实现了突破,开始出现了又一个春天。电子商务毕竟是具有强大生命力的新生事物,短暂的调整改变不了其上升趋势。

在惨烈的调整之后,从 2002 年底开始复苏,其标志是不断有电子商务企业开始宣布实现赢利。到 2002 年底,全球 Internet 用户人数已经达到 6.55 亿,比上年同期增长了 30%。2002 年网上商品和服务的销售额已经达到 23 万亿美元,比上年同期增长了 50%。2003 年,这个数字增长到 39 万亿美元。到 2009 年,全球企业和个人购买的全部商品已有 20% 是在网上购买的,电子商务交易总额超过 100 万亿美元。目前,电子商务出现了许多新的发展趋势,如与政府的管理和采购行为相结合的电子政务服务,与个人手机通信相结合的移动商务模式,与娱乐和消遣相结合的网上游戏经营等都得到了很好的发展。

7.1.3　电子商务在我国的发展

我国计算机应用和信息化建设已有四十多年历史,但电子商务仅有十多年。中国电子商务始于 1997 年。如果说欧美等发达国家的电子商务是"商务推动型",那么中国电子商务则更多的是"技术拉动型",这是在发展模式上中国电子商务与欧美等发达国家电子商务的最大不同。

1. 我国电子商务基础的建立

我国政府历来高度重视信息系统工程建设,"十五"期间对信息化发展重点进行了全面部署,为加快信息化发展作出了一系列重要决策,从而为我国电子商务的建立和发展奠定了坚实的基础。这些基础性工作主要包括以下几方面:

(1) 1987 年 9 月 20 日,我国的第一封电子邮件越过长城,通向了世界,揭开了中国使用 Internet 的序幕。

(2) 自 1990 年开始开展 EDI 的电子商务应用,国家计委、科委将 EDI 列入"八五"国家科技攻关项目,如外经贸部国家外贸许可证 EDI 系统、中国对外贸易运输总公司中国外运海运/空运管理 EDI 系统等。

(3) 1993 年我国政府成立以国务院副总理为主席的国民经济信息化联席会议及其办公室,相继组织了金关、金卡、金税等"三金工程",取得了重大进展。

(4) 1995 年,中国互联网开始商业化,互联网公司(包括 ISP 和.com 公司)开始兴起。

(5) 1996 年 1 月成立国务院国家信息化工作领导小组,由副总理任组长,二十多个部委参加,统一领导组织我国信息化建设。1996 年全桥网与 Internet 正式开通。

(6) 1997 年,国家信息化工作领导小组组织有关部门起草编制我国信息化规划,1997 年 4 月在深圳召开全国信息化工作会议,各省市地区相继成立信息化领导小组及其办公室,各省开始制订本省包含电子商务在内的信息化建设规划。1997 年广告主开始使用网络广告。1997 年 4 月以来,中国商品订货系统(CGOS)开始运行。

2. 我国电子商务发展概况

我国电子商务概念先于电子商务应用与发展,"启蒙者"是 IBM 公司等 IT 厂商,网络和电子商务技术需要不断"拉动"企业的商务需求,进而带动中国电子商务的应用与发展。在 1997 年和 1998 年,中国电子商务的主体是一些 IT 厂商和媒体,它们以各种方式进行电子商务的"启蒙教育",激发和引导人们对电子商务的认识、兴趣和需求。

1998年3月,我国第一笔互联网网上交易成功。1998年7月,我国第一家现货电子交易市场,即中国商品交易市场正式宣告成立,被称为"永不闭幕的广交会",它是我国第一家现货电子交易市场,1999年电子交易额达到2000亿人民币。与此同时,中国银行与电信数据信息局合作在湖南进行中国银行电子商务试点,推出我国第一套基于SET的电子商务系统。1998年10月,国家经贸委与信息产业部联合宣布启动以电子贸易为主要内容的"金贸工程",它是一项推广网络化应用、开发电子商务在经贸流通领域的大型应用试点工程。

在1999年,以网站为主要特征的电子商务服务商在风险资本的介入下成为我国电子商务最早的应用者,如1999年3月8848等B2C网站正式开通,网上购物进入实际应用阶段。

2000年随着资本市场泡沫的破灭,我国与世界其他国家一样,一方面网站电子商务开始跌入低谷,短短的两年时间,包括8848在内的成千上万家网站宣布破产倒闭;而另一方面,企业特别是传统企业却开始大规模进入电子商务领域,我国电子商务经过两年左右时间的休整后,从2002年开始进入第三个阶段,企业电子商务成为我国电子商务新的主体。从此,我国电子商务进入了可持续性发展的稳定期,特别是近几年来发展迅猛,方兴未艾。统计数据显示,五年后,即2007年全国电子商务交易总额达2.17万亿元,比上年度增长90%。随后,我国电子商务的发展的浪潮汹涌澎湃,一浪高过一浪,其中网络零售业已经连续三年保持了翻一番的增长速度。到2009年我国电子商务交易总额为3.85万亿元,2010年仅上半年就达到2.1万亿元,预计全年将超过4.5万亿元。与此同时,我国网上消费者人数的增长也开始出现井喷,2008年6月底,我国网上消费者人数为6329万,半年内增加36.4%,到2009年底猛增到1.4亿,在未来五年内网上消费者的数字预计会增加到4亿,这是一个最近十年内其他国家都无法赶超的巨大市场。

为了使各商业银行的银行卡联网通用,经中国人民银行批准的、由八十多家国内金融机构共同发起设立的股份制金融机构,即中国银联股份有限公司于2002年3月26日成立,总部设在上海。该公司采用先进的信息技术与现代公司经营机制,建立和运营全国银行卡跨行信息交换网络,实现银行卡全国范围内的联网通用,推动我国银行卡产业的迅速发展,实现"一卡在手,走遍神州",乃至"走遍世界"的目标。

中国电子商务协会作为协助政府部门推动电子商务的重要的行业协会,一直致力于电子商务的发展,如2010年4月9日,正式成立"三网融合全程电子商务工程中心",并同期启动"百万推进工程",促进全国近百万企业开展全程电子商务应用。

在当今内外经济作用下,我国经济面临市场倒逼的转型拐点。国内企业努力寻找"中国制造"产业升级的新路径,以获得全球经济链条中的高价值,而电子商务则成为一条颇有前景的掘金蹊径。

现在,我国的电子商务正处在高速发展和稳步推进的阶段,电子商务经营性网站得到了快速发展,网上采购规模迅速增长,网上金融不断扩张,电子商务的服务范围不断扩大,旅游、票务、金融、房地产、职业介绍、网上教育、娱乐等网上服务业迅速发展,并且在电子商务相关的法规和条例建设上也取得了很大进展。十多年前从零起步的电子商务,如今已经成长为我国经济发展中的一只猛虎。

3. 我国电子商务政策与法律环境

为了推动电子商务的发展,我国政府通过制定政策法规,从网络基础设施建设、与电子商务相关的技术发展和技术标准、税收、市场准入等方面着手,为电子商务创造良好的宽松的经营环境,引导企业和公众积极参与电子商务。

1) 电子商务类法规

- 国务院办公厅《关于加快电子商务发展的若干意见》(2005 年 1 月);
- 商务部《关于网上交易的指导意见(征求意见稿)》(2006 年 6 月);
- 商务部《关于网上交易的指导意见(暂行)》(2007 年 3 月);
- 商务部《关于促进电子商务规范发展的意见》(2007 年 12 月);
- 商务部《电子商务模式规范》(2008 年 4 月);
- 商务部《关于加快流通领域电子商务发展的意见》(2009 年 11 月)。

2) 网络购物类法规

- 全国人民代表大会常务委员会《中华人民共和国消费者权益保护法》(1993 年 10 月);
- 全国人大常委《中华人民共和国商标法》(2001 年 10 月);
- 商务部商业改革司《网络购物服务规范》(2008 年 4 月);
- 国家工商行政管理总局《网络商品交易及有关服务行为管理暂行办法》(2010 年 5 月)。

3) 电子支付类政策

- 中国人民银行《支付清算组织管理办法(征求意见稿)》(2005 年 6 月);
- 中国人民银行《电子支付指引(第一号)》(2005 年 10 月);
- 中国人民银行《关于加强银行卡安全管理预防和打击银行卡犯罪的通知》(2009 年 4 月);
- 中国人民银行《非金融机构支付服务管理办法》(2010 年 6 月)。

4. 我国电子商务的发展趋势

1) 基础设施将日趋完善

随着我国三网合一及高速宽带互联网的建立,制约电子商务发展的"网络瓶颈"有望得到缓解和解决,消费者的上网费用将越来越低廉,使我国电子商务的发展将具备良好的网络平台和运行环境。移动通信将成为进行电子商务的主要媒体,我国移动电子商务已经进入了快速发展通道。

2) 对电子商务的认识更深化

电子商务的社会及商业环境更趋成熟,老百姓的消费观念和行为已经或正在发生深刻变化,对电子商务的接受程度将不断提高。预计到 2015 年,我国网上消费者的数字将达到 4 亿。企业对电子商务的认识更深化,实施电子商务的紧迫性和自觉性都会大大提高。

3) 支撑环境将逐步规范和完善

电子商务的法律环境将更完善。随着电子商务的相关基本法律、法规的出台和实施,国内电子商务将得到有效的法律保障。电子商务的安全性将得到有力的提升。我国将结合国情,发挥国家在保障电子商务交易安全方面的主导作用,消除人们对目前电子商务安全性的担忧。电子商务的物流体系逐步完善。随着电子商务的发展和需要,跨地区的专业性物流渠道将适时建立和完善,使得电子商务公司在配送体系的选择方面空间更大,成本将降低。

4）发展的深度将进一步拓展

随着电子商务技术创新与集成度的提高,企业电子商务将向纵深挺进,新一代的电子商务将浮出水面,取代目前简单地依托"网站＋电子邮件"的方式。电子商务企业将从网上商店和门户的初级形态,过渡到将企业的核心业务流程、客户关系管理等都延伸到 Internet 上,使产品和服务更贴近用户需求。互动、实时成为企业信息交流的共同特点,网络将成为企业资源计划、客户关系管理及供应链管理的中枢神经。企业将创建形成新的价值链,把新老上下利益相关者联合起来,形成更高效的战略联盟,共同谋求更大的发展。

（1）面向个人消费者的专业化趋势:为了满足消费者个性化的要求,特别是对那些技术含量、知识含量较高的商品和服务,电子商务产业将进一步进行深化改革,以提供更好的专业化产品和具有专业水准的服务,包括给消费者提供购买前的专家指导。

（2）面向企业客户的专业化趋势:对 B2B 电子商务模式来说,发展以特定行业为依托的"专业电子商务平台"也是一种趋势。如"美国商务网"就是为国内中小企业开拓国外市场服务的专业网站,专为化工企业服务的"中国化工信息网"在行业内影响较大。

5）向国际化发展

依托于 Internet 的电子商务能够超越时间、空间的限制,有效地打破国家和地区之间各种有形、无形的壁垒,刺激国家和地区的对外贸易发展。随着国际电子商务环境的规范和完善,我国电子商务企业必然走向世界。特别是 2008 年金融危机发生以来,许多国家搞贸易保护主义,大量减少对中国的产品进口。但是外国的老百姓确实喜欢中国产品,因为买自己国家产品太昂贵了,于是他们通过 Internet,能轻松购买到来自中国的非常便宜的产品。电子商务对我国的中小企业开拓国际市场、利用国外各种资源是千载难逢的时机。借助电子商务,中小企业传统市场的竞争力可以得到加强,并有更多机会将产品销售到全球各个国家和地区。

6）向区域化发展

电子商务的区域化趋势是就我国独特的国情条件而言的。我国是一个人口众多、幅员辽阔的大国,社会群体在收入、观念、文化水平等方面都有不同的特点。我国总体仍然是一个人均收入较低的发展中国家,而且城乡经济的不平衡性、东西部经济发展的阶梯性、地区收入结构的层次性都十分明显。目前上网人群主要集中在大城市,今后相当长时间内,上网人口仍将以大城市、中等城市和沿海经济发达地区为主,电子商务 B2C 模式的区域性特征非常明显。以 B2C 模式为主的电子商务企业在资源规划、配送体系建设、市场推广等方面都必须充分考虑这一现实,采取有重点的区域化战略,才能最有效地扩大网上营销的规模和效益。

7）全程电子商务快速发展

全程电子商务是以互联网和移动通信网为基础,将电子商务、业务管理信息化、供应链协同等服务融为一体,属于广义电子商务(EB)的范畴。其特点是将供应链管理从企业内部延伸到了企业外部的上游供应商和下游客户,提供了 eERP、eCRM、eSRM 和 eOA 等在线应用及部分功能支持离线应用功能,形成了一个全程供应链管理系统;将电子商务从以发布信息、搜索商机、电子交易为主延伸到电子采购、协同工作等领域,形成了一个完整的全程电子商务活动管理系统;将软件服务化(SaaS)模式成功地整合到管理软件和电子商务的应用领域。全程电子商务克服了狭义电子商务（EC）和传统 ERP 的劣势，实现电子商务与在线企业管理融合，网上交易与业务管理一体化，以及网上、网下客户与供应链统一管理，从而扩展企业管理、协同范围。

7.1.4　电子商务人才培养和专业资质认证

电子商务专业是融计算机科学、市场营销学、管理学、法学和现代物流于一体的新型交叉学科。培养掌握计算机信息技术、市场营销、国际贸易、管理、法律、会计学和现代物流的基本理论及基础知识，具有利用网络开展商务活动的能力和利用计算机信息技术、现代物流方法改善企业管理方法，提高企业管理水平能力的创新型复合型电子商务高级专门人才。

电子商务资格认证和证书体系的发展是伴随着电子商务科学体系的发展和应用的需要而产生的。各类电子商务（B2B、B2G、B2C、G2C、C2C）在国民经济主要部门，工业、农业、商业、交通运输业、金融、保险、证券业及信息服务业将全面发展，网络营销为重点的电子商务将基本普及，网上支付随环境条件改善，而逐步发展。鉴于电子商务师是一个新兴职业，其鉴定工作要求较高，政策性较强，为了证明电子商务从业人员的能力及资质，电子商务资格认证和专业证书随之便产生了。鉴于电子商务师是一个新兴职业，其鉴定工作要求较高，政策性较强，电子商务工作者通过资格认证不但获得国家承认的电子商务从业资格，而且可以促进个人电子商务水平的迅速提高。

1. 电子商务师职业资格

1）职业定义

电子商务师是指利用计算机技术、网络技术、数据资源管理技术等现代信息技术从事商务活动或相关工作的人员。

2）职业等级

我国目前由全国统一鉴定的电子商务师职业资格共分为四个等级，包括电子商务员、助理电子商务师、电子商务师和高级电子商务师。

① 电子商务员（国家职业资格四级）；

② 助理电子商务师（国家职业资格三级）；

③ 电子商务师（国家职业资格二级）；

④ 高级电子商务师（国家职业资格一级）。

2. 国家认证项目

中国网络商务应用能力考试（The National Certification of E-Business Applications，NCBA）是依据国务院办公厅《关于加快电子商务发展的若干意见》，国办、发改委联发《电子商务发展"十一五"规划》，中共中央、国务院《关于进一步加强人才工作的决定》，人事部、教育部、科学技术部、财政部《关于加强专业技术人员继续教育工作的意见》以及结合国际、国内行业实际，由工业和信息化部推出该职业技能水平考核项目，该项目属于职业资格类培训体系，已纳入人力资源和社会保障部证书体系。NCBA 是全国唯一在电子商务领域运营工程师岗位的认证考试项目，是基于网络的"非技术类"，涵盖管理类、商务类、营销类、电子支付类的考试体系。

随着产业的发展、岗位的细分,不同的岗位对不同的专业人才有了不同的要求,NCBA是以商务运营为核心,以行业应用为重点的电子商务职业教育和考评体系,面向经济活动各领域电子商务"非技术类"从业人员和相关专业的在校学生,立足在产业发展新的阶段培养出大量运营型和应用型的合格人才,为企业提供运营型岗位的选聘和任用标准。同时,NCBA将为广大基于网络的"非技术类"管理类、商务类、营销类人员提供一个持续学习、相互交流、知识服务的学习平台,并为上述人士提供专业方向的深度教学服务和定制服务以及就业推荐相关工作。电子商务、电子政务、电子金融、电子医疗、数字教育、现代物流等,都是基于信息技术在各个行业的应用。

为了顺应产业发展对人才的需求,经 NCBA 专家委员会审核第一批通过了五门科目。
① NCBA 网络采购运营工程师;
② NCBA 电子支付运营工程师;
③ NCBA 电子商务物流运营工程师;
④ NCBA 电子商务软件运营工程师;
⑤ NCBA 第三方电子商务平台运营工程师。

全国网络商务应用能力考试认证考试在未来一年将推出 11 个科目的考试,基本覆盖电子商务领域的不同岗位的人才考评,实行"分区管理"、"培考分离"及"八统一"的培训考试制度,严格认证、规范教学、合理运作、人性化管理,将为我国电子商务事业的新型人才队伍建设做出贡献。

7.2 电子商务的分类、特点和作用

电子商务是运用现代信息技术,对企业的各项活动进行持续优化的过程,采用电子形式开展商务活动。它包括在供应商、客户、政府及其他参与方之间通过任何电子工具,如 EDI、电子邮件等共享非结构化商务信息,并管理和完成发生在商务、管理和消费活动中的各种交易。

7.2.1 电子商务的类型

电子商务按活动运行方式、参与交易的对象、开展交易的范围和网络应用平台类型等进行分类,有以下几种类型。

1. 按活动运行方式分类

1) 完全电子商务
可以完全通过电子商务方式实现和完成整个交易过程的交易。

2) 不完全电子商务
无法完全依靠电子商务方式实现和完成完整交易过程的交易,它需要依靠一些外部要素,如运输系统等来完成交易。

2. 按参与交易的对象分类

1) 企业与个人之间的电子商务

消费者利用 Internet 进行购物。在 Internet 上通过网上商店买卖的商品可以是实体化的，如服装、食品、鲜花、书籍、汽车、家电等；也可以是数字化的商品，如音乐、电影、新闻、数据库、软件等；还有提供的各类服务，有安排旅游、在线医疗诊断和远程教育等。比较典型的企业与个人之间的电子商务(B2C)案例有京东商城、凡客诚品、卓越、当当、淘宝商城、赛Ｖ网、麦考林、红孩子等购物网站。

2) 企业与企业之间的电子商务

企业与企业之间通过 Internet 进行产品、服务及信息的交易，完成从定购交付到结算支付的全部交易活动，包括询价订货、签约、接受发票和使用电子资金转移、信用证、银行托收等方式进行付款，以及在商贸过程中发生的其他问题如索赔、商品发送管理和运输跟踪等。企业对企业的电子商务经营额大，所需的各种硬软件环境较复杂，但在 EDI 商务成功的基础上发展得最快。比较典型的企业与企业之间的电子商务(B2B)案例有阿里巴巴、中国电子交易网、中国企业网、百纳网、中国网库、中国制造网、敦煌网、慧聪网、瀛商网、中国化工网、鲁文建筑服务网、中国畜牧商城网等。

3) 企业与政府之间的电子商务

企业与政府部门之间的电子商务(B2G)包括政府采购、税收、商检、管理条例发布等。如政府采购，通过互联网公开发布招标通告，企业响应投标；企业在网上报税、工商注册年检、社保交费、报关申请、信息查询等。

4) 个人与个人之间的电子商务

Internet 为个人经商提供了便利，C2C 商务平台就是通过为买卖双方提供一个在线交易平台，使卖方可以主动提供商品上网拍卖，而买方可以自行选择商品进行竞价，形式类似于"跳蚤市场"。C2C 技术方面的发展趋势是 3D 技术的应用，以提供更为人性化的服务，比如，可以在一些提供 3D 技术的平台上，根据自己的体型设计出跟自己体型大体一致的 3D 模型，在购买衣物或鞋子的时候，完全可以用模型来代替自己试穿，这也省去了很多调换的成本和麻烦。比较典型的 C2C 案例有淘宝网、百度 C2C、拍拍网等网站。

5) 个人与企业之间的电子商务

个人与企业之间的电子商务(C2B)模式的核心是通过聚合为数庞大的用户形成一个强大的采购集团(团购)，以此来改变 B2C 模式中用户一对一出价的弱势地位，使之享受到以大批发商的价格买单件商品的利益。C2B 另一种模式是完全以消费者意愿进行操作并完成的电子商务模式，即网络代购，其主要形式为代购远距离，尤其是境外、国外电子商务网站的商品。

6) 个人与政府之间的电子商务

个人对政府的电子商务(C2G)指的是政府对个人的电子商务和业务活动，包括居民的登记、统计、户籍管理、征收个人所得税和其他契税、发放养老金、失业救济和其他社会福利等。

7) 企业与职业经理人之间的电子商务

企业与职业经理人之间的电子商务(B2M)本质上是一种代理模式，它相对于 B2B、

B2C、C2C 的电子商务模式(买家和卖家都是网民)而言,是一种全新的电子商务模式。B2M的目标客户群不是作为最终消费者身份出现的,而是企业的销售代理人。职业经理人通过网络获取企业的产品或者服务信息,然后为企业提供销售代理服务,获取佣金。B2M 最大优势是电子商务的线下发展,由职业经理人直接面对最终消费者,通过线上和线下多种渠道对站点进行广泛的推广和规范化的导购管理,从而使得站点作为企业的重要营销渠道,不只是面向网民,而是面向所有公民(不论他是否上网)。

8) 职业经理人与个人之间的电子商务

职业经理人与个人之间的电子商务(M2C)是 B2M 电子商务模式的延伸,是 B2M 不可缺少的一个后续发展环节。职业经理人要将产品销售给最终消费者,其中也有很大一部分要通过电子商务的形式,类似于 C2C,但又不完全一样。C2C 的盈利模式是赚取商品进出价的差价,而 M2C 的盈利模式则丰富、灵活得多,可以是差价,也可以是佣金;M2C 的物流管理模式也比 C2C 更富多样性,如零库存;M2C 的现金流方面也较 C2C 模式更有优势。

3. 按开展交易的范围分类

1) 本地电子商务
利用本地区内的信息网络实现的电子商务活动,电子交易的地域范围较小。

2) 远程国内电子商务
在本国范围内进行的网上电子交易活动,其交易的地域范围较大,对软硬件和技术要求较高,要求在全国范围内实现商业电子化、自动化,实现金融电子化。

3) 全球电子商务
在全世界范围内进行的电子交易活动,参加电子交易各方通过 Internet 进行贸易,要求制定并遵守世界统一的电子商务标准。

4. 按网络应用平台类型分类

1) EDI 网络电子商务
电子数据交换(EDI)是按照一个公认的标准和协议,将商务活动中涉及的文件标准化和格式化,通过计算机网络,在贸易伙伴的计算机网络系统之间进行数据交换和自动处理。EDI 主要应用于企业与企业、企业与批发商、批发商与零售商之间的批发业务。EDI 电子商务在 20 世纪 90 年代已得到较大的发展,技术上也较为成熟;在许多企业中得到了很好应用,如中远集团、上海海关、上海联华、新聚思集团等。

2) Internet 电子商务
利用连通全球的 Internet 可以进行各种形式的电子商务业务,所涉及的领域广泛,全世界各个企业和个人都可以参与,其前景十分诱人,是目前电子商务的主要形式。

3) 内联网电子商务
内联网是指在一个大型企业的内部或一个行业内开展的电子商务活动,通过这种形式形成一个商务活动链,这样可以大大提高工作效率和降低业务的成本。

5. 按网店经营类型分类

1）网上综合商城

商城之所以谓之城，其主要特点是城中会有许多商店。网上综合商城如同现实生活中传统的大商城一样，自己不卖东西，而是将 N 个品牌专卖店装进去形成大规模的商城。它有庞大的购物群体，有稳定的网站平台，有完备的支付体系和诚信安全体系，提供完备的销售配套，促进卖家进驻卖东西，买家进去买东西。其优势体现在成本低，无营业时间限制（24 小时不夜城），无区域限制，有更丰富的产品等。网上综合商城做的最成功的代表是淘宝商城。

2）百货商店型网店

百货商店型网店如同现实生活中传统的百货商店一样，卖家只有一个，商店内有满足日常消费需求的丰富产品（百货），并自有仓库用来库存这些产品，以备更快捷的放流配送和为客户服务。这种商店甚至会有自己的品牌。网上百货商店做的最成功的代表是亚马逊、当当、卓越、线上沃尔玛等。

3）专一整合型网店

专一整合型网店把先进的电子商务模式与传统零售业进行创新性融合，利用现代化网络平台和呼叫中心的方式为客户服务。以网络营销和网站推广为主要手段，依靠先进的营销理念，高效完善的配送方式，全新的经营模式，为消费者提供高品质的完美购物体验。如赛 V 网主要从事体育用品网上销售、导购、新闻资讯、赛事报道等，十分注重客户服务。

4）垂直商店型网店

垂直商店型网店服务于某些特定的人群或某种特定的需求，提供有关这个领域或需求的全面产品及更专业的服务体现。如麦考林定位于 18～25 岁的年轻女性群体；红孩子起步时就是以母婴消费者这个细分市场切入的；京东做线上的国美，专业于销售电器产品。现在，垂直商店型网店有一种发展趋势：通过低价产品和高品质服务吸引了大批的购买者后，然后通过丰富产品线，添加或推荐利润空间更大的产品以谋求赢利，即往综合商店转型。

5）复合品牌型网店

佐丹奴是一个典型的复合品牌型网店，它有 N 家直属店、加盟店。现实生活中传统的大商城开了，佐丹奴进驻，而网上的淘宝商城开了，线上的佐丹奴也进去了。而哪怕是所有的商城都倒掉，佐丹奴也有自己的独立形象店，这就是传统的品牌。当佐丹奴发现线上的消费者和线下的消费者不同时，大胆地运用价格差异，而其完善的仓储调配管理通过网络的销售降低了商品店面陈列成本，分摊了库存成本，优化了现金流及货品流通的运作。随着电子商务的成熟，将有越来越多的传统品牌商加入电商战场，以抢占新市场，扩充新渠道。

6）轻型品牌型网店

轻型品牌型网店是指轻型品牌商开设的互联网商店，主要销售其品牌产品。一流企业做标准，二流企业做技术，三流企业做产品。轻型品牌商只做设计，不做产品，自己没有生产工厂，专注做自己擅长的事情：基于品牌定位，加强产品设计，专心形成自己品牌的产品标准；通过外包，找最好的原材料提供商和最好的生产厂商，以及寻找高效益的有效推广渠道。随着品牌产品从设计、生产和销售的整条链条日趋细化与完善，轻型品牌型网店可以更专注地提供个性化、更细腻的满足受众群体需求的产品,通过互联网销售平台、物流配送及各种服务等,在线上销售其品牌产品有十分广阔的前景。

7)服务型网店

服务型网店的经营业务是为了满足人们不同的个性需求而提供的各种服务,包括帮客户到全世界各地去购买他所想要的产品,甚至是帮客户排队买电影票等,其赢利方式就是通过提供的各种服务收取适量的服务费。随着国民经济的快速发展和人民生活水平的提高,人们的日常生活越来越丰富多彩,如今服务型网店越办越多。

8)导购引擎型网店

导购引擎型网店的典型代表如爱比网,其商业定位是力争成为电子商务有效的流量采购平台。一方面比友们可以通过这个网店的服务分享到比友的产品体验点评,比友们也热衷于将自己用过的产品体验告诉给更多的比友;另一方面爱比网作为 B2C 的上游商,给商家们带去客户,活跃网络市场,降低网上 B2C 商家们的营销成本。

9)在线商品定制型网店

在线商品定制型网店从事的业务是商品定制,这是一个前景十分看好的产业。很多客户看中某个商品的可能仅仅是商品的某一点,但是却不得不花钱去购买自己并不喜欢的整件商品,而商品定制就恰恰能解决这一问题,让消费者参与商品的设计中,能够得到自己真正需要和喜欢的商品。自 2006 年以来,国内的个性商品定制产业得到了飞速的发展,深受消费者欢迎,并且获得很多创业者和商家的追捧,其典型代表有忆典定制等。

7.2.2 电子商务与传统商务的比较

1. 传统商贸交易过程

传统商务的商贸实务运作过程是企业在具体进行一个商贸交易过程中的实际操作步骤和处理的过程,由交易前的准备、贸易磋商、合同与执行、支付与清算等环节组成。

1)交易前的准备

对于商贸交易过程来说,交易前的准备就是供需双方如何能宣传或者获取有效的商品信息的过程。商品的供应方的营销策略是通过报纸、电视、户外媒体等各种广告形式宣传自己的商品信息。对于消费者来说,要尽可能多得到自己所需要的商品信息,来充实自己的进货渠道。因此,交易前的准备实际上就是一个商品信息的发布、查询和匹配过程。

2)贸易磋商过程

在商品的供需双方都了解了有关商品的供需信息后,就开始进入具体的贸易磋商过程,贸易磋商实际上是贸易双方进行口头磋商或纸面贸易单证的传递过程。纸面贸易单证包括询价单、报价单、价格磋商、定购合同、发货单、运输单、发票、收货单等,反映了商品交易双方的价格意向、营销策略管理要求及详细的商品供需信息。在传统商贸活动的贸易磋商过程中使用的工具有电话、传真或邮寄等,因为传真件不足以作为法庭仲裁依据,故各种正式贸易单证的传递主要通过邮寄方式传递。

3)合同与执行

在传统商务活动中,贸易磋商过程经常通过口头协议来完成的,但在磋商过程完成后,交易双方必须要以书面形式签订具有法律效应的商贸合同,来确定双方磋商的结果和监督监督执行,并在产生纠纷时通过合同由相应机构进行仲裁。

4）支付过程

传统商贸中,支付有支票和现金两种方式,支票方式多用于企业之间的商贸过程,用支票方式支付涉及双方单位及其开户银行;现金方式常用于企业与个体消费者之间的商品零售过程。

2. 电子商务交易过程

在电子商务环境下,商贸实务的运作过程虽然也有交易前的准备、贸易的磋商、合同的签订与执行以及资金的支付等环节,但是交易具体使用的运作方法是完全不同的。

1）交易前的准备

在电子商务营销模式中,交易的供需信息都是通过 Internet 或移动通信网完成的,双方信息的沟通具有快速和高效率的特点。

2）贸易的磋商

电子商务中的贸易磋商过程将纸面单证在网络系统的支持下变成了电子化的记录、文件和报文在网络上的传递过程,并且由专门的数据交换协议保证了网络信息传递的正确性和安全性。

3）合同的签订与执行

电子商务环境下的网络协议和电子商务应用系统保证了交易双方所有的贸易磋商文件的正确性和可靠性,并在第三方授权情况下具有法律效应,可作为在执行过程中产生纠纷的仲裁依据。

4）资金的支付

电子商务中交易的资金支付是在网上进行的,电子支付过程可采用信用卡、电子支票、电子现金和电子钱包等形式完成。

3. 电子商务的优势

由于电子商务是综合运用信息技术,以提高贸易伙伴间商业运作效率为目标,将一次交易全过程中的数据和资料用电子方式实现,在整个商业运作过程中实现交易无纸化、直接化。电子商务可以使贸易环节中各个参与者更紧密地联系,更快地满足需求,在全球范围内选择贸易伙伴,以最小的投入获得最大的利润。电子商务与传统的商务活动方式相比,具有以下优势。

1）交易虚拟化

通过 Internet 或移动通信网进行的贸易活动,贸易双方从贸易磋商、签订合同到款项支付等,无需当面进行,均通过计算机在网络上完成,整个交易完全虚拟化,都是在网络这个虚拟的环境中进行。

2）交易成本低

电子商务使得买卖双方的交易成本大大降低,具体表现在:

（1）距离越远,网络上进行信息传递的成本相对于信件邮递而言就越低。此外,网络还可以缩短传递时间、减少数据重复录入,降低信息传递成本。

(2)买卖双方通过网络进行商务活动,无需中介者参与,减少了交易的环节,降低了流通成本。

(3)卖方可通过网络进行产品介绍、宣传,避免了在传统方式下的广告制作及印刷制品等的费用,降低了宣传成本。

(4)电子商务实行"无纸贸易",可减少90%的文件处理费用,降低管理成本。

(5)Internet 使买卖双方即时沟通供需信息,使无库存生产和无库存销售成为可能,从而使库存成本尽可能为零。

(6)企业利用内部网(Intranet)可实现"无纸办公",提高了内部信息的传递效率,节省了时间,同时降低了管理成本。通过 Internet 把公司总部、代理商以及分布在其他国家的子公司、分公司联系在一起,及时对各地市场情况作出反应,及时生产、及时销售、降低存货、快捷配送,从而降低产品成本。

(7)传统的贸易平台是店铺,电子商务贸易平台则是联网的计算机,可以免去店铺租金,从而降低了经营成本。

3)交易效率高

由于 Internet 将贸易中的商业报文标准化,使商业报文在世界各地的传递能在瞬间完成,计算机自动处理数据,使原料采购、产品生产、需求与销售、银行汇兑、保险、货物托运及申报等过程,无须专业人员干预,并能在最短的时间内完成。电子商务克服了传统贸易方式的费用高、易出错、处理速度慢等缺点,极大地缩短了交易时间,使整个交易非常快捷与方便。

4)交易透明化

电子商务使买卖双方从交易的洽谈、签约以及货款的支付、交货通知等整个交易过程都在网络上进行。通畅、快捷的信息传输可以保证各种信息之间互相核对自动化、实时化,防止伪造信息的可能性。由于加强了发证单位和验证单位的通信、核对,假的文件和证书就不易漏网。

5)提升企业竞争力

电子商务使得许许多多的中小企业也可以通过网络实现全天候、国际化的商务活动,通过网络进行宣传、营销,可以创造更多的销售机会,从而提高企业的竞争力。

6)促进经济全球化

电子商务使得世界各地的人们都可以了解到国际上的商业信息,加速了信息沟通和交流,促进了国际商务活动的开展,跨国商务活动变得越来越简易和频繁,适应了经济全球化的发展趋势。

4. 电子商务的特点

近年来传统产业的竞争日益激烈,向企业提出了集约化、低成本、高效率的要求。电子商务跨越时空界限,以高新技术手段为企业展示形象、传播信息,可以创造和捕捉商机,开拓市场,提高企业竞争力。发展电子商务,是关系到国家整个经济的持续发展的重要因素。

电子商务的特点主要有以下几方面:

1) 电子商务是传统商务活动的继续发展和提高

(1) 电子商务主要是商务活动而不是技术：三分技术，七分商务。传统商务活动的改革需要一定的新技术条件，新技术的应用要依赖新商务概念、认识、旧概念的转变和付诸行动的实践。

(2) 电子商务不是与企业日常工作无关、外加的业务，它可以取代企业原有的销售部、采购部。

(3) 电子商务不是脱离传统的商务活动，而是传统的商务活动的发展与创新。

2) 电子商务是信息管理系统的延伸和扩充

(1) 电子商务的概念和功能超出了传统的 MIS，MIS 是内部信息管理，电子商务是外部信息的管理、交流、控制。

(2) 电子商务和 MIS 是紧密相关的。

(3) 电子商务的开展和 MIS 的建设应当是紧密配合的。

电子商务不与传统产业相结合就没有根基，传统产业不搞电子商务就没有前途。两者是辩证统一的关系，相互依赖，相互促进，相互对立，相互统一的整体。

3) 电子商务是信息技术应用的广阔天地

(1) 电子商务必须立足于信息技术。

(2) 电子商务是传统企业的巨大市场。

(3) 电子商务的应用必须针对企业的实际需要。

4) 电子商务是传统企业改造的重要手段

(1) 降低企业生产成本，交易成本：以销定产、零库存、减少采购中间环节。

(2) 增强企业竞争力和适应能力。

7.2.3　电子商务的作用和影响

电子商务不仅仅是一种贸易的新形式，从其本质上说，电子商务应该是一种业务转型：它正在从人类社会的各个方面改变着人们相互交往的方式和关于各种生活细节的思维、观念。电子商务可以帮助企业接触新的客户，增加客户信任度，以合理运作和以更快的方式将产品和服务推向市场；它同时还可帮助政府更好地为更多的市民服务，并因此提高公众对政府的满意度；它可以更新人们的消费观念和生活方式，改变人与人之间的关系。

1. 电子商务对企业的作用

电子商务对企业的作用和影响主要体现在以下几方面：

(1) 扩大对外联系的渠道，提高企业和产品的竞争力。

(2) 加快信息交流速度，缩短业务周期：信息—物流—资金。

(3) 加快信息反馈和经营决策：用户意见几分钟就能看到，及时作出调整决策。

(4) 提高营销活动的针对性，减少盲目性。

(5) 降低交易成本和营销费用：减少了中间环节，广告费，介绍费，交际费。

(6) 促使企业向市场经济转变：以销定产、零库存、用户至上、品牌效应，市场预见。

(7) 提高对用户提供优质服务的能力。

（8）推动内部管理系统的建设，提高企业的管理水平，产品质量和生产能力。

2. 电子商务对社会的宏观影响

电子商务对人类社会的作用和影响主要体现在以下几方面：

（1）价格链变化，中间环节变化，引起人们价值观，生活方式的变化。传统的商店不会消失，但是商业活动的主角将让位于电子商城，逛商店是一种休闲活动或者更多的是女人们的嗜好；人们有更多的精力和时间旅游、运动、消遣、读书和玩游戏，也有部分人更加沉迷于计算机。

（2）产业结构变化，出现一批新的信息服务机构。

（3）社会经济运转速度加快，效益提高。从后工业社会时代转入信息时代、网络经济时代，带动整个国民经济高速发展。

7.3　电子数据交换

1. 电子数据交换的基本概念

电子数据交换（Electronic Data Interchange，EDI）是国际标准化组织定义的一种电子传输方法，使用这种方法，将商业文件按统一的标准，编制成计算机能够识别和处理的数据格式，在计算机之间进行传输。EDI 从 20 世纪 80 年代开始，最早应用于运输业，船务与港口之间的联络和单据交换。目的是为了实现无纸贸易所要求的商务文件（单据）处理过程和传输的数据标准化。现已发展为计算机之间商务信息的传递，如咨询、计划、采购、到货通知、付款、财政报告、合同等，广泛应用于国民经济领域多种行业。

1990 年 3 月联合国颁布 EDI 的国际通用标准 UN/EDIFACT，它建立起一种各网络、各设备和各系统之间的数据交换标准，以确保网络各结点和业务系统之间准确的数据通信。EDIFACT 由一系列涉及电子数据交换的指南和规则、目录和标准报文组成。其基本要素包括数据元（简单数据元，复合数据元），数据段，报文（有序字符串）。

2. EDI 的运行环境

（1）信息交换的应用领域：需要进行信息交换的某一应用领域，如国际贸易、国内贸易、医院、图书馆、项目管理等，它限定了有哪些信息需要传递，在哪些地点之间进行传递。

（2）信息交换的流程和规则：即 EDI 的过程，它反映了实际领域的业务过程，以及与之相伴的信息流程。例如在贸易过程中，从询价、报价开始，直到付款、交货。中间涉及供应者、购买者、银行、运输公司、保险公司等多种贸易实体，先后有几十种信息交换业务需要执行。在实际工作中，这种流程体现为一系列规则与标准。

（3）信息交流的手段：包括计算机、通信设备等，从最简单的电话线到卫星专线。都遵从某一特定的标准，要有一套专门的软件。

3. EDI 的作用

采用 EDI 可以更快速、更便宜地传送发票、采购订单、顾客文件、运输通知和其他商业单证,这增加了快速交换单证的能力,从而加快了商业业务的处理速度。更重要的是,这些过程可以被监督,从而为企业提供了跟踪、管理和审计的能力,从而使商业过程更加有效,提高了商业活动的效率和减少成本。EDI 以 Internet 作为传输网络,加大了信息流的自动化程度并帮助实现商业管理过程的自动化,可以为大量中小企业提供一个较为廉价的服务环境。

7.4 电子商务技术的核心问题

经济流通过程是商品(包括物质商品、信息商品)从生产领域转移到消费领域所必然发生的多种经济活动过程的总和。它包括物流、资金流、信息流等。信息在流通过程中的功能是使商品在合适的时间准确地送到所需的地方,从而减少资金占用和存储费用,提高经济效益。信息流在流通过程中处于中心地位,它影响着流通的效率。

电子商务技术的核心问题是信息流控制物流和资金流,及其安全认证。每个电子商务交易主体所面对的是一个电子市场,它必须通过电子市场提供的信息来选择交易的内容和对象。电子商务可以抽象地描述为每个电子商务交易主体和电子市场之间的交易事务关系。

7.4.1 信息流

一般企业中的信息流分为两个不同的方向。一个是有关管理的信息在企业各个组织间上下流动,如制定计划,传递报表。这是企业信息的纵向流动。另一种是信息随着材料和货物在工厂间流动。如订购材料,记录销售。这是信息的横向流动。纵向信息发生在企业内部,横向信息发生在企业与其前向或后向相关企业之间。

信息流既包括商品信息的提供、促销营销、技术支持、售后服务等内容,也包括诸如询价单、报价单、付款通知单、转账通知单等商业贸易单证,还包括交易方的支付能力,支付信誉、中介信誉等。物流活动是企业的基本活动,包括原材料采购、产品各道加工工序、半成品流转、运输、储存、发送等。企业中各部门、各环节的工作都是以促进物资流畅通为目的,尽量减少滞留现象,缩短生产周期,减少库存,提高经济效益,这些正是信息流的作用。信息流要规划和调节物流的数量、方向、速度和目标,使其按照一定的目的和规律运动。信息流是物流的"脉搏",反映物流运动的效率。

信息流在传统商务活动中受到信息沟通渠道的限制,费时、费力、成本高、范围小(受地域限制),价格、品种和质量可比对性小。信息流在电子商务活动中,由于信息沟通渠道的畅通和有效,包括信息采集、存储、加工、传递和显示更加方便、高效和可靠,使商务活动(交易)能体现出公开、平等、省时、省力、成本低、范围大、准确性高,产品可对比性高等优势。

7.4.2 资金流

资金流是指资金的转移过程,包括付款、转账、兑换等过程。电子商务的资金流是通过网络银行实现的。网络银行一方面向上为客户提供电子支付服务,另一方面向下相互间进行频繁和复杂的转账活动。

电子支付是指参加电子商务的一方向另一方付款的过程。

电子货币是计算机介入货币流通领域后产生的,它利用银行的电子存款系统和各种电子清算系统记录和转移资金。其优点是使用方便,流通快捷,成本低廉。电子货币包括以下几种类型:

(1) 电子支票:付款证明是一个由银行出文证明的电子流,付款证明的传输及账户的负债和信用几乎是同时发生的,它有一整套有关用户识别、标准报文、数据验证等规范的协议。

(2) 信用卡:使用信息卡支付的优点包括携带方便,不易损坏;安全性好,可以挂失;可以进行电子购物。

(3) 电子现金:电子现金没有明确的物理形式,以用户代码的形式存在,适用于买卖双方处于不同地点并通过网络进行电子支付的情况,把电子现金从买方处扣除并传输卖方。

7.4.3 物流

物流是指物品从供应地到接收地的实体流动过程,根据实际需要,将运输、储存、装卸、搬运、包装、流通加工、配送、信息处理等基本功能实施有机结合。物流是随商品生产的出现而出现,随商品生产的发展而发展,所以物流是一种自古就有的经济活动,如中国古代开挖运河是为了运粮、运盐的物流活动,郑和下西洋与丝绸之路也是为了进出口贸易的物流活动。物流活动的具体内容包括用户服务、需求预测、订单处理、配送、存货控制、运输、仓库管理、工厂和仓库的布局与选址、搬运装卸、采购、包装、情报信息等。电子商务的物流问题是制约电子商务发展的重要环节,也是能否真正体现电子商务优势的关键因素。物流的类型有以下几种:

1. 按物流的范畴划分

(1) 社会物流:属于宏观范畴,包括设备制造、运输、仓储、装饰包装、配送、信息服务等,公共物流和第三方物流贯穿其中。

(2) 企业物流:属于微观物流的范畴,从企业角度进行的物流活动,是具体的、微观的物流活动的典型领域,包括生产物流、供应物流、销售物流、回收物流和废弃物流等。

2. 按作用领域划分

(1) 生产领域物流:生产领域物流贯穿生产的整个过程。生产的全过程从原材料的采购开始,便要求有相应的供应物流活动,即采购生产所需的材料;在生产的各工艺流程之间,需要原材料、半成品的物流过程,即所谓的生产物流;部分余料、可重复利用的物资的回收,就是所谓的回收物流;废弃物的处理则需要废弃物物流。

(2) 流通领域物流:主要指销售物流。在当今买方市场条件下,销售物流活动带有极强的服务性,以满足买方的需求,最终实现销售。在这种市场前提下,销售往往以物资送达用户并经过售后服务才算终止,因此企业销售物流的特点便是通过包装、送货、配送等一系列物流实现销售。

3. 按提供服务的主体划分

（1）代理物流：也叫第三方物流，是指由物流劳务的供方、需方之外的第三方去完成物流服务的运作模式。第三方就是提供物流交易双方的部分或全部物流功能的外部服务提供者。

（2）企业内部物流：是指一个生产企业从原材料进厂后，经过多道工序加工成零件，然后零件组装成部件，最后组装成成品出厂，这种企业内部物资的流动称为企业内部物流。

4. 按物流的流向划分

（1）内向物流：是企业从生产资料供应商进货所引发的产品流动，即企业从市场采购的过程。

（2）外向物流：是从企业到消费者之间的产品流动，即企业将产品送达市场并完成与消费者交换的过程。

5. 按发展的历史进程划分

（1）传统物流：传统物流的主要精力集中在仓储和库存的管理和派送上，而有时又把主要精力放在仓储和运输方面，以弥补在时间和空间上的差异。

（2）综合物流：综合物流不仅提供运输服务，还包括许多协调工作，是对整个供应链的管理，如对运输、仓储部门等一些分销商的管理，还包括订单处理、采购等内容。由于很多精力放在供应链管理上，责任更大，管理也更复杂，这与传统物流有所不同。

（3）现代物流：现代物流是为了满足消费者需要而进行的从起点到终点的原材料、中间过程库存、最终产品和相关信息有效流动及储存计划、实现和控制管理的过程。它强调了从起点到终点的过程，提高了物流的标准和要求，是物流的发展方向。现代物流有两个重要功能：能够管理不同货物的流通质量；开发信息和通信系统，通过网络建立商务联系，直接从客户处获得订单。现代物流服务的核心目标是在物流全过程中以最小的综合成本来满足顾客的需求。

现代物流具有以下几个特点：电子商务与物流的紧密结合；现代物流是物流、信息流、资金流和人才流的统一；电子商务物流是信息化、自动化、网络化、智能化、柔性化的结合；物流设施、商品包装的标准化，物流的社会化、共同化也都是电子商务下物流模式的新特点。

电子商务的不断发展使物流行业重新崛起，目前物流业所提供的服务内容已远远超过了仓储、分拨和运送等服务。物流公司提供的仓储、分拨设施、维修服务、电子跟踪和其他具有附加值的服务日益增加。物流服务商正在变为客户服务中心、加工和维修中心、信息处理中心和金融中心，根据顾客需要而增加新的服务是一个不断发展的观念。

7.4.4 安全认证

电子商务是在网络上进行的交易，多数情况下买卖双方没有直接见面，由于网络漏洞和黑客的存在，电子商务首要任务是确保交易双方的信息不被泄漏，以及确认双方的身份和资格以建立彼此间的信任。因此要有一个认证中心，其主要作用是：

- 身份认证,资格认证;
- 信息的加密,存放、交易;
- 保证网上交易的不可抵赖性;
- 保证交易住处的完整性;
- 审核交易过程的合法性。

主要安全措施有:

1. 安全系统层协议

安全系统层协议(SSL)由美国网景(Netscape)公司于1994年提出的,目的是解决互联网上的安全通信服务,为 TCP/IP 连接提供保密性、数据完整性。SSL 对计算机之间整个会话进行加密,采用公钥和私钥两种加密方法,在建立连接过程中使用公钥,在会话过程中使用私钥。SSL 的缺点是安全不高,容易解密,它需要通过另外的手段来确认身份,然后再通过 SSL 交易。

2. 安全电子交易标准

安全电子交易标准(SET)是美国两大信用卡组织 Master Card 和 VISA 联手于1996年推出的一种加密标准,它采用公钥加密、电子数字签名、电子信封、电子安全证书等技术来保证网上交易信息机密、过程完整和参与者身份认证。它使用 1024 位 RSA 加密算法,比SSL 标准复杂许多,不仅加密两个端点间的单个会话,还可以加密和认定三个方向的多个信息。SET 的优点是安全性高,缺点是成本高,操作复杂,局限性大,在一次交易中只能是一个人、一个网站、一个银行。它比较适合于使用信用卡的个人购物(B2C),而不适合于对公业务(B2B)。

3. X.509 标准

国际电子同盟(ITU)在 1988 年制定的 X.500 系列标准中的 X.509 是目前被广泛采用的标准。它采用一个认证机构(CA)对实体的身份和公钥进行认证,并对包括实体公钥、名字、有效期等信息的公钥证书进行数字签名。为了简化管理,可以有多个层次的 CA,以及提供不同层次间的交叉认证。X.509 还提供了证书撤销机制,即用户可以在密钥有效期内停业使用密钥,生成证书撤销表(CRL)。当用户进行身份识别时,要检索 CRL,以检验证书的合法性。

4. 公钥基础设施

公钥基础设施(PKI)是由加拿大北方电讯公司开发出来的一种安全技术,支持 SSL,SET,电子证书和数字签名等。它可以弥补 SSL 在安全方面的缺陷,不仅包含加密、解密算法、密钥管理,还包括各种安全策略、安全协议和其他安全服务,包括:

- 发送事务的人确实是源用户;
- 接收事务的人确实是目的用户;
- 数据完整性不会受到威胁。

7.5 中国金融认证中心

由于电子商务是一项复杂庞大的社会系统工程,各国都不同程度地利用政府行为推进本国的电子商务的发展。20世纪90年代以来,电子商务在我国多个领域均已开始应用,形成了我国电子商务发展的初步基础。

认证中心的主要任务是受理数字证书的申请、签发及管理。下面以中国金融认证中心(CFCA)为例。CFCA是中国人民银行组织工行、农行、中行、建行、交行、深发行、广发行、招商、光大、华夏、民生、中信实业银行等12家发起银行筹资共建的金融认证中心。

1. PKI认证中心

① B2C(信用卡、借记卡、银行账户);
② B2B(公司卡、公司账号、合同等);
③ 电子银行和电子股票交易;
④ 银行分支机构的安全连接(VPN)。

2. SET认证中心

B2C(信用卡、借记卡)。

7.5.1 认证中心体系结构

金融认证中心系统由三层CA结构组成,如图7-2所示。

① 第一层CA即为根CA,负责制定和审批总体政策、签发并管理第二层CA的证书,与其他的根CA进行交叉认证等。

② 第二层CA职责是根据第一层CA的各种规定制定具体政策、管理制度和运作规范,签发第三层CA的证书,管理其所发证书和证书撤销表(CRL),并对第三层CA的业务进行管理。

③ 第三层CA的职责是直接给最终用户发放支持各种应用的数字证书,并管理其所发证书和证书撤销表(CRL)。

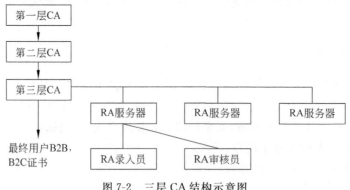

图7-2 三层CA结构示意图

7.5.2　双重数字证书

数字证书分普通证书、高级证书两种。普通证书使用 SSL 协议,高级证书采用双重密钥管理。数字签名使用 1024 位加密,而加密时使用另一套密钥系统。根据国务院有关规定,所有密码系统必须使用国内的,所以原加拿大 Entrust 开发的密码,全部由山东大学开发的密码系统取而代之。

在 CA 系统中,CA 部分负责证书和出钥的产生,同时负责 CRL 的维护和更新,但 CA 系统并不直接与证书申请者接触,大量证书申请者的信息以及证书申请者对证书撤销,废止都是通过审核机构(RA)系统传递到 CA 系统的。RA 系统将借助各商业银行众多的分支机构实现与证书申请者的联系。

普通证书主要面向 B2C。申请者须携带有关证件到开户行进行用户信息注册,待审核通过后,证书信息会通过特定的方式传送给用户。高级证书主要用于企业用户,特别是用于大额的 B2B 交易。

1. 普通证书的优点

① 相对简单。
② 双方认证。
③ 能够使用客户端证书进行电子邮件加密和对对象的数字签名。
④ 自动 CRL 检查。

2. 普通证书的缺点

① 某些不可管理的证书仍然需要用户介入进行更新。
② 一对密钥,若选择密钥备份,则不支持"不可抵赖性"。
③ 依赖浏览器自身的密码强度。

3. 高级证书的优点

① 双方认证。
② 完整的密钥和证书生命期管理体系。
③ 对用户而言,具有易用性和透明性。
④ 客户端、服务器端自动进行在线 CRL 检查。
⑤ 强大的密码机制。
⑥ 双重密钥机制确保"不可抵赖性"。
⑦ 支持持久地全文审计跟踪。
⑧ 备有历史记录。
⑨ 使用基于 IFTF 标准的解决方案(SPKM)。

中国金融认证中心建成并投入使用后,既具备给银行、商家、个人等发放 BIB、BIC 证书的功能,又具备同国内外其他认证中心进行交叉认证的功能。

7.6　物流信息化

　　物流的过程,如果按其运动的程度即相对位移大小观察,它是由许多运动过程和许多相对停顿过程组成的。物流网络是由执行物流运动使命的线路(铁路、公路、海运、空运等)和执行物流停顿使命的结点(工厂、配送点、车站、港口、机场、货场、仓库等)两种基本元素所组成的网络。全部物流活动都是在线路和结点进行的,其中,在线路上进行的活动主要是运输,包括集货运输、干线运输、配送运输等。物流功能要素中的其他所有功能要素,如包装、装卸、保管、分货、配货、流通加工等,都是在结点上完成的。

　　随着我国经济高速不断发展,物流的需求和市场越来越大。目前,一个覆盖全国的密如蛛网似的巨大物流网络体系,包括高铁、高速公路、航空、铁路、城乡公路,以及信息高速公路等,正在紧锣密鼓地建设着,已经并正在对我国城市化建设和物流业的发展产生巨大而深远的影响。

7.6.1　物流信息化建设的特点

　　物流信息化是指物流企业运用现代信息技术对物流过程中产生的全部或部分信息进行采集、分类、传递、汇总、识别、跟踪、查询等一系列处理活动,以实现对货物流动过程的控制,从而降低成本、提高效益的管理活动。物流信息化表现为物流信息的商品化、物流信息采集的代码化和数字化、物流信息存储的数据库化、物流信息传输的 Internet 化等。

1. 现代物流与物流信息化的关系

　　物流信息化是现代物流的灵魂,是现代物流发展的必然要求和基石。没有物流信息化,就没有现代物流;反之亦然,现代物流就意味着物流信息化。现代物流网络体系是建立在计算机网络基础之上的,首先物流企业和物流配送中心与供应商或制造商的联系、与下游顾客之间的联系等都要通过信息高速公路(包括 Internet)上进行,其次物流组织内部的日常办公和运作离不开企业内部网。

2. 电子商务与物流信息化的关系

　　物流信息化的一个重要特点是:电子商务与物流信息化(现代物流)的紧密结合。在信息时代,电子商务与物流信息化(现代物流)两者的关系是相互依存、相互促进、相互制约、虚实结合、荣辱共存的辩证关系。电子商务是在网上进行商品或服务的交易,把商务、广告、订货、购买、支付、认证等实物和事务处理虚拟化,使它们变成脱离实体而能在计算机网络上处理的信息,强调的是虚拟世界的运作。而物流是物质实体进行的物理运动,强调的是实实在在的物质实体。虚实两者以现代信息技术为纽带紧密结合在一起:一方面电子商务离不开物流信息化(现代物流),现代物流是实施电子商务的根本保证;另一方面,物流信息化(现代物流)也离不开电子商务,是电子商务引发导致的产业大重组,新经济模式要求新物流模式,使物流业成为社会生产链条的领导者和协调者,从而把物流业提升到了前所未有的高度,为其提供了空前发展的机遇。

3. 电子商务物流的概念

目前我国是在工业化不断加快、体制改革不断深化的条件下推进信息化的,在流通领域电子商务与传统商务并存,因此,现代物流除了电子商务物流,还应当包括一般的非电子商务物流。

电子商务物流是指在实现电子商务特定过程的时间和空间范围内,由所需位移的商品、包装设备、装卸搬运机械、运输工具、仓储设施、人员和通信设施等若干相互制约的动态要素所构成的具有特定功能的有机整体。电子商务物流的概念是伴随电子商务技术和社会需求的发展而出现的,它是电子商务不可或缺的重要组成部分。由于电子商务所独具的电子化、信息化、自动化等特点,以及高速、廉价、灵活等诸多好处,使得电子商务物流在其运作特点和需求方面也有别于一般的非电子商务物流。

不过有一点是必须强调的:物流信息化是现代物流区别于以往传统物流的分水岭。现代物流,不论是电子商务物流,还是一般的非电子商务物流都离不开物流信息化,都离不开计算机网络、现代信息技术和自动化技术。电子商务物流采用的是网上交易,一般的非电子商务物流采用的不是网上交易(如现金交易),但它们与以往传统物流仍有天壤之别。

4. 现代物流网络体系的结构

现代物流的特点是电子商务与物流的紧密结合,物流网络化。现代物流网络体系包含有三大子网络:

(1) 物流组织网络:是物流网络运行的组织保障。
(2) 物流基础设施网络:是物流网络高效运作的基本前提和条件。
(3) 物流信息网络:是物流网络运行的重要技术支撑。

5. 城市物流配送中心

物流结点的主要形式之一是物流(货物)配送中心。物流配送从商品流通的经营方式看是一种现代的商品流通方式。配送功能主要包括筹集货源、订货或购货、集货、进货、质量检查、送货、结算、交接等。物流结点的另一个重要形式是仓库,根据物流仓库的专业分工,仓库可以分为两种类型,一类是以长期贮藏为主要功能的“保管仓库”,另一类是以货物的流转为主要功能的“流通仓库”。

进入 21 世纪后,随着交通运输、信息技术和电子商务的不断发展,我国的物流行业正在迅速崛起。特别是自 2009 年 3 月国务院发布《物流业调整和振兴规划》以来,全国各地的物流园区规划、物流产业规划、城市物流配送中心规划如雨后春笋般涌现出来。各地区对现代物流网络体系建设的高度重视,以及对物流地产的开发成为中国新一轮经济增长的亮点。城市物流配送中心作为现代物流网络体系的区域中心结点,起到城市区域库存集中化的重要作用,即城市物流配送中心的库存取代社会上千家万户的零散库存,物流业成为制造业与用户的实物供应者,因而工厂、商场等都可以实现零库存。

在电子商务环境下,物流管理以时间为基础,货物流转更快,工厂和商场在实现“零库存”的基础上,取消了仓库建设和货物储存保管的压力和负担,仓库为第三方物流企业所经营,这些就决定了成千上万"保管仓库"的数量会逐步减少,而"流通仓库"进一步发展为物流配送中心。现代物流网络体系发展的最终结果是:社会上曾经数量庞大的"保管仓库"基本消失,"流通仓库"为功能齐全的配送中心所取代。

城市物流配送中心已成为城市功能的有机组成部分,现代物流网络体系在一个区域内以其为结点向外辐射、四通八达。一般来说,城市物流配送中心建设的选址大都处于市区边缘和区域交通枢纽结点。城市物流配送中心将铁路货运站、铁路编组站和公路货运站、配送、仓储、信息设施集约在一起,可以减少必须经过大规模编组站进行编组的铁道运输方式,实现各城市物流配送中心之间的直达货物列车运行,使"一次运输"顺畅化;又可以利用公路运输实行货物的集散、完成"二次运输",以及实现物流配送中心的公用化、社会化和库存集中化等效能。

7.6.2　我国物流信息化发展的历程

由于物流活动是企业的基本活动,因此我国物流信息化发展的历程与企业信息化发展基本是同步的,以 10 年为一个台阶,可以分为 4 个阶段:

(1) 第一阶段:从 1975 年到 1985 年,企业管理软件,包括行政管理、生产管理、仓库管理、物流管理和会计电算化等业务的计算机处理,基本上是由企业自行研发与应用。

(2) 第二阶段:从 1985 年到 1995 年,随着计算机,特别是个人计算机在我国获得广泛普及地应用,出现并盛行以 MIS 为基础的企业内部一体化物流组织。与此同时,随着我国改革开放和国民经济的高速发展,第三方物流企业应运而生,并逐步发展壮大,形成了一批以计算机技术和 EDI 为基础的专业化的物流组织。

(3) 第三阶段:从 1995 年到 2005 年,随着计算机网络,特别是 Internet 在我国获得广泛普及地应用,电子商务如雨后春笋,破土而出,发展得如火如荼,方兴未艾。我国出现并盛行以网络通信技术为基础的物流流程的一体化组织,以供应链管理为核心的物流企业。利用网络化、信息化的优势,通过对整个物流系统资源的优化整合,为社会物流系统提供共享交互的载体,为企业提供高质量、高水平的增值服务,提高资源的利用率,实现物流系统的优化运作。

(4) 第四阶段:从 2005 年以后,无线网络、无线移动,以及以此为基础的移动商务,作为 Internet 电子商务的补充已经在我国建立起来了,并正在逐步发展壮大,大有星星之火,可以燎原之势。与之相适应,今后我国物流信息化建设必将在 Internet 电子商务基础上,扩大应用范围,增加移动商务的内容。

7.6.3　物流信息化建设的内容

根据信息化系统的应用范围、广度与深度,物流信息化建设可以分为 3 个阶段。3 个阶段的功能需求由浅入深,逐渐展开、分期实施。

1) 基础设施建设

物流信息化基础设施建设的主要目标是解决物流信息分散、资源不能有效整合而形成的"信息孤岛"的问题。基础设施建设的主要内容包括建设物流信息网络平台,构成物流信息交换共享体系,以实现物流信息资源的及时传输和高度共享。建立健全电子商务认证体系、网上支付系统和物流配送管理系统。物流信息编码、协议必须符合国际和国家规范和标准，广泛应用条码技术、电子标签(RFID)、全球定位系统(GPS)、地理信息系统(GIS)、销售点终端系统(POS)和电子数据交换(EDI)技术，以及建设立体仓库，采用条码自动识别系统、自动导向车系统、货物自动跟踪系统等物流自动化设施。物流应用软件开发要完成销售管理、库存管理、采购管理、财务管理，以及销售预测、采购订单等业务应用集成和物流仿真、自动识别等工具软件。

2）流程优化

物流信息化建设的第二阶段涉及流程改造的信息化建设。企业为了不断降低成本和加快资金周转，将现代信息技术应用于物流的流程设计和改造，以及建立和完善新的管理职能、管理制度，例如仓储优化，运输路径优化等。从信息资源整合入手，抓好物流资源的整合。首先是企业内部信息资源的整合，企业通过内部信息资源整合，实现关键业务应用技术优化。将服务作为物流信息化的核心，围绕提供客户服务水平来改造物流管理模式与运作流程，并以用户需求为依据来建设物流管理信息系统，建立相应的功能连接，从而实现对物流业务的统筹运作与科学管理，包括客户关系管理系统、采购管理系统、仓库管理系统、财务管理和结算系统、配送管理系统、物流分析系统等，以确保能提供标准化、低成本、高效的服务。

3）现代物流综合服务网络体系

物流信息化建设的第三层次是真正的物流个性化、定制化的服务，建立现代物流综合服务网络体系。该阶段的信息化建设内容既包括一般企业通用的综合管理信息系统，也包括物流行业专用的综合管理信息系统。物流信息网络平台完成了内部系统与外部系统的集成，可实现与客户精确、及时的信息资源共享。通过无线网络，采用便携式数据终端(PDT)或掌上电脑(PDA)随时随地把产品清单、发票、发运标签、代码和数量等数据传送到服务器；应用 GPS 技术为无线移动用户提供任何覆盖区域内目标的速度、位置和时间信息；通过 GIS 完成车辆路线、调度和设施定位模型等功能。

现代企业的竞争已经不是单一企业之间的竞争，而是企业供应链之间的竞争。企业不但要依靠自己的资源，还必须把经营过程中的有关各方，如供应商、制造工厂、分销网络、客户等纳入一个紧密的供应链中，才能在市场上获得竞争优势。物流行业专用的综合管理信息系统要解决的核心问题是提高整个供应链的效率和竞争力，通过对上下游企业的信息反馈服务来提高供应链的协调性和整体效益。它将向客户提供的信息服务内容作为物流信息化建设的主要依据，通过采用先进的信息技术实现供应链伙伴相互之间的信息沟通与共享，如生产企业与销售企业的协同、供应商与采购商的协同等。它不仅是供应链的血液循环系统，也是中枢神经系统。主要功能包括综合信息服务、数据交换支持、物流业务交易支持、货物跟踪、行业应用服务托管等。

物流行业专用的综合管理信息系统包含了 ERP 的物流管理模块，并以供应链管理(SCM)及客户关系管理(CRM)为核心，以实现对整个企业供应链的管理，包括销售和分销管理、采购管理、库存管理等。ERP 把客户需求和企业内部的生产活动以及供应商的制造资源整合在一起，形成一个完整的供应链，并对供应链上的所有环节进行有效管理，这样就形成了以供应链为核心的管理系统。其中 SCM 可以改善社会经济活动中物流与信息流运转的效率和有效性，消除中间冗余的环节，减少浪费，避免延误；CRM 能帮助企业最大限度地利用以客户为中心的资源,并将这些资源集中应用于现有客户和潜在客户身上,可以缩短销售期和降低销售成本,改进客户价值、客户满意度、盈利能力以及客户的忠诚度,达到寻求扩展业务所需的新市场和新渠道的目的。

7.7 移动电子商务

移动电子商务(简称移动商务)是指对通过无线网络进行数据传输,并利用手机和其他移动终端如 PDA 及掌上电脑等,开展各种商业经营活动一种新的电子商务模式。它将互联网、移动通信技术、短距离通信技术及其他信息处理技术完美地结合,使人们可以在任何时间、任何地点进行各种商贸活动,实现随时随地、线上线下的购物与交易、在线电子支付以及各种交易活动、商务活动、金融活动和相关的综合服务活动等。

由于用户与移动终端的对应关系,通过与移动终端的通信,可以在第一时间准确地与对象进行沟通,使用户脱离设备网络环境的束缚,而最大限度地驰骋于自由的商务空间。移动商务的另一个功能是移动办公,是实现企业办公信息化的全新方式(移动办公)。

移动商务采用无线应用协议(WAP)将 Internet 与移动电话技术结合起来,使随时随地访问 Internet 资源成为现实。WAP 是一种向移动终端提供 Internet 内容和先进增值服务的全球统一的开放式协议标准,WAP 服务是一种手机直接上网,通过手机浏览 WAP 站点的服务,包括新闻浏览、股票查询、邮件收发、在线游戏、聊天,以及电子商务、网上银行服务和移动办公等。

移动电子商务服务主导方式有 4 种,其中传统电子商务提供商将引领移动电子商务的发展。

(1)电信运营商:主导移动电子商务所必需的专业化团队并不能在短期内建立起来,移动电子商务的行业利润和电信运营商主业利润相比要小很多,因此也并不能找到电信运营商积极开展相关业务的现实依据。

(2)软件提供商:传统电子商务所具备的品牌优势是其在短期内无法获取的,即使依托自身软件服务方面的优势,品牌建设和用户认可也需要一段长期的培养过程。

(3)移动电子商务提供商:在市场切入的初期即具有较强的创新服务意识,这构成促进其发展的一个重要优势,但在商品渠道,尤其是开展电子商务最为关键的物流、配送方面,使其在中短期内还无法与传统电子商务提供商进行抗衡。

(4)传统电子商务提供商:在经过多轮的融资之后才搭建了自身较为完善的运营体系,新兴移动电子商务提供商开展相关经营活动,还需要资本的持续关注和自身实力的长期积累。

案 例 分 析

1. 案例一(选择题)

电子商务体系结构是以 Internet 为基础,由客户、商家、(___1___)和 CA 认证中心四方组成。电子商务系统的运作模式可以划分为 4 个层次:网络层、信息层、商务层、(___2___)。

（1）A. 银行　　　　　B. 市场　　　　　C. 销售代理　　　　　D. 生产厂商

（2）A. 显示层　　　　B. 应用层　　　　C. 链路层　　　　　D. 法律层

分析

电子商务体系结构是以 Internet 为交易平台（基础），由客户（买方）、商家（卖方）、银行（资金支付）和 CA 认证中心（安全认证）四方组成。通常，电子商务系统的运作可以划分为 4 个层次：

① 网络层：电子商务的基础设施，包括 Internet、电子商务技术与标准体系等，是信息传送的载体和用户接入的手段，也是信息流通的主要通道。

② 信息层：也称多媒体信息发布、传输层，传输信息的内容。

③ 商务层：也称一般业务服务层，实现各种网上商务活动与服务，其中包括安全技术基础设施和各种认证手段。

④ 法律层：政府为促进电子商务发展而制定的一系列法律法规、政策规范，如工商管理、税收、信息定价、传输成本、个人隐私保护、信息安全和信用安全等。

参考答案

（1）A　　　（2）D

2. 案例二（选择题）

电子商务与传统的商务活动方式相比，具有以下优势：交易虚拟化，交易成本低，交易效率高等，其中（　　　）不属于电子商务的优势。

A. 交易透明化　　　　　　　　　B. 商品人性化

C. 提升企业竞争力　　　　　　　D. 促进经济全球化

分析

电子商务与传统的商务活动方式相比，具有以下优势：交易虚拟化，交易成本低，交易效率高，交易透明化，提升企业竞争力，促进经济全球化等。与商品品质没有太大的直接关系。

参考答案

B

3. 案例三（问答题）

【说明】 电子商务与传统商务比较有许多不同之处，其中签订的交易合同前者是电子的，后者是纸质的。

【问题】 电子交易合同打印出来后就是纸面合同，是否与传统纸质合同没有区别？电子商务的交易安全是否必须由法律和安全技术双方面进行保障？

案例分析和参考答案

在电子商务中合同的意义和作用没有发生改变，但其形式却发生了极大的变化，主要表现在：

① 订立电子合同的双方或多方大多是互不见面的，买方和卖方都在虚拟市场上运作，其信用依靠密码的辨认或认证机构的认证。

② 传统合同的口头形式在贸易上常常表现为店堂交易,并将商家开的发票作为合同的依据。

③ 表示合同生效的传统签字盖章方式被电子合同的数字签名所代替。

书面合同在法律上的效力,表现在证据法和实体法两个方面。电子合同与书面合同就意义和作用来说是一样的,但形式上由纸面变为电子数据,因此,必须对这种改变形式的电子合同进行确认,建立相应的法律法规,该法律法规应在全球范围内获得普遍承认。

电子商务的交易安全必须由法律和安全技术两方面进行保障。因为电子商务的交易安全必须通过两个方面进行保障:首先电子商务交易是一种商品交易,其安全问题应当通过法律法规加以保护;其次,电子商务交易是通过计算机网络而实现的,其安全与否取决于计算机网络自身的安全程度,必须依靠计算机网络安全技术加以保障。

习　　题

7.1　什么是电子商务?电子商务体系结构和运作模式的内容有哪些?

7.2　论述电子商务的基础环境和技术。

7.3　论述我国电子商务发展概况和趋势。

7.4　我国在电子商务人才培养和专业资质认证方面有哪些举措?

7.5　论述电子商务的分类、特点、作用和影响。

7.6　对电子商务与传统商务的进行比较。

7.7　什么是 EDI(电子数据交换)标准?

7.8　论述电子商务技术的核心问题。

7.9　论述金融认证中心系统的体系结构。

7.10　论述物流信息化建设的内容。

7.11　什么是移动商务?

第8章 智能建筑

主要内容

(1) 智能建筑(IB)的定义、由来和发展；

(2) 建筑智能化技术的概念和主要内容；

(3) 综合布线和系统集成技术；

(4) 现代智能建筑的基本构成及其体系结构；

(5) 绿色建筑的基本概念,绿色智能建筑的整体性及其体系结构。

8.1 智能建筑工程的概念

智能建筑是信息时代的产物,它是自动化的更高级的发展,也是建设绿色建筑的技术保障和基础。计算机网络经济的价值不仅在于它本身会给社会带来多少财富和利润,而且还在于它营造的一个新的社会形态,它的价值主要在于提供了一个提高国民生产力的平台。智能建筑正是建立在计算机网络平台的基础之上,随着现代计算机技术、通信技术、自动化控制技术和图形显示技术(4C)的进步和互相渗透,基于计算机网络平台的智能建筑逐步发展起来,它是现代化建筑技术和先进的智能化技术的完美结合。进入 21 世纪,随着网络经济的飞速发展,世界各地新建的大楼纷纷举起了"E 时代"的大旗,智能建筑也进入了一个高速发展期。

8.1.1 智能建筑的定义

智能建筑是以建筑物为平台,兼备信息设施系统、信息化应用系统、建筑设备管理系统、公共安全系统等,集结构、系统、服务、管理及其优化组合为一体,向人们提供安全、高效、便捷、节能、环保、健康的建筑环境。智能建筑是信息时代的产物,它是自动化的更高级的发展,它将建筑、通信、计算机网络和监控等各方面的先进技术相互融合、集成为最优化的整体。智能建筑的"智能化",主要是指在建筑物内进行信息管理和对信息综合利用的能力,这个能力涵盖了信息的收集与综合、信息的分析与处理以及信息的交换与共享。

智能建筑的兴起与发展,主要是适应人类社会信息化与经济国际化的需要,也是人类社会进步和生产力发展的必然需求。智能建筑正是当代用信息技术改造传统建筑产业,带动产业优化升级与产业结构调整,最典型、最具体、最直接的体现形式。

8.1.2 智能建筑的由来和投资效益

1. 智能建筑的由来

随着人类科学技术的发展,人类的居住环境也逐步改善。1984 年,在美国康涅狄格州的哈特福特市出现了世界上第一座名为"都市广场"的智能型建筑。这是一座由旧的金融大楼翻新改造而成的大厦,楼内铺设了大量的楼宇设备控制和通信电缆,增加了楼宇设备自控装置、程控交换机和计算机等办公自动化设备,大楼内的配电、供排水、空调、新风和防火等系统均由计算机自动控制和管理,因而用户享有电子邮件、文字处理、科学计算、语音传输、信息检索、市场行情资料查询等全方位的服务,虽然大楼的租金提高了20%,但用户反而增加了。这座智能型建筑的成功尝试给当时正处于低潮的美国房地产市场和房地产商带来了新的希望。

"都市广场"是世界上第一栋智能建筑,它的出现是人类建筑发展史上的一座里程碑,它集中体现了现代以人为本的建筑思想以及系统工程学的成果,它是土木工程技术与现代信息技术相结合的结晶,是信息时代的必然产物。智能建筑工程建成后,投资开发商将会取得巨大的经济效益、社会效益和环境效益等多方面的成果收益。

2. 经济效益

(1) 智能建筑的特点是低投入,高回报:根据有关统计资料表明,如果将一座新建筑物建设成智能建筑,只需在原有基础上增加5%的投资,就可以增加20%的回报率。智能建筑中智能系统的投资一般只占建筑物全部预算的5%~10%,这部分资金回收期大约需三年左右。正常运行可在三四年内收回成本。

(2) 节能是智能建筑最重要的经济效益之一:在建筑智能化系统中,包含有空调、照明等方面的智能控制系统。在类似的室内人工环境条件的前提下,智能建筑与传统非智能建筑相比,可节能15%~30%,经济效益十分可观。

(3) 系统集成的先进性可大大节省建设成本:在智能建筑的建设过程中,由于采用系统集成和过程控制等先进方法,与传统建筑各系统独立的建设方法相比,大约可节省20%的投资。

(4) 设计的合理性大大提高了运行管理效率:通过严格的系统设计,提高整个智能建筑的优化设计水平和实用性,可大大提高智能建筑的运行管理效率,从而减少人工投资。与传统非智能建筑的管理方法相比,可提高运行管理效率15%~20%。

3. 社会效益

智能建筑的社会效益是多方面的,有的明显,有的隐蔽而影响深远,可概括如下:

(1) 有利于建筑行业的发展和进步:智能建筑工程的建设,将改变传统建筑的建设方式,提高建筑行业的科技含量,克服技术不规范、实用性差、投资不合理、市场混乱等不良现象,推动建筑业朝着健康、有序和协调的方向发展。

(2) 促进信息化建设事业的发展:通过智能建筑工程的建设,将逐步形成一个完整、科学和实用的智能化信息网,这对促进我国数字城市和建筑技术学科发展,具有重要的推动作用。

(3) 促进建设事业的规范化发展:在智能建筑的建设过程中,可形成大量的工程技术研究成果,这些成果对有关部门制定信息时代有关建筑行业的各项政策、法规具有重要作用。

4. 环境效益

（1）有利于人们的身体健康和提高工作效率：在智能建筑物内部，通信现代化的办公环境、可靠的安全防范系统、自动控制的温度、湿度及新风量，可为人们提供安全、舒适、健康的环境空间，从而提高人们的工作效率。

（2）智能建筑的节能效益可直接减少能耗，从而对减少环境污染做出贡献：智能建筑是发展城市环保技术、美化城市环境的一项行之有效的措施。

8.1.3 智能建筑的发展

1. 智能建筑发展的四个主要阶段

智能建筑的出现和成功引起了人们的普遍关注，世界各地的建筑行业纷纷效仿，尤其是在经济发达国家发展得最快。日本、德国、法国、英国和荷兰等国都相继筹建智能型大楼。建成后的智能型建筑为企业和政府机关带来了巨大的经济效益和极高的工作效率，因此发达国家都十分重视它的发展。

低投入、高回报，以及"高效、舒适、便利、安全"的声誉，使房地产商们非常热衷于投资智能建筑的建设。据资料介绍，目前美国的智能建筑占新建筑的 70%，日本的智能建筑占新建筑的 60%。估计在今后 10～15 年内发达国家将普及智能建筑。

智能建筑高速发展的速度不仅仅体现在数量上的宏大，还体现在技术质量的提高较数量的增长更加瞩目。从 1984 年至今，二十多年间智能建筑的形式和内容也发生了巨大的变化，其智能化程度随科学技术的发展而逐步提高。

智能建筑主要依赖于集成建筑系统和建筑设备，智能化系统的功能与系统集成度存在着密切的相关性。智能建筑系统集成不是多种多样产品设备的简单集合，而是指一种"能力"。它能够把现有的先进高新技术，巧妙灵活地运用在现有的智能建筑物系统中，充分发挥其作用和潜力。智能建筑系统集成技术是借助于建筑设备自控系统、通信网络系统、办公自动化系统，把分离的设备、功能、信息等综合集成一个相互关联、统一、协调的系统之中，用于综合建筑物的各个环境。随着信息系统以需求为中心的概念的出现，从广度上看，已由原来的两三个子系统增加为十多个子系统，从深度上看，系统联动与系统集成的级别逐步增加。智能建筑已从集成功能发展到集成系统和网络，从基于单机应用发展到基于网络的协同应用，特别是基于互联网集成的应用，目前，无论是智能建筑的控制系统，还是信息系统都已是网络化的。集成应用系统的开发也不再面向过程，而是面向数据、面向对象。从信息交互上来看，已经从简单的状态信息组合和基于监控的处理，发展到基于内容的处理和融合，以及基于虚拟现实与多媒体技术的人机接口。

从总体上看，建筑智能化技术的发展大致经历了以下四个阶段：

（1）第一阶段：20 世纪 80 年代，建筑智能化技术主要为单一功能专用系统。如出入口监控、闭路电视监控、空调设备监控、水电设备监控、消防设备监控、停车场管理、数据处理、统计报表、无线电话、对讲系统、卫星电视、共用天线、广播音响、有线电话等。

（2）第二阶段：20 世纪 90 年代初期至中期，建筑智能化技术发展为多功能系统。包括结构化综合布线、技术安全防范系统、楼宇自控系统、消防报警、通信及联动系统、停车场系统、文本数据处理系统、无线通信系统、有线通信系统等。

(3) 第三阶段：20 世纪 90 年代中期至后期，建筑智能化技术发展为集成系统。包括建筑设备管理系统(BMS)、办公自动化系统(OAS)、通信网络系统(CNS)。

(4) 第四阶段：20 世纪 90 年代后期至今，建筑智能化技术发展为一体化集成管理系统，即智能建筑管理系统(IBMS)。其中，控制、信息两大部分可通过数据库实现数据的共享、分析及决策；彩色界面可立体化动态显示，并可使用互联网、Web 网页和 Web 浏览器。

从具体产品来看，以建筑设备自动化系统(BAS)为例，20 世纪 50 年代，大多采用流程模拟盘技术；60 年代，发展到以矩阵开关板为代表；70 年代，以数据采集站为代表；80 年代，以智能控制器为代表；90 年代，以现场总线网为代表；21 世纪初，以系统集成为代表。

2. 智能建筑由单体走向智能建筑群

智能小区是在智能建筑的基本含义中扩展和延伸出来的，它通过对小区建筑群 4 个基本要素(结构、系统、服务、管理以及它们之间内在关联)的优化考虑，提供一个投资合理，又拥有高效率、舒适、便利以及安全的居住环境。

现代智能建筑一般分为两大类，即楼宇智能化和小区智能化。涉及的范围包括以下几个方面。

① 办公建筑：包括商务、行政和金融等办公建筑；

② 商业建筑：包括商场、宾馆等；

③ 文化建筑：包括图书馆、博物馆、会展中心、档案馆等；

④ 媒体建筑：包括中型及以上剧(影)院和广播电视业务等媒体建筑；

⑤ 体育建筑：包括各类体育场、体育馆、游泳馆等；

⑥ 医院建筑：包括二级及以上综合性医院；

⑦ 学校建筑：包括普通全日制高等院校、高级中学和高级职业中学、初级中学和小学、托儿所和幼儿园等；

⑧ 交通建筑：包括大型空港航站楼、铁路客运站、城市公共轨道交通站、社会停车场等；

⑨ 住宅建筑：包括住宅、别墅等住宅建筑；

⑩ 通用工业建筑：包括通用工业建筑，与通用工业建筑相配套的辅助用房。

实际上，建筑智能化已经成为 21 世纪建筑行业发展的主旋律，建筑智能化是整个社会信息化的一个组成部分，智能建筑中有很大部分的服务功能具有较强的社会性，过去那种单体建筑的智能运行和管理模式不能很好发挥智能化系统应有的功能，应该把智能化系统构筑在社会统一信息平台上，并以此平台为建筑和建筑中的人员提供服务，这就需要对智能建筑的投资、建设、运行和管理模式进行调整，建立新型的运行管理方式，提供社会化的服务。这种服务模式也有利于满足不同的服务需求，降低智能化设施维护管理成本。

智能小区是个具有中国特色的称谓，将它列入智能建筑的范畴，主要强调居住生活的环保理念，强调绿色、环保、节能。

8.1.4 智能建筑在我国的兴起

在我国,智能建筑的发展历史不长。20 世纪 80 年代末,智能建筑在我国才起步。最早在 1989 年有一些单位在北京、上海、深圳等地开始兴建智能建筑,这是智能建筑在中国的萌芽。一般认为"北京发展大厦"可以算是我国的第一栋智能建筑,因为它从 1989 年建造开始就有了明确的智能目的。20 世纪 90 年代中期,随着我国改革开放和经济建设的迅速发展,在我国广阔的土地上各地掀起的房地产热浪一浪接一浪,市场的需求以及有关各方面的热炒为我国智能建筑注入了巨大的活力和动力,智能建筑在我国获得了高速、蓬勃发展的机会,各种智能建筑如雨后春笋,其迅猛的发展势头令世人瞩目。

1. 我国智能建筑发展特点

自从 20 世纪 70 年代末,我国实行改革开放政策以来,我国经济得到了巨大的发展。我国国民经济的发展,直接带动了中国建筑业的发展。从建设规模论,中国建筑业的规模在世界建筑业近几年排行中可算是首屈一指的。由于经济的不断发展和科技的突飞猛进,人们对建筑工程不仅要求数量的大发展,也对建筑工程美观、品质、安全、环境和功能方面提出了更大、更高的要求。面对这样繁重而复杂的任务,建筑设计与营造必须要具有现代化理念,开发采用现代化技术和运用现代化管理。其中智能化融入于建筑之中,是当今现代化建筑发展的一项重要内容。

因此,这些年来,我国的智能建筑建设一浪高于一浪,其发展之迅速和规模之宏大,在世界上是绝无仅有的。它并未因房地产市场的整顿而有所收敛,反而从社会变革和广度上更加加速发展。主要原因有以下两方面:

① 从政府到民间、从产业界到学术界都非常重视我国智能建筑事业的发展,全国已经建成或正在建设的智能建筑有几万栋,我国可望在 20 年内普及智能建筑,包括新建和旧楼改造。现在国人已普遍认识到,建筑智能化系统是现代及未来的建筑物所必需的系统之一。简言之,建筑的智能化是建筑行业进入新世纪的入场券,是新世纪的通行证,又是信息时代建筑的标志;既是大势所趋,又是人心所向;是科技发展的必然,是人们生活模式变化和提高的保证。正因为如此,它的发展势如破竹、一往无前。

② 由于我国的建设规模所形成的当前全世界最大的智能建筑市场,国际知名的跨国大厂商纷纷进入中国这个大市场。这些厂商不仅在这里获得丰厚的利润,而且,也将国际上最先进的技术带到中国来。我国的技术人员迅速地掌握了这些前沿科技,并立即运用于我国的工程实践之中,在实践中学习。今天,我们已经有了一支绝不比国外逊色的智能建筑科技大军。当然,这里也包括工作在相关外企中的中国人,我国智能建筑能有今天的发展,他们功不可没。

2. 我国智能建筑市场广阔

根据统计数据表明,目前我国智能建筑的投资约占建筑总投资的 5%～8%,有的地区可达 10%。其中,住宅小区智能化系统投资比例稍低,而公共建筑智能化系统投资比例稍高。中国加入 WTO 后,为我国智能化建筑技术发展,引进了相对科学、公平、公开、公正的国际市场主流机制,提供了前所未有的挑战和发展机遇。我国经济发展的国际化对建筑智能化水平提出了更高要求,不仅对新建建筑物,而且对面广量大的已有各类建筑的改造都提出了智能化需求。根据资料统计,过去五年同期公共建筑智能化系统的投资和住宅小区智能化系统的投资的增长都达到了50%以上,由此可见中国智能建筑市场潜力巨大。

3. 我国智能建筑规范化发展历程

在我国,智能建筑作为数字城市形象工程的基础在现代城市建设中的地位日趋重要,伴随着智能楼宇与智能小区的兴起,与之相关联的研讨会、展示会此起彼伏,报刊、电台等传媒也竞相宣传。以前开发商还把楼盘配有智能化系统当作卖点,而现在没有智能化系统则成为了缺点,不论是居住园区,还是大厦的建设都把智能化系统当作基本配置。也正因为如此,对智能建筑的规范化发展提出了更高更多的要求。

形势的发展也极大地促进了政府部门加强管理和指导的力度,各种规定标准相继出台,使智能建筑逐步步入规范化的道路。在20世纪80年代末国家住房和城乡建设部(原建设部)编制的《民用建筑电气设计规范》中,就已经提出了楼宇自动化和办公自动化,对智能建筑理念和各种系统有了比较全面的涉及。当时人们对建筑智能化理解主要是将电话、有线电视系统接到建筑物中来,同时利用计算机对建筑物中的机电设备进行控制和管理。各个系统是独立的、没有联系的,与建筑结合也不密切。

综合布线这样一种布线方式技术的引入曾使人们对智能建筑的概念产生一些误解,把综合布线当成智能建筑的唯一方式。但它确实吸引了一大批通信网络和IT行业的公司进入智能建筑领域,促进了信息技术行业对智能建筑发展的关注。同时,由于综合布线系统对语音通信和数据通信的模块化结构,在建筑内部为语音和数据的传输提供了一个开放的平台,加强了信息技术与建筑功能的结合,对智能建筑的发展和普及产生了巨大的作用。

1995年中国工程建设标准化协会通信工程委员会发布了《建筑与建筑综合布线系统和设计规范》,这些都促进了通信网络和办公自动化系统在建筑中的应用。同年上海正式颁发了地方标准《智能建筑设计标准》,它根据不同的需求,把智能建筑划分为三级,为智能建筑规划、设计和施工提供了依据,推动了智能建筑产业的发展。在20世纪90年代,为规范智能建筑行业发展,我国还出台了《电子计算机机房设计规范》(GB 50174—93)、《民用闭路电视系统工程设计规范》(GB/T 50198—94)、《火灾自动报警系统工程设计规范》(GB 50116—98)、《火灾自动报警系统工程施工及验收规范》(GB 50116—92)等国家标准。

推动智能建筑的另一个重要力量来自房地产开发商,在20世纪90年代房地产开发热潮中,房地产开发商,在还没有完全弄清智能建筑要领的时候,发现了智能建筑这个标签的商业价值,于是“智能大厦”、“3A建筑”、“5A建筑”,甚至“7A建筑”的名词频繁出现在他们的促销广告中。正是这些情况,智能建筑迅速在中国普及起来,在20世纪90年代后期我国东部沿海一带新建的高层建筑几乎全都自称是智能建筑,并迅速向中西部扩展。迅速膨胀的市场在锻炼和培养一支智能建筑设计和施工队伍的同时,也出现一些不规范现象,导致智能建筑的工程质量存在一些隐患。

为此,国家住房和城乡建设部(原建设部)在1997年颁布了《建筑智能化系统工程设计管理暂行规定》,在1998年10月又颁布了《建筑智能化系统工程设计和系统集成专项资质管理暂行办法》以及与之相应的《执业资质标准》两个法令。这两个法令规定了承担智能建筑设计和系统集成的资格，实际上是个市场准入的标准，它禁止一切不符标准、不具实力、没有业绩的不合格企业进入市场，以确保市场的秩序和产品的质量。

我国对智能建筑的最大贡献是开发智能小区。在20世纪末，智能住宅小区建设是中国独有的现象，在住宅小区应用信息技术主要是为住户提供先进的管理手段，安全的居住环境和便捷的通信娱乐工具。这和以公共建筑如酒店、写字楼、医院、体育馆等为主的智能建筑有很大的不同，智能小区的提出正是信息社会促使人们改变生活方式的一个重要体现。

国家住房和城乡建设部(原建设部)住宅产业促进中心于1999年底颁布了《全国智能化住宅小区系统示范工程建设要点与技术导则》，计划用5年时间，组织实施全国智能化住宅小区系统示范工程，以此带动和促进我国智能化住宅小区建设，以适应20世纪现代居住生活的需要。

推动智能化住宅小区建设的主角是电信运营商，他们试图通过投资建设一个到达各家各户的宽带网络，开展各种增值服务如：电子商务、网上娱乐、远程教育、远程医疗及其他各种数据传输和通信业务等，并以这些增值服务来回收投资。于是开发商和住户便享受起这个"免费的晚餐"，一个遍及全国的"宽带热"正在各地兴起。各种类型的公司纷纷加入这场"圈地"运动中，恶性竞争频频发生，甚至有些住宅小区同时建设着几套宽带网络。

为了规范宽带用户驻地网络运营市场，鼓励公平竞争，保证广大电信用户的权益，促进互联网和宽带业务的发展，国家信息产业部于2001年出台了《关于开放用户驻地网运营市场试点工作的通知》及《关于开放宽带用户驻地网运营市场的框架意见》。根据这两个文件中国将在13个城市首先开展宽带用户驻地网运营市场开放、管理试点工作。试点工作是为了摸索出行之有效的管理办法、技术标准，进而在全国推广，进一步推进中国的宽带建设。虽然文件将宽带驻地网运营定义为基础电信业务，但也规定了宽带用户驻地网运营许可证的发放将比照增值业务许可证的发放方式来管理。因此《框架意见》的出台，虽然提高宽带市场的准入门槛，但还是对有实力的企业开放市场。

虽然有人对这种发展建筑智能化的思路持怀疑态度，但这并不影响"宽带网"成为建筑智能化行业，乃至房地产行业最热门的话题。更重要的是它将会改变人们进行建筑智能化建设的技术路线和运作模式，也许这也标志着智能化已经突破建筑，走向整个城市、整个社会。于是有人对智能建筑进行新的解释和理解，认为建筑智能化就是通过接入到各种建筑的宽带网络，为生活和工作在这些建筑内的人们提供各种需要的智能化信息服务业务，用户通过这个网络接收和传送各种语音、数据和视频信号，满足人们信息交流、安全保障、环境监测和物业管理的需要。

如果把综合布线当作智能建筑的全部，显然过于简单化了，但另一方面，如果对智能建筑不分对象和实际需要，盲目追求智能建筑一体化集成，则又过于复杂化了。针对智能建筑系统集成这个关键问题，住房和城乡建设部(原建设部)建筑智能化文化教育工作专家委员会于1999年在北京举办了"智能建筑系统集成高峰论坛"，与会代表就智能建筑系统集成的必要性、如何进行系统集成等有关问题进行了研讨，有关代表提出了系统集成应该主要是以楼宇自控系统为主的系统集成，以及利用开放标准进行系统集成的观点。这些观点在后来的系统集成实践中成为主要指导思想，它标志着我国智能建筑建设从盲目追求智能化、贪大求全转向务实。

在这种实践务实思想的指导下,2000 年住房和城乡建设部(原建设部)颁布了国家标准《建筑与建筑群综合布线工程设计规范》(GB/T 50311—2000)和《建筑与建筑群综合布线工程验收规范》(GB/T 50312—2000),明确规定综合布线系统的设施及管线的建设,应纳入建筑与建筑群相应的规划之中。综合布线系统应与智能建筑办公自动化(OAS)、通信自动化(CAS)、建筑设备自动化(BAS)等系统统筹规划,按照各种信息的传输要求做到合理使用,并应符合相关的标准。智能建筑工程设计中必须选用符合国家有关技术标准的定型产品。未经国家认可的产品质量监督检验机构鉴定合格的设备及主要材料,不得在建设工程中使用。

与此同时,2000 年住房和城乡建设部(原建设部)还颁布了国家标准《智能建筑设计标准》(GB/T 50314—2000)。根据该标准,除住宅外的建筑智能化系统大体上可分为甲、乙、丙三级。

2003 年 7 月 1 日住房和城乡建设部(原建设部)发布国家标准《智能建筑工程质量验收规范》(GB 50339—2003),以及在 2004 年颁布《安全防范工程技术规范》(GB 50348—2004)和《建筑物电子信息系统防雷技术规范》(GB 50343—2004)。这些国家级标准规范的制定和在实践中贯彻执行为我国智能建筑健康有序发展提供了保证。

20 世纪 70 年代,石油危机的爆发使人们意识到以牺牲生态环境为代价的高速文明发展难以为继,耗用自然资源最多的建筑产业必须走可持续发展之路,一些发达国家逐步完善了节能建筑和绿色建筑体系。20 世纪 90 年代后期,我国开始引入绿色建筑理念。但什么样的建筑才算是真正的绿色建筑,当时我国并没有明确的标准。直到 2006 年 3 月 7 日,住房和城乡建设部(原建设部)和国家质量监督检验检疫总局联合发布了国家标准《绿色建筑评价标准》(GB/T 50378—2006)。同年 6 月 1 日,该标准正式实施。它是我国出台的第一部有关绿色建筑的国家标准。借鉴国际先进经验,建立一套符合我国国情的绿色建筑评价体系,反映建筑领域可持续发展理念。智能建筑作为建设绿色建筑的技术保障和基础,必须从建筑的全寿命周期出发,多目标、多层次地进行综合设计、建设和管理。

21 世纪是知识经济时代,同时又是生态文明时代。在智能建筑领域里,开放性控制网络技术正在向标准化、广域化、可移植性、可扩展性和互可操作性方向发展。随着智能建筑技术的高速发展,2006 年 12 月 29 日住房和城乡建设部(原建设部)发布新版国家标准《智能建筑设计标准》(GB/T 50314—2006),自 2007 年 7 月 1 日起实施,原国标《智能建筑设计标准》(GB/T 50314—2000)同时废止。新版《智能建筑设计标准》除了有智能建筑共性的设计要素规定外,突出针对办公、商业、医院、文化、媒体、体育、交通、学校、住宅、工业等各类建筑分门别类地进行了关键点的描述,对于哪类建筑应该达到哪种智能化建筑标准,尝试着给出了比较明确的指导性意见,大大增加设计过程的参考价值和实际的可操作性。

新版智能建筑设计标准比 2000 版有了显著的改进。在内容上进行了技术提升和补充完善,使文件更加全面、深入、完整;适应面更广,适用于各类功能建筑;文件表达更规范,系统的技术性更合理,对智能化系统的要求偏重于系统功能;系统的界面更清晰,"综合布线"归入"信息设施系统"中;系统技术覆盖更全面,增加"机房工程"等。

2007 年 4 月 6 日住房和城乡建设部(原建设部)发布了两部新的国标《综合布线系统工

程设计规范》(GB 50311—2007)和《综合布线系统工程验收规范》(GB 50312—2007),自2007 年 10 月 1 日起实施。原《建筑与建筑群综合布线系统工程设计规范》(GB/T 50311—2000)和《建筑与建筑群综合布线系统工程验收规范》(GB/T 50312—2000)同时废止。这两部新标准是在 2000 版标准的基础上总结经验编写出来的,更为完善,更加符合目前行业的发展。其主导思想:一是和国际标准接轨,以国际标准的技术要求为主,避免造成厂商对标准的一些误导;二是符合国家的法规政策,新标准的编制体现了国家最新的法规政策;三是很多的数据、条款的内容更贴近工程的应用,具有实用性和可操作性。

为了全面提升我国智能建筑工程施工水平和工程质量,2010 年 7 月 15 日住房和城乡建设部批准发布了《智能建筑工程施工规范》(GB 50606—2010),自 2011 年 2 月 1 日起实施。与此同时,住房和城乡建设部还批准发布了《民用建筑工程室内环境污染控制规范》(GB 50325—2010),以及《建筑电气照明装置施工与验收规范》(GB 50617—2010)两个新的国家标准,自 2011 年 6 月 1 日起实施。原《民用建筑工程室内环境污染控制规范》(GB 50325—2001)同时废止。

4. 与国际先进水平的差距

当前我国智能建筑技术与国际先进水平的差距主要体现在开放式互操作性系统技术发展研究上。智能建筑建设是一项系统工程,是多学科、多技术的系统集成整体,开放式可互操作性系统技术的规范化、标准化,是实现建筑智能化,提高产品设备与系统的产业化技术水平的关键。目前国际建筑业界公认较先进的开放式系统行业协议标准有两个:

(1) LonWorks:美国 Echelon 公司基于 LonTalk 协议的 LonMark 标准;

(2) BACnet:美国采暖、制冷与空调工程师协会(ASHRAE)制定的《楼宇自动控制网络数据通信协议(BACnet)》。BACnet 同时还成为美国国家标准及欧共体标准草案。

这两种协议标准都是基于国际标准化组织(ISO)的"开放系统互连模型"的。因此两者在开放系统技术上是可以互相补充互为依存的,前者着重现场实时控制域,后者着眼于信息应用管理域。而且 BACnet 的协议层次里数据链路层和物理层的五种选择中就包含有LonTalk 协议。所以,人为地将两者完全互斥对立起来是不准确的。况且两者技术都还正在不断地完善发展之中。严格地讲,我国智能建筑在开放式互操作性系统技术发展研究上尚未真正起步,差距颇大,亟待投入。

8.2 现代智能建筑技术

智能建筑技术通常是指载有语音、图像、数据等信息的信息源及其传输、处理和应用,如电话、电视、计算机的信息。智能建筑直接利用的技术是建筑技术、计算机技术、网络通信技术、自动化技术。在 21 世纪的智能建筑领域里,信息网络技术、控制网络技术、智能卡技术、可视化技术、流动办公技术、家庭智能化技术、无线局域网技术、数据卫星通信技术、双向电视传输技术等,都将会有更加深入广泛地具体发展应用。特别是开放性控制网络技术正在向标准化、广域化、可移植性、可扩展性和互可操作性方向发展。换言之,智能化技术只是手段,"可持续发展技术"才是现代智能建筑技术发展的长远方向。

8.2.1 建筑智能化技术的概念

信息技术和其他现代高新技术应用在建筑及建筑群中就构成了建筑智能化系统。信息技术的内容和范围非常广泛,实际应用到智能建筑的信息技术只是其中的一部分。通常人们把这一部分,即信息技术和其他现代高新技术应用于智能建筑中的主要技术称为智能建筑技术或建筑智能化技术,它是智能建筑的关键技术,是智能建筑的技术基础。

建筑智能化系统是以建筑环境和系统集成为平台,主要通过综合布线系统作为传输网络基础通道,由各种建筑智能化技术与建筑环境的各种设施有机结合和综合运用形成各个子系统,从而构成了符合智能建筑功能等方面要求的建筑环境。

通常,人们所说建筑智能化技术指的是狭义的智能建筑技术,即具体实现意义上的智能建筑技术。智能建筑内涵的实现是以智能化技术为基础的,即智能化技术是智能建筑的核心技术,而建筑智能化技术以信息技术为主,是实现智能建筑功能的主要技术手段。

为了实现建筑智能化系统的功能要求,建筑智能化技术主要包括信息技术的四个方面,即人们常说的4C技术:现代通信技术、现代计算机技术、现代自动控制技术、现代图形图像显示技术,以及综合布线技术、系统集成技术等其他现代信息技术和现代高新技术。智能化技术与建筑技术的有机结合构成了智能建筑,但是智能建筑技术并不代表全部现代信息技术,如信息获取技术,包括传感技术、遥测技术等就不包含在内。

8.2.2 建筑智能化技术的主要内容

1. 现代计算机技术

现代计算机技术广泛应用到智能建筑中,成为智能建筑技术的一项重要的基本技术。在智能建筑信息设施系统中,计算机网络系统的主干网和局域网成为主要通信网络之一,用以满足建筑物内多种业务需要的信息传输和交换。

现代计算机技术是建筑设备管理系统的核心技术。以计算机网络为基础连接计算机和建筑物内空调、电梯、给排水、电力和冷热源等各种设备完成设备自动监控管理和系统集成;完成对消防和安全防范系统的自动控制和管理。

在信息化应用系统和办公自动化方面计算机技术更是起到不可缺少的主导作用,使人们足不出户就可完成各种层次的业务和办公事务,例如,业主对建筑物内各类设备的物业管理、运营等,各级公务员进行的各种办公和服务管理,以及各种信息服务性事务。计算机技术和通信技术、多媒体技术的结合正在创造移动办公和家庭办公的条件。

2. 现代通信技术

通信技术是现代信息技术的一个重要组成部分。通信的本质是快速、准确地转移信息。现代通信技术正在沿着数字化、宽带化、高速化和智能化、综合化、网络化的方向迅速发展。现代通信技术应用于智能建筑形成了智能建筑通信网络系统(CNS),通信网络和通信技术是智能建筑技术的重要组成部分,也是智能建筑其他技术的基础。通信技术和通信网络系统用以实现建筑物或建筑群内、外信息获取、信息传输、信息交换和信息发布。

现代通信技术和通信网络系统是实现智能建筑通信功能和建筑设备管理、信息化应用系统和办公自动化的基础,通过多种通信网络子系统和相应的各种通信技术对来自智能建筑内、外的语音、数据、图像等各种信息进行接收、存储、处理、交换、传输等,为人们提供满意的通信和控制管理的需求。

3. 现代自动控制技术

自动控制技术属于信息科学和信息技术范畴,它是信息处理技术的一项技术。现代自动控制技术主要是数字控制技术,即计算机控制技术和网络控制技术。

现代自动控制技术是智能建筑最重要的建筑智能化技术之一,在智能建筑控制中起主导作用,应用最广泛的是建筑设备管理系统(BMS),以及利用网络集成控制技术可以形成的建筑智能化集成系统(IIS)。利用计算机来控制建筑设备管理系统,已由分布式控制系统发展到开放式控制系统,即控制网络技术体系结构正向开放性与网络互连方向发展。开放性控制网络具有标准化、可移植性、可扩展性和可操作性。在计算机互联网络技术的推动下,控制网络要满足开放性的要求,就必须走网络互连的发展道路,因而从现场控制总线走向控制网络是一个必然趋势。目前最为常用的现场总线系统,以 LONworks 和 BACnet 两种开放式现场总线系统应用较广。

4. 现代图形图像显示技术

图像显示技术是信息技术的一项重要技术。应用于智能建筑的现代图像显示技术主要包括两个方面。一方面是先进的图像信息技术,即信息显示图形图像化;另一方面是图像信息及相关管理信息的计算机处理、活动图像压缩编码以及网络控制技术,即计算机处理及网络控制。

1) CRT

阴极射线管显示技术(Cathode Rag Tube,CRT)具有高亮度、高效率、颜色丰富、响应速度快、温度特性好、视角大、图像质量好,成本低等优点,其缺点是体积大、笨重、耗电量大,已逐渐被淘汰了。

2) LED

发光二极管显示屏(Light Emitting Diode,LED)是一种半导体固体发光器件,目前广泛使用的有红、绿、蓝 3 种。把红色和绿色的 LED 放在一起作为一个像素制作的显示屏叫双基色屏或伪彩色屏;把红、绿、蓝 3 种 LED 管放在一起作为一个像素的显示屏叫三基色屏或全彩屏。制作室内 LED 屏的像素尺寸一般是 2~10mm,室外 LED 屏的像素尺寸多为 12~26mm。LED 显示屏如果想要显示图像,则需要构成像素的每个 LED 的发光亮度都必须能调节,其调节的精细程度就是显示屏的灰度等级。灰度等级越高,显示的图像就越细腻,色彩也越丰富,相应的显示控制系统也越复杂。在当前的技术水平下,256 级灰度的图像,颜色过渡已十分柔和,图像还原效果比较令人满意。

LED 光源比白炽灯节电 87%、比荧光灯节电 50%,而寿命比白炽灯长 30 倍、比荧光灯长 10 倍。LED 光源因具有节能、环保、寿命长、安全、响应快、体积小、色彩丰富、可控等系列独特优点,被认为是节电降能耗的最佳实现途径。

3) LCD

液晶显示(Liquid Crgstal Display,LCD)采用的是被动发光的技术原理,因此液晶需要背光系统来提供光源。目前液晶显示屏采用的背光源主要分为 CCFL(冷阴极荧光)、LED(发光二极管)和 HCFL(热阴极荧光)三种。其中 CCFL 应用最广泛,HCFL 刚刚起步,技术还不成熟。CCFL 背光源由于先天技术不足,存在色域狭窄、能源利用率低、功耗较高和寿命短小等缺点。而采用 LED 为背光源,可以获得足够宽的色域,弥补液晶显示色彩数不足的缺陷,具有质地轻薄、色彩艳丽、无电磁辐射、长寿命、节能省电等优势。

4) PDP

等离子体显示屏(Plasma Display Panel,PDP)在显示平面上安装等离子管作为发光体(像素),每个发光管有两个玻璃电极、内部充满氖、氙等惰性气体,其中一个玻璃电极上涂有三原色荧光粉。当两个电极间加上高电压时,引发惰性气体放电,产生等离子体。等离子产生的紫外线激发涂有荧光粉的电极而发出不同分量的由三原色混合的可见光,从而点亮各个像素形成图像。

PDP 主要特点是图像真正清晰逼真,图像灰度超过 256 级,能满足显示 16 位或 24 位真彩色的要求。在室外及普通居室光线下均可视,屏幕非常轻薄,便于安装。具有视角宽、寿命长、刷新速度快、光效及亮度高、易制作大屏幕、工作温度范围宽、防电磁干扰、环保无辐射、散热性能好、无噪声困扰等很多优良特性。

5) 图像压缩编码技术

图像压缩编码是图像显示的关键技术之一。为了解决图像压缩过程的失真问题,以适应配有声音的活动图像压缩编码的需要,国际电话电报咨询委员会 (CCITT)和国际标准化组织(ISO)成立了运动图像联合专家组(Motion Picture Experts Group,MPEG),其提出了一整套图像显示计算机处理及网络控制技术,体现在动态图像专家组(MPEG)系统标准中。该标准是活动图像、音频及其组合的压缩、解压缩、处理和编码表示方面的国际标准。从 MPEG-1、MPEG-2、MPEG-4 第 1 版,已经发展到 MPEG-4 第 2 版和 MPEG-7。

MPEG-4 具有高效的压缩性,它基于更高的编码效率,与其他标准相比,它基于更高的视觉听觉质量,使得在低宽带的信道上传送视觉、听觉或在有限容量的存储介质上存储多媒体视觉成为可能。同时 MPEG-4 还能对同时发生的数据流进行编码,一个场景的多视角或多声道数据流可以高效、同步地合成为最终数据流。这可用于虚拟三维游戏、三维电影、飞行仿真练习等。

MPEG-7 标准相对独立,其宗旨是为人们的社会生活提供便利的多媒体服务。实现关键在于建立多媒体数据库和相应搜索引擎之间的接口。MPEG-7 将实现由文本信息时代过渡到多媒体信息时代。在计算机、多媒体、数字化技术和网络技术日新月异的信息时代,MPEG-7 的公布,MPEG 系列标准将再一次给人类的生活方式带来革命性的变化,也必然推进图像信息显示技术的进步,其在智能建筑中的广泛应用必然会给建筑智能化增加更多的新内容。

H.263 视频编码标准是专为中高质量运动图像压缩所设计的低码率图像压缩标准。H.263 采用运动视频编码中常见的编码方法,将编码过程分为帧内编码和帧间编码两个部分。在帧间采用 1/2 像素运动矢量预测补偿技术,无限制的运动矢量模式,使运动补偿更加精确,量化后适用改进的变长编码表(VLC)对量化数据进行熵编码,得到最终的编码系数。H. 263 标准压缩率较高,常用视频标准化格式(CIF)全实时模式下单路占用带宽一般在几百左右,具体占用的带宽视画面运动量多少而不同。缺点是画质相对差一些,占用的带宽随画面运动的复杂度而大幅变化。

现代图像显示技术主要应用于智能建筑的以下几个方面:

① 公共场所(如候车室、候机室、会议厅等)大屏幕公告版;

② 娱乐场所(卡拉 OK、歌舞厅、剧场、酒吧等)投影电视;

③ 会议室、多功能厅、演播室等使用的大屏幕投影机;

④ 电教中心教室、多媒体教室使用的电视机、计算机等设备;

⑤ 安全防范监控系统及中央监控室;

⑥ 消防报警指挥中心及消防报警系统;

⑦ 智能建筑系统集成(IBMS);

⑧ 办公自动化及多媒体计算机系统;

⑨ 多媒体通信系统(如 CATV、VOD、可视电话、图文电视等);

⑩ 家庭影院和影像通信多媒体系统(如 CATV、可视对讲、VOD 等)。

8.2.3 综合布线和系统集成技术

1. 综合布线技术

综合布线技术是在建筑和建筑群环境下的一种信息有线传输技术,属于信息传输技术中的一种特殊传输技术。它将建筑和建筑群中所有电话、数据、图文、图像及多媒体设备的布线综合或组合在一套标准的布线系统上,即这种布线综合所有电话、数据、图文、图像及多媒体设备于一个综合布线系统中,实现了多种信息系统的兼容、共用和互换互调性能。

综合布线技术在建筑物内或建筑群间传输语音、数据、图像等信息满足人们在建筑物内的各种信息要求。因此,它也是建筑智能化技术主要技术之一。

综合布线系统是遵循有关标准设计的,因而它是一种符合工业标准的布线系统。它可以连接各个设备,可以支持多个厂家的语言和数据设备。综合布线系统在智能建筑中逐步得到应用,它是解决常规布线系统存在问题的好办法。

1) 综合布线系统与智能建筑的关系

(1) 综合布线系统是衡量建筑智能化程度的重要标志。在衡量建筑的智能化程度时,既不完全看建筑物的体积是否高大巍峨和造型是否新型壮观,也不会看装修是否宏伟华丽和设备是否配备齐全,主要是看其综合布线系统的配线能力,如设备配置是否成套,技术功能是否完善,网络分布是否合理,工程质量是否优良,这些都是决定建筑智能化程度高低的重要因素。智能建筑能否为用户更好地服务,其综合布线系统具有决定性的作用。

(2) 综合布线系统使建筑充分发挥智能化效能。综合布线系统把智能建筑内的计算机、通信、网络和各种设备及设施,相互连接形成一个完整配套的整体,以实现高度智能化的要求。由于综合布线系统能适应各种设施当前的需要和今后的发展,具有兼容性、可靠性、使用灵活性和管理科学性等特点,所以它是智能建筑能够保证优质高效服务的基础设施之一。

在智能建筑中如没有综合布线系统,各种设施和设备因无信息传输媒质连接而无法相互联系,无法正常运行,智能化功能也难以实现,建筑只能是一幢徒有空壳躯体的、实用价值不高的土木建筑,也就不能称为智能建筑。在建筑物中只有配备了综合布线系统时,才有实现智能化的可能性,它是智能建筑工程中的关键内容。

(3)综合布线系统能适应今后科学技术的发展需要。房屋建筑的使用寿命较长,大都在几十年,甚至上百年。因此,目前在规划和设计新的建筑时,应考虑到如何适应今后高科技发展的需要。由于综合布线系统具有很高的适应性和灵活性,能在今后相当长的时期内满足科技进步和客观发展的需要,在建筑物的新建和改造工程中,应根据建筑物的使用性质和今后发展等各种因素,积极采用综合布线系统。

2)综合布线系统的特点

(1)综合性、兼容性好:传统的专业布线方式需要使用不同的电缆、电线、接续设备和其他器材,技术性能差别极大,难以互相通用,彼此不能兼容。综合布线系统具有综合所有系统和互相兼容的特点,采用光缆或高质量的布线部件和连接硬件,能满足不同生产厂家终端设备传输信号的需要。

(2)灵活性、适应性强:采用传统的专业布线系统时,如需改变终端设备的位置和数量,必须敷设新的缆线和安装新的设备,且在施工中有可能发生传送信号中断或质量下降,增加工程投资和施工时间,因此,传统的专业布线系统的灵活性和适应性差。在综合布线系统中任何信息点都能连接不同类型的终端设备,当设备数量和位置发生变化时,只需采用简单的插接工序,实用方便,其灵活性和适应性都强、且节省工程投资。

(3)便于今后扩建和维护管理:综合布线系统的网络结构一般采用星型结构,各条线路自成独立系统,在改建或扩建时互相不会影响。综合布线系统的所有布线部件采用积木式的标准件和模块化设计。因此,部件容易更换,便于排除障碍,且采用集中管理方式,有利于分析、检查、测试和维修,节约维护费用和提高工作效率。

(4)技术经济合理:综合布线系统各个部分都采用高质量材料和标准化部件,并按照行业规范和技术标准施工,以及进行严格检测,以保证系统技术性能优良可靠,满足目前和今后通信需要,且在维护管理中减少维修工作,节省管理费用。采用综合布线系统虽然初次投资较多,但从总体上看是符合技术先进、经济合理的要求的。

2. 系统集成技术

系统集成(Systems Integration,SI)是指随着计算机技术在信息系统领域中的推广应用,以计算机网络为纽带的,对不同资源子系统进行组合,实现综合管理、统一控制的系统。系统集成属于信息科学的范畴,是信息技术的具体运用技术。它主要应用于现代大中型信息系统,应用到建筑智能化领域就称为智能化集成系统。

智能化集成系统(Intelligented Integration System,IIS)是将不同功能的建筑智能化系统,通过统一的信息平台实现集成,以形成具有信息汇集、资源共享及优化管理等综合功能的系统。IIS 的目的是对建筑物内的各智能化子系统进行综合管理,使建筑物内外的信息实现资源共享;系统集成的途径是通过包括计算机网络在内的信息网络,汇集建筑物内外各处信息；系统集成的手段和过程是将资源子网以物理、逻辑、功能等方式组合起来连接在一起，传递各类需要的信息，并实现对各类信息的管理和控制。

IIS 通过具体的信息技术与建筑环境的结合实现不同程度的建筑智能化，具有开放性、可靠性、容错性和可维护性等特点。该系统通过数据管道技术将异构于各子系统的数据信息传送到一个公共的数据库系统中，完成了基本数据记录的工作，为其他系统分析这些数据信息提供基本准备工作。

智能建筑系统集成具有以下几个方面的意义：

1）数据信息系统更加完善

基于 B/S 结构的网络化数据库系统在网络时代得到了快速的普及应用，使得数据信息的访问与获得更加便捷，围绕其应用的开发平台更加丰富。

2）管理控制功能越发强大

各种各样的开发平台围绕网络数据库的应用快速发展，配合各智能子系统的硬件可以提供更加复杂的管理功能和更加强大的系统控制功能。

3）发挥智能管理高效率的优势

通过智能建筑系统集成综合各智能子系统最核心的数据信息，进行统一管理、分析、报表和决策分析，由此可简化系统管理的程序、提高管理的效率，实现高效管理。

有关智能建筑方面软件开发技术和软件工程的发展，计算机软件系统中的智能处理技术越来越展现出无穷的魅力，结合各个智能子系统的硬件设施，智能建筑系统集成针对硬件管理与控制将会更加容易，管理效率会进一步提高，达到节约资源、优化投资的目的。

4）管理更加人性化

科技以人为本，管理更加人性化，这是信息时代的主题。随着信息技术突飞猛进的发展，人们对智能建筑的智能化程度和人性化服务的要求更高了，而传统建筑的各个分离的智能子系统很难做到这点。例如水、电、气计量中的纠纷，业主和物业管理部门之间的沟通十分不便与烦琐。有了智能建筑系统集成以后，系统的智能化程度大为提高，操作使用简便、数据统一可靠、显示更加人性化，业主可以足不出户，通过计算机网络以 Web 的方式了解自己的所有费用，若有错误，可以通过集成管理系统通知工作人员处理，解决问题，十分方便。

8.2.4　智能建筑其他有关的现代高新技术

1. 网络视频监控技术

网络视频监控系统是以数字视频处理技术为核心，综合利用光电传感器、计算机网络、自动控制和人工智能等技术的一种新型监控系统。前端摄像机设备根据其使用的环境、需求目标、清晰度和距离要求等可分为很多类型，常见的有高清晰监控摄像机、红外夜视远距离监控摄像机、近距离高清晰宽视野红外一体机、枪式摄像机、半球摄像机、高速球摄像机、恒速球摄像机、超远距离红外夜视监控摄像机等。视频监控系统的发展经历了三个阶段：

1）第一代模拟监控系统

在 20 世纪 90 年代以前，系统主要设备是模拟摄像机和磁带录像机，是以矩阵为控制中心的闭路电视监控系统。信号传输线路采用专用的监控电缆网络,录像采用磁带录像机。模拟视频监控系统实现了最基本的视频监视、云台控制和录像检索功能。但由于磁带录像机的限制,使录像资料无法智能检索及难以长期可靠保存。

2) 第二代模数组合监控系统

20世纪90年代,系统录像采用数字硬盘录像机(DVR)取代了磁带录像机。信号传输线路仍采用专用的监控电缆网络,模拟摄像机获取的模拟视频信号利用分配器分成两路,一路通过监控网进入以矩阵为控制中心的闭路电视系统进行图像画面显示;另一路接到编码器上,将模拟视频信号转换成数字视频信号传输给硬盘录像机(DVR)录像,每一台摄像机对应地要连接一台硬盘录像机(DVR)。DVR解决了模拟视频监控图像中录像不能长时间存储的问题,同时大大提高了录像资料存储的可靠性。但单纯的DVR是无法完成大范围分散监控点的分级监控,网络功能非常有限。

3) 第三代网络视频监控系统

从21世纪初开始,随着网络带宽、计算机处理能力和存储容量的快速提高,视频监控步入了全数字化的网络时代。数字式网络摄像机将视频图像通过计算机信息网络(TCP/IP协议)传输给视频服务器,图像数据的处理、显示、录像和共享都是围绕着视频服务器进行的。它以网络为依托,以数字视频的压缩、传输、存储和播放为核心,以智能实用的图像分析为特色,引发了视频监控行业的技术革命。网络视频监控系统基于中心管理服务器,通过流媒体转发、网络存储等先进技术,很好地满足了当前日益增长的视频联网需求,解决了多级、多层次的视频管理。朝着"超大规模"和"超广地域"的视频监控方向发展。

2. 智能卡技术

智能卡(IC)一般可分为接触式和非接触式两种:

1) 接触式智能卡

读卡器必须要有插卡槽和触点,以供卡片插入并接触电源,缺点是使用寿命短,系统难以维护,基础设施投入大等,但发展较早。

2) 非接触式智能卡

非接触式智能卡采用射频识别(RF ID)技术,又称射频卡,是近几年发展起来的新技术。它成功地将射频识别技术和智能卡技术结合起来,利用电磁波进行信号传输识别,将具有微处理器的集成电路芯片和天线封装于塑料基片之中。读写器采用高速率的半双工通信协议及磁感应技术,通过无线方式对卡片中的信息进行读写。

非接触式感应卡分为有源和无源二种。无源系统的能量由数据载频提供,有源系统是在卡内封装一块非常薄的电池。从成本和生产方面考虑,无源系统是主流。它还有主动交易式和被动交易式之分。主动识别是指卡片需要主动靠近读卡器,用户需要持卡在读卡器上晃过才会完成识别交易;被动识别可以不用出示,比如在外衣里,当走过读写器的范围就完成识别交易。

非接触式感应卡(母卡)可外贴一片PVC图像卡(附卡),配印彩色相片和各种精美的图标。当住户或员工持一张有效卡,在感应器前一晃时,会有声音和电子灯提示"刷卡有效",如果是无效卡,感应器会发出三声报警声。非接触智能卡无法复制伪造,使用无磨损、防水、防磁、防电、防污染、寿命长、安全可靠。

归结起来,非接触式智能卡主要的优点有:

(1)快速、方便:使用非接触式智能卡通常不需要把卡片拿出钱包,只需要连同钱包一起在1秒钟内即可完成读写卡的操作。

(2)省维护、寿命长:非接触式智能卡读写器不含任何移动部件,也不需要插卡槽口或接触,因此没有磨损和触点腐蚀等问题,无须清理脏污的插卡槽口,不必维护移动部件。数据交换采用无线电波,不会受到尘土、潮气或震动的干扰。卡片和读写器盒都是完全密闭的,可防止水、尘土或腐蚀性物质的侵蚀,当卡片因长期日光照射、加热、洗涤或溶剂的影响而稍有弯曲时,仍能使用。卡片使用寿命大于100万次。

(3)高度的安全性:智能卡的安全性只与其芯片有关,而与其接口无关,由于没有可被伪卡探测的触点,读出/模拟通信须经由读出传输信号接近数据,这就设置了一道保密护栏,消除了被仿冒的可能性。

(4)无现金系统:集管理、购物、消费、订购、代销、扣款等高级消遣于一体,可实现计算机网络的无限次充值、增值、取钱、消费或(转账)的多功能循环储值的一卡通功能。

(5)质量可靠、性能稳定、使用成本便宜:具备智能化管理应用普及的决定性关键功能,其交互式的动态界面,可靠性高、操作方便、快捷、防冲突、防止卡片间数据相互干扰,安全性能好。扩展性好,能满足现在和未来的要求。

智能一卡通系统配置包括控制器、感应器、感应卡、制卡机、收款机、接口转换器、传输设备、系统管理软件和通信软件等。随着半导体芯片技术的不断发展,智能卡体积小、存储容量大、携带与使用方便、安全性与可靠性好、可脱机运行、一卡多用的优越性能越来越突出。智能卡系统进行智能建筑的保安门禁和巡逻管理、停车场收费管理、物业收费与管理、商业消费与电子钱包、人事与考勤管理已经越来越普遍。而这些功能通过一张智能卡就可实现"一卡通"。

3. 信息软件技术

不论是现代通信技术、现代计算机技术、现代自动控制技术、现代图形图像显示技术,还是系统集成技术,其基础都是信息软件技术。信息化的核心是应用,应用的关键是软件,对于现代建筑智能化系统而言,信息软件技术是关键中的关键,基础中的基础,其重要作用不言喻。

赋予智能建筑各种智能化功能的实现,最终还必须依靠系统集成软件、各智能化子系统嵌入式软件和各种应用软件,而大多数智能建筑的控制软件和应用软件,特别是系统集成的软件都有其特殊性,需要专业公司特别开发。软件开发必须在经过仔细调研、确定工作流程和数据流程以后,才能明确其结构和功能。由各智能化子系统采集的数据通过通信接口和实时对象服务程序转换成统一格式后的关键数据,系统对所得到的数据充分地处理和运用,在用户工作站上可进行实时显示、操作管理、事故报警、分析统计、例行报表和文件存档等种种应用服务。

8.3 现代智能建筑的基本构成

宏观地看,所谓智能建筑是一个综合的概念,其内容不只是限于建筑智能化系统工程的范畴,还应包括良好的建筑环境,如造型、层高、净空、采光等;力学结构、机电设备配置,如空调、新风机、电梯、自动化车库等,以及智能化系统等。但是,智能建筑的关键是智能化系统,即智能建筑主要是通过现代信息技术应用于建筑环境来实现的。

8.3.1 智能建筑的功能要求

智能建筑的智能化系统工程是由若干设计要素进行技术搭建构成,根据建筑物的用途,不同类型智能建筑的功能要求如下:

1. 办公建筑

(1) 应适应办公建筑物办公业务信息化应用的需求。
(2) 应具备高效办公环境的基础保障。
(3) 应满足对各类现代办公建筑的信息化管理需要。

2. 商业建筑

(1) 应符合商业建筑的经营性质、规模等级、管理方式及服务对象的需求。
(2) 应构建集商业经营及面向宾客服务的综合管理平台。
(3) 应满足对商业建筑的信息化管理的需要。

3. 文化建筑

(1) 应满足文化建筑对文献和文物的存储、展示、查阅、陈列、研究及信息传递等功能需求。
(2) 应满足面向社会、公众信息的发布及传播,实现文化信息加工、增值和交流等文化窗口的信息化应用需要。

4. 媒体建筑

(1) 应满足媒体业务信息化应用和媒体建筑信息化管理的需要。
(2) 应具备媒体建筑业务设施的基础保障条件。

5. 体育建筑

(1) 应满足体育竞赛业务信息化应用和体育建筑的信息化管理的需要。
(2) 应具备体育竞赛和其他多功能使用环境设施的基础保障。
(3) 应统筹规划、综合利用,充分兼顾体育建筑赛后的多功能使用和运营发展。

6. 医院建筑

(1) 应满足医院内高效、规范与信息化管理的需要。

（2）应向医患者提供"有效地控制医院感染、节约能源、保护环境,构建以人为本的就医环境"的技术保障。

7．学校建筑

（1）应满足各类学校的教学性质、规模、管理方式和服务对象业务等需求。
（2）应适应各类学校教师对教学、科研、管理及学生对学习、科研和生活等信息化应用的发展。
（3）应为高效地教学、科研、办公和学习环境提供基础保障。

8．交通建筑

（1）应满足各类交通建筑运营业务的需求。
（2）应为高效交通运营业务环境设施提供基础保障。
（3）应满足对各类现代交通建筑管理信息化的需求。

9．住宅建筑

（1）应体现以人为本,做到安全、节能、舒适和便利。
（2）应符合构建环保和健康的绿色建筑环境的要求。
（3）应推行对住宅建筑的规范化管理。

10．通用工业建筑

（1）应满足通用生产要求的能源供应和作业环境的控制及管理。
（2）应提供生产组织、办公管理所需的信息通信的基础条件。
（3）应符合节能和降低生产成本的要求。
（4）应提供建筑物所需的信息化管理。

8.3.2　智能建筑的体系结构

智能建筑的智能化系统工程设计宜由智能化集成系统、信息设施系统、信息化应用系统、建筑设备管理系统、公共安全系统、机房工程和建筑环境等设计要素构成,如图 8-1 所示。智能化系统工程设计应根据建筑物的规模和功能需求等实际情况,选择配置相关的系统。

智能建筑既包含设备物理建筑环境,又包含管理和服务等方面的软环境,它是一个综合建筑环境。在智能建筑内,以综合布线为基本传输媒质,以网络为主要通信和控制手段,对信息设施系统、信息化应用系统、建筑设备管理系统、公共安全系统、机房设备等所有功能系统,通过系统集成进行综合配置和综合管理,形成了一个设备和网络、硬件和软件、控制管理和提供服务有机结合于一体的综合建筑环境。综合配置和综合管理是应用系统集成的方法和原理,既对所有硬件设备和应用软件进行有机配置、组合,又对它们进行统一控制管理,充分发挥服务性能。

依据 GB/T 50314—2006 国家标准《智能建筑设计标准》的规定,智能建筑的智能化系

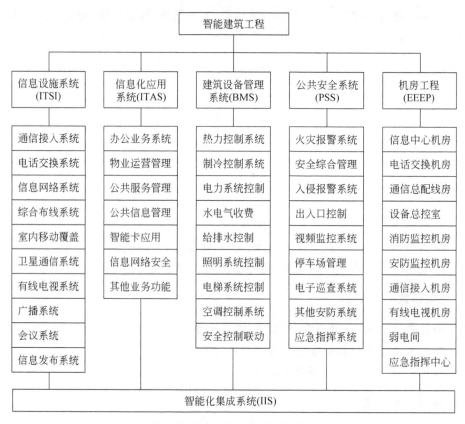

图 8-1 智能建筑工程体系结构图

统工程是由若干设计要素进行技术搭建构成,设计要素具有通用性和广泛性,适用于办公建筑、商业建筑、文化建筑、媒体建筑、体育建筑、医院建筑、学校建筑、交通建筑、住宅建筑和通用工业建筑等功能建筑或多类别功能组合的综合型建筑的设计需求。

智能建筑体系结构可以包含有几十个子系统,针对不同用途和特点的建筑,其子系统的配置是不相同的。不过,这些子系统都是在智能建筑中具有实际物理设施或应用软件的实际应用系统,它们不论大小,其功能和目的都是向人们提供安全、高效、舒适、便利的建筑环境和服务。这些子系统在实现智能建筑基本目的上处于平等地位,在技术实现方面有关子系统之间存在着相互联系、相互依存、相互作用的关系,因此这些子系统都不是孤立存在的系统。

智能建筑工程设计应贯彻国家关于节能、环保等方针政策;应做到技术先进、经济合理、实用可靠;应以增强建筑物的科技功能和提升建筑物的应用价值为目标,以建筑物的功能类别、管理需求及建设投资为依据,具有可扩性、开放性和灵活性。

国家标准 GB 50339—2003《智能建筑工程质量验收规范》按照"验评分离、强化验收、完善手段、过程控制"的方针,遵照《建筑工程施工质量验收统一标准》GB 50300—2001 的编写原则,对通信网络系统、信息网络系统、建筑设备监控系统、火灾自动报警及消防联动系统、安全防范系统、综合布线系统、智能化系统集成、电源与防雷接地、环境和住宅(小区)智能化等智能建筑工程的质量控制、系统检测和竣工验收做出规定。

智能建筑是一个十分复杂的高科技综合系统，包含有几十个子系统，需要充分考虑所涉及的各子系统的协同动作、信息共享和集成。

8.3.3 信息设施系统

信息设施系统(Information Technology System Infrastructure，ITSI)是指为确保建筑物与外部信息通信网的互联及信息畅通，对语音、数据、图像和多媒体等各类信息予以接收、交换、传输、存储、检索和显示等进行综合处理的多种类信息设备系统加以组合，提供实现建筑物业务及管理等应用功能的信息通信基础设施。

建筑物内外的各类信息提供信息化应用功能需要的信息设备系统一般包括通信接入系统、电话交换系统、信息网络系统、综合布线系统、室内移动通信覆盖系统、卫星通信系统、有线电视及卫星电视接收系统、广播系统、会议系统、信息导引及发布系统、时钟系统和各类业务功能所需要的其他相关的通信系统。

信息设施系统的功能应符合下列要求：

(1) 应为建筑物的使用者及管理者创造良好的信息应用环境。

(2) 应根据需要对建筑物内外的各类信息，予以接收、交换、传输、存储、检索和显示等综合处理，并提供符合信息化应用功能所需的各种类信息设备系统组合的设施条件。

信息设施系统主要包括以下子系统：

1. 通信接入系统

通信接入系统是根据用户信息通信业务的需求，将建筑物外部的公用通信网或专用通信网的接入系统引入建筑物内。公用通信网的有线、无线接入系统应支持建筑物内用户所需的各类信息通信业务。它可以接入公用数据网，如数字数据网(DDN)、分组交换数据业务、卫星网。根据网络带宽，它分为窄带综合业务数字网(N-ISDN)、宽带综合业务数字网(B-ISDN)等。

2. 电话交换系统

电话交换系统采用本地电信业务经营者所提供的虚拟交换方式、配置远端模块或设置独立的综合业务数字程控用户交换机系统等方式，提供建筑物内电话等通信使用。综合业务数字程控用户交换机系统设备的出入中继线数量，应根据实际话务量等因素确定，并预留裕量。建筑物内所需的电话端口应按实际需求配置，并预留裕量。建筑物公共部位宜配置公用的直线电话、内线电话和无障碍专用的公用直线电话和内线电话。

3. 信息网络系统

信息网络系统包括计算机系统、网管工作站、UPS电源、服务器、数据存储设备、路由器、防火墙、交换机等硬件产品和操作系统、网络安全和网管软件等软件产品。信息网络系统是应用计算机技术、通信技术、多媒体技术、信息安全技术和行为科学等先进技术和设备构成的信息网络平台。借助于这一平台实现信息共享、资源共享和信息的传递与处理，并在此基础上开展各种应用业务。

信息网络系统应满足各类网络业务信息传输与交换的高速、稳定、实用和安全的要求。采用以太网等交换技术和相应的网络结构方式,按业务需求规划二层或三层的网络结构。系统桌面用户接入宜根据需要选择配置10/100/1000Mbps信息端口。建筑物内流动人员较多的公共区域或布线配置信息点不方便的大空间等区域,宜根据需要配置无线局域网络系统。

根据网络运行的业务信息流量、服务质量要求和网络结构等配置网络的交换设备。根据工作业务的需求配置服务器和信息端口。根据系统的通信接入方式和网络子网划分等配置路由器。配置相应的信息安全保障设备和相应的网络管理系统。

4. 综合布线系统

综合布线系统是指通信电缆、光缆、各种软电缆及有关连接硬件构成的通用布线系统。它能支持多种应用系统,即使用户尚未确定具体的应用系统,也可进行综合布线系统的设计和安装。综合布线系统是智能建筑的基础设施,作为智能建筑的关键部分之一,它在智能建筑中起到类似人体神经系统的作用,能支持语音、数据、图像和多媒体等各种业务信息的传输。综合布线系统是遵循有关标准设计的,因而它是一种符合工业标准的布线系统。它可以连接各个设备,可以支持多个厂家的数据设备。综合布线系统由6个子系统及防雷保护和接地设施组成:

1)建筑群子系统

建筑群子系统由连接两个及以上建筑物之间的缆线和配线设备组成。若采用光缆作为建筑物间网络连接介质,不需要安装避雷器,甚至可以架空铺设。若采用双绞线,则必须穿管埋地敷设。

2)设备间子系统

设备间子系统由进线设备、程控交换机、计算机等各种主机设备及其配线设备组成。它是布线系统最主要的管理区域,通常分为语音管理和数字管理两部分。为防雷电破坏应安装通信避雷箱作为通信线路的第一级防雷措施。

3)管理子系统

管理子系统设置在各层配线间,由配线设备、输入输出设备等组成。管理子系统也分为数据和语音两部分。需要安装信号避雷器作为通信线路的第二级防雷措施。

4)垂直干线子系统

垂直干线子系统由设备间的配线设备和跳线设备,以及设备间至各楼层配线间的连接电缆组成,分为语音主干线和数据主干线两部分。

5)水平干线子系统

水平干线子系统由连接管理子系统至工作区子系统的水平布线及信息插座组成。数据点和语音点均采用双绞线敷设在金属桥架和金属管道内,一般不必再加装防雷装置。

6)工作区子系统

工作区子系统由连接在信息插座上的各种设备组成。当需要利用调制解调器通过语音点连接计算机,由于语音线路与外线连接,则有必要安装信号避雷器作为末级防雷措施。

5. 室内移动通信覆盖系统

无线通信方式有移动电话、专用集群移动电话、无绳电话系统、无线寻呼系统等。室内移动通信覆盖系统应符合下列要求：

① 应克服建筑物的屏蔽效应阻碍与外界通信。

② 应确保建筑的各种类移动通信用户对移动通信使用需求，为适应未来移动通信的综合性发展预留扩展空间。

③ 对室内需屏蔽移动通信信号的局部区域，宜配置室内屏蔽系统。

④ 应符合现行国标《国家环境电磁卫生标准》GB 9175 等有关的规定。

6. 卫星通信系统

卫星通信是指利用人造地球通信卫星作中继站转发或发射无线电信号，在两个或多个地球卫星地面站之间进行通信。

卫星通信系统应符合下列要求：

① 应满足各类建筑的使用业务对语音、数据、图像和多媒体等信息通信的需求。

② 应在建筑物相关对应的部位，配置或预留卫星通信系统天线、室外单元设备安装的空间和天线基座基础、室外馈线引入的管道及通信机房的位置等。

7. 有线电视及卫星电视接收系统

除了接入有线电视（CATV）外，还可以在建筑物屋顶设立多个频道天线及卫星电视（SATV）接收天线，经过放大后输送到各接收点。共用天线电视接收系统（MATV）的设备有甚高频天线（VHF）、超高频（UHF）天线、卫星广播天线、天线放大器、频道放大器、卫星接收机、调制器、分配器、分支器、线路放大器、录放像机、摄像机等。

有线电视及卫星电视接收系统应采用电缆电视传输和分配的方式，对需提供上网和点播功能的有线电视系统宜采用双向传输系统。传输系统的规划应符合当地有线电视网络的要求。根据建筑物的功能需要，应按照国家相关部门的管理规定，配置卫星广播电视接收和传输系统。应根据各类建筑内部的功能需要配置电视终端，并能向用户提供多种电视节目源。

8. 广播系统

广播系统包括公共广播（PA）和背景音乐系统等。公共广播系统一般分为业务性广播、服务性广播和事故广播等。通常在走廊、门厅、餐厅、花园等公共场所设扬声器或扬声器箱。广播音响系统的设备有天线、广播接收机、卡带放音机、激光放音机、音频放大机、功率放大机、监听器、话筒、呼叫器、线路分配器、备用电源。主要设备设置在广播控制室。广播设备平时用来作广播及背景音乐，发生火灾时作事故广播。

广播系统应配置多音源播放设备，以根据需要对不同分区播放不同音源信号。宜根据需要配置传声器和呼叫站，具有分区呼叫控制功能。系统播放设备宜具有连续、循环播放和预置定时播放的功能。当对系统有精确的时间控制要求时，应配置标准时间系统，必要时可配置卫星全球标准时间信号系统。根据需要配置各类钟声信号。

应急广播系统的扬声器宜采用与公共广播系统的扬声器兼用的方式。应急广播系统应优先于公共广播系统。应合理选择最大声压级、传输频率性、传声增益、声场不均匀度、噪声级和混响时间等声学指标,以符合使用的要求。

9. 会议系统

会议场所宜按大会议(报告)厅、多功能大会议室和小会议室等配置会议系统设备进行分类。根据需求及有关标准,配置组合相应的会议系统功能,系统宜包括与多种通信协议相适应的视频会议电视系统;会议设备总控系统;会议发言、表决系统;多语种的会议同声传译系统;会议扩声系统;会议签到系统、会议照明控制系统和多媒体信息显示系统等。

对于会议室数量较多的会议中心,宜配置会议设备集中管理系统,通过内部局域网集中监控各会议室的设备使用和运行状况。

视频会议系统主要由终端设备、通信线路网络及多点控制器三部分组成。终端设备将视频、音频、数据、信令等各种数字信号分别进行处理后组合成一路复合的数字码流,再将它转变为与用户接口兼容的信号格式在信道上传输。除此外,视频会议系统要进行多点视听信息传输与切换,还必须增设多点控制器设备(MCU)。MCU根据一定准则处理视听信号,并将它们分配给应连接的信道,按用户的要求将所传输的信息传到对方设备上。

10. 信息引导及发布系统

信息导引及发布系统由信息采集、信息编辑、信息播控、信息显示和信息导览系统组成,宜根据实际需要进行系统配置及组合。应能向建筑物内的公众或来访者提供告知、信息发布和演示以及查询等功能。信息显示屏应根据所需提供观看的范围、距离及具体安装的空间位置及方式等条件合理选用显示屏的类型及尺寸。各类显示屏应具有多种输入接口方式。

信息导引及发布系统宜设专用的服务器和控制器,宜配置信号采集和制作设备及选用相关的软件,能支持多通道显示、多画面显示、多列表播放和支持所有格式的图像、视频、文件显示及支持同时控制多台显示屏显示相同或不同的内容。系统的信号传输宜纳入建筑物内的信息网络系统并配置专用的网络适配器或专用局域网或无线局域网的传输系统。

系统播放内容应顺畅清晰,不应出现画面中断或跳播现象,显示屏的视角、高度、分辨率、刷新率、响应时间和画面切换显示间隔等应满足播放质量的要求。信息导览系统宜用触摸屏查询、视频点播和手持多媒体导览器的方式浏览信息。

11. 时钟系统

时钟系统应符合下列要求:
(1) 应具有校时功能。
(2) 宜采用母钟、子钟组网方式。
(3) 母钟应向其他有时基要求的系统提供同步校时信号。

8.3.4 信息化应用系统

信息化应用系统(Information Technology Application System,ITAS)是指以建筑物信息设施系统和建筑设备管理系统等为基础,为满足建筑物各类业务和管理功能的多种类信息设备与应用软件而组合的系统。

建筑物内提供信息化应用功能需要的各种类信息设备系统组合的系统,一般包括工作业务系统、物业运营管理系统、公共服务管理系统、公众信息服务系统、智能卡应用系统、信息网络安全管理系统及其他建筑物业务功能所需要的相关系统等。

信息化应用系统的功能应符合下列要求:

(1)应提供快捷、有效的业务信息运行的功能。

(2)应具有完善的业务支持辅助的功能。

信息化应用系统主要包括工作业务应用系统、物业运营管理系统、公共服务管理系统、公众信息服务系统、智能卡应用系统和信息网络安全管理系统等其他业务功能所需要的应用系统。

1. 工作业务应用系统

工作业务应用系统应满足该建筑物所承担的具体工作职能及工作性质的基本功能,它是智能建筑的基本功能之一。它包括通用的办公业务系统和专用的工作业务应用系统两类,例如通用的办公业务系统提供的主要功能有:文字处理、模式识别、图形处理、图像处理、情报检索、统计分析、决策支持、计算机辅助设计、印刷排版、文档管理、电子账务、电子黑板、会议电视、同声传译等。另外先进的办公自动化系统还可以提供辅助决策功能,提供从低级到高级逐步建立为领导办公服务的决策支持系统。

通用办公硬件设备包括服务器、传真机、复印机、扫描仪、印刷机、图文终端、计算机工作站、文字处理机、主计算机、打印机、绘图机、数码相机等。通用办公软件包括文字处理、模式识别、图形处理、图像处理、情报检索、统计分析、决策支持、计算机辅助设计、印刷排版、语言翻译软件,以及财务管理和人事管理软件等。

2. 物业运营管理系统

物业运营管理系统应对建筑物内各类设施的资料、数据、运行和维护进行管理。

3. 公共服务管理系统

公共服务管理系统应具有进行各类公共服务的计费管理、电子账务和人员管理等功能。

4. 公众信息服务系统

公众信息服务系统应具有集合各类共用及业务信息的接入、采集、分类和汇总的功能,并建立数据资源库,向建筑物内公众提供信息检索、查询、发布和导引等功能。

5. 智能卡应用系统

智能卡应用系统宜具有作为识别身份、门钥、重要信息系统密钥,并具有各类其他服务、消费等计费和票务管理、资料借阅、物品寄存、会议签到和访客管理等管理功能。

6. 信息网络安全管理系统

信息网络安全管理系统应确保信息网络的运行保障和信息安全。

8.3.5　建筑设备管理系统

建筑设备管理系统(Building Management System,BMS)是将建筑物内的空调与通风、变配电、照明、给排水、热源与热交换、冷冻和冷却、电梯和自动扶梯、停车库等建筑设备,以集成监视、控制和管理为目的,并与公共安全系统等实施联动管理而构成的综合系统。主要是通过网络将分布在各监控现场的区域智能分站连接起来,以分层分布式控制结构来完成集中操作管理和分散控制,以保证建筑物内所有设备处于高效、节能安全、可靠和最佳运行状态。控制网络系统(Control Network System,CNS)使用控制总线将控制设备、传感器及执行机构等装置联结在一起进行实时的信息交互,并完成管理和设备监控的网络系统。建筑设备管理系统的监测、监视、控制等管理功能,在实际工程设计中宜根据工程项目的建筑设备的实际情况选择配置相关管理功能。

建筑设备管理系统的功能应符合下列要求:

(1) 应具有对建筑机电设备测量、监视和控制功能,确保各类设备系统运行稳定、安全和可靠并达到节能和环保的管理要求。

(2) 宜采用集散式控制系统。

(3) 应具有对建筑物环境参数的监测功能。

(4) 应满足对建筑物的物业管理需要,实现数据共享,以生成所需的各种报表。

(5) 应具有良好的人机交互界面及采用中文界面。

(6) 应共享所需的公共安全等相关系统的数据信息等资源。

1. 环境和能源设备监控子系统

BMS主要包括环境设备监控子系统和能源设备监控子系统。它将建筑物或建筑群内的电力、照明、暖通空调、给排水、保安、停车库管理等设备或系统,以集中监视、控制和管理为目的,构成一个综合管理系统。该系统具有启停时间优化、顶峰需求控制、夜间节能控制、节假日调度、基于日历的调度、设备调度、时间调度、计划替换、优化排序、节能控制、温度湿度及新风量等的控制和管理功能。即监控管理建筑物内各机电设备的运行、安全状况、能源使用状况及节能、系统维护等,实现机电设备的综合自动监测、控制与管理,并使之达到最佳状态。主要包括:

(1) 压缩式制冷机系统和吸收式制冷系统的运行状态监测、监视、故障报警、启停程序配置、机组台数或群控控制、机组运行均衡控制及能耗累计。

(2) 蓄冰制冷系统的启停控制、运行状态显示、故障报警、制冰与溶冰控制、冰库蓄冰量监测及能耗累计。

(3) 热力系统的运行状态监视、台数控制、燃气锅炉房可燃气体浓度监测与报警、热交换器温度控制、热交换器与热循环泵连锁控制及能耗累计。

（4）冷冻水供、回水温度、压力与回水流量、压力监测、冷冻泵启停控制（由制冷机组自备控制器控制时除外）和状态显示、冷冻泵过载报警、冷冻水进出口温度、压力监测、冷却水进出口温度监测、冷却水最低回水温度控制、冷却水泵启停控制（由制冷机组自带控制器时除外）和状态显示、冷却水泵故障报警、冷却塔风机启停控制（由制冷机组自带控制器时除外）和状态显示、冷却塔风机故障报警。

（5）空调机组启停控制及运行状态显示，过载报警监测，送、回风温度监测，室内外温、湿度监测，过滤器状态显示及报警，风机故障报警，冷（热）水流量调节，加湿器控制，风门调节，风机、风阀、调节阀连锁控制，室内一氧化碳浓度或空气品质监测，（寒冷地区）防冻控制，送回风机组与消防系统联动控制。

（6）变风量（VAV）系统的总风量调节，送风压力监测，风机变频控制，最小风量控制，最小新风量控制，加热控制。变风量末端（VAVBOX）自带控制器时应与建筑设备监控系统联网，以确保控制效果。

（7）送排风系统的风机启停控制和运行状态显示，风机故障报警，风机与消防系统联动控制。

（8）风机盘管机组的室内温度测量与控制，冷（热）水阀开关控制，风机启停及调速控制，能耗分段累计。

（9）给水系统的水泵自动启停控制及运行状态显示，水泵故障报警，水箱液位监测、超高与超低水位报警。污水处理系统的水泵启停控制及运行状态显示，水泵故障报警，污水集水井、中水处理池监视，超高与超低液位报警，漏水报警监视。

（10）供配电系统的中压开关与主要低压开关的状态监视及故障报警，中压与低压主母排的电压、电流及功率因数测量，电能计量，变压器温度监测及超温报警，备用及应急电源的手动/自动状态、电压、电流及频率监测，主回路及重要回路的谐波监测与记录。

（11）大空间、门厅、楼梯间及走道等公共场所的照明按时间程序控制（值班照明除外），航空障碍灯、庭院照明、道路照明按时间程序或按亮度控制和故障报警，泛光照明的场景、亮度按时间程序控制和故障报警，广场及停车场照明按时间程序控制。

（12）电梯及自动扶梯的运行状态显示及故障报警。

（13）热电联供系统的监视包括初级能源的监测，发电系统的运行状态监测，蒸汽发生系统的运行状态监视能耗累计。

（14）当热力、制冷、空调、给排水、电力、照明控制和电梯管理等系统采用分别自成体系的专业监控系统时，应通过通信接口纳入建筑设备管理系统。

2. 与公共安全系统的联动管理

建筑设备管理系统应满足相关管理需求，对相关的公共安全系统进行监视及联动控制，包括消防报警子系统和安全防范子系统中相应的视频安防监控（录像、录音）系统、门禁系统、停车场（库）管理系统等对火灾报警的响应及火灾模式操作等。例如发生火灾时系统自动报警，启动并控制自动灭火系统、紧急广播、事故照明、电梯、消防给水、排烟系统、空调系统、其他联动控制系统，以及消防电话系统等。

8.3.6 公共安全系统

公共安全系统(PSS)是指为维护公共安全,综合运用现代科学技术,以应对危害社会安全的各类突发事件而构建的技术防范系统或保障体系。

公共安全系统的功能应符合下列要求:

① 能够应对火灾、非法侵入、自然灾害、重大安全事故和公共卫生事故等危害人们生命财产安全的各种突发事件,建立起应急及长效的技术防范保障体系。

② 应以人为本、平战结合、应急联动和安全可靠。

1. 火灾自动报警系统

火灾自动报警系统的主要功能是自动监测区域内火灾发生时的热、光和烟雾,发出声光报警并联动其他设备的输出结点,控制各子系统工作,采取措施,自动喷洒水或其他灭火液体气体,防排烟系统排除火灾时产生的烟雾并防止其漫延,以确保人员和设备的安全。

火灾探测器按结构可分为:点型和线型。点型有感烟式、感温式、感光式、可燃气体探测式和复合式等类型。建筑物内的主要场所宜选择智能型火灾探测器;在单一型火灾探测器不能有效探测火灾的场所,可采用复合型火灾探测器;在一些特殊部位及高大空间场所宜选用具有预警功能的线型光纤感温探测器或空气采样烟雾探测器等。

对于重要的建筑物,火灾自动报警系统的主机宜设有热备份,当系统的主用主机出现故障时,备份主机能及时投入运行,以提高系统的安全性、可靠性。

火灾自动报警系统的配置除按现行国家规范执行外,尚应遵循安全第一,预防为主的原则,应严格保证系统及设备的可靠性,避免误报。同时系统应具有先进性和适用性,系统的技术性能和质量指标应符合现行技术的水平,系统应能适合智能建筑的特点,达到最佳的性能价格比。

有预警功能的线型光纤感温探测器可在电缆沟/隧道、电缆竖井、电线桥架、电缆夹层等,地铁隧道、输油气管道、油罐、油库等,配电装置、开关设备、变压器,控制室、计算机室的吊顶内、地板下及重要设施隐蔽处设置。

因火灾自动报警系统的特殊性要求,建筑设备管理系统应能对火灾自动报警系统进行监视,但不作控制。在发生火灾情况下,视频安防监控系统可自动将显示内容切换成火警现场图像供消防监控中心室控制机房确认并记录,在线式电子巡查系统的巡查点可作为火灾手动报警的备份。

电磁场干扰对火灾自动报警系统设备的正常工作影响较大,因此系统应具有电磁兼容性保护,以保证系统的可靠性。

火灾自动报警系统的功能要求包括:

① 应配置带有汉化操作的界面,操作软件的配置应简单易操作。

② 应预留与建筑设备管理系统的通信接口,接口界面的各项技术指标均应符合相关要求。

③ 宜与安全技术防范系统实现互联,使安防系统作为火灾自动报警系统有效的辅助手段。

④ 消防监控中心机房宜单独设置,当与建筑设备管理系统和安全技术防范系统等合用控制室时,应符合《智能建筑设计标准》(GB/T 50314—2006)第 3.7.3 节的规定。

⑤ 应符合现行国家标准《火灾自动报警系统设计规范》GB 50116,《高层民用建筑设计防火规范》GB 50045 和《建筑设计防火规范》GB 50016 等的有关规定。

2. 安全技术防范系统

安全技术防范系统是根据建筑安全防范管理的需要,综合运用电子信息技术、计算机网络技术、视频安防监控技术和各种现代安全防范技术构成的综合系统,主要用于维护公共安全、预防刑事犯罪及灾害事故,以及保障相关设施的正常运行。其子系统包括安全防范综合管理系统、入侵报警系统、视频安防监控系统、出入口控制系统、周界防范系统、电子巡查管理系统、访客对讲系统、停车库(场)管理系统及各类建筑物业务功能所需的其他相关安全技术防范系统,如防爆安全检查系统、地震监视与报警、煤气泄漏报警、水灾报警等。

通常要求安全技术防范系统二十四小时不间断地连续工作,监视智能建筑物的重要区域与公共场所,以确保建筑物内人员与财物的安全。

在智能建筑和小区的每一个家庭中安装家庭保安系统,包括安装有紧急求助按钮,当家庭中发生突发事件时(如外来入侵、疾病求助等),主人可按动紧急求助按钮,将求助信息传送到物业管理中心。

安全技术防范系统应以建筑物被防护对象的防护等级、建设投资及安全防范管理工作的要求为依据,综合运用安全防范技术、电子信息技术和信息网络技术等,构成先进、可靠、经济、适用和配套的安全技术防范体系。系统应以结构化、模块化和集成化的方式实现组合,并采用先进、成熟的技术和可靠、适用的设备,以适应技术发展的需要。

安全技术防范系统应符合国标《安全防范工程技术规范》GB 50348 等有关的规定。

3. 应急联动系统

应急指挥系统是目前在大中城市和大型公共建筑建设中需建立的项目,设计者宜根据工程项目的建筑类别、建设规模、使用性质及管理要求等实际情况,确定选择配置相关的功能及相应的系统,并且能满足使用的需要。

大型建筑物或其群体应以火灾自动报警系统、安全技术防范系统为基础,构建应急联动系统。应急联动系统宜配置总控室、决策会议室、操作室、维护室和设备间等工作用房。应急联动系统建设应纳入地区应急联动体系并符合相关的管理规定。

1) 应急联动系统应具有下列功能

(1) 对火灾、非法入侵等事件进行准确探测和本地实时报警。

(2) 采取多种通信手段,对自然灾害、重大安全事故、公共卫生事件实现本地报警和异地报警。

(3) 指挥调度。

(4) 紧急疏散与逃生导引。

(5) 事故现场紧急处置。

2）应急联动系统宜具有下列功能

（1）接受上级的各类指令信息。

（2）采集事故现场信息。

（3）收集各子系统上传的各类信息，接收上级指令和应急系统指令下达至各相关子系统。

（4）多媒体信息的大屏幕显示。

（5）建立各类安全事故的应急处理预案。

3）应急联动系统应配置下列系统

（1）有线、无线通信，指挥、调度系统。

（2）多路报警系统（110、119、122、120、水、电等城市基础设施抢险部门）。

（3）消防-建筑设备联动系统。

（4）消防-安防联动系统。

（5）应急广播-信息发布-疏散导引联动系统。

4）应急联动系统宜配置下列系统

（1）大屏幕显示系统。

（2）基于地理信息系统的分析决策支持系统。

（3）视频会议系统。

（4）信息发布系统。

8.3.7　智能化集成系统

智能化集成系统（Intelligented Integration System，IIS）是将不同功能的建筑智能化系统，通过统一的信息平台实现集成，以形成具有信息汇集、资源共享及优化管理等综合功能的系统。智能化集成系统应建立在信息设施系统、信息化应用系统、建筑设备管理系统、公共安全系统、机房工程和建筑环境等各子分部工程的基础上，通过对建筑物和建筑设备的自动检测与优化控制，实现信息资源共享、优化管理和对使用者提供最佳的信息服务，使智能建筑达到投资合理、适应信息社会需要的目标，并具有安全、舒适、高效、节能和环保的特点。

关于智能化集成系统功能的要求，应以满足建筑物的使用功能，确保信息资源共享和优化管理及实施综合管理功能等为系统建设的目标。

智能化集成系统的功能应符合下列要求：

① 应以满足建筑物使用功能为目标，确保对各类系统监控信息资源的共享和优化管理。

② 应以建筑物的建设规模、业务性质和物业管理模式等为依据，建立实用、可靠和高效的信息化应用系统，以实施综合管理功能。

建筑智能化系统设计的核心是"集成"，它包括三个层次的含义：功能集成、技术集成和信息集成，其中信息集成是主要目标。智能化集成系统的构成宜包括智能化系统信息共享平台建设和信息化应用功能实施。

1. 建筑智能化集成系统的模式

建筑智能化集成系统的模式主要有以下三种。

1) 以建筑设备管理系统为核心的集成模式

通过开发与各种第三方系统的网络通信接口,将各种子系统集成到建筑设备管理系统(BMS)中。这种方式存在的最大问题是接口软件的开发完全依赖 BMS 提供商,可集成的第三方系统的数量极其有限。

2) 采用 LonWorks 和 BACnet 技术

LonWorks 和 BACnet 都属于开放式系统行业协议标准,是两种非常优秀的自控网络通信技术,适用于大区域、点数分散的控制系统,但不适用于消防和保安系统。

3) 网络控制级采用以太网技术

各子系统的上位管理主机采用以太网互连,实现系统间部分数据的传递,但无法访问各系统的实质性的数据并实现系统间资源共享与相互协调操作。为实现该目标还需探索其他解决途径。

2. 智能化集成系统配置要求

(1) 应具有对各智能化系统进行数据通信、信息采集和综合处理的能力。

(2) 集成的通信协议和接口应符合相关的技术标准。

(3) 应实现对各智能化系统进行综合管理。

(4) 应支撑工作业务系统及物业管理系统。

(5) 应具有可靠性、容错性、易维护性和可扩展性。

8.4　绿色建筑与智能建筑的融合发展

绿色建筑和智能建筑都是信息时代的产物,随着信息技术的高速发展和深入广泛的普及应用,一场由信息化浪潮引起的建筑革命,孕育了今天的现代建筑,其杰出代表主要包括绿色建筑、智能建筑,以及两者集成融合为一体的绿色智能建筑等。

8.4.1　绿色建筑的基本概念

1. 绿色建筑出现的时代背景

人类社会经历了原始社会和农业社会,大约 200 年前,产业革命爆发,诞生了工业,步入了工业社会。正是由这一时期开始,人们的生活条件和医疗技术全面改善,死亡率下降,人类平均寿命不断提高,人口数量剧增,地球村变得十分拥挤。与此同时,人们追求的生活质量要求越来越高,地球资源、能源等正在不断地被大量消耗掉。工业社会所特有的大规模粗放型工业大生产的特征主要表现在:矿产资源近乎疯狂地掠夺性地开采,能源、水资源和土地资源不加节制地浪费,生态环境受到大肆破坏,森林大规模砍伐消失,土地过度开发利用,工业废气和二氧化碳气体大量排放,以及令人窒息的空气污染、水污染、光污染、噪声污染、电磁污染、城市垃圾污染等等。其结果是使人类生存环境极端恶化:能源危机、环境污染、淡水资源严重短缺、土地沙漠化等严重威胁到人类社会的可持续发展;全球气候变暖,冰山融化、海水上涨,许多国家的沿海城市和大洋中的低洼岛国正面临着被海水吞没的灭顶之灾。

随着计算机的出现,人类从工业社会开始进入信息社会,借助计算机的帮助,人的智力得到"放大",变得更加聪明智慧。信息时代的主要特征是信息技术的飞速发展及其在人类社会各个领域深入广泛的应用。

绿色建筑和智能建筑一样,也是信息时代的产物。因为人类进入信息社会以后,面对地球自然生态环境一天天恶化,一方面人们开始痛定思痛,逐渐认识到资源浪费、环境污染和温室气体排放等问题的严重性,另一方面信息技术不断创新和飞速发展,也给人们为实现节约资源、环境保护、减少废气排放和新能源应用提供了新的技术手段,使节能环保、高效率、高效益的精细化工业大生产成为可能。由此,为了拯救和保护我们子孙后代赖以生存的地球,世界上有许多有识之士提出了不少很好的解决方案,其中包括在建筑领域提出的绿色建筑和智能建筑的概念等。

严峻的事实告诉我们,要走可持续发展的道路,发展绿色建筑刻不容缓。我们必须以全局的目光看待绿色建筑的设计、建造和使用全过程,要完成绿色建筑的总目标,必须要辅之以智能建筑相关的功能,特别是有关的计算机技术、自动控制、建筑设备等楼宇控制相关的信息技术。没有相关的信息技术,绿色建筑的许多设计目标和功能需求就完成不了。简言之,推动绿色建筑发展的不光是人类社会和道德的动力,而且还有信息时代科技的需求。

2. 绿色建筑的定义

绿色建筑是指在建筑的全寿命周期内,最大限度地节约资源(节能、节地、节水、节材)、保护环境和减少污染,为人们提供健康、适用和高效的使用空间,与自然和谐共生的建筑。绿色建筑是生态建筑、可持续建筑,就是要最优化地有效应用可用资源,以提高经济、环境和社会的可持续性。它体现了"科学发展观","以人为本","和谐社会"等多重理念,符合人类社会发展要求,顺应了时代潮流。

什么是绿色建筑?为了说明其定义和内涵,先举一个原始建筑的例子作为陪衬对比。

前不久,有一位西方记者深入到非洲丛林深处探访一个原始部落,部落酋长热情友善地接待了他,领他参观自己的住所。按照当地民族风俗,酋长娶了 10 个老婆,他给每个老婆盖了一座房子,每个房子的式样、规格、大小和内部摆设基本上是一样的:用树枝搭成底面直径约为 2m,高 3m 左右的圆锥形,外面涂上混合着干草的泥巴,没有窗子,只有一个高约 1m 的小门洞可供人们进出。房子内除了地上摆放着一张供人睡觉的席子以外,没有其他任何家具和设施。在探访过程中,记者从酋长老婆们自然灿烂的笑脸上,丝毫感觉不到她们物质的贫乏和生活的艰苦,反而能强烈感受到她们对生活的满足,以及与自然环境和谐相处的怡然自得。

由于历史发展的进程是不可逆转的,因此这种结构简单、就地取材、建造粗犷,而且没水没电、没暖气没空调、缺少现代办公设备和家电等自动化、智能化设备的原始建筑,虽然绝对是"绿色的",但并不是今天人们所提倡的绿色建筑。就好比共产主义理想并不是要把人类社会倒退回原始共产主义社会一样。有一点必须明确,今天的绿色建筑指的是广泛利用建筑智能化技术和高科技的、节能环保的现代建筑。它首先考虑的是健康、舒适和安全,这才是保证人们最佳工作和生活环境的建筑。因而,绿色建筑虽然强调环保节能,但并不是以牺牲人们的舒适度,人们的工作效率为代价,而是指能源利用效率的提高,能源利用方式的转变。智能建筑是功能性的,建筑智能化技术是实现智能建筑功能的技术手段,也是保证建筑物绿色节能目标得以实现的关键。

3. 绿色建筑评价指标体系

《绿色建筑评价标准》(GB/T 50378—2006)规定:绿色建筑评价指标体系由节地与室外环境、节能与能源利用、节水与水资源利用、节材与材料资源利用、室内环境质量和运营管理(住宅建筑)或全生命周期综合性能(公共建筑)六类指标组成。每类指标包括控制项、一般项与优选项。

绿色建筑的评价原则上以住区或公共建筑为对象,也可以单栋住宅为对象进行评价。评价单栋住宅时,凡涉及室外环境的指标,以该栋住宅所处住区环境的评价结果为准。对新建、扩建与改建的住宅建筑或公共建筑的评价,在其投入使用一年后进行。

绿色建筑评价的必备条件应为全部满足住宅建筑或公共建筑中控制项要求。按满足一般项数和优选项数的程度,绿色建筑划分为三个等级,等级按表 8-1、表 8-2 确定。由于因地制宜是绿色标准的核心理念,绿色建筑应注重地域性。因此应根据住宅建筑所在地区、气候与建筑类型等特点,符合条件的一般项数可能会减少,表中对一般项数的要求可按比例调整。

表 8-1 划分绿色建筑等级的项数要求(住宅建筑)

等级	一般项数(共 40 项)						优选项数(共 6 项)
	节地与室外环境(共 9 项)	节能与能源利用(共 5 项)	节水与水资源利用(共 7 项)	节材与材料资源利用(共 6 项)	室内环境质量(共 5 项)	运营管理(共 8 项)	
★	4	2	3	3	2	5	—
★★	6	3	4	4	3	6	2
★★★	7	4	6	5	4	7	4

表 8-2 划分绿色建筑等级的项数要求(公共建筑)

等级	一般项数(共 43 项)						优选项数(共 21 项)
	节地与室外环境(共 8 项)	节能与能源利用(共 10 项)	节水与水资源利用(共 6 项)	节材与材料资源利用(共 5 项)	室内环境质量(共 7 项)	全生命周期综合性能(共 7 项)	
★	3	5	2	2	2	3	—
★★	5	6	3	3	4	4	6
★★★	7	8	4	4	6	6	13

8.4.2 绿色智能建筑的整体性

当今的现代建筑主流,不论是绿色建筑,还是智能建筑,其主要特征都是强调建筑中人本位的空间、材料的设计理念、人与自然天人合一的和谐体系。即在现代建筑的全寿命周期内,最重要一条就是要处理好人、机、环境三者之间的关系。三者之中,人是主体,机是指建立在建筑平台上的智能化系统,建筑环境是平台,又是处理的客体。

1. 我国建筑节能的目标

建筑活动是人类对自然资源、环境影响最大的活动之一。统计数据表明,人类从自然界所获得的50%以上的物质原料被用来建造各类建筑及其附属设施,这些建筑在建造与使用过程中又消耗了全球能源的50%以上。在全球环境总体污染中,与建筑有关的空气污染、光污染、电磁污染等占了34%,建筑垃圾占人类活动产生垃圾总量的40%。地球自然生态环境是非常脆弱的,破坏容易恢复难。随着全球能源危机的日益显现、节能呼声的日益高涨,其中,占总能耗约一半甚至更高的建筑及建筑节能,自然受到了特别的重视。

1992年在巴西的里约热内卢"联合国环境与发展大会",与会者第一次提出了"绿色建筑"的概念,绿色建筑由此渐成一个兼顾环境与舒适健康的研究体系,并在越来越多的国家实践推广,成为当今世界建筑发展的方向。各发达国家推出各种强制性的节能措施,通过分阶段几次提高节约标准,每次均在原能耗基础上推进再节约50%,目前发达国家的建筑节能已经达到了很高水平。

国外发展绿色建筑的宝贵经验给我们许多有益的启示。从20世纪90年代中期开始,绿色建筑概念开始引入我国,作为先行的建筑节能工程从点到面逐步扩展。我国政府对推广绿色建筑工作非常重视,号召并动员全社会参与绿色建筑活动,制定了国家推进实施的鼓励和扶持政策,以及我国建筑节能两阶段的目标:

(1) 第一阶段目标:从2005年到2010年,全面启动建筑节能和推广绿色建筑,平均节能率达到50%,沿海省份及大城市则要达到更高的标准。

(2) 第二阶段目标:从2010年起到2020年,进一步提高建筑节能标准,平均节能率要达到65%,东部地区要达到更高的标准。这意味着在今后15年内,一些建筑的节能率要达到75%标准。

实践证明,为了达到建筑节能的目标,我国的建筑业必须走绿色建筑与智能建筑融合发展的道路,即大力推广绿色智能建筑的建设。

2. 绿色建筑和智能建筑的辩证关系

绿色技术属于建筑环境平台,属于建筑技术的范畴,而智能技术属于信息技术的范畴,一个完整的现代建筑是由建筑环境平台和智能化系统共同构成的。绿色建筑与智能建筑的关系主要体现在通常我们碰到的建筑与智能的关系上,建筑与智能是一对矛盾,两者的关系是辩证、统一、相辅相成的。一方面绿色观念对人们生活的影响将会导致对建筑布局、从形式到内容的一场巨大冲击;另一方面衡量建筑智能化系统成功与否的标准,主要看系统整合集成是否符合用户的需要。建筑做不好,不能做到绿色节能、低碳环保、健康舒适,那么智能就很难做好。反之,建筑做得再好,没有适应信息时代的智能化系统,这座建筑就会徒有其表,无法为人们提供足够的功能。

绿色与智能是建造现代建筑必然的统一,是构成现代建筑不可缺少的矛盾体的两个方面,从总体上来看,虽然智能建筑不一定是绿色建筑,但现代绿色建筑就一定是智能建筑。建筑智能化技术是绿色建筑的一部分,它是实现绿色建筑的技术手段,而建造绿色建筑是智能建筑的目标。

目前令人忧虑的现状是:作为绿色建筑工程主持的建筑师们,不想或不屑于去管智能化设计。而另一方面,计算机、网络、自动化、通信专业的技术专家和工程师们对智能建筑的理解相当浮浅,又绝少想到建筑环境平台,甚至根本不提绿色建筑的功能要求。这两种普遍存在的片面看法都会造成绿色与智能两者的脱节,可能会导致无法实现建筑节能的目标。

3. 绿色智能建筑的整体观念

为了克服目前比较普遍存在的绿色建筑与智能两者脱节的问题,在进一步提高现代建筑节能环保效率,切实达到我国建筑节能两阶段目标要求的同时,又能确保"高效、舒适、便利、安全"等功能的完美实现,现代建筑从建筑规划设计开始就有必要将绿色建筑与智能建筑两者有机地融合到一起,以形成绿色智能建筑的整体观念。

绿色智能建筑首先是低能耗建筑,提高建筑节能水平是一项系统工程,它与建筑设备的运行效率和管理模式息息相关。建筑智能化就是通过技术实现建筑节能的重要手段和方法,比如:运用楼宇自控系统的节能策略,提高建筑智能化系统的控制精度,加强空调设备最佳启停控制,搞好新风量节能控制,优化控制算法进行节能控制等。绿色智能建筑集成系统既包含了绿色建筑的基本要素,又包括了智能建筑大多数的主要子系统。绿色智能建筑充分体现了人类建筑技术与智能化技术的完美结合,它把现代绿色建筑的基本要素与智能建筑技术高度集成融合在一起。

绿色智能建筑内涵的实现是以智能化技术为基础的,即建筑智能化技术是绿色智能建筑的核心技术。而建筑智能化技术是以信息技术为基础的,它是实现绿色智能建筑功能的主要技术手段,也是成功建造绿色智能建筑的关键技术。绿色智能建筑的整体观念促使从事建筑行业的工程技术人员成为既懂专业(建筑)技术,又懂信息技术的复合型人才。

4. 绿色智能建筑的基本特征

社会可持续发展已成为当今世人关注的最重要问题,一方面绿色建筑和智能建筑建设的实践为我们研究这一问题提供了非常有利的条件。绿色建筑和智能建筑两门高度相关的建筑科学与智能化技术的集成融合,对国家发展的重要意义是通过建筑领域的资源问题、环境问题、自然生态问题、新能源应用,以及自动化、智能化、数字化技术问题的解决,使国家可持续发展得以实现。另一方面,随着我国国民经济快速发展,人民生活水平的提高,老百姓的办公和居住条件有了极大的改善,广大人民群众对生态环境、社会和经济可持续性发展的要求也越来越高,因此绿色智能建筑的地位越来越重要,正在发展成为我国建筑工程建设的主流核心。

绿色智能建筑基本特征的内涵主要体现为两方面:

① 社会内涵:主要指绿色的理念,强调环保节能、健康、舒适、高效和安全,包括建筑物整体规划设计和精细化管理的指导思想、体系结构模式、经营管理信念、价值观念、制度体系、行为规范等。注重建筑物理基础设施、环境的综合节能和环境的整体安全,以及绿色智

能建筑系统结构、网络信息共享平台与建筑智能化技术的演变，为适应这些演变而采取的相关建设理念与策略，如绿色智能建筑的等级评估、系统集成体系结构、合理规划布局与系统融合构建等。

②技术内涵：主要指绿色环保技术和建筑智能化技术，其中绿色环保技术包括节能、节地、节水、节材、减排、环境保护，以及新能源开发、能源利用效率的提高和能源利用方式的转变等各种行之有效的节能环保技术；建筑智能化技术包括计算机技术、通信技术、控制技术、图像显示技术、综合布线技术、视频监控技术、智能卡技术、云计算服务与物联网支撑等。绿色智能建筑需要具备及时响应建筑物内部和外部环境动态变化的能力，达到"智慧"状态，以提高资源利用率和生产力水平，改善人与自然间的关系。

5. 绿色智能建筑的关键技术

不管是强调社会内涵还是强调技术内涵，建设绿色智能建筑的最终目标都是为了建筑物本身的优化。在当今的信息时代，为人们提供工作和生活环境的现代建筑，汇聚了大量的信息资源，在各种业务与互联网结合得日渐紧密的同时，不仅要对内部用户提供支持，还要对外部用户提供各种形式的信息服务。现代建筑每年要耗费掉大量的电力资源，随着环保节能理念的深入人心，建设绿色智能建筑已经成为所有用户的共识。

1) 绿色智能建筑的整合设计

整合设计思想和系统科学原理共同为我们揭示的一个基本规律：即绿色智能建筑系统集成度是最大限度发挥各种技术，包括绿色技术和智能化技术优势的关键所在。因此，以提高资源利用效率为目标的绿色智能建筑，其技术的应用首先强调技术的综合一体化集成。如果将绿色智能建筑全生命周期思想看作是一种纵向整合考虑的话，那么技术集成系统的提出则是整合设计概念在横向技术组织方面的一种体现。所以，在绿色智能建筑的规划设计中，不仅要体现其在全生命周期方面的作用，同时也要考虑通过技术集成系统提高建筑环境表现方面的价值。更为严重的是，如果不把绿色智能建筑看作一个大系统，不从整体性出发把它整个系统的各部分联系起来考虑，而是孤立地提高大系统中某部分或某些子系统的效率，其所带来的实际结果，往往会使整个大系统的效率降低，造成经济上的不合理。

绿色智能建筑规划设计的核心是整合设计。在实践中，绿色智能建筑规划设计要充分利用各种技术和各个子系统的特点，以系统、全面、全局的观点进行整合设计，使所有的子系统相互联系、相互制约、取长补短、协同动作，从而使建筑的舒适度与建造成本之间达到最佳状态，既能减少系统投资，又能大幅度地降低能耗。通过绿色智能建筑有效的整合设计，建筑的绿色节能目标，也可以在投入增加较少的情况下实现。

2) 绿色智能建筑的系统集成

绿色智能建筑的另一项关键技术是系统集成，可以说没有系统集成的绿色智能建筑就不是真正意义上的绿色智能建筑。绿色智能建筑的集成系统是将各种绿色基本要素和不同功能的建筑智能化子系统，通过统一的信息平台实现集成，以形成具有能耗监控、信息汇集、资源共享及优化管理等综合功能的系统。统一构建的绿色智能建筑集成系统通过对建筑物和建筑设备的自动检测与优化控制，实现能源分项管理、能耗监控管理、能耗分析审计和动态能源管理，以及信息资源共享、优化管理和对使用者提供最佳的信息服务，使绿色智能建筑达到投资合理、适应信息社会需要的目标,并具有安全、舒适、健康、高效、绿色、低碳、节能环保等特点。

一体化系统集成(简称系统集成)是绿色智能建筑最大限度发挥各种技术,包括绿色技术和智能化技术优势,即把现代绿色建筑的基本要素与建筑智能化技术高度集成融合在一起的关键所在。因此,以提高资源利用效率为目标的绿色智能建筑,其技术的应用首先强调技术的综合一体化集成。绿色智能建筑集成系统通过数据管道技术将异构于各子系统的数据信息传送到一个公共的数据库系统中,完成了基本数据记录的工作,为其他系统分析这些数据信息提供基本准备工作。并综合各子系统最核心的数据信息,进行统一管理、分析、报表和决策分析,由此可简化系统管理的程序、提高管理的效率,实现高效管理。

以往给人的印象是:绿色建筑是昂贵的,走的是贵族路线;而智能建筑的特点是低投入、高回报,走的是平民百姓路线。对于绿色智能建筑来说,由于在绿色建筑中引入了建筑智能化技术,特别是采用了能耗监控系统、动态能源管理系统等现代自动控制设备,能对建筑的舒适度与能耗进行自动、高效、实时控制,整个建筑一下子变得"聪明"起来。因为建筑物的舒适度与建造成本之间存在着互动关系,采用智能化技术实现舒适度与建造成本之间的平衡,就可以达到降低绿色智能建筑建造成本,实现其"平民化"的目的。

绿色智能建筑已经成为 21 世纪建筑行业发展的主旋律,绿色智能建筑是整个社会信息化的一个组成部分,绿色智能建筑中有很大部分的服务功能具有较强的社会性,过去那种单体绿色建筑或智能建筑运行和管理模式不能很好发挥系统应有的功能,应该把绿色智能建筑构筑在社会统一信息平台上,并以此平台为建筑和建筑中的人员提供服务,这就需要对绿色智能建筑的投资、建设、运行和管理模式进行调整,建立新型的运行管理方式,提供社会化的服务。这种服务模式也有利于满足不同的服务需求,并降低智能化设施运维成本。

8.4.3 绿色智能建筑的体系结构

绿色智能建筑设计的核心是"整合"和"集成",通过具体的信息技术与建筑环境的结合实现不同程度的绿色建筑智能化,具有开放性、可靠性、容错性和可维护性等特点。集成系统把所有子系统集成到统一的信息共享集成平台上来,为各个子系统的维护和运行管理提供一个管理中心。目的是建立整体的信息管理和信息流动机制,建立全局的互动机制,建立统一的管理界面,完成信息的收集、控制、存储和整理,并使各种信息汇集上来,为跨系统的事件处理和决策提供综合的信息依据,为事件处理的自动化提供可能。

1) 基于物联网技术的两层平台结构

绿色智能建筑集成系统的体系结构如图 8-2 所示,它既包含了绿色建筑的基本要素,又包括了智能建筑大多数的主要子系统。绿色智能建筑集成系统通过数据管道技术将异构于各子系统的数据信息传送到一个公共的数据库系统中,完成了基本数据记录的工作,为其他系统分析这些数据信息提供基本准备工作。并综合各子系统最核心的数据信息,进行统一管理、分析、报表和决策分析,由此可简化系统管理的程序、提高管理的效率,实现高效管理。

绿色智能建筑系统集成平台采用控制域系统集成(物联网)和信息域系统集成两层平台的总体结构,中间通过以太网连接,即根据"控制域"、"信息域"的不同特点,选用了不同的技术手段,既分别处置又协调一致,将"控制域"与"信息域"的功能与实施技术手段相结合。

图 8-2　绿色智能建筑系统的体系结构图

2）基于物联网技术两层平台集成模式的工作原理

绿色智能建筑系统集成采用基于物联网技术两层平台的模式（见图 8-2）。系统集成平台由控制域系统集成（物联网）和信息域系统集成两层平台组成，中间通过以太网连接。上层的信息域系统集成平台主要负责系统数据处理，实现系统综合管理和增值应用；底层的控制域系统集成平台以物联网方式连接，通过底层控制总线网络互联，实现各工业控制器与路由器的直接点对点通信，简单快捷、实时高效。在控制域中控制信号从检测采集到响应在本层内实时完成，省去了以往采用单层平台模式所必需的信号来回转换传输等复杂手续和过程，控制响应完成后，响应结果再从底层控制域经由以太网传送到上层的信息域系统集成平台进行存储、分析、统计和处理等综合管理。

系统集成采用上下两层平台结构的主要优势就在于能真正帮助管理者提高管理效率，降低建筑能耗和人工成本。底层控制域系统集成平台应建立能耗监控系统，对建筑物的能耗进行实时监测、控制；上层信息域系统集成平台应建立动态能源管理系统、能源分项管理和能耗分析审计系统等,凡是有利于节能管理的参数,通过网络平台准确地采集、实时传输和完整地存储,并通过对各类实时信息与历史数据分析对比,达到有效地管理所有系统设备、优化管理策略、严格合理控制能耗的目的,以提高绿色智能建筑的运行效率和降低运营成本。

案 例 分 析

1. 案例一(选择题)

住房和城乡建设部发布了两部新的国标《综合布线系统工程设计规范》GB 50311—2007 和《综合布线系统工程验收规范》GB 50312—2007,自(　　　)起实施。

A. 2002.10.1　　　　B. 2005.5.1　　　　C. 2007.10.1　　　　D. 2008.1.1

分析

2010 年 7 月 15 日,住房和城乡建设部发布了两部新的国标《综合布线系统工程设计规范》(GB 50311—2007) 和《综合布线系统工程验收规范》(GB 50312—2007),自 2007 年 10 月 1 日起实施。原《建筑与建筑群综合布线系统工程设计规范》(GB/T 50311—2000) 和《建筑与建筑群综合布线系统工程验收规范》(GB/T 50312—2000)同时废止。

参考答案

C

2. 案例二(选择题)

我国建筑节能两阶段的目标是,第一阶段从 2005 年到 2010 年,全面启动建筑节能和推广绿色建筑,平均节能率达到(　1　),沿海省份及大城市则要达到更高的标准。第二阶段的目标是从 2010 年起到(　2　)年,进一步提高建筑节能标准,平均节能率要达到(　3　),东部地区要达到更高的标准。在今后 15 年内,一些建筑的节能率要达到(　4　)标准。

(1) A. 25%　　　　B. 30%　　　　C. 50%　　　　D. 75%

(2) A. 2015　　　　B. 2020　　　　C. 2025　　　　D. 2030

(3) A. 30%　　　　B. 50%　　　　C. 65%　　　　D. 75%

(4) A. 75%　　　　B. 65%　　　　C. 50%　　　　D. 30%

分析

我国建筑节能两阶段的目标:

① 第一阶段目标:从 2005 年到 2010 年,全面启动建筑节能和推广绿色建筑,平均节能率达到 50%,沿海省份及大城市则要达到更高的标准。

② 第二阶段目标:从 2010 年起到 2020 年,进一步提高建筑节能标准,平均节能率要达到 65%,东部地区要达到更高的标准。这意味着在今后 15 年内,一些建筑的节能率要达到 75%标准。

参考答案

(1) C　　　(2) B　　　(3) C　　　(4) A

3. 案例三（问答题）

【说明】 网络视频监控系统是以数字视频处理技术为核心，综合利用光电传感器、计算机网络、自动控制和人工智能等技术的一种新型监控系统。

【问题】 视频监控系统的发展经历了哪三个阶段？各阶段经历的时间如何划分？

案例分析和参考答案

（1）第一代模拟监控系统：在 20 世纪 90 年代以前，系统主要设备是模拟摄像机和磁带录像机，是以矩阵为控制中心的闭路电视监控系统。

（2）第二代模数组合监控系统：20 世纪 90 年代，系统录像采用数字硬盘录像机(DVR)取代了磁带录像机。摄像机仍采用模拟摄像机，信号传输线路仍采用专用的监控电缆网络。

（3）第三代网络视频监控系统：从 21 世纪初开始，视频监控步入了全数字化的网络时代。数字式网络摄像机将视频图像通过计算机信息网络(使用 TCP/IP 协议)传输给视频服务器，图像数据的处理、显示、录像和共享都是围绕着视频服务器进行的。

习　题

8.1　什么是智能建筑？简述智能建筑的由来和发展。以实例说明智能建筑的投资效益。

8.2　论述我国智能建筑发展特点及我国智能建筑市场情况。

8.3　我国智能建筑技术与国际先进水平的差距有哪些？

8.4　我国智能建筑的发展趋势表现在哪些方面？

8.5　论述建筑智能化技术的主要内容。

8.6　不同类型智能建筑的功能要求有哪些？

8.7　简述现代智能建筑的基本构成。

8.8　简述绿色建筑的定义及其评价指标体系的内容。

8.9　简述绿色智能建筑基本特性、关键技术和体系结构。

第9章 电子信息系统机房工程

主要内容

(1) 电子信息系统机房的定义、发展历程；

(2) 电子信息系统机房的规划设计、分级和装修设计；

(3) 电子信息系统机房电力、空调和消防系统；

(4) 电子信息系统机房防电磁环境和防雷接地；

(5) 电子信息系统机房绿色节能的技术措施。

9.1 电子信息系统机房工程的基本概念

电子信息系统机房是计算机系统和信息网络系统正常运行的必要条件和保障。随着各行各业信息系统工程的实施，信息技术应用不断地深入，网络发展迅猛，电子信息系统机房作为信息数据中心的地位越来越重要，为了确保计算机、服务器、交换机、网络和存储器等软硬件设备稳定可靠地运行，保证信息数据的安全，保障机房工作人员有良好的工作环境，需要高度重视电子信息系统机房工程的规划设计、建设实施，做到技术先进、经济合理、安全适用。

9.1.1 电子信息系统机房的定义

电子信息系统机房工程是信息系统工程的一个重要组成部分，其名称、定义、内容和范围，经历过一个演变发展的过程。国标《智能建筑设计标准》GB/T 50314—2006 将它称之为机房工程(EEEP)，是指为提供智能化系统的设备和装置等安装条件，以确保各系统安全、稳定和可靠地运行与维护的建筑环境而实施的综合工程。新国标《电子信息系统机房设计规范》GB 50174—2008 将其进一步明确定义为电子信息系统机房工程，泛指所有以信息技术为主的机房建设工程。

电子信息系统机房(electronic information system room)指主要为电子信息设备提供运行环境的场所，可以是一幢建筑物或建筑物的一部分，包括主机房、辅助区、支持区和行政管理区等。

① 主机房：主要用于电子信息处理、存储、交换和传输设备的安装和运行的建筑空间，包括服务器机房、网络机房、存储机房等功能区域。

② 辅助区：用于电子信息设备和软件的安装、调试、维护、运行监控和管理的场所，包括进线间、测试机房、监控中心、备件库、打印室、维修室等。

③ 支持区：支持并保障完成信息处理过程和必要技术作业的场所，包括变配电室、柴油发电机房、不间断电源系统室、电池室、空调机房、动力站房、消防设施用房、消防和安防控制室等。

④ 行政管理区：用于日常行政管理及客户对托管设备进行管理的场所,包括工作人员办公室、门厅、值班室、盥洗室、更衣间和用户工作室等。

⑤ 场地设施：电子信息系统机房内,为电子信息系统提供运行保障的设施。

随着电子信息技术和建筑技术的快速发展,电子信息系统机房除了在数量上急剧增长外,在功能和结构上也越来越复杂。为规范机房设计,住房和城乡建设部于 2008 年 11 月 12 日发布第 161 号公告,批准《电子信息系统机房设计规范》为新的国家标准,编号为 GB 50174—2008,自 2009 年 6 月 1 日起实施。原《电子计算机机房设计规范》GB 50174—93 同时废止。与此同时,住房和城乡建设部还配套批准了《电子信息系统机房施工及验收规范》为新的国家标准,编号为 GB 50462—2008,自 2009 年 6 月 1 日起实施。

新规范的名称从《电子计算机机房设计规范》改为《电子信息系统机房设计规范》。之所以更名,是因为现在的电子信息系统机房一般都包含存储设备、交换设备、服务器、视频监控设备等设备和装置。它包括了数据中心、信息中心设备机房、数字程控交换机系统设备机房、通信系统总配线设备机房、消防监控中心机房、安防监控中心机房、智能化系统设备总控室、通信接入系统设备机房、有线电视前端设备机房、弱电间(电信间)、通信基站、应急指挥中心机房,以及机要保密屏蔽机房和其他智能化系统设备机房等主要用于进行电子信息处理、存储、传输的各类机房。因而称之为电子信息系统机房比较确切。

9.1.2　电子信息系统机房工程的发展历程

电子信息系统机房工程的发展历程与我国信息技术发展历史是紧密联系在一起的,与我国改革开放后国民经济的迅速发展及国家的信息产业也是息息相关的。有关机房工程的名称定义及其内容范围,在我国科学技术和工程建设发展史上至今已经走过了 40 年的历程。从早期的每种类型计算机都要有专门的机房场地组负责维护,20 世纪 80 年代的计算机站场地建设,到 20 世纪八九十年代的电子计算机机房工程及现在的电子信息系统机房工程建设,从总体上看,我国电子信息系统机房工程建设的发展大致经历了以下四个阶段。

1. 第一阶段：20 世纪 70 年代

从 1959 年到 1979 年的 20 年期间,我国电子计算机产业处于早期发展阶段,计算机以国产为主。经历了从大型电子管计算机 104 机(1959 年),小型多功能晶体管计算机 DJS 130 机(1974 年),以及采用 Intel 8080 为 CPU 的微型控制机 DJS 054 机(1978 年)研制开发、运行应用的过程,计算机主要用于国防、科研等领域。

早期电子信息设备的零部件及系统对运行环境,包括温度、湿度、洁净度和抗干扰的要求非常苛刻。因为计算机系统体积非常大,要占用很大的空间;运行和维护也都很复杂,需要在一个特殊的环境中运行;同时要耗费大量的电力,产生大量的热量,需要使用专用的计算机房和冷却系统进行散热。当时还没有智能建筑的概念,也没有专门的有关计算机机房设计的国家标准及从事电子计算机机房工程建设的专业公司,所以主要由计算机的研制人员规定电子信息系统机房条件及负责工程施工验收,机房建成以后对于每种类型的计算机都要有专门的机房场地人员负责维护。

2. 第二阶段：20 世纪 80 年代

20 世纪 80 年代，我国实行改革开放政策，促使信息技术在微电子技术进步的基础上获得高速发展，对电子计算机机房工程建设也就提出了更高更多的要求。为了使电子计算机机房工程逐步步入规范化的道路，1982 年诞生了我国第一部关于电子计算机机房的国家标准《计算机站场地技术要求》GB 2887—1982，从此，电子计算机机房建设逐步走向了由专业机房工程公司进行工业化、标准化的建设方式。

这个时期还颁布了第一部关于电子计算机机房的安全标准《计算机站场地安全要求》GB 9361—88，自 1988 年 10 月 1 日开始实施。该标准规定了计算机站场地的安全要求，它适用于各类地面计算机站，不建站的地面计算机机房，按该标准对计算机机房的有关要求执行；改建的计算机机房和非地面计算机机房参照该标准执行。

国家技术监督局 1989 年 12 月 29 日批准了新《计算站场地技术条件》GB 2887—89，用以代替 GB 2887—82，自 1990 年 7 月 1 日实施。对于计算机站场地的装修装饰工程，要遵守国标《计算机房活动地板技术条件》GB 6650—86 和《电磁辐射防护规定》GB 8702—88 有关的规定。与此同时，还要遵守住房和城乡建设部（原建设部）颁布的《装饰工程施工及验收规范》GBJ 210—83 和《建筑工程质量检验评定标准》GBJ 301—88，这两个标准属于住房和城乡建设部（原建设部）颁发的行业标准。

3. 第三阶段：20 世纪 90 年代

20 世纪 90 年代，随着计算机网络技术的发展，计算机开始作为信息网络中的结点在运行。1991 年，上海长途电信局首次开通电子邮件业务；1996 年 1 月，中国公用计算机互联网全国骨干网建成并正式开通，互联网开始商业化运行，计算机应用的深入和信息高度共享为特征的信息化社会已经悄然汇入并潜移默化地改变着我们的生活。与此同时，智能建筑在我国获得了高速、蓬勃发展的机会，各种智能建筑如雨后春笋，其迅猛的发展势头令世人瞩目。

机房工程设计与承包资质是市场的准入证。我国在进行资质管理之前的一段时期内，机房工程建设市场处于无序状态，机房工程的承接全靠双方的意愿，发包人信任即可做。这一时期虽存在许多问题，但也为以后的规范管理提供了业绩基础。为保证机房设计和施工质量、水平和效益，规范机房工程建设市场行为，专业机房工程公司的资质审批和管理纳入了智能建筑工程建设的行业管理范畴。1998 年住房和城乡建设部（原建设部）印发了建设(1998)194 号文件《建筑智能化系统工程设计和系统集成专项资质管理暂行办法》，以及与之相应的《建筑智能化系统工程设计和系统集成执业资质标准（试行）》两个法令。这两个法令规定了承担包括机房工程在内的智能建筑设计和系统集成的资格，明确了资质的申请、审批、监督与管理。

为了使电子计算机机房设计确保电子计算机系统稳定可靠运行及保障机房工作人员有良好的工作环境，做到技术先进、经济合理、安全适用、确保质量，1993 年 2 月 17 日国家技术监督局、住房和城乡建设部（原建设部）联合发布了《电子计算机机房设计规范》GB 50174—93，这是我国第一部电子计算机机房的国家设计标准，自 1993 年 9 月 1 日实施。

为了确保电子计算机机房工程施工质量,统一施工及验收要求,原电子工业部于1993年6月11日发布了《电子计算机机房施工及验收规范》SJ/T30003—93,1994年1月1日实施。该规范属于行业标准,明确提出承接电子计算机机房工程的施工单位,必须持有国家有关部门签发的资质等级证书,并对机房工程施工及验收的内容和质量要求都作了规定,包括室内装修工程(吊顶、隔断墙、门、窗、壁纸、地面、活动地板)、空气调节系统(风管、空调器、管道)、电气装置(供电电源、配电装置、自控系统、照明装置、通信设备、接地装置及其配线)、消防系统(火灾自动报警和自动灭火系统)及电磁屏蔽(焊接式和装配式屏蔽室)等。

为使建筑物防雷设计因地制宜地采取防雷措施,防止或减少雷击建筑物所发生的人身伤亡和文物、财产损失,做到安全可靠、技术先进、经济合理,由原机械工业部主编、建设部批准的《建筑物防雷设计规范》GB 50057—94,于1994年11月1日开始施行。与此同时,原机械工业部、建设部还发布了《低压配电设计规范》GB 50054—95,自1996年6月1日正式实施,以使低压配电设计执行国家的技术经济政策,做到保障人身安全、配电可靠、电能质量合格、节约电能、技术先进、经济合理和安装维护方便。

这一时期,国家还出台了《电气装置安装工程接地装置施工及验收规范》GB 50169—92、《民用闭路电视系统工程设计规范》GB/T 50198—94、《建筑内部装修设计防火规范》GB 50222—95、《气体灭火系统施工及验收规范》GB 50265—97、《火灾自动报警系统工程设计规范》GB 50116—98等国标。对于电子计算机机房的装修装饰工程,住房和城乡建设部(原建设部)于1991年颁布了《建筑装饰工程施工及验收规范》JGJ73—91行业标准。这些也都是电子信息系统机房工程建设过程中必须遵守的规范标准。

随着综合布线这样一种布线方式技术在我国信息系统工程建设中的引入,在建筑物内部为语音和数据的传输提供了一个开放的平台,加强了信息技术与建筑功能的结合,对智能建筑的发展和普及产生了巨大的作用。1995年中国工程建设标准化协会通信工程委员会发布了《建筑与建筑综合布线系统设计规范》,该规范促进了通信网络和办公自动化系统在建筑中的应用。然后,在该行业规范的基础上,国家信息产业部颁布了国家标准《建筑与建筑群综合布线工程设计规范》GB/T 50311—2000和《建筑与建筑群综合布线工程验收规范》GB/T 50312—2000。这两部国家标准明确规定综合布线系统的设施及管线的建设,应纳入建筑与建筑群相应的规划之中。综合布线系统应与信息系统工程、智能建筑办公自动化(OAS)、通信自动化(CAS)、建筑设备自动化(BAS)等系统统筹规划,按照各种信息的传输要求做到合理使用,并应符合相关的标准。信息系统工程设计中必须选用符合国家有关技术标准的定型产品。未经国家认可的产品质量监督检验机构鉴定合格的设备及主要材料,不得在建设工程中使用。

4. 第四阶段: 21世纪

21世纪是知识经济时代,同时又是生态文明时代。从2000年到2009年在信息化建设工程领域里,开放性控制网络技术正在向标准化、广域化、可移植性、可扩展性和互可操作性方向发展。信息化建设对所有的单位,包括政府部门、企事业单位、跨国公司来说都已经成为一个极为重要的发展因素,信息技术,计算机硬件、软件、网络已经进入并渗透到人类社会的每一个角落,彻底改变了人们的生活工作环境。人类社会从工业化向信息化转变所发生的一系列巨大的变化,进一步促使了人们对信息系统工程项目的需求更多,同时也就增加了对电子信息系统机房工程项目建设的高标准要求。

为了统一电子计算机场地的定义、要求、测试方法与验收规则。国家质量技术监督局2000年1月3日发布《电子计算机场地通用规范》GB/T 2887—2000,自2000年8月1日实施。该标准适用于各类电子计算机系统场地,其他电子设备系统的场地也可参照执行。与GB/T 2887—1989版相比较,该标准减少了站址选择与腐蚀性气体以及测试方法等章节。

关于计算机机房通风与空调工程质量控制方面,国家住房和城乡建设部(原建设部)组织专家成立规范编制组,开展了一系列的专题研究,进行了比较广泛、深入的调查研究,在总结了多年来通风与空调工程施工质量检验和验收的经验,尤其总结了自国标GB 50243—97实施以来的工程建设的实践经验,依照住房和城乡建设部(原建设部)"验评分离、强化验收、完善手段、过程控制"十六字方针,对原规范进行了全面修订。2002年3月15日住房和城乡建设部(原建设部)发布《通风与空调工程施工质量验收规范》GB 50243—2002,自2002年4月1日起施行。原《通风与空调工程质量检验评定标准》GBJ 304—88及《通风与空调工程施工及验收规范》GB 50243—97同时废止。

为规范电磁屏蔽机房工程的施工及验收要求,保证工程质量,促进电磁屏蔽室工程技术水平的提高,做到技术先进、性能优良、经济合理、安全实用,2002年原信息产业部颁布行业标准《电磁屏蔽室工程施工及验收规范》SJ 31470—2002,自2002年5月1日开始实施。该规范的主要内容包括电磁屏蔽室的关键屏蔽部件、可拆卸式电磁屏蔽室、焊接式电磁屏蔽室、磁共振电磁屏蔽室及电磁屏蔽室辅助工程的施工及验收要求。

机房安全防范工作是电子信息系统机房业务的重要组成部分。我国改革开放以来,安全防范行业已发展成为一个独立的社会经济产业。和消防安全系统一样,技术防范系统是保护公民人身安全和国家、集体、个人财产安全的重要防范设施。2004年我国发布国家标准《安全防范工程技术规范》GB 50348—2004,它是我国安全防范领域第一部内容完整、格式规范的工程建设技术标准。该规范总结了我国安全防范工程建设二十多年来的实践经验,吸收了国内外相关领域的最新技术成果,是一部既具有实践性、适用性,又具有前瞻性和创新性的工程建设技术标准。

在电子信息系统防雷技术方面,自2004年6月1日起实施的《建筑物电子信息系统防雷技术规范》GB 50343—2004,主要对建筑物电子信息系统综合防雷工程的设计、施工、验收、维护与管理作出规定和要求。明确规定电子信息系统应采用外部防雷(防直击雷)和内部防雷(防雷电电磁脉冲)等措施进行综合防护。随着智能建筑技术的高速发展,住房和城乡建设部(原建设部)2006年12月29日发布新版国标《智能建筑设计标准》(GB/T 50314—2006),自2007年7月1日起实施,原国标GB/T 50314—2000同时废止。新版智能建筑设计标准比2000版有了显著的改进。在内容上进行了技术提升和补充完善,使文件更加全面、深入、完整;适应面更广,适用于各类功能建筑;文件表达更规范,系统的技术性更合理,对智能化系统的要求偏重于系统功能;系统的界面更清晰,"综合布线"归入"信息设施系统"中;系统技术覆盖更全面,增加"机房工程";系统的技术更完整,重视抗干扰的技术措施;系统的应用立意更高,提高到建筑设备管理需要。

2007 年 4 月 6 日住房和城乡建设部(原建设部)发布《综合布线系统工程设计规范》GB 50311—2007 及《综合布线系统工程验收规范》GB 50312—2007,原《建筑与建筑群综合布线系统工程设计规范》GB/T 50311—2000 及《建筑与建筑群综合布线系统工程验收规范》GB/T 50312—2000 同时废止。这两部有关综合布线的国家标准,为我国综合布线工程及电子信息系统机房工程的进一步健康有序的发展提供了保证。

有关电子信息系统机房规范化发展方面,随着电子信息技术的快速发展,电子信息系统机房建设日新月异,1993 年发布实施的《电子计算机机房设计规范》GB 50174—93 已不能完全适应电子信息技术对机房的设计要求,为了满足高速、大容量电子信息设备对机房的使用需求,特别是近年来发展的数据中心、程控交换机房等大型机房的建设,同时需要满足各类中小型机房的需求,需要有一个为信息化服务、能满足现有和未来数年使用要求的机房设计规范。住房和城乡建设部于 2008 年 11 月 12 日发布第 161 号公告,批准《电子信息系统机房设计规范》为国标,编号为 GB 50174—2008,自 2009 年 6 月 1 日起实施。原《电子计算机机房设计规范》GB 50174—93 同时废止,目的就是要使"机房标准"适应电子信息技术发展的需要。

由原电子工业部于 1994 年 1 月发布实施的行业标准《电子计算机机房施工及验收规范》SJ/T30003—93,经过十余年的使用和实施。随着科学技术的发展,新技术、新工艺、新材料、新设备的不断涌现,施工水平不断提高,检验手段不断完善,原标准已不适应社会发展和技术进步。住房和城乡建设部 2008 年 11 月 12 日发布《电子信息系统机房施工及验收规范》GB 50462—2008,自 2009 年 6 月 1 日起实施。该规范取代了 SJ/T30003—93,共分十三章和三个附录,比旧标准增添了网络与布线等 5 章重要的内容。

电子信息系统机房的荷载应根据机柜的重量和机柜的布置,要按照国标《建筑结构荷载规范》GB 50009—2001 中的附录 B 计算确定。对于电子信息系统机房的装修装饰工程,必须遵守住房和城乡建设部(原建设部)发布的国标《建筑装饰装修工程质量验收规范》GB 50210—2001,该规范自 2002 年 3 月 1 日起施行,原《装饰工程施工及验收规范》GBJ 210—83、《建筑装饰工程施工及验收规范》GBJ 73—91 和《建筑工程质量检验评定标准》GBJ 301—88 中第十章、第十一章同时废止。有关电子信息系统机房照明则还应符合国标《建筑照明设计标准》GB 50034—2004。

在机房工程设计和施工企业资质管理方面,住房和城乡建设部(原建设部)为加强对建筑市场的监管,于 2006 年 3 月 6 日颁布了《建筑智能化工程设计与施工资质标准》等四个设计与施工资质标准。该标准将企业资质等级划分为一级、二级两个级别,取得二级资质的企业可承担单项合同额 1200 万元及以下的建筑智能化工程,而取得一级资质的企业承担工程的规模不受限制。

9.2　电子信息系统机房的规划设计

一个合格的现代化电子信息系统机房,必须具有高度的可靠性、安全性和稳定性,同时要舒适实用,节能高效和具有可扩充性。从工程建设的内容上来看,电子信息系统机房工程不仅仅是一个装饰工程,更重要的是一个集电工学、电子学、建筑装饰学、美学、环保学、暖通净化专业、计算机专业、弱电控制专业、通信专业、消防专业等多学科、多领域的综合工程,并涉及计算机网络工程,综合布线系统工程和防雷接地工程等专业技术的工程。在设计施工中应对供配电方式、空气净化、安全防范措施以及防静电、防电磁辐射和抗干扰、防水、防雷、防火、防潮、防鼠、防虫、防泄漏等诸多方面给予高度重视,以确保电子信息系统长期正常运行工作。

电子信息系统机房工程的规划设计的任务是根据用户提出的技术要求,对拟建机房所在的建筑物进行实地勘查,依据国家有关标准和规范,结合所建电子信息系统运行特点进行总体设计。自然灾害、供电状况、软硬件故障、人为破坏和计算机病毒等都会给电子信息系统造成危害,为确保整个系统的正常运行,在规划机房的建设时对软、硬件的建设必须要有充分的考虑和安排。软件建设是指必须建立安全组织机构,健全安全防范组织,制定规章制度,完善计算机的安全工作,计算机病毒防治等;硬件建设是指:实体安全,如机房环境、电力供应和电力保障、硬件设备、防火、防灾措施和灾害报警等。电子信息系统机房总体设计方案以业务完善技术规范,安全可靠为主,确保系统安全可靠的运行,既要与现代化的计算机和通信设备相匹配,又能通过精良、独特和时尚的设计构思,真正体现"现代、高雅、美观、适用"的整体形象。

9.2.1 电子信息系统机房的分级

电子信息系统机房工程的规划设计的首要任务是确定机房所属级别,要结合自身需求与投资能力来确定本单位电子信息系统机房的建设等级和技术要求。

1. 机房等级

1)A 级
(1)电子信息系统运行中断将造成重大的经济损失。
(2)电子信息系统运行中断将造成公共场所秩序严重混乱。
A 级举例:国家气象台,国家级信息中心、计算中心,重要的军事指挥部门,大中城市的机场、广播电台、电视台、应急指挥中心,银行总行,国家和区域电力调度中心等的电子信息系统机房和重要的控制室。

2)B 级
(1)电子信息系统运行中断将造成较大的经济损失。
(2)电子信息系统运行中断将造成公共场所秩序混乱。
B 级举例:科研院所,高等院校,三级医院,大中城市的气象台、信息中心、疾病预防与控制中心、电力调度中心、交通(铁路、公路、水运)指挥调度中心,国际会议中心,大型博物馆、档案馆、会展中心、国际体育比赛场馆,省部级以上政府办公楼,大型工矿企业等的电子信息系统机房和重要的控制室。

3)C 级
不属于 A 级或 B 级的电子信息系统机房应为 C 级,如中小学校、网吧和中小企业等的机房。

2. 确定机房级别的依据条件

（1）使用性质：机房所处行业或领域的重要性。

（2）管理要求：机房使用单位对机房各系统的保障和维护能力。

（3）在经济和社会中的重要性：由于场地设施故障造成网络信息中断或重要数据丢失在经济和社会上造成的损失或影响程度。

（4）综合考虑建设投资：等级高的机房可靠性提高，但投资也相应增加。

3. 性能要求

（1）A级电子信息系统机房内的场地设施应按容错系统配置，在电子信息系统运行期间，场地设施不应因操作失误、设备故障、外电源中断、维护和检修而导致电子信息系统运行中断。

（2）B级电子信息系统机房内的场地设施应按冗余要求配置，在系统运行期间，场地设施在冗余能力范围内，不应因设备故障而导致电子信息系统运行中断。

（3）C级电子信息系统机房内的场地设施应按基本需求配置，在场地设施正常运行情况下，应保证电子信息系统运行不中断。

9.2.2 机房位置的选择及设备布置

1. 机房位置选择

机房位置选择应符合下列要求：

（1）水源充足、电力比较稳定可靠，交通和通信方便，自然环境清洁。

（2）远离产生粉尘、油烟、有害气体以及生产或储存具有腐蚀性、易燃、易爆物品的场所。

（3）远离强振源、强噪声源和大功率设备等。

（4）避开强电磁场干扰。当无法避开强电磁场的干扰，或为保障计算机系统信息安全，应采取有效的电磁屏蔽措施。

（5）远离水灾和火灾隐患区域。

（6）对于多层或高层建筑物内的电子信息系统机房，在确定主机房的位置时，应对设备运输、管线敷设、雷电感应和结构荷载等问题进行综合分析和经济比较；采用机房专用空调的主机房，应具备安装空调室外机的建筑条件。

（7）主机房和辅助区不应布置在用水区域的垂直下方，不应与振动和电磁干扰源为邻。变形缝不应穿过主机房。

（8）设有技术夹层和技术夹道的电子信息系统机房，建筑设计应满足各种设备和管线的安装和维护要求。当管线需穿越楼层时，宜设置技术竖井。

2. 电子信息系统机房组成

电子信息系统机房的组成是依据其性质，任务，业务量大小，所选设备类型以及计算机对供电、空调等方面的要求和管理体制而确定的。机房平面布局要全面考虑到数据处理的工艺流程,路线敷设方式以及操作人员的行走路线和客户要求设参观走廊等方面。一般宜由主机房、辅助区、支持区和行政管理区等功能区组成。

电子信息系统机房的使用面积应根据电子信息设备的数量、外形尺寸和布置方式确定,并应预留今后业务发展需要的使用面积。在对电子信息设备外形尺寸不完全掌握的情况下,主机房的使用面积应符合下列规定:

1)主机房面积的确定方法

(1)当计算机系统设备已选定时,可按下式计算:

$$A = K\sum S$$

式中:A 为计算机主机房使用面积,单位为 m^2;K 为系数,取值为 $5\sim7$;S 为电子信息设备的投影面积,单位为 m^2。

(2)当电子信息设备尚未确定规格时,可按下式计算:

$$A = FN$$

式中:F 为单台设备占用面积,可取 $4.5\sim5.5$(m^2/台);N 为主机房内所有设备(机柜)的总台数。

2)辅助区的面积

辅助区的面积宜为主机房面积的 $0.2\sim1$ 倍。

3)用户工作室的面积

用户工作室的面积可按 $3.5\sim4m^2$/人计算;硬件及软件人员办公室等有人长期工作的房间面积,可按 $5\sim7m^2$/人计算。

4)其他场地的面积

电子信息系统机房可设置门厅、休息室、值班室和更衣间。更衣间使用面积可按最大班人数的 $1\sim3m^2$/人计算。

3. 机房室内空间界面

机房室内空间界面由墙面、地面和顶棚(天面)三要素组成,它起到空间界限的作用,影响着人们视觉感知的形象,它一方面必须保证空间的连续性和整体性,另一方面又要保证空间的个性和丰富性,为人们创造交往、停留和观察的良好场所。

(1)墙面:机房室内墙面的形式多种多样,以分隔为目的的墙面,一般采用实体材料,如板材、石材等,墙体贴面或表面处理,多采用涂料喷涂营造空间的背景;以引导为目的的墙面,多采用玻璃或其他通透材料,使空间融合,保持连续性、完整性。

(2)顶棚:机房室内顶棚有多种吊顶处理方式,如平吊顶、斜顶、弧形顶、穿顶等。顶棚上配以各种类型的明照灯具设施,如筒灯、射灯、灯带等。

(3)地面:机房室内地面的形式,色彩,材质,应配合顶棚处理,起到加强空间限定的作用。同时,地面也是一种视觉背景,以衬托室内的其他元素。架空地板高度最小为 $0.25m$,最大达 $0.6m$。对架空地板设计施工应符合设计技术要求和有关标准规定,架空地板如采用防静电地板。

(4)活动地板:活动地板已成为现代化机房内必不可缺的设施之一,在活动地板上面安装电子信息设备,而活动地板下空间则构成一个地下空间,可用来下敷设连接设备的各种电源、信号管线和通风管道。活动地板正确的应用可以提高机房内计算机及其他电子设备的运行可靠性及延长设备的使用寿命,其各项性能参数应符合《计算机机房活动地板技术条件》GB 6650—86。所有管线都从地板下进入设备,与设备连接方便,距离最短,可减少信号在传输过程中的损耗。这样既增加了机房内整齐、美观,又便于工作人员通行,给人以舒适的感觉。此外,活动地板具有可拆性,对管线的敷设、检修及更换都很方便,便于设备的布局与调整,同时减少了因设备扩充或更新换代而带来的建筑设施的改造费用。

4. 电子信息系统机房的环境条件

(1) 严格保持机房条件参数在规定的范围内,按照不同级别的电子信息系统机房室内温度、湿度要求如表 9-1 所示。

表 9-1　电子信息系统机房室内温湿度要求

项　目	环 境 要 求			备注
	A 级	B 级	C 级	
环 境 要 求				
主机房温度(开机时)	23℃±1℃		18~28℃	不得结露
主机房相对湿度(开机时)	40%~55%		35%~75%	
主机房温度(停机时)	5~35℃			
主机房相对湿度(停机时)	40%~70%		20%~80%	
主机房和辅助区温度变化率(开、停机时)	<5℃/h		<10℃/h	
辅助区温度、相对湿度(开机时)	18~28℃、35%~75%			
辅助区温度、相对湿度(停机时)	5~35℃、20%~80%			
不间断电源系统电池室温度	15~25℃			

(2) 由于电子信息设备的制造精度越来越高,导致其对环境的要求也越来越严格,空气中的灰尘粒子有可能导致电子信息设备内部发生短路等故障。为了保障重要的电子信息系统运行安全,A 级和 B 级主机房的空气含尘浓度,在静态条件下测试,每升空气中大于或等于 $0.5\mu m$ 的尘粒数应少于 18 000 粒。

(3) 有人值守主机房和辅助区,在设备停机时,在主操作员位置测量的噪声值应小于 65dB(A 级主机房)。

(4) 当无线电干扰频率为 $0.15\sim1000MHz$ 时,主机房和辅助区内无线电干扰场强不应大于 12dB。

(5) 主机房和辅助区内磁场干扰环境场强不应大于 800A/m。

(6) 在设备停机条件下,主机房地板表面垂直及水平向的振动加速度不应大于 $500mm/s^2$。

(7) 主机房和辅助区内绝缘体的静电电位不应大于 1kV。

5. 电子信息系统机房的设备布置

电子信息系统机房设备包括计算机主机、服务器、网络、通信、配电、空调、防雷、安防和消防等系统设备,机房的设备布置应满足机房管理、人员操作和安全、设备和物料运输、设备散热、安装和维护的要求。有人操作区域和无人操作区域宜分开布置。

1)产生尘埃及废物的设备布置

产生尘埃及废物的设备(如静电喷墨打印机、复印机等)应远离对尘埃敏感的设备(如指磁记录等),并宜布置在有隔断的单独区域内。

2)机柜或机架的布置

当机柜内或机架上的设备为前进风/后出风方式冷却时,机柜或机架的布置宜采用面对面、背对背方式。

3)主机房内通道与设备间的距离

(1)用于搬运设备的通道净宽不应小于1.5m。

(2)面对面布置的机柜或机架正面之间的距离不宜小于1.2m。

(3)背对背布置的机柜或机架背面之间的距离不宜小于1m。

(4)当需要在机柜侧面维修测试时,机柜与机柜、机柜与墙之间的距离不宜小于1.2m。

(5)成行排列的机柜长度超过6m时,两端应设有出口通道;当两个出口通道之间的距离超过15m时,在两个出口通道之间还应增加出口通道。出口通道的宽度不宜小于1m,局部可为0.8m。

9.2.3 机房装修设计

机房空间的装修设计应遵循简洁、明快、大方的宗旨,以清新、淡雅为主,提倡外观优美,强调实用性,以使工作人员进入机房后心情会趋于平静,有利于尽快投入工作。此外,机房装修设计除了要考虑机房装修整体布局、色彩格调、安全舒适和维护操作方便以外,还要考虑如何避免室内环境的污染问题,包括空气污染、光污染、噪声污染、微生物污染、电离子污染等。

1. 机房建筑与结构要求

为满足电子信息系统机房摆放各种设备的要求,主机房的建筑结构宜采用大空间及大跨度结构,并规定变形缝不应穿过主机房,目的是为了避免因主体结构的不均匀沉降破坏电子信息系统的运行安全;当由于主机房面积太大而无法保证变形缝不穿过主机房时,则必须控制变形缝两边主体结构的沉降差。机房地面必须要有足够的抗震和承载能力,以确保承受机房内所有设备的重量而无变形和损伤。与此同时,建筑物顶棚应预埋吊顶吊挂件,为机房建设吊顶工程做好准备。

1)抗震设计分类

A级电子信息系统机房的抗震设计分类一般按乙类考虑;B级电子信息系统机房除有特殊要求外,一般按丙级考虑;C级电子信息系统机房按丙类考虑。

2)荷载计算

电子信息系统机房的荷载应根据机柜的重量和机柜的布置,按照现行国家标准《建筑结构荷载规范》GB 50009—2001 附录 B 计算确定,但不宜小于以下标准值。

① 主机房活荷载标准值:
- 组合值系数:$\psi_c = 0.9\text{kN/m}^2$;
- 8~10 频域值系数:$\psi_f = 0.9\text{kN/m}^2$;
- 准永久值系数:$\psi_q = 0.8\text{kN/m}^2$;

② 主机房吊挂荷载:1.2kN/m^2;
③ 不间断电源系统室活荷载标准值:$8\sim10\text{kN/m}^2$;
④ 电池室活荷载标准值:16kN/m^2;
⑤ 监控中心活荷载标准值:6kN/m^2;
⑥ 钢瓶间活荷载标准值:8kN/m^2;
⑦ 电磁屏蔽室活荷载标准值:$8\sim10\text{kN/m}^2$。

2. 空间环境装修要求

机房办公环境室内装修设计的空间环境要求的基本目标是提高工作环境的舒适度,以提高使用者的工作效率,并为将来的技术发展提供灵活性。为此,有关建筑师、室内设计师及结构、空调、电气、弱电等专业人员应充分合作,高度协调,使整个空间环境实现系统的最优化。

1)净高要求

主机房净高应根据机柜高度及通风要求确定,且不宜小于 2.6m。

2)出入口要求

主机房宜设置单独出入口,当与其他功能用房共用出入口时,应避免人流和物流的交叉。

3)通道宽度要求

电子信息系统机房内通道的宽度及门的尺寸应满足设备和材料的运输要求,建筑入口至主机房的通道净宽不应小于 1.5m。

4)活动地板高度要求

主机房地面装修应满足使用功能要求,当铺设防静电活动地板时,活动地板的高度应根据电缆布线和空调送风要求确定,并应符合下列规定:

① 活动地板下的空间只作为电缆布线使用时,地板高度不宜小于 250mm;活动地板下的地面和四壁装饰,可采用水泥砂浆抹灰;地面材料应平整、耐磨。

② 活动地板下的空间既作为电缆布线,又作为空调静压箱时,地板高度不宜小于400mm;活动地板下的地面和四壁装饰应采用不起尘、不易积灰、易于清洁的材料;楼板或地面应采取保温、防潮措施,地面垫层宜配筋,维护结构宜采取防结露措施。

5)墙壁和顶棚要求

技术夹层的墙壁和顶棚表面应平整、光滑。当采用轻质构造顶棚做技术夹层时,宜设置检修通道或检修口。

6)外窗设置要求

A 级和 B 级电子信息系统机房的主机房不宜设置外窗。当主机房设有外窗时,应采用双层固定窗,并应有良好的气密性。不间断电源系统的电池室设有外窗时,应避免阳光直射。

7) 防水要求

当主机房内设有用水设备时,应采取防止水漫溢和渗漏措施。

8) 密闭要求

门窗、墙壁、地(楼)面的构造和施工缝隙,均应采取密闭措施。

3. 饰面设计要求

主机房内墙壁和顶棚的装修应满足使用功能要求,表面应平整、光滑、不起尘、避免眩光,并应减少凹凸面。机房室内空间界面的特征由其材料类型、肌理、质感、色彩、光照条件等因素构成。其中材料及肌理、质感起到决定性的作用。

1) 装修材料的肌理和质感

装修材料的肌理越细,其表面效果越光洁。材料的质感是指材料本身的特殊性与其加工方式所形成的物体表面三维结构而产生的一种品质。质感有两种基本类型:视觉质感和触觉质感。在机房室内公共空间中,材料质感的视觉触觉决定了材料的表现力和效果。而质感在界面上的体现,其尺度大小,视距远近和光照条件,影响人们对材质的感觉以及对它们所覆盖表面的感觉。

2) 装修材料的类型

机房装修材料的类型有自然材料和人工材料两种,自然材料稳重深厚、淡雅含蓄,朴实而富于亲切感。适宜表现较高层次的设计口味。而人工材料具有自然材料所不能及的功能特征:如耐磨、耐高温、耐冲击、色泽鲜明等,但也存在材质上的单薄感、冷感和距离感等缺点。机房室内空间界面材料使用应力求协调一致,使用人工材料时,也须重视自然材料作为永恒的建筑材料,以其特有的表现力对某一特定环境氛围所起的重要作用,但切忌过多过杂。

3) 光照条件

光照和对比作用等左右着人们对材质的感受。光线是直射还是斜射,重点照明或是漫反射以及光线的强弱和色泽,两种或几种材料的同置对比,都会对材质的粗糙与光滑、深厚与单薄、坚硬与柔软、沉重与轻巧等效果起到不同的作用。

整个机房光照设计要与装修材料的外表色调相匹配,既要使材料的质感得到充分的体现,又避免在机房内产生各种干扰光,包括反射光和折射光。

4) 色彩搭配

色彩搭配与人们的爱好和性格有关。机房空间装饰色彩的构成元素很多,从空间界面到内部陈设主要分为四大类:

(1) 建筑构件类:如天花板、地面、墙面、柱、屏风、门窗、室内楼梯。

(2) 设备家具类:如计算机、UPS电源、交换机、办公家具等。

(3) 陈设类:如工艺品、灯具、观赏植物。

(4) 纺织品:如地毯、窗帘、床罩、台布、靠垫、坐垫等。

4. 机房视觉照明环境

机房的视觉环境主要是指照明系统,包括各种照明灯具、遥控开关、手动开关、人体红外线传感器,以及自然光控制设备,如光线控制器、自动遮阳设备、各种新型玻璃、光导纤维、自动遮阳百页等设备器材。机房照明的质量包括照度水平、亮度分布、照度均匀度、阴影、眩光、光的颜色和照度的稳定性等方面,其中主要应解决好照度和眩光的关系。机房照明设计时应对采用什么样的灯具、什么样的照明方式、灯具如何布置以及如何控制光源等问题要进行综合考虑。

机房视觉照明环境的基本要求有:

(1) 主机房的平均照度可按 200lx、300lx、500lx 取值。

(2) 辅助区的平均照度可按 100lx、150lx、200lx 取值。

(3) 支持区和行政管理区应按现行照明设计标准的规定取值。

(4) 水平面照度应维持在 500lx 以上,不小于 300lx。

(5) 灯具布置以线形为主,消除频闪,并保证桌面及其周围光的照度差异不大。

(6) 灯具的眩光指数应大于Ⅱ级。

除了平时的一般正常照明以外,机房内还应设置备用照明。实际上,机房备用照明是一般照明的一部分,其照度宜为一般照明的 1/10。应急照明备用电源可采用灯具自带镉镍电池,或采用 UPS 作为应急照明备用电源。应急连续供电时间应按 30s 考虑。应急照明管线应单独敷设。

5. 机房装修材料的选择

机房装修的优劣对装修效果和质量有非常直接重大的影响,因此要建立和完善装修材料进场检测制度。首先要重视测量装修材料、建筑混凝土掺入成分和家具等的挥发气体成分,检查是否含有有毒物质,其次要检查进场装修材料的放射性检测报告原件,必要时,要作抽样送检。尽量选用环保型材料,实施环保建材准入制度,材料验收应符合有关标准。

(1) 主机房室内装修,应选用气密性好、不起尘、易清洁、符合环保要求、在温度和湿度变化作用下变形小、具有表面静电耗散性能的材料,不得使用强吸湿性材料及未经表面改性处理的高分子绝缘材料作为面层。

(2) 家具应有正规厂家的检验合格证。最好购置木制家具,如用人造板制作的家具,其部件应全部作封边处理。

(3) 电器产品应选择具有环保认证标志(通过 ISO14000)的性能好、噪声小、质量优的品牌产品,电磁干扰符合有关标准要求。

(4) 围护结构的材料选型应满足保温、隔热、防火、防潮、少产尘等要求。

(5) 所选机房装修材料应为燃烧性能等级 A 或难燃烧材料燃烧性能等级 B1。

(6) 吊顶:选用铝合金吸音微孔板(燃烧性能等级 A),其规格为方板或条形板,内衬黑色吸音阻燃纸,装修效果好,不起尘不吸尘,拆装方便,便于吊顶内线路及灯具等器具的维修,是目前较理想的机房用吊顶板。

(7) 地板:选用优质全钢抗静电活动地板(燃烧性能等级 A),其与普通抗静电型复合地板(燃烧性能等级 B2)的主要区别在于,前者以高强度、非燃性材料为内层基材,负荷承载能力极强,而且更具有良好的防静电、防火、防潮、防锈等功能。

(8) 玻璃隔断(燃烧性能等级 A):玻璃隔断给人豁亮、新颖的感觉,它以其崭新的风格逐渐取代了以往电子信息系统机房常用的铝合金玻璃隔断。玻璃隔断便于值班人员对主机设备的观察,有利于设备摆放,给工作人员带来视野开阔、豁亮、轻松的感觉。

(9) 防火性能:除主材选择非燃性或难燃性材料外,其他材料也要尽可能选择难燃性材料,另外,所有的木制隐蔽部分均作防火处理。

(10) 降低噪声:空气传声的隔绝主要与材料和结构有关,密实的构件对隔绝空气传播噪声效果较好。材料和结构要有足够的强度及耐久性,以防止变形。人们在室内可承受的噪声为 40～45dB,为达此指标,必须增加门窗的密闭性,并改善墙体构造。例如,在双层窗框之间贴吸声材料,以及对窗缝隙进行密封处理,都可以防止噪声从窗缝传递。

9.3 电子信息系统机房电力、空调和消防系统

随着计算机及其网络的运算量和运行速度的快速增长,信息技术设备用电量的与日俱增,给电子信息系统机房设施造成了的巨大压力,其中电力保障、机房专用空调制冷能力和消防系统都要求有充足和相应的冗余量和足够灵活扩展性。

9.3.1 机房电力配电系统

机房的配电系统是一个综合性系统,是机房一切用电设备的动力来源。机房供电电源直接关系到计算机软硬件能否安全运行,所以对计算机供电电源的质量与可靠性提出了较高的要求。此外,机房电力配电系统还应考虑计算机系统有扩散、升级等可能性,并应预留备用容量。常用的机房电力配电系统有两种:

1. 非 UPS 供电方式

1) 直接方式

把变电站送来的交流电直接送给电子信息设备配电柜,然后再分给计算机系统的各部分设备。采用直接供电方式时,为了减少电网因负载变化而引起干扰,一般采用专用供电线路,即该供电线路不得接任何可能产生干扰的用电设备。直接供电的优点是,供电简单,设备少,投资低,运行费用低和维修方便等;其缺点是对电网要求高,易受电网负载变化的影响等。

2) 隔离供电

隔离供电是在交流进线后加一隔离变压器,然后再送给电子信息设备配电柜。这种供电方式的特点是,电源设备运行可靠,操作维修方便,投资少,且对机房无特殊要求。不足的是:频率波动不能控制,且电网停电后该系统不能连续供电,因此只适用于小型机房、微机或一般场合。

3) 交流稳压器供电

市电经电子交流稳压器后,再供计算机使用,这样可以减少许多暂态冲击、幅度波动和

电压脉冲。好的稳压电源输出电压精度在 3% 以内,小型微机机房使用较多,缺点是市电中断时不能连续供电。

2. UPS 供电方式

不间断电源(UPS)是一种具有稳压、稳频、滤波、抗电磁和射频干扰、防电压冲浪等功能的电力保护系统。当市电供应正常时,UPS 起电源稳压器的作用,市电对 UPS 中的蓄电池进行充电,储存电能。UPS 的输入电压范围比较宽,一般情况下 170~250V 范围内的交流电均可输入;由它输出的电源质量是相当高的,后备式 UPS 输出电压稳定在 ±(5%~8%),输出频率稳定在 ±1Hz;在线式 UPS 输出电压稳定在 ±3% 以内,输出频率稳定在 ±0.5Hz。当市电突然停电时,UPS 立即将蓄电池的电能通过逆变转换器输出恒压的不间断电流继续为计算机系统供电,使用户能够有充分的时间完成计算机关机前的所有准备工作,从而避免了由于市电异常造成的用户计算机软硬件的损坏和数据丢失,保护用户计算机不受市电电源的干扰。

UPS 基本是由整流器、蓄电池、静态开关等组成。UPS 的本机虽然占地面积并不大,但需配有占地面积很大的蓄电池组,另外它的自重较大,所以在安排机房时应特别予以考虑其重量因素。UPS 因发热量较大,噪声也不小,其本身内部结构紧凑,清洁困难,因此 UPS 机房通风要好,还要注意防尘与隔音。

常用的 UPS 电源类型主要有两种:后备式和在线式。

(1) 后备式:这种 UPS 电源在市电供电正常时负载由市电经转换开关供电,当市电中断时才会由 UPS 的电池经逆变器转换向负载供电。后备式 UPS 电源其主要优点是价格便宜。目前大部分的后备式 UPS 都是一些低功率 UPS,一般不到 1kVA。

(2) 在线式:在线式 UPS 电源当市电供电正常时,供电途径是市电→整流器→逆变器→负载。市电中断时的供电途径是电池→逆变器→负载。因此不论外部电网状况如何,总能够提供稳定的电压。这种 UPS 价格比后备式 UPS 贵些,容量从 1~100kVA 以上。

9.3.2 机房空调及新风系统

1. 机房空调系统的特点

室内空调环境实际上是室内热环境。也称室内环境的热舒适系统。它是人们对室内环境的满意度。良好的空调环境是机房舒适环境的重要条件之一,要形成良好的空调环境就必须有良好的室内空气品质,空气洁净度,达到满足适当的室内温、湿度,较均匀的气流分布,设备能正常工作和噪声小等基本要求,排出电子信息设备及其他热源所散发的热量,维持机房内的恒温恒湿,并控制机房的空气含尘量,以保证计算机系统能够连续、稳定的运行。为此,要求机房的空调系统具有供风、加热、加湿、冷却、减湿和空气除尘的能力。

与其他办公环境相比,机房空调系统有以下特点:

① 机房室内洁净度要求高。

② 计算机系统设备的功耗、发热量大。

③ 机房温、湿度须控制在一定范围内。

④ 空调系统需要全年持续、稳定的降温运行。

⑤ 空调系统可靠性要求高。

⑥ 机房送风量大,送、回风温差小。

在进行机房空调设计时,应对电子信息设备的功耗、发热量、设备的洁净度要求、设备进出口空气的温差以及机房内环境温湿度要求等有所了解,以便使机房的空调设计和整个机器设备的散热设计成为一个整体,使各级散热设计的效能得以更好地发挥。通常主机房空调系统大都采用机房专用精密空调,

当机房净空高度为 2.6～3.1m 时,通常计算机房热负荷按 300～500Kcal/h·m² 来取值。考虑到计算机系统功能的扩充和使用范围的增大,机房空调设备的容量要留有足够的余量。余量的确定应视具体情况而定,通常以 15%～20% 为宜。为了提高可靠性,保证计算机系统不停地进行数据处理,以及空调设备的维修和更新,必要时空调设备要有备份,甚至采用双工系统。

2. 空调的气流组织

电子信息系统机房在建筑和使用功能上的一大特点就是空间大、面积大,在相同的热负荷下,空调气流组织的方式及房间内的气流分配不同,其效果就会有很大的差异。在确定气流组织时主要考虑以下因素:

① 电子信息设备在机房内的布置及其散热方式和发热量;

② 机房内的热负荷分布情况;

③ 电子信息系统机房内的操作人员工作位置。

一般空调气流组织的方式有:下送上回式、上送上回(或下回)式和综合式等三种,其中下送上回式是现代电子信息系统机房最常采用的方式,因为它能在机房中形成比较好的气流。

下送上回式以活动地板下空间作为静压风库,利用地板风口或靠地板夹层风道内的送风口送风,风经过地面、工作人员、计算机器设备,然后经吊顶或墙壁上的回风口返回空调机。这种方式可在机房工作区,即距活动地板 800～1500mm 之间的高度中形成比较稳定的温度环境。可调风口定制于活动地板格上,风口可随室内设备、人员位置的改变而调整,既能避免风口对人体直吹,又能使设备发热量及时排出。此外,利用地板夹层风道还可用短管连通侧墙内风道,在需要的部位设置送风口或带风机的风口,以便形成局部供冷送风。这种方式的主要优点如下:

(1) 清洁的送风气流首先进入室内人员呼吸带和有效活动区,形成有利于改善工作区的空气品质。并可以较好地满足电子信息设备的防尘要求。

(2) 采用低速送风,导致气流缓慢扩散上升,形成垂直方向上的温度层和温升梯度,提高了排风和回风温度,可节省夏季运行能耗。

(3) 活动地板下的空间全部做为空调的风库,便于系统的扩充及设备布置的变更。

(4) 利用活动地板下的空间和吊顶以上的空间分别作为送、回风风库,节省了大量的通风管道及材料,同时也增加了机房的美观。

(5) 由于是上送风,送风温度要求相对较高,送风风速要求较低,以避免工作人员膝盖

以下部分有吹风感。实测资料表明：向上送风系统平均送风温度最佳值为 19.2℃，出风口的风速小于 3m/s，此时人体头部以上的温度几乎维持不变。

（6）因为是上送风全空气式系统的运行，空气送风温度高达 19.6℃，比起一般送风方式只达到 15.6℃要高 4℃。因此夏天冷水机组的供水温度可由 7℃提高到 9℃，机组的 COP 值可相应地提高，过渡季节则延长了利用新风自然供冷的时间，增大了节能效益。

3. 新风系统

由于机房内是一密封系统，如果室内空气得不到交换，没有新鲜空气及时补充，将会直接影响到机房内工作人员的健康和工作的顺利进行，所以在机房内安装独立的新风系统很有必要。

根据国家有关规范和标准要求，新风系统需要满足两个指标：

（1）补充新鲜空气每人每小时 40m³。

（2）占空调系统总风量的 5%～10%。

电子信息系统机房的新风系统大多采用暗装吊顶式新风机，要求室内机组厚度薄，方便暗装于天花之上；具有良好的送风性能，可通过送风管方便地将新鲜空气送到需要的地方。

为了满足《电子计算机机房空调设计规范（GB 50174—93）》规定的洁净度，需要对新、回风空气进行过滤处理，特别是新风的净化处理。通常不能只采用一级效率 80%的过滤器，其前面应采用初、中效二级过滤器进行保护，最后选用亚高效过滤器；回风采用一级初效过滤即可。送、回风口无需使用高效过滤器风口，可采用普通型。为保证中心机房室内正压（1 毫米水银柱），通常在回风处要安装可调式风口，并采用压差式电动风量调节器来保证室内正压。另外还要保持系统新风和排风之间的平衡，确保最小新风量的导入。

9.3.3 机房消防系统

1. 气体灭火系统

由于电子信息系统机房内电子信息设备的特殊性，不能采用通常的消防系统，应采用气体灭火系统。常用气体灭火系统有以下几种。

1）卤代烷 1301 灭火系统

卤代烷 1301 是以往使用最为普遍的气体灭火剂，它具有高效的灭火功能、成熟的技术、低廉的成本等优点。其设计灭火浓度为 5%，对人体危害小，所需钢瓶数量少，钢瓶储存压力低（最高 4.2MP），施工安装容易，维护简单方便，从而工程造价低，经济合理，安全可靠。缺点是污染环境，因为当卤代烷 1301 释放出来后，会造成大气臭氧层的破坏。我国于 2005 年正式禁止生产 1301 灭火剂。

2）二氧化碳灭火系统

二氧化碳（CO_2）灭火系统分为高压和低压两种，高压为钢瓶式，低压为储罐式。其优点是对大气臭氧层无影响，灭火效果与 1301 基本相同。缺点是设计灭火浓度为 47%，如果误喷对人体危害极大。所需钢瓶数量多或储罐较大，设备复杂成本高，施工安装难度大，维护管理较困难，从而工程造价高。对环境保护也有一定的影响，因为 CO_2 的大量释放会加剧全球温室效应。

3）FM200 灭火系统

FM200 气体灭火药剂,化学名称是七氟丙烷(HFC-227ea),是一种无色、无味、低毒性、绝缘性好、无二次污染的气体,设计灭火浓度为 7%,保护区及存储环境温度为 0～54℃,存储压力 25kg/cm²。其优点是灭火效率高,对人体危害小,对环境保护无影响,是目前替代卤代烷 1301 最理想的产品。缺点是设备成本高,工程造价大。

2. 机房灭火设施及启动方式

机房灭火系统通常采用感烟、感温两种探测器的组合,因为感温探测器可靠性较高,感烟探测器灵敏度较高。同一探测区应设置两组探测器,两个独立探测器发出报警信号,即可确认火灾情况的发生,火灾报警控制器相应启动有关灭火设备。大楼内若设有消防中心,机房火灾报警控制器应与消防中心实现通信联系,消防中心可实时监视机房的消防安全状态。

机房内所有维护构件必须满足一定的抗压要求,其允许压强差不低于 1.2kPa。防护区的隔墙和门的耐火极限均不低于 0.6h,吊顶的耐火极限不低于 0.25h。灭火系统在启动前能自动检测被保护区是否有人员存在,火灾发生时,要有自动声光报警,警示相应区域人员撤离。机房的安全出口,不应少于两个,并宜设于机房的两端。门应向疏散方向开启,走廊、楼梯间应畅通并有明显的疏散指示标志。当红外探测系统确认相应保护区无人员存在时,启动气体灭火系统进行灭火。

机房灭火系统要求具有自动、电气手动、机械手动三种启动方式。

1）自动状态

机房发生火警时,火灾报警控制器接到机房内两个独立火灾报警信号后立即发出联动信号,即时关闭通风空调等,经过 30s 时间延时,火灾报警控制器输出 24V 直流电,启动灭火系统。气体灭火剂经管网施放到防护区,控制器面板指示灯和防护区内门灯闪亮,避免人员误入。

2）电气手动状态

当机房内有人工作时,可以通过机房门外的手动/自动转换开关,使系统从自动状态转换到手动状态,当发生火警时,报警控制器只发出报警信号,不输出动作信号。由工作人员确认火警,按下控制器面板或击碎紧急启动按钮,可立即启动灭火系统,喷放气体灭火剂。

3）机械手动状态

当自动和手动紧急启动系统都失灵时,工作人员可进入机房灭火系统储瓶间内实现机械应急操作启动。只需拔出对应灭火启动瓶上的手动保险销,拍击手动按钮,即可完成整套灭火系统的启动操作,喷放气体灭火剂。

3. 排风系统

根据国家有关规范和标准,计算机机房内应设有排风系统,用以排除可能出现的火灾事故所带来的浓烟,达到消防排烟的作用,通常空调区域内排烟能力要求为 6 次/小时。

如果机房内的消防采用整个大楼统一的消防系统,那么机房内是否需要另装排风系统,则完全由大楼的消防系统而定。如大楼消防系统已带有排风功能,并可以保证机房内排烟能力能达到国家有关规范和标准的要求,则机房装修时可以不用再另装排风系统。否则,机房应另外安装自己独立的排风系统。

4. 消防通道及耐火要求

(1) 面积大于 100m² 的主机房,安全出口不应少于两个,且应分散布置。面积不大于 100m² 的主机房,可设置一个安全出口,并可通过其他相邻房间的门进行疏散。门应向疏散方向开启,且应自动关闭,并应保证在任何情况下均能从机房内开启。走廊、楼梯间应畅通,并应有明显的疏散指示标志。

(2) 当 A 级或 B 级电子信息系统机房位于其他建筑物内时,在主机房与其他部位之间应设置耐火极限不低于 2h 的隔墙,隔墙上的门应采用甲级防火门。

(3) 电子信息系统机房的耐火等级不应低于二级。

(4) 主机房的顶棚、壁板(包括夹芯材料)和隔断应为不燃烧体。

9.4　电子信息系统机房防电磁环境和防雷接地

电子信息系统机房中的信息技术设备主要采用以微电子器件为核心,其耐压低、敏感性高、抗扰度低,很容易受到雷击电磁脉冲的损害。因此,在机房规划设计和施工过程,必须高度重视解决防电磁干扰、静电和防雷接地等问题。

9.4.1　机房电磁环境

1. 机房防电磁干扰

随着电子技术的高速发展,电磁干扰无处不在、形式各异、大小不同。电磁干扰会导致电子电路的噪声增大,电子设备的可靠性降低,引起误动作,甚至会使电子设备处于瘫痪状态,无法正常工作。机房内安装着包括计算机在内的大量的电子电气设备,预防电磁干扰问题尤为突出。

1) 机房电磁干扰产生的原因

机房电磁干扰产生的原因有很多,既有内部因素,也有外界因素。不论是内部产生的电磁干扰,还是内部与外部之间产生的干扰,产生的原因都是某电路工作产生的信号传送到其他电路。

(1) 机房内部产生的电磁干扰:内部干扰主要是由于计算机内部存在着寄生耦合所致。在计算机电路中,每个元器件,每根导线都具有高低电平的电位,流过大小不等的电流。因此,每根导线、每个电子元器件周围都存在着一定大小的电磁场,同样,计算机内的磁带驱动器产生的磁场对低电位的数字电路也造成干扰,经由接地回路电流造成极间耦合等。整流电机、继电器、接触器以及其他感性负荷设备的电流断开时产生的高压,将给电源线或信号以脉冲式干扰。此外,机房的其他设备,如吸尘器、UPS 电源、空调等也会成为电子信息设备的干扰源。

（2）机房外部环境产生的干扰：机房外部环境中的任何电子设备都可能成为干扰源，如高压输电线、变压器、电机、雷电、广播天线、雷达天线、无线电收、发报机等。外部干扰对电子信息设备的影响，主要是通过辐射、传导或传导与辐射的耦合形成。传导路径经由金属导体传送，包括集中参数零件，如电容器和变压器。传导性发射及感受度的测量，以电压及电流表示，辐射性发射及感受度的测量，以场强度极限值表示。传导性耦合由两部件或线间欧姆接触而来，电容性耦合是由两部件及线间之杂散电容而来，电感性耦合是由导体间互感而来。

2）机房防电磁干扰的措施

机房的电磁屏蔽工程是将机房内的辐射限制于一个特定区域的范围内，或者是防止辐射能进入机房一个特定的区域内。为了达到这个目的，在这个特定区域所进行的工程叫作机房电磁屏蔽工程。对计算机安全等级要求不同，对机房电磁屏蔽的效果要求也不一样。一般机房对电磁干扰应达到国家标准《计算站场地技术条件》提出的要求：机房内无线电干扰场强在 $0.15\sim1000\mathrm{MHz}$ 频率范围应不大于 120dB，机房内磁场干扰场强不大于 800A/m（相当于 100e）。

为了达到这一要求必须采取一些防止电磁干扰的措施，包括：

（1）建立良好的机房设备接地系统。

（2）对主机室、电力配线、信号线或整个机房进行屏蔽。

（3）机房施工时，混凝土内各种线缆严禁裸埋，各种电力和电器线缆都应穿金属管，而且金属穿线管的接头除了采用螺丝式以外，不得采用其他形式的连接。

（4）机房内使用的所有电力和信号线都要使用电磁屏蔽线，并穿金属管或蛇皮管。

（5）各种电力和电器线缆要尽量采用放射式而不作环形布线。

2．机房静电防护

众所周知，两个物体不论是相同性质，还是不同性质，不论是气体，还是液体和固体，只要有接触、有分离，都会产生静电。静电的产生不仅与材料、摩擦表面状态、摩擦力的大小有关，而且还与相对湿度有密切的关系。相对湿度低，机房内容易出现较高的静电荷。此外，静电的发生不仅与材料的表面有关，而且与厚度也有关系，称为静电体积效应。

机房内可引起静电发生的设备很多，除电子信息设备外，各类台、架、柜及办公用具如桌子、椅子等，其表面常用易产生静电的材料构成。如塑料、人造革、橡胶等，在使用过程中，不可避免地会发生摩擦，从而产生静电。特别是当工作人员在地板上行走或移动设备时，由于摩擦都会产生静电。产生静电的大小与工作人员的工作服材料、移动设备与地板接触面的材料及和地板表面材料的阻值有关。当其电压达到一定程度就会放电。

1）静电对电子信息设备的影响

（1）静电会造成元器件损坏，这种损坏不仅限于小型电子元器件，而且只要极间距离特别小的，在电子元件器件本身的端子之间、电极之间，如果发生静电，往往就被击穿。

（2）当电子器件暴露在静电放电的环境中，最初只是极小的损伤，而后来安装到设备上或装上后经过一段时间就会击穿损坏。

（3）身上带静电的工作人员接触电子元器件时，由于静电传导，经过电子元器件迅速放电会造成元器件损坏。

（4）对于双极性半导体元器件和薄膜电阻体，由于放电通过电子元器件的小电阻区形成大电流冲击，从而使半导体材料过热以至熔化掉。

（5）静电触及到计算机后，对计算机放电，轻则造成误动作和误运算，严重时可使计算机程序紊乱，引起计算结果错误或图像显示模糊不清。

2）防止静电的产生的方法

《电子计算机房设计规范》规定：主机房内绝缘体的静电电位不应大于 1kV。为了达到标准规范要求，机房要采取有效措施防止静电产生，包括：

（1）液相法：使用药剂，利用空气中的离子，使静电中和掉。液相法包括表面活性剂法和硅氧烷接合剂法，其中表面活性剂法有阴离子系、阳离子系和非离子系 3 种。

（2）气相法：由离子发生器送入发生离子，包括空调法和离子吹入法，其中空调法是使机房内相对湿度保持最佳值，如机房内安装空气调节器或恒温恒湿装置。

（3）固相法：在机房内对设备、地板、家具、工作服等，用导电率低的材料消除静电，使产生的静电荷迅速扩散掉。

（4）在机房内架设抗静电复合地板或铝合金地板。

（5）机房内的导体必须与大地作可靠地连接，不得有对地绝缘的孤立导体。导静电地面和台面采用导电胶与接地导体粘接时，其接触面积不宜小于 $10cm^2$。

（6）机房所用的家具应尽量使用产生静电小或不产生静电的材料制造。

（7）机房工作人员穿的服装，最好用不产生静电的衣料制作。机房工作人员穿的鞋，最好用低阻值的材料制作，以免产生静电。

9.4.2 机房防雷和接地技术

雷击是年复一年的严重自然灾害之一。特别是在信息时代，日益繁忙庞杂的事务通过高速计算机、自动化设备及通信设备得以井然有序，而这些敏感电子设备的工作电压却在不断降低，其数量和规模不断扩大，因而它们受到过压特别是雷电袭击而受到损害的可能性就大大增加，其后果可能使整个系统的运行中断，并造成难以估算的经济损失。

雷电具有极大的破坏性，其电压可高达数百万伏，瞬间电流可高达数十万安培。每年世界各地人畜伤亡、民用建筑、高压输电线路，易燃易爆场所与各类设施因雷击而造成破坏的重大事故不计其数。随着高科技的发展，微电子设备普及日趋完善，电子设备日趋精密，对电压电流的要求越来越高，电子网络设备过电压的保护也越来越受到重视。

1. 雷击的分类

（1）直击雷：雷电直接击在建筑物、构架、树木、动植物上，由于电效应、热效应等混合力作用，直接摧毁建筑物、构架以及引起人员伤亡等。

（2）感应雷：雷云之间或雷云对地之间的放电而在附近的架空线路、埋地线路、金属管线或类似的传输导体上产生感应电压，该电压通过导电体传送至设备，间接摧毁微电子设备。感应雷击对微电子设备，特别是通信设备、电子计算机网络系统和监控设备的危害最大，据资料显示，微电子设备遭雷击损坏，80% 以上是由感应雷击引起。

（3）电涌：电涌指的是高能量的瞬态电流,部分电源线上的电涌是由于附近大容量电器的关闭引起的。由雷电引起的雷电电磁脉冲(电涌)可高达几千伏,危害最大,避雷针往往对它无能为力,它可通过数据线甚至电源线进入大楼和机房内的计算机网络系统,会引起计算机硬件损坏、数据丢失、网络通信中断等危害。

2. 雷电传播途径

雷电过压对机房及其内部电子设备的损害主要有以下 3 个途径:

（1）直击雷经过接闪器(如避雷针、避雷带、避雷网等)而直放入地,导致地网地电位上升,高电压由设备接地线引入电子设备造成地电位反击。

（2）电流经引下线入地时,在引下线周围产生磁场,引下线周围的各种金属管(线)上经感应而产生过电压。

（3）大楼或机房的电源线、通信线和金属管道等在大楼外受直击雷或感应雷而加载的过电压及过电流沿导线窜入机房内,入侵机房电子设备,造成设备损坏,危及人身安全。

3. 防雷防过压保护措施

防雷是一个复杂的问题,需要采用综合治理的方法,对症下药排除各类可能产生雷击的因素,才能将雷害威胁减小到最低限度。

1）综合防雷的原则

（1）将绝大部分雷电流直接接闪引入地下泄散(外部保护)。

（2）阻塞沿电源线或数据线、信号线引入的过电压波(内部保护及过电压保护)。

（3）限制被保护设备上浪涌过压幅值(过电压保护)。

2）综合防雷的基本措施

（1）搭接：把建筑物结构内各种金属物,包括天线、灯架、广告牌、装饰物、结构件、接闪器、地网等焊接起来,以保证系统等电位,人在同一电位上,无触电之忧。

（2）传导：大楼楼顶四角加装避雷针、避雷网,由金属线引至地下做环形连接后,接入地下预埋的避雷网。避雷针高端吸引闪电,把雷电的强大电流传导到大地中去。

（3）分流：从室外来的导线,包括电力电源线、电话线、信号线等都要并联避雷器接至地线,将沿导线传入的过电压,在避雷器处短接入地,保护了机房设备和工作人员。

（4）接地：将雷电能量泄放入地。

（5）屏蔽：用金属网、箔、壳、管等导体把重点对象包围,形成一个"法拉第笼",将闪电的脉冲电磁场阻隔起来。

3）综合布线系统的三级防雷防过压保护措施

（1）设备间子系统：为防雷电破坏应安装通信避雷箱作为通信线路的第一级防雷措施。

（2）管理子系统：安装信号避雷器作为通信线路的第二级防雷措施。

（3）水平干线子系统：电力、通信缆线穿在金属管道内,一般不必再加装防雷装置。

（4）工作区子系统：如果有线路与外线连接,要安装信号避雷器,作为末级防雷措施。

4. 机房接地

供电系统变压器的中性点直接接地,以及电器设备不带电的金属部分与接地体之间作良好的金属连接,都称为接地,前者为工作接地,后者为保护接地。配电变压器低压侧的中性点直接接地,则此中性点叫做零点,由中性点引出的线叫做零线。电器设备的金属外壳直接接到零线上,称接零。在接零系统中,如果发生接地故障就会形成单相短路,使保护装置迅速动作,断开故障设备,从而使人体避免触电的危险。

为使雷电浪涌电流泄入大地,使被保护物免遭直击雷或感应雷等浪涌过电压、过电流的危害,所有建筑物、电气设备、线路、网络等不带电金属部分,金属护套、避雷器以及一切水、气管道等均应与防雷接地装置作金属性连接。

当建筑物防雷接地体采用外引式泄流引下线入地时,机房接地体应与建筑物防雷接地体分开设置,并保持规定的间距。在有些情况下,间距无法拉开到规定值时,则要采用严密的绝缘措施。如果建筑防雷接地体利用建筑物结构的钢筋作为泄流引下线,且与其基础和建筑物四周的接地体连成整个防雷接地装置时,由于机房接地体无法与它分开,或因场地受到限制不能保持规定的安全间距,因此,应采取互相连接在一起的方法。如在同一楼层有防雷带及均压网(高于30m的高层建筑每层都设置)时。应将它们互相连通,使整幢建筑物的接地系统组成一个笼式的均压整体,这就是联合接地方式。当采用联合接地方式时,为了减少危险,要求总接线排的工频接地电阻不应大于1Ω,以限制接地装置上的高电位值出现。

1) 机房接地种类

计算机系统的大小、种类不同,对地线的要求也不同,大中小型计算机比微型计算机要求高。在实际应用中,一般根据计算机的工作性质和实际情况进行设置,包括下列几种接地方式:

(1) 防雷接地:由避雷针引下线和接地体组成,按国家标准《建筑防雷设计规范》执行。

(2) 交流工作接地:交流电源的中性线,接地电阻$R<4\Omega$。

(3) 安全保护接地:设备外壳的安全接地线,接地电阻$R<4\Omega$。

(4) 直流工作接地:计算机线路的逻辑接地,即直流公共连接点电阻$R<1\Omega$。

(5) 静电接地:为了消除计算机系统运行过程中产生的静电电荷而设的接地,$R<100\Omega$。

(6) 屏蔽接地:主要有两个作用,防止计算机处理信号被窃,防止外界电磁场干扰计算机系统正常运行。屏蔽接地是将设备屏蔽体和大地间用一低阻导线连接起来,形成电气通路,为高频干扰信号提供低阻抗通路。屏蔽接地电阻$R<2\Omega$。

由于接地的良好状态对机房防雷有非常重要的影响,所以机房工程要优先考虑专设防雷接地,随后是交流工作接地、直流工作接地、安全保护接地,最后才考虑让这4种接地方式共用。当防雷接地单独设置接地装置其余3种接地共用一组接地装置,或4种接地共用一组接地装置时,其接地电阻不应大于其中最小值,并按国家标准《建筑防雷设计规范》采取防止反击措施。如果智能建筑中有些设备对此有更高的要求,或建筑物附近有强大的电磁场干扰,要求接地电阻更小时,应根据实际需要采用其中最小规定值作为设计依据。

2）机房接地方法

接地电阻数值应在要求范围之内越小越好。常用的机房接地方法主要有接地桩法和埋设铜板法两种,接地时要考虑各种腐蚀因素应做防腐蚀处理。

① 接地桩法：接地桩的材料可用角钢、槽钢、钢管等,长度为 2.5m 以上,壁厚不小于 4mm,接地桩数量应根据接地点土壤条件情况而定,相邻接地桩之间的距离不应小于 5m。接地桩垂直插入地下或水平埋入深度不小于 0.8m 的地下,然后用 $4 \times 40mm$ 扁铁或 $12mm^2$ 镀锌圆钢焊接相连,接地引线线径应大于或等于 $35mm^2$。

② 埋设铜板：用一块铜板埋入离地面 1m 深处作为接地电极,铜板面积约 $1m^2$,厚度为 $1 \sim 2mm$,铜板周围放些木炭,减小接地电阻。

③ 为减少接地电阻,接地体的所有连接部分要采用焊接,须用螺栓连接的地方,螺栓必须是镀锌材料。接地体周围土壤条件差,如砂石太多时,应加添草木灰、除阻剂或更新土,但不宜放盐(因盐易使土壤结块)。

④ 为保持稳定的系统信号及可靠的安全接地,机房内所有电源插座的极性须保持一致。

⑤ 为保证系统安全,严禁在电源插座内将交流工作地与安全地连接在一起。

⑥ 计算机接地线和建筑避雷针地不可共用,要有一定距离。直流接地与交流接地、防雷接地要相隔 $10 \sim 30m$ 距离为宜,以防相互干扰。

⑦ 为了使计算机直流接地有统一的参考点,所有计算机直流接地应接到同一个接地装置上。

⑧ 当多个电子计算机系统共用一组接地装置时,宜将各电子计算机系统分别采用接地线与接地体连接。接地的引线接点要易于测量。

⑨ 为了防止接地电流干扰,各接地母线应使用带有绝缘外皮的屏蔽线,屏蔽套的一端接地;计算机的直流地在机房内不允许与其他交流地相短接或混接;交流线路走线最好不与直流地线紧贴或平行;直流接地与防雷接线引线应距 10m 以上。

3）地阻的测试方法

影响接地电阻的因素很多：接地桩的大小(长度、粗细)、形状、数量、埋设深度、周围地理环境(如平地、沟渠、坡地是不同的)、土壤湿度、质地等。为了保证电子设备的良好接地,利用仪表对地电阻进行测量是必不可少的,常用的测量仪器是手摇式地阻表。

手摇式地阻表的基本原理是采用三点式电压落差法,在被测地线接地桩(E)一侧地上打入两根辅助测试桩,要求这两根测试桩位于被测地桩的同一侧,三者基本在一条直线上,距被测地桩较近的一根辅助测试桩(P)距离被测地桩 20m 左右,距被测地桩较远的一根辅助测试桩(C)距离被测地桩 40m 左右。测试时,按要求的转速转动摇把,测试仪通过内部磁电机产生电能,在被测地桩 E 和较远的辅助测试桩 C 之间"灌入"电流,此时在被测地桩 E 和辅助地桩 P 之间可获得一电压,仪表通过测量该电流和电压值,即可计算出被测接地桩的地阻。

9.5 电子信息系统机房绿色节能的技术措施

电费在电子信息系统机房运营成本中占了较大的比例,随着环保节能理念的深入人心,建设绿色建筑,包括绿色节能机房已经成为所有用户的共识。电子产品和设备在运行时都存在电能损耗问题,电能损耗和功率有关,功率越大损耗越高。机房耗电主要包括两部分:一是计算机、通信、网络等电子设备连续运行时的耗电,二是用于控制机房环境条件的空调、照明和电源系统的耗电。根据国内有关电子信息系统机房耗电量统计数据表明:电子设备运行时的耗电量约为40%(服务器15%、网络设备15%、存储设备5%、视频监控及外围设备5%),机房环境控制的耗电量约为60%(空调40%、UPS电源15%、机房照明5%)。

9.5.1 绿色节能机房的规划设计

电子信息系统机房建设或机房改造要想达到绿色节能的目标,必须从机房的整体功能出发,有一个全面的通盘考虑,通过合理的规划设计、基础架构、位置选择、机房布局、设备选型、软件搭配和节能措施等,来大幅降低机房的电能消耗。

各行各业对电子信息系统机房的要求是不相同的,其具体的设计原则也不同。不同级别的电子信息系统机房,其投资、系统冗余和能耗是不同的。级别高的机房,系统冗余较高,相对来说,其投资和能耗也较高。在满足系统可靠性的前提下,合理确定电子信息系统机房等级和系统配置,可以降低投资,减少能源消耗。绿色节能机房的规划设计主要考虑以下几个方面的内容:

(1)选择电子信息系统机房位置和制冷系统时,不仅要考虑电子信息系统机房所处的地理位置、气候条件,还要考虑机房内部整体环境等。A、B级机房的主机房不宜设置外窗。如果主机房安装有外窗,应采用双层固定窗,并应有良好的气密性。不设置外窗可以避免通过外窗进入的太阳辐射热及机房内的冷量散失,从而减少空调消耗量,达到节能目的。

(2)对电子信息系统机房外墙增加保温层隔热,或者在机房室内用砖石、混凝土等重质材料建成厚重结构隔热。要避免办公大楼内电子信息系统机房和办公用房混用,以及避免机房采用玻璃幕墙或窗墙比例过大。

(3)对于具有地下室的多层或高层建筑物,机房楼层位置尽量选择防水干燥的地下室。

(4)对于有条件的地方,应当提倡并大力推广地下或地埋式机房。地埋式机房的建造是将整个机房都埋入地下,地表只留出入口。地埋式机房由于埋入地下,受外界环境影响小,在电子信息系统机房内不需要安装空调就可以保证机房内的温度保持在10℃～25℃。为了保证机房内空气能与外界很好地流通,要在机房上面安装通风口和通风装置。

(5)要提倡及推广利用太阳能、风能等可再生新能源为机房提供电力或辅助电力,太阳能和风能具有能源取之不尽、清洁无公害、维护简单等特点。

(6)我国地域辽阔,各地自然条件各不相同,电子信息系统机房空调系统可采用电制冷与自然冷却相结合的方式,应根据当地室外温度情况,选择合理的空调方案。机房在冬季需送冷风时,可利用室外冷空气作为冷源,通过室外机对空调冷却水进行降温,达到节能降耗的目的。

(7)大型电子信息系统机房空调系统宜采用冷水机组空调系统,冷源采用水冷方式。因为冷水机组的能效比高,可节约能源,提高空调制冷效果。但是否采用冷水机组空调系统,还应考虑当地的气候条件和机房的负荷情况。

(8)电子信息系统机房设备布置要科学、方便、合理,尽量使机房内各处的温度分布均匀。当机柜内或机架上的设备为前进风/后出风方式冷却时,机柜或机架的布置宜采用面对面方式,以形成冷风通道;以及背对背的方式,以形成热风通道。如果采用其他的布置方式,有可能造成气流短路,不利于设备散热。

9.5.2 绿色节能机房硬件设备的选择

电子信息系统机房节能与其采用的电子产品和设备的节能设计密不可分,要减少机房设备能耗,必须选用节能的产品和设备,即绿色节能机房要选择绿色节能的硬件设备。

1. 服务器

在电子信息系统机房中,服务器及其相关配件是"耗电大户"之一,所以采用节能型服务器是建设绿色机房的关键之一。相对于传统的机架服务器,刀片服务器的功耗要低得多,这是因为刀片服务器上每个刀片模组共用电源、散热器、网络等功能,比使用机架式服务器可以节省空间与耗电量。如果将老式的塔式服务器或机架式服务器换为更先进的刀片服务器,所带来的节能效果将十分明显,以目前最节能的惠普刀片配置为例,可降低能耗48%,并且其低功耗减少了发热量,能使散发的热气流量减少31%~60%。

再以两路双核服务器为例,采用95W标准版AMD皓龙(Opteron)处理器的服务器,能耗比采用英特尔X86处理器的服务器低69%,而采用55W低功耗皓龙处理器的服务器,能耗则更是低193%。如果机房中所有服务器都能采用节能型服务器,每年节省下的电费肯定相当可观。

英特尔作为AMD在高端服务器领域内的最大竞争对手,为了降低服务器的能耗,英特尔专门为服务器平台推出最新Nehalem-EP核心处理器,和目前主流的Xeon 5400系列处理器相比,在性能得到极大提升的同时,能耗下降了50%,使服务器节能降耗水平达到了一个新高度。

2. 网络系统

计算机通信网络系统设备主要包括网卡、交换机、路由器、中继器、集线器、网关、网桥及传输介质等,构建一个绿色节能网络系统首先要选用绿色节能的网络设备。例如,新近推出的绿色以太网环保节能千兆交换机,采用环保节能技术,可以自动检测计算机的开闭情况来选择不同的电源模式。如果网络上的计算机关机,交换机会将相对应的端口自动切换到待机模式,以减少能源消耗并降低产品运行时所产生的热量。其平均节能达到30%,最大节能可达50%。再比如先进的绿色节能路由器,内置了节能的降能模块和智能网线长度感应节能系统,可调整信号传输所使用的电力模式,无信号时自动关闭其功能,不仅可节省20%电量,并进一步增强了安全性。另外,路由器提供的端口分享技术,可以让路由器成为一个打印服务器,这样一来就既可以关闭作为打印服务器的计算机,又可以节省能源。

网络系统的绿色节能措施不仅要选择节能的网络设备,而且更重要的是要从网络架构设计上着手。传统的核心网络架构是相当复杂的,不仅一、二级核心网络层次多,而且大量的网元导致网络复杂,整个网络能耗偏高。建立绿色节能核心网络的关键是优化核心网络架构,实行网络的扁平化管理,减少核心网中网元的数量,使核心设备上移,并使用集成度高,电信级别高的平台代替传统的服务器。精心设计优化的核心网络架构与传统的网络架构相比,耗电量可下降30%以上。

3. 存储设备、视频监控及外围设备

存储设备选用2.5英寸硬盘会比3.5英寸硬盘更节能,目前大多数HDD硬盘的空闲功耗为20W左右,全负载状态下为400W左右。单个硬盘的功耗看起来不高,但数个或十几个硬盘组成的阵列其功耗就很可观了。先进的绿色节能硬盘盒可以自动检测并关闭未被访问的硬盘,以及提供智能风扇功能,它可以智能地感应硬盘的温度来调节风扇的转速,以达到节能的目的,最多可节能40%。

监视器和显示器都是电子信息系统机房的主要设备之一,其发展经历了从黑白到彩色,从闪烁到不闪烁,从CRT(阴极射线管)到PDP(等离子)、LCD(液晶)的发展过程,每个过程都发生了很大的质的飞跃。CRT缺点是体积大、耗电高、亮度低;PDP虽然具有机身薄、无闪烁、超宽视角、亮度对比度高等优点,但是其缺点是耗电量大;LCD则不仅具有机身薄、无闪烁、无辐射、高清晰、高亮度、宽视角等优点,而且耗电少。新近推出的LCD采用双螺旋灯丝等技术,进一步提高了光效率和亮度,要比传统采用冷阴极荧光灯管的LCD节能40%左右。不过LCD还不是最节能的显示设备,因为LED(发光二极管)和OLED(有机发光显示器)比其更节能,OLED显示技术与LCD不同,它是自发光,无需背光灯,更省电,OLED耗电量只有LCD的1/6,机房采用这样的监视器和显示器无疑更绿色。

视频监控系统的另一个重要设备是摄像机,随着红外一体机的普及,由于光电转换过程中会产生大量的功耗,节能问题也受到了人们的高度重视。其节能措施包括三方面:第一,摄像机采用低能耗DSP芯片,可降低能耗10%左右;第二,应用激光红外照明器,使用激光作为光源,其光电转化率高达55%,照射200m距离的功耗也不超过5W;第三,通过利用风能、太阳能等可再生能源所发出的电力供给摄像机及红外照明器,达到节能减排、降低系统成本的目的。

9.5.3 机房的软件绿色节能技术

随着计算机软件技术的飞速发展,其应用领域也越来越广泛,充分利用软件技术降低能耗是绿色节能机房越来越重要的措施和手段。

1. 虚拟化技术

虚拟化技术作为云计算发展的基础,其目标是效能、效率、绿色、节能,在电子信息系统机房节能环保方面也获得了越来越广泛的应用。应用软件技术将服务器、储存、网络等设备进行虚拟化作业,提升设备的效能,可减少机房闲置设备,从而降低电力损耗及减少设备占用空间,例如利用虚拟技术可将每个服务器的平均利用率从7%提高到60%~80%,可降低70%~80%耗电量。再如Intel VT-d虚拟化技术,通过把多个操作系统整合到一台高性能服务器上,最大化地利用硬件平台的所有资源,简化系统架构,降低管理资源的难度,避免系统架构的非必要扩张。从而能够在虚拟环境中大大地提升系统的性能,达到节能降耗的最终目的。

2. 利用软件技术提高现有网络设备的工作效率

通过对上网用户在线时间的统计分析,全网在忙时和闲时网络负荷变换最大,那么就可以通过软件调整核心网络设备的主频,让它随网络负荷变化,在闲时自动将设备处理能力降低,减少耗电量。

3. 机房设备节能软件控制技术

电子信息系统机房中有许多设备,如监视器和显示器,可采用节能软件技术根据其状态控制电源开关装置,当机房设备处于休眠状态没被使用时,切断设备电源。只要按下计算机键盘上的任一按键,或当鼠标器被移动时,设备电源将重新接通。新近推出的一种电力线网桥节能软件可以智能感应网桥的流量来节能,一旦发现没有任何的流量经过,则会自动关闭机器,避免浪费电力。

4. 机房环境和设备软件监控技术

环境和设备监控软件可对电子信息系统机房环境进行自动化监测,可监控机房内与节能环保相关的数据,包括电源消耗、二氧化碳排放、温湿度等,并自动检测和排除机房设备系统出现的故障,使机房设备迅速恢复正常运转工作,以避免因设备故障而导致电力浪费。

9.5.4 机房环境控制的绿色节能技术

电子信息系统机房环境(制冷、供电、照明环境)控制设备包括机房专用空调机组、冷却塔、配电柜、UPS 电源、照明装置等,都是机房的耗电大户,必须高度重视其节能降耗。

1. 空调节能技术

空调是电子信息系统机房环境控制最重要的设备,它不但控制着整体机房的温度,同时还需要保持机房的湿度。普通空调无论机房内设备的热负荷如何变化,其压缩机的输出功率均恒定不变,不能动态地根据冷(热)负荷的变化精确调整其输出功率,这样既浪费了大量的电能,又缩短了压缩机的使用寿命。

机房空调绿色节能技术主要包括以下几种:

(1)变频技术:变频空调采用模糊控制技术,通过改变压缩机的供电频率调节压缩机转速,根据室外温度和室内温度的变化情况,灵活调节机房内每台空调的工况参数设定,以最优化方案控制每台空调的运行状态,在满足机房环境温度控制需要的前提下,达到节电目的。

(2)自适应控制技术:采用计算机监控机房专用空调工作状况,自适应控制系统自动跟踪昼夜、季节、地区机房温湿度的变化而自动控制空调合理的工作状态,使空调做到按需工作。为了提高机房温湿度动态数据监测精度,在整个机房范围内设置多个监测点进行实时监测,提高机房空调的工作效率,实现优化组合、精确管理、节约能源。

(3)水冷系统节能技术:空调风冷冷凝器增加水冷系统节能技术,是利用雾化的水冲击空调冷凝器,加速冷凝器的散热和降温,提高空调工作效能,从而达到节能的目的。

（4）水处理节能技术：机房空调机组需要定期进行水处理，以清除空调输送冷冻水用的盘管和水管壁上的沉淀杂质，达到降低消耗、提高空调系统工作效率的目的。水处理技术有两种：一种是采用对空调冷水机组水系统加缓蚀剂等化学药水处理的方法；第二种是采用磁场对冷却水系统及冷冻水系统的水质进行处理的方法。

（5）节能型制冷剂与节能添加剂：制冷剂的载冷量是整个空调系统制冷效率的关键。节能型制冷剂的载冷能力比传统制冷剂（氟利昂）更高，可取代原来空调系统中的氟利昂。另外，在空调中加入节能添加剂，可提高压缩机的密封度、减少磨损、降低噪声，提高压缩机的工作效率，提高空调散热效果，加快降温速度，从而达到节能的目的。

2. 新风节能技术

新风节能技术是利用空气质量交换和能量交换原理，依靠大量通风有效地将机房内的热量迅速向外迁移，实现室内散热，有效降低机房内部温度。在有条件的地方，如季节性温差大或者昼夜温差大的地区，可利用机房室外的自然环境为冷源，对室内环境进行冷却。当室外温度较低时，关闭空调，通过新风节能系统将室外冷空气经过滤后引入机房内对设备散热。当室外温度高于要求值时，系统控制启动空调运行。从而减少空调使用时间，节约电能。

由于电子信息系统机房结构和设备布局的影响，机房内温度场分布不均匀，机房内不同区域的环境温度差异较大，出现局部过热或过冷等问题，是产生冷量的浪费，电能消耗过高的主要原因。其解决办法就是通过改变送风方式，尽量采用冷热通道进行送风，改变机房内部温度场分布，达到合理的布置。

3. 机房电源节能技术

电子信息系统机房电源设备主要是开关电源和 UPS（不间断电源），它们的主要功用都是将市电转化为机房设备适用电压，滤掉高频污染和干扰电波，同时起到稳定电压的作用，此外 UPS 还具有断电保护的功能，防止突然断电而影响机房设备正常工作。大型数据中心的 UPS 装机总容量已达到百万伏安级。

（1）谐波治理技术：机房随着大容量 UPS、计算机等非线性负荷的大量使用，电源系统中的谐波污染也越来越严重。谐波危害主要包括增大了无功功率损耗，降低了电能利用效率，以及干扰通信和数据传输等。为了降低输入电流谐波，提高功率因数，UPS 除加装高效输入滤波器外，还采用 EMC 电磁兼容设计、功率因数校正技术及 IGBT 整流技术等，以改善电源对电网的负载特性，减少对其他网络设备的谐波干扰，降低导通状态的电压降，充分体现绿色环保主题。

（2）模块化电源管理技术：UPS 的供电效率越高，能耗越低。由于集中供电难以避免多级配电，供电环节越多，效率损耗越大，而分散配电，就近配电，能有效减少功率损耗。模块化电源管理主旨是从机房整体供电规划入手，供电系统从集中供电向分散供电转变。通过跟踪负载的变化控制功率模块的开通与休眠，使系统尽量在最佳效率点附近进行工作，将功率模块的备份方式从热备份变为冷备份和半冷备份，减少处于轻载和超轻载状态下运行的模块。对于整个动力系统而言，降低电力消耗。

（3）智能电池管理技术：UPS的智能化多模式电池管理技术主要包括分阶段的充电、定期电池检测和激活、电池均衡性检测技术以及电池放电模糊调节技术等。提高UPS的充电效能，延长电池的使用寿命，减少废旧电池对环境的污染。

（4）智能配电管理技术：UPS输出配置一个智能配电屏，通过PLC（可编程逻辑控制器）自动检测UPS电池电压或机房设备供电时间，智能配电屏根据设定分时关断某路输出。实现对机房中不同等级负载的多次下电保护功能，减少电池投资、提高电池使用率。

4. 机房照明节能技术

电子信息系统机房照明节能是指在保证机房照度标准和照明质量的前提下，力求减少照明系统中的能量损失，最有效地利用电能。

（1）分区分组控制灯具：机房主要照明光源采用高效节能荧光灯，灯具采用分区、分组的控制措施，对于大面积照明场所及无人的房间，可以关掉部分光源，达到节约电能的目的。

（2）选用半导体照明灯具：LED（发光二极管）灯具是继明火和白炽灯之后的第三次照明革命，具有使用寿命长、节能环保、经济实用等优点。大力推广LED照明节电技术，可挖掘出巨大的照明节电潜力，其节电率达67％，对机房节能减排有积极的意义。

（3）合理利用反射光：充分利用室内受光面的反射性，也能有效地提高光的利用率，如白色的墙面的反射系数可达70％～80％，同样能起到节电的作用。

案 例 分 析

1. 案例一（选择题）

电子信息系统机房开机时室内温度要求：A级和B级主机房温度为（　1　）；C级主机房温度为（　2　）。

(1) A. 21℃±1℃　　　　B. 23℃±1℃　　　　C. 25℃±1℃　　　　D. 26℃±1℃

(2) A. 16℃～26℃　　　　B. 20℃～28℃　　　　C. 18℃～26℃　　　　D. 18℃～28℃

分析

电子信息系统机房开机时室内温度要求：A级和B级主机房温度为23℃±1℃；C级主机房温度为18℃～28℃。

参考答案

(1) B　　　(2) D

2. 案例二（选择题）

LED（发光二极管）灯具是继明火和白炽灯之后的第三次照明革命，具有使用寿命长、节能环保、经济实用等优点，其节电率达（　　　　），对机房节能减排有积极的意义。

A. 25％　　　　　　B. 50％　　　　　　C. 67％　　　　　　D. 70％

分析

LED灯具是继明火和白炽灯之后的第三次照明革命，具有使用寿命长、节能环保、经济实用等优点。大力推广 LED 照明节电技术，可挖掘出巨大的照明节电潜力，其节电率达 67％，对机房节能减排有积极的意义。

参考答案

C

3. 案例三（问答题）

【说明】 电子信息系统机房工程的规划设计的首要任务是确定机房所属级别，要结合自身需求与投资能力来确定本单位电子信息系统机房的建设等级和技术要求。

【问题】 电子信息系统机房分几个等级？每个等级至少举出 8 个实例。

案例分析和参考答案

分为 A、B、C 三个等级。

（1）A 级举例：国家气象台；国家级信息中心、计算中心；重要的军事指挥部门；大中城市的机场、广播电台、电视台、应急指挥中心；银行总行；国家和区域电力调度中心等的电子信息系统机房和重要的控制室。

（2）B 级举例：科研院所；高等院校；三级医院；大中城市的气象台、信息中心、疾病预防与控制中心、电力调度中心、交通（铁路、公路、水运）指挥调度中心；国际会议中心；大型博物馆、档案馆、会展中心、国际体育比赛场馆；省部级以上政府办公楼；大型工矿企业等的电子信息系统机房和重要的控制室。

（3）C 级：不属于 A 级或 B 级的电子信息系统机房应为 C 级，如中小学校、网吧和中小企业等的机房。

习　题

9.1 什么是电子信息系统机房？

9.2 简述电子信息系统机房工程的发展历程。

9.3 论述电子信息系统机房的规划设计。

9.4 举例说明电子信息系统机房是怎样分级的？

9.5 论述机房电力、空调和消防系统的主要内容。

9.6 论述机房空调及新风系统的主要内容。

9.7 论述机房消防系统的主要内容。

9.8 论述机房防电磁环境和防雷接地的主要内容。

9.9 机房绿色节能的技术措施有哪些？

第10章 电子政务

主要内容

(1) 电子政务的定义,及其相关的基本概念;

(2) 传统政务与电子政务处理方式的区别,电子政务与办公自动化的区别;

(3) 电子政务虚拟政府,政务流程优化再造和电子政务建设的意义;

(4) 电子政务主要功能需求,电子政务建设的指导思想、原则、目标和任务;

(5) 我国电子政务发展计划、措施及十二金工程。

10.1 电子政务概述

在信息时代,人类社会处于信息化的过程中,经济形态从以使用自然资源为主要特征的工业经济向以创造和运用知识为主要特征的知识经济转变;政治形态从以向上负责为主要特征的多层政体向以自主决策为主要特征的扁平政体转变;文化形态从以群体行为(如看电影等)为主要特征的同质文化向以个体行为(如看 DVD、玩网络游戏等)为主要特征的异质文化转变。工业社会向人民提供廉价、无差别的产品和服务;信息社会向人民提供廉价、个性化的产品和服务。工业社会的政体官僚、低效、高成本;信息社会的政体扁平、高效、低成本。工业社会的文化忽略人的个性;信息社会的文化强调人性。信息社会是比工业社会更为先进的社会形态,信息化是当今世界发展的总体趋势。推行以信息化为导向的电子政务建设,对于提高国民经济总体素质、提高现代化管理水平、加强政府监管、政府办公透明化、提高行政效率、开展反腐倡廉、密切政府同社会民众关系等方面将起积极的作用。

将现代信息技术应用于政府的各项业务,实现政府业务流的计算机化,在发达国家已经有了近五十年的历史。在这期间,计算机在政府中的应用,由政府内部的管理职能走向政府外部的服务职能,从数据管理、信息管理、逐步走向知识管理。

10.1.1 电子政务的基本概念

1. 电子政务的定义

电子政务(e-government affair)是指用信息技术实现的符合各级政府的具体业务、事务、会务需求的应用信息系统。换言之,电子政务是政府部门办公事务的网络化和电子化,是电子政府的物化形式。政府机构应用现代信息和通信技术,将管理和服务通过网络技术进行集成,在互联网上实现政府组织结构和工作流程的优化重组,超越时间和空间及部门之间的分隔限制,向社会提供优质和全方位的、规范而公开透明的、符合国际水准的管理和服务。电子政务建设的最终目标是提高政府效率,降低行政成本;提高勤政和廉政水平,改进公共服务、加强社会公共安全;加强民主建设,优化投资环境、促进经济繁荣;消除数字鸿沟、改善人民生活。

电子政务是一个系统工程,应该符合 3 个基本条件:

(1) 电子政务必须借助于电子硬件设备、数字网络技术和相关软件技术的综合服务系统;硬件部分包括计算机及其外设、内部局域网、外部互联网、UPS 电源系统,通信系统和专用线路等;软件部分包括大型数据库管理系统、信息传输平台、权限管理平台、文件形成和审批上传系统、新闻发布系统、服务管理系统、政策法规发布系统、用户服务和管理系统、人事及档案管理系统、福利及住房公积金管理系统等数十个系统软件和应用软件。

(2) 电子政务是处理与政府有关的公开事务及内部事务的综合系统,除了包括政府机关内部的行政事务以外,还包括材料审批、立法、司法部门以及其他一些公共组织的管理事务,如检察、审批、社区事务等。

(3) 电子政务是新型的、先进的、革命性的政务管理系统。电子政务并不是简单地将传统的政府管理事务原封不动地搬到互联网上,而是要对其进行组织结构的重组和业务流程的再造。因此,电子政府在管理方面与传统政府管理之间有显著的区别。

2. 与电子政务相关的基本概念

(1) 政府:按照现代行政学理论,政府的最基本职能是对社会、公众行使公共行政管理。

(2) 政务:是指各级政府的业务、事务、会务等具体政府工作,通过这些具体政务,政府得以履行其对社会、公众所承担的各项公共行政管理和服务职能。

(3) 政府职能:指政府在国家和社会生活中所承担的职责或作用。具体来说,就是政府作为国家行政机关,为实现国家的意志、使命和利益,在一定历史时期内根据经济和社会发展的需要而担负的职责和功能。

(4) 公共行政职能:是指行政机关在管理活动中的基本职责和功能作用。它包含政府的行政职责和行政功能。它反映着国家行政管理活动的基本方向和实质,但不等同于国家职能,不包括国家活动的所有方面。从总体上看,公共行政职能具有服务性、多样性、动态性的特性。

(5) 政治职能:是通过行政强力机关行使约束性、控制性、防御性、保卫性以及镇压性的功能,防御外来的入侵和渗透,镇压被统治阶级的反抗,制止和打击不法分子的各种破坏活动,建立和维护有利于统治阶级的社会秩序及内外环境,妥善处理统治阶级内部的各种关系,其核心功能是巩固国家政权。具体地说,政府的政治职能主要包括防御职能、外交事务管理职能(外交职能)、军事事务管理职能(军事职能)、监察和安全事务管理职能(治安职能)等。

(6) 经济职能:是指政府在一系列经济活动中所承担的职责和功能。无论从历史还是从现实考察,经济职能都是我国政府的一项重要职能,因为经济职能的基本目标是发展经济,提高人民的物质生活水平,增加社会财富,最终为国家政权机关的运行以及各项事业建设提供必要的财政支持。政府的经济职能包括计划、组织、指挥、协调、控制等环节。

(7) 政府服务:与一般意义上的商业服务并没有本质上的区别,但政府服务的对象是广大公众,服务成功与否关系到广大人民的切身利益。接受政府服务的"消费者"群体之大、利益之重、服务影响之广都决定了政府服务必须成功,服务质量必须优质。

（8）国家信息化:在国家统一规划和组织下,在农业、工业、科学技术、国防及社会生活各个方面应用现代信息技术,深入开发、广泛利用信息资源,加速实现国家现代化进程。其中政府信息化是国家信息化体系建设中信息化的关键。

（9）电子政务系统:是基于网络的符合互联网技术标准和面向政府机关内部、其他政府机构、企业以及社会公众的信息服务和信息处理系统。

（10）办公自动化:是建立在计算机、数据库、局域网等技术基础上,主要是利用这些信息技术辅助行文、汇总数据与报表及进行机关内部管理业务的协调,旨在利用计算机的信息存储和加工处理能力,以及局域网络的通信能力,提高政府机关内部的工作效率。

3. 传统政务与电子政务处理方式的区别

传统政务的处理方式是以政府机构和职能为中心的,企业社会组织和公众要通过政府部门办理相关事务。业务流程复杂,审批环节众多,议事程序漫长,效率低下,严重影响政府形象,也为政府的腐败行为留下了巨大的空间。

相对于传统政府的垂直化层次结构,电子政府体现的是扁平化辐射结构。电子政务的处理方式是以公众为中心的,政府以"向社会提供高效、优质的政府管理与服务"作为出发点,帮助企业、社会组织和公众办理各种经济与社会事务。

4. 电子政务系统与办公自动化的区别

电子政务系统与办公自动化的区别主要在于:

（1）办公自动化是少量、分散的、以辅助办公和为内部服务为主的应用系统;电子政务是系统化、整体化、全面地履行政府职能的应用体系,服务对象由为公务员自身转变为社会公众。

（2）办公自动化是多种类的,且是"封闭、专有"的技术体系;电子政务是统一标准的,且是"开放、互联"的技术体系,信息技术革命使广泛互联、共享成为可能。

（3）由于电子政务直接为社会、公众服务,从而推动公共行政管理不断变革,引发出一系列政府行政改革,包括业务整合、机构重组、流程再造和管理创新服务等。

5. 电子政务用户的层次

（1）第一层为核心层:该层包括高级别的部门,主要是各高级行政部门间的协调工作以及与下属对口单位间的公文往来等,对保密性与安全性要求最高。

（2）第二层为连接层:包括各地方政府机关和行业主管部门等,该层是整个电子政务网络体系的骨干,起到承上启下的作用,是电子政务建设的重点。

（3）第三层是受众层:包括社会公众、企业以及国外的访问者。该层是政府网络的外部环境,对安全性要求较低,用户主要通过互联网接入,不纳入电子政务系统的建设范围。

10.1.2 电子政务虚拟政府和政务流程优化再造

1. 虚拟组织的概念

虚拟组织是以信息技术为连接和协调手段的临时性的动态联盟。它是把不同地区的资源组合成没有界限、超越时空、靠网络联系和统一指挥的组织形式。

(1) 组织是开放的和自组织的。

(2) 领导不再是组织等级的上层而是行动的中心。

(3) 计算机网络的弹性使得人们更容易流动并和所需要的其他人建立联系。

(4) 职位和角色之间的差别以及脑力劳动与体力劳动之间的差别不再那么明显。

(5) 组织界限趋于模糊。

(6) 组织成员使用他们的知识和技术联网来对项目和任务并行开展工作。

2. 电子政务虚拟政府的表现形式

电子政府是以电子政务方式,通过网络和电子政务应用信息系统,对社会、公众普遍行使公共行政管理职能的虚拟政府形态,即虚拟政府是电子政务管理的重要表现形式,包括:

1) 虚拟政府服务厅

虚拟政府服务厅是指政府的某一专业部门基于互联网建立的、面向公众的互动式电子政务信息系统。在形式上,它类似于政府上网工程中各个机关所建立的政府网站,但政府网站只是其初级形态,它应该既有信息的发布和接收,也有交互式的处理。在内容上,虚拟政府服务厅是政府作为服务者角色所提供的服务。主要体现在监督电子化、资料电子化、沟通电子化和市场规范电子化这四个主要方面。虚拟政府服务厅可以根据领域的不同而有很多类型,如虚拟办税服务厅、虚拟报关服务厅、虚拟银行、虚拟学校等。

2) 虚拟政务办公室

虚拟政务办公室是政府部门借助于内网及其管理技术和计算机支持的协同工作技术所建立的、面向政府部门内部办公的通用政府办公系统和个性化个人办公平台,它几乎包含政务办公的各个方面。它既是一个能完成特定任务的虚拟部门,实现诸如公文起草、传阅、审核、批示、会签、签发和接收、处理反馈、催办、流程跟踪与统计、查询和归档等管理任务;也可以是提供各种数据资料查询和教育培训服务的数字图书中心或网络教育中心;也可以是一个轻松休闲的虚拟会议室,还可以是一个对整个政府能及时地进行意见反馈的网络控制中心等。

3. 传统政务流程的弊端

政务流程是一组相关的、结构化的活动的集合,或者说是一系列事件的链条。这些活动集合为链条为特定的公众提供特定的服务和产品,这个流程有起点和终点,并且有目的。一个政务流程有清晰可辨的输入与输出,输入在流程中增值后转化为输出。

传统的组织机构多数按职能部门划分,组织机构一般是等级的层次结构,这样的组织结构便于控制和计划,但部门沟通不畅,造成了很多问题,归纳起来主要有:

（1）政务流程运作时间长，部门之间协调困难，成本高。

（2）政务流程涉及的部门较多，但部门各自为政，无人对流程负责。

（3）传统政务流程中存在信息资源闲置和重复劳动现象。

（4）传统的政务流程复杂且分散。

（5）职能部门关注自身利益，而忽视整个组织的使命，局部效率牺牲整体效率。

4. 政府创新和政务流程优化再造

政府创新是指各级政府为适应公共管理与行政环境的需要，与时俱进地转变观念与职能，探索新的行政方法与途径，形成新的组织结构、业务流程和行政规范，全面提高行政效率，更好地履行行政职责的实践途径。从 1978 年开始，我国政府改革到现在已有三十多年了，其间政府改革力度不断加大，政府创新能力显著增强，有力地保障和推动改革开放事业的顺利展开。

政务流程优化再造是指运用现代管理学思想、经济学的市场机制原理和现代化的技术，把政府部门的工作流程进行根本性的、彻底的重新思考和重新设计，以使政府的行为成本、政府的公共物品与支出、政府的服务质量、政府效能与效率都具有可量化的标准，克服传统政务流程的各项弊端，最终达到政府行为、业务流程的科学合理变化。政府流程优化再造首先必须从与公众服务密切相关的流程开始，主要包括三个方面的流程：

（1）确定政务公开和信息发布的流程。

（2）提供网上办公的流程。

（3）建立网上监管的流程。

5. 电子政务建设的意义

电子政务建设的意义主要有：推进电子政务建设，有利于健全和完善社会主义经济体制；有利于改进政府的工作效率和决策水平，提高勤政和廉政水平；有利于加强宏观调控力度，保证政府职能转变的顺利推进。此外，发展电子政务，可以丰富网上信息资源，拉动信息行业的需求，为信息产业的健康发展创造一个良好的环境，尤其对推进社会信息化发展具有十分重大而深远的意义。在发达国家，电子政府的建设普遍与政府改革紧密结合起来，重视制定统一的规划和技术标准，注意分阶段实施，注重实际应用，并把为公众服务放在重要地位。

在人类社会中，政府是最大的信息拥有者及最大的信息技术用户。当今信息时代，电子政务已经成为治国不可或缺的工具，在经济和信息全球化加快发展的情况下，一个信息化的政府已经成为提高一个国家或地区全球竞争力的要素。我国政府也非常重视推动电子政务的发展，在很多城市，电子政务建设已经成为其数字城市建设的核心内容之一。

概括起来，电子政务对政务及其管理有五个方面的作用：

（1）交流更通畅：电子政务的建设为政府部门内部、政府部门之间以及政府与公众之间扩展了交流渠道，加强了交流工具，消除了时空限制，增加了通信带宽，使得相互间的信息交换、思想交流更加容易和通畅。

（2）行政更高效：电子政务的建设必将促进政府的管理和业务流程的改革，使得政府的组织更加合理,业务流程更加优化,进而大大提高政府部门的工作效能和效率,成为高效运行的政府。数字化、知识化管理可以加强政府的过程控制和结果评估,有助于提高政府的工作质量。

(3) 成本更节省:对于政府而言,实行电子政务需要一定投资,但是通过政府业务流程重组和电子化行政手段(降低人员和时间成本)可以减少费用。从长远来看,电子政务必将为节省政府开支提供途径。对于社会来讲,一体化的虚拟政府管理必将为社会公众节省大量的时间成本。

(4) 协作更延伸:电子政务及其网络的建设实现以网络为纽带,打破时空界限的政府部门内部及政府部门之间信息的高度共享,应用操作的统一协调,行政管理的一致协同。同时,也延伸了政府管理与公众需求之间的相互协作和协调,实现快速反应、快捷服务。

(5) 用户更满意:上述各种作用最终都可归结为不管是内部用户还是外部用户,不管是决策型用户还是操作型用户,都可以得到丰富的信息资源及其服务。电子政务个性化服务体系的建立,可以使电子政务系统的每一个用户都可以按需要、按兴趣获得所需的优质服务。

10.1.3 电子政务主要功能需求和服务内容

电子政务的主要功能需求和服务内容非常广泛,世界各国因国情不同,其电子政务也有不同的功能需求和内容规范。根据国家政府所规划的项目来看,电子政务主要功能有:

1. 电子政务的主要功能需求

① 监督电子化:通过政府公务的电子化,将政府办公事务流程向社会公开,让公众迅速了解政府机构的组成、职能和办事章程、各项政策法规,增加办事的透明度,并自觉接受公众的监督。

② 资料电子化:服务于政府部门和科研教育部门的各种资料、档案、数据库也应上网。政府部门的许多资料档案对公众是很有用处的,要充分挖掘其内在的潜力,为社会服务。公开政府部门的各项活动,使政府受到公众的监督,这对于发扬民主,搞好政府部门的廉政建设有很大意义。

③ 沟通电子化:在网上建立起政府与公众之间相互交流的桥梁,并为公众与政府部门打交道提供方便,公众可直接从网上行使对政府的民主监督权利。

④ 办公电子化:网上办公是政府上网非常重要的一个内容,通过办公电子化,不仅极大地方便了公众同政府部门的办事效率,而且对于塑造政府形象也具有重要的意义。

⑤ 市场规范电子化:政府上网,除了其相关职能和内容上网以外,应建立起各个部门相应的专业交易市场,以推动经济的发展。尤其是个体企业的资金、技术有限,需要政府为其建立起面向供需双方的专业化网上市场,这对于搞活经济,繁荣市场非常重要。

2. 政府间的电子政务服务内容

政府间的电子政务又称作 G2G,是指政府内部上下级、不同地方政府、不同政府部门之间实现的电子政务活动,即应用计算机网络技术将传统的政府与政府间的大部分政务活动都高速度、高效率、低成本地实现。主要包括以下内容：

1）政府网络化管理系统

（1）政府内部网络办公系统：政府内部网络办公系统是电子政务的基础，它是指利用政府部门内部计算机网络和办公自动化（OA）系统完成机关工作人员的许多事务性工作，实现政府内部办公的自动化和网络化，以及包括政府工作人员的日常管理和人事管理，在实现内部资源充分共享的基础上，节约时间和费用，提高政府的作业效率和业务水平。如工作人员通过网络申请出差、请假、文件复制、使用办公设施和设备、下载政府机关经常使用的各种表格，报销出差费用等。

（2）垂直网络化管理系统：垂直网络化管理系统主要适合于一些垂直管理的政府机构，如国家税务系统、海关、边检、铁道等部门通过组建本系统的内部网络，形成垂直型的网络化管理系统，以实现统一决策，信息实时共享，有效提高系统的决策水平和反应速度。

（3）横向网络协调管理系统：横向网络协调管理系统通过网络在政府不同部门及不同地区政府部门之间进行横向协调来实现政府的有效管理，它的目的主要是通过网络的应用，使原先分散在不同部门、不同地区的决策信息做到系统集成，为不同决策者所共享，减少部门间、地区间的相互扯皮现象，提高决策准确性和作业效率。

2）电子法规政策系统

制定、发布、执行各种政策法规历来是政务活动的重要内容。电子法规政策系统通过电子化方式，向所有政府部门和工作人员提供相关的现行有效的各项法律、法规、规章、行政命令和政策规范，既可做到政务公开，又可实现政府公务人员和老百姓之间"信息对称"，使所有政府机关工作人员真正做到有法可依，有法必依。

3）电子公文系统

公文处理是政府机关部门工作的基本职能。电子公文系统借助计算机网络技术，在保证信息安全的前提下在政府上下级、部门之间传送有关的政府公文，如报告、请示、批复、公告、通知、通报等，使政务信息十分快捷地在政府间和政府内流转，提高政府公文处理速度。

4）电子司法档案系统

利用电子化的手段，建立起全国统一、完整的档案管理系统，在政府司法机关之间共享司法信息，实现全国不同地区、不同政府机构之间实时、有效的信息沟通。如公安机关的刑事犯罪记录，审判机关的审判案例，检察机关检察案例等，通过共享信息改善司法工作效率。

5）电子财政管理系统

分配和使用财政资金、实现政府不同部门之间的资金流转以及对财政资金使用的监控是政府管理的重要内容，也是政府财政、审计等部门的基本工作。建立在计算机网络基础上的电子财务管理系统可以向各级国家权力机关、审计部门和相关机构提供分级、分部门、分时段的政府财政预算及其执行情况报告，包括从明细到汇总的财政收入、开支、拨付款数据以及相关的文字说明和图表，便于有关领导和部门及时掌握和监控财政状况。

6）电子培训系统

提高政府管理水平的关键在于政府公务员的素质和业务能力的提高，而提高公务员水平的根本途径必须通过各种形式的培训来实现。应用计算机网络技术实现电子化培训，对政府工作人员提供各种综合性和专业性的网络教育课程，特别是适应信息时代对政府的要求,加强有关职业道德、业务知识和信息技术的专业培训,政府工作人员可以通过网络随时随地注册参加培训课程、接受培训,参加考试等。既大大降低了培训的成本,又提高了培训的针对性和灵活性。

7) 业绩评价系统

利用计算机网络技术构筑政府工作人员业绩考评体系,既可以对业绩考评的各项指标进行量化考核,又可通过网络实现远程考评,与此同时还可实现工作人员之间的横向比较以及不同时期的纵向比较,使得考评方式更加科学、公平与公正。网络业绩考评系统可按照设定的任务目标、工作标准和完成情况对政府各部门以及每一个工作人员的业绩进行科学地测量和公正地评估,以达到良好的激励与约束的效果。

8) 城市网络管理系统

城市网络管理系统主要的应用有以下几个方面:

(1) 对城市供水、供电、供气、供暖等城市要害部门实行网络化控制与监管。

(2) 对城市交通、公安、消防、环保等部门实行网络统一化调度与监管,提高管理的效率与水平。

(3) 对各种突发事件和灾难实施网络一体化管理与跟踪,提高城市的应变能力。

3. 政府对企业的电子政务服务内容

政府对企业的电子政务,又称作 G2B,是指政府与企业之间的电子政务。企业是国民经济发展的基本单位,促进企业发展,提高企业的市场适应能力和国际竞争力是各级政府机构共同的责任。政府通过电子政务方式代替传统形式的政务活动,利用计算机网络系统进行电子采购与招标,精简管理业务流程,快捷迅速地为企业提供各种信息服务,以提高效率,降低成本,为企业提供更大的方便。主要包括:

1) 电子化采购与招标

政府采购是一项牵涉面十分广泛的系统工程,利用计算机网络技术进行政府采购和招投标,对提高政府采购的效率和透明度,树立政府公开、公正、公平的形象,促进国民经济的发展起着十分重要的作用。通过网络公布政府采购与招标信息,为企业特别是中小企业参与政府采购提供必要的帮助,包括政府采购的有关政策和程序,使政府采购成为阳光作业,减少徇私舞弊和暗箱操作,降低交易成本,缩短招投标的时间,节约政府采购支出。

政府电子化采购对杜绝传统政府采购中的腐败行为同样具有重要的意义,电子化采购使原来由政府代表与厂商代表的直接接触转化为政府代表与网络的互动过程,人人界面转变成了人机界面,并且所有过程都有电子记录在案,大大增强了采购工作的透明度,提高了行政效率,显著降低了腐败行为发生的机会。

2) 电子税务

税收是国家财政收入的主要来源,降低征税成本、杜绝税源流失、方便企业纳税一直是税务部门工作的重要目标。电子税务系统可使企业直接通过网络系统,在家里或企业办公室就能完成税务登记、税务申报、海关申报、税款划拨、查询税收公报、了解税收政策等业务,既方便了企业,也减少了政府的开支。我国已经实施的"金税"工程对打击偷逃税行为起到了重要的作用,并逐步建立起了全国范围内的增值税发票稽查系统和电子纳税系统,既方便了企业,又提高了国家税收征管的效率和水平。

3)电子证照办理

应用电子证照管理系统,企业可通过网络申请办理各种证件和执照,缩短办证周期,减轻企业负担,如企业营业执照的申请、受理、审核、发放、年检、登记项目变更、核销以及统计证、土地和房产证、建筑许可证、环境评估报告等证件、执照和审批事项的办理。

4)电子外经贸管理

鼓励国内企业开展进出口业务,特别是加快出口业务的发展和产品国际竞争力的提高是政府部门促进国民经济发展的重要任务。为使广大国内外企业能有一个公平、高效、宽松的进出口环境,电子化外经贸管理已成为一种新的趋势,如进出口配额的许可证的网上发放、海关报关手续的网上办理,以及网上结汇等已在外经贸管理中开始应用。

5)信息咨询服务

据资料显示,我国政府部门掌握的社会信息80%是有价值的,也就是说,在中国,掌握超过六成有价值信息资源的政府是中国信息资源的最大拥有者,而目前这部分宝贵的信息资源并没有得到充分的利用。如果电子政府能够联网,盘活3000多个原来不甚流通的信息库,无疑将给社会增进了一笔巨额的信息财富。

政府实施电子政务,将拥有的各种数据库信息对企业开放,方便企业利用,并利用计算机网络手段为企业提供各种快捷、高效、低成本的信息服务。例如,商标注册管理机构可以提供已注册商标的数据库,供企业查询;科技成果主管部门可以把有待转让的科技成果在网上公开发布;质量监督检查部门可以把假冒伪劣的产品和企业名录在网上公布,以保护有关厂家的利益;政策、法规管理部门可向企业开放法律、法规、规章、政策数据库以及政府经济白皮书等各种重要信息。

政府将可公开信息面向社会、面向企业、面向公众开放,利用计算机网络的交互性优化管理职能,不仅有利于提高公共服务质量,树立良好的政府形象,而且必将对改善我国经济发展环境产生积极而深远的影响。

6)电子申报统计数据

企业通过互联网向政府统计办公室提供企业经营状况的统计数据、市场经济调查数据以及与环境保护有关的报告。

7)中小企业电子服务

据有关部门的统计,我国中小企业占到企业总数的99%,数量超过1000万家。随着我国加入WTO以后,广大中小企业在得到了更为广阔的市场空间的同时,自身的生存发展也因为技术、人才、市场等资源的局限受到的了严峻的挑战。帮助和促进中小企业的发展是各级政府义不容辞的责任,利用电子化手段是政府为中小企业开展服务的重要形式。政府利用宏观管理优势,为提高中小企业国际竞争力和知名度提供各种帮助。包括为中小企业提供统一政府网站入口,帮助中小企业优化电子商务应用解决方案等。

4. 政府对公民的电子政务服务内容

政府对公民的电子政务,又称作G2C,是指政府与公民之间的电子政务。其所包含的内容十分广泛,包括政府通过电子网络系统为公民提供的各种服务。主要有:

1) 教育培训服务

利用计算机网络手段为大众提供灵活、方便、低成本教育培训服务,不仅是增强我国公民素质的有效途径,也是改善政府服务的重要内容。如建立全国性的教育平台,并资助所有的学校和图书馆接入互联网和政府教育平台;政府出资购买教育资源然后对学校和学生提供;重点加强对信息技术能力的教育和培训,以适应信息时代的挑战;资助边远、贫困地区信息技术的应用,逐步消除落后地区与发达地区之间业已存在的"数字鸿沟"。与此同时,向市民提供公共图书馆分类目录、搜索工具等,方便居民查询和借阅图书等。

2) 就业服务

提供就业服务是政府的基本职能之一,也是维护社会稳定和促进经济增长的重要条件。政府可充分利用计算机网络这一手段向公民提供工作机会和就业培训,促进就业。如开设网上人才市场或劳动市场,在求职者和用人单位之间架起一座网络服务的桥梁,提供与就业有关的工作职位缺口数据库和求职数据库信息,应聘者可以通过网络发送个人资料,接收用人单位的相关信息,并可直接通过网络办妥相关手续;在就业管理和劳动部门所在地或其他公共场所建立网站入口,为没有计算机的公民提供接入互联网寻找工作职位的机会;为求职者提供网上就业培训,就业形势分析,指导就业方向等。

3) 电子医疗服务

计算机网络技术在改善政府的医疗服务方面也能发挥重要作用。政府医疗主管部门可以通过政府网站提供医疗保险政策信息和医疗资源的分布情况,包括医药信息,执业医生信息,为公民提供全面的医疗服务,公民可通过网络查询自己的医疗保险个人账户余额和当地公共医疗账户的情况;查询国家新审批的药品的成分、功效、试验数据、使用方法及其他详细数据,提高自我保健的能力;查询当地医院的级别和执业医生的资格情况,选择合适的医生和医院等。电子医疗服务既可以使病人能更加方便地享受到优质的医疗服务,又可有效地促进当地医疗卫生事业的发展。

4) 社会保险和社会福利网络服务

电子社会保障服务主要是通过计算机网络建立起覆盖本地区乃至全国的社会保障网络,使公民能通过网络及时、全面地了解自己的养老、失业、工伤、医疗等社会保险账户的明细情况,有利于加深社会保障体系的建立和普及;政府也能通过网络公布最低收入家庭补助,增加透明度,并通过网络直接办理有关的社会保险理赔手续,以及网上办理失业补助、最低家庭补贴、老年医疗费用、学生补助金等,把各种社会福利,比如困难家庭补助、烈军属抚恤和社会捐助等,运用电子资料交换、磁卡、智能卡等技术,直接支付给受益人。随着社会保障体系的普及发展,电子化社会保障服务必将成为电子政务的重要应用。

5) 电子身份认证

公民身份认证的电子化、网络化已成为必然趋势。电子身份认证可以记录个人的基本信息,包括姓名、性别、出生时间、出生地、血型、身高、体重及指纹等属于自然状况的信息,也可记录个人的信用、工作经历、收入及纳税状况、养老保险等信息,使公民的身份能得到随时随地地认证,既有利于人员的流动,又可以方便公安部门的管理。公民电子身份认证还可允许公民个人通过电子报税系统申报个人所得税。财产税等个人税务,政府不但可以加强对公民个人的税收管理,而且可方便个人纳税申报。此外,电子身份认证系统还可使公民通过网络办理结婚证、离婚证、出生证、学历和财产公证等手续。

6）公民信息服务

政府利用计算机网络为公民提供各种快捷、高效的信息服务，使公民得以方便、容易、费用低廉地使用政府提供的各种数据库信息，如查询政府法律法规、行政规章数据库、政府公告等信息。公民还可以通过在线评论和意见反馈了解公民对政府工作的意见，发表对政府有关部门和相关工作的看法，以改进政府工作；通过网络参与政府相关政策、法规的制定，直接向政府有关部门的领导发送电子邮件，对某一具体问题提出意见和建议。政府通过网络提供被选举人背景资料，方便选举人查阅，选举人可以直接在网上投票，既可大大提高选举工作的效率，又可有效保证选举工作的公正和公平。

7）交通管理服务

通过建立电子交通网站提供对交通工具和司机的管理与服务，包括汽车注册等。

8）公民电子税务

允许公民个人通过电子报税系统申报个人所得税、财产税等个人税务。

9）电子证件服务

允许居民通过网络办理个人文件，包括护照、驾照、结婚证、离婚证、出生证、死亡证明、计划生育证等有关证书。

10）社区安全服务

允许居民通过计算机网络密切与公安局或派出所的民警联系交流，及时向民警报告社区治安情况和破案线索。同时，民警能在线及时将警察通告等通知居民，以加强社区安全和提高破案率。

10.2　我国电子政务建设的指导意见

1. 我国电子政务发展进程

我国信息化建设和电子政务始于 20 世纪 80 年代，大体经历了四个阶段：

1）准备阶段（1982—1993 年）

准备阶段以推动电子信息技术，特别是大规模集成电路（LSI）与计算机技术应用为主线，从过去的以研制计算机硬件设备为中心，转向以普及计算机应用为重点，带动电子信息技术研发、生产、销售、应用、服务等全生产链发展。为国家信息化建设和电子政务建设作好了思想与认识准备、技术与产业准备。

2）启动阶段（1993—1997 年）

启动阶段以"三金"工程（"金桥"、"金卡"、"金关"）的启动为标志，正式拉开了我国电子政务建设的序幕，随即确立了"推动信息化工程实施，以信息化带动产业发展"的指导思想，在各领域、各地区、各部门相继形成了推进信息化发展和电子政务建设的浪潮。

3）展开阶段（1997—2000 年）

展开阶段以首次"全国信息化工作会议"召开为标志，界定了国家信息化的含义和国家信息化体系六要素，提出了符合国情的信息化发展总体思路，充实和丰富了我国信息化建设的内涵。会上通过的《国家信息化"九五"规划和 2010 年远景目标》成为我国信息化建设发展的里程碑。全国的信息化工作从解决应急性的热点问题,步入有组织、有计划地规划国民经济发展和社会进步的正常轨道。

4)发展阶段(2000 年至今)

2001 年 8 月,我国成立了国家信息化领导小组,以及它的办事机构——国务院信息化工作办公室。2003 年 8 月,党中央、国务院做出加速我国信息化建设的重大战略决策。国家成立了由国家信息化领导小组、电子政务建设协调小组、国务院信息化工作办公室等三重领导体制,分别负责决策部署、研究协调、规划指导,力度之大是前所未有的。

国家信息化领导小组第一次会议决定,把电子政务建设作为今后一个时期我国信息化工作的重点,政府先行,带动国民经济和社会发展信息化。落实这一决定,对于应对加入世界贸易组织后的挑战,加快政府职能转变,提高行政质量和效率,增强政府监管和服务能力,促进社会监督;实施信息化带动工业化的发展战略,具有十分重要的意义。

2005 年 11 月 3 日,国家信息化领导小组第五次会议在北京召开。会议审议并原则通过《2006—2020 年国家信息化发展战略》,明确划定这一时期中国信息化发展战略重点。

到 2020 年,中国信息化发展的战略目标是:综合信息基础设施基本普及,信息技术自主创新能力显著增强,信息产业结构全面优化,国家信息安全保障水平大幅提高,国民经济和社会信息化取得明显成效,新型工业化发展模式初步确立,国家信息化发展的制度环境和政策体系基本完善,国民信息技术应用能力显著提高,为迈向信息社会奠定坚实基础。

该"发展战略"规定的中国信息化发展的战略重点如下:

(1)推进国民经济信息化。推进面向"三农"的信息服务,利用信息技术改造和提升传统产业,加快服务业信息化,鼓励具备条件的地区率先发展知识密集型产业。

(2)推行电子政务。改善公共服务,加强社会管理,强化综合监管,完善宏观调控。

(3)建设先进网络文化。加强社会主义先进文化的网上传播,改善公共文化信息服务,加强互联网对外宣传和文化交流,建设积极健康的网络文化。

(4)推进社会信息化。加快教育科研信息化步伐,加强医疗卫生信息化建设,完善就业和社会保障信息服务体系,推进社区信息化。

2. 电子政务建设的指导思想和原则

我国电子政务建设的指导思想是:以邓小平理论和"三个代表"重要思想为指导,适应改革开放和现代化建设对政务工作的要求,转变政府职能,提高工作效率和监管的有效性,更好地服务人民群众;以需求为导向,以应用促发展,通过积极推广和应用信息技术,增强政府工作的科学性、协调性和民主性,全面提高依法行政能力,加快建设廉洁、勤政、务实、高效的政府,促进国民经济持续快速健康发展和社会全面进步。

根据这一指导思想,我国电子政务建设要坚持以下几项原则。

1)统一规划,加强领导

电子政务建设必须按照国家信息化领导小组的统一部署,制定总体规划,避免重复建设。各级党政主要领导同志要亲自抓,防止各自为政。要正确处理中关与地方、部门与部门的关系,明确各自的建设目标和重点,充分发挥各方面的积极性,分类指导,分层推进,分步实施。

2）需求主导,突出重点

电子政务建设必须紧密结合政府职能转变和管理体制改革,根据政府业务的需要,结合人民群众的要求,突出重点,稳步推进。要讲求实效,坚持经济效益和社会效益相统一。当前要重点抓好建设统一网络平台、建立标准、健全法制,建设和整合关系国民经济和社会发展全局的业务系统。

3）整合资源,拉动产业

电子政务建设必须充分利用已有的网络基础、业务系统和信息资源,加强整合,促进互联互通、信息共享,使有限的资源发挥最大的效益。要在复合标准的条件下优先使用国产设备与软件,逐步推进系统建设、运行维护的外包和托管模式,带动我国信息产业发展。

4）统一标准,保障安全

加快制定统一的电子政务标准规范,大力推进统一标准的贯彻落实。要正确处理发展与安全的关系,综合平衡安全成本和效益,一手抓电子政务建设,一手抓网络与信息安全,制定并完善电子政务网络与信息安全保障体系。

3. 电子政务建设的主要目标和任务

我国电子政务建设的主要目标是:标准统一、功能完善、安全可靠的政务信息网络平台发挥支持作用;重点业务系统建设取得显著成效;基础性、战略性政务信息库建设取得重大进展,信息资源共享程度明显提高;初步形成电子政务网络与信息安全保障体系,建立规范的培训制度,与电子政务相关的法规和标准逐步完善。这些工作完成后,中央和地方各级党委、政府部门的管理能力、决策能力、应急处理能力、公共服务能力将得到较大改善和加强,电子政务体系框架将初步形成,为加快电子政务发展奠定坚实的基础。

电子政务建设的主要任务是:

1）建设和整合统一的电子政务网络

为适应业务发展和安全保密的要求,有效遏制重复建设,要加快建设和整合统一的网络平台。电子政务网络由政务内网和政务外网构成,两网之间物理隔离,政务外网与 Internet 之间逻辑隔离。政务内网主要是副省级以上政务部门的办公网,与副省级以下政务部门的办公网物理隔离。政务外网是政府的业务专网,主要运行政务部门面向社会的专业性服务业务和不需在内网上运行的业务。要统一标准,利用统一平台,促进各个业务系统的互联互通、资源共享。要用一年左右的时间,基本形成统一的电子政务内外网络平台,在运行中逐步完善。

2）建设和完善重点业务系统

为了提高决策、监管和服务水平,逐步规范政府业务流程,维护社会稳定,要加快12个重要业务系统建设;继续完善已取得初步成效的办公业务资源系统、金关、金税和金融监管(含金卡)4个工程,促进业务协同、资源整合;启动和加快建设宏观经济管理、金财、金盾、金审、社会保障、金农、金质、金水等8个业务系统工程建设。业务系统建设要统一规划,分工负责,分阶段推进。党的工作业务系统建设方案由中央办公厅研究提出。

3）规划和开发重要政务信息资源

为了满足社会对政务信息资源的迫切需求,国家要组织编制政务信息资源建设专项规划,设计电子政务信息资源目录体系与交换体系;启动人口基础信息库、法人单位基础信息库、自然资源和空间地理基础信息库、宏观经济数据库的建设。

4）积极推进公共服务

各级政务部门要加快政务信息公开的步伐。在内部业务网络化的基础上,充分发挥部门和地方政府的积极性,推动各级政府开展对企业和公众的服务,逐步增加服务内容、扩大服务范围、提高服务质量。近两年重点建设并整合中央和地方的综合门户网站,促进政务公开、行政审批、社会保障、教育文化、环境保护、防伪打假、扫黄打非等服务。

5）基本建立电子政务网络与信息安全保障体系

建立我国电子政务网络与信息安全保障体系框架,逐步完善安全管理体制;建立电子政务信任体系,加强关键性安全技术产品的研究和开发,建立应急支援中心和数据灾难备份基础设施。

6）完善电子政务标准化体系

逐步制定电子政务建设所需的标准和规范。要优先制定业务协同、信息共享和网络与信息安全的标准,加快建立健全电子政务标准实施机制。

7）加强公务员信息化培训和考核

要发挥各级各类教育培训机构的作用,切实有效地开展公务员的电子政务知识与技能培训,制定考核标准和制度。今年要制定公务员信息技术知识与技能的培训标准和培训计划,编制培训教材,落实培训机构。

8）加快推进电子政务法制建设

适时提出比较成熟的立法建议,推动相关配套法律法规的制定和完善。加快研究和制定电子签章、政府信息公开及网络与信息安全、电子政务项目管理等方面的行政法规和规章。基本形成电子政务建设、运行维护和管理等方面有效的激励约束机制,包括电子政务工程监理制度。

4. 加快电子政务建设的主要措施

（1）统一认识,加强领导。推进电子政务建设,必须按照国家信息化领导小组的决策,统一部署,稳步推进。电子政务建设协调小组负责研究和协调电子政务建设中的重大问题。国务院信息化工作办公室负责制定总体规划,协调、指导和推进电子政务建设,建立科学的审议和评估机制。

（2）明确分工,各司其职。电子政务建设具体项目要按照国家基本项目审批程序审批,作事前审议、可行性研究、采购招标、监理和验收工作。电子政务网络平台建设,由电子政务建设协调小组负责协调、指导,具体工作由国务院办公厅牵头,组织有关部门研究提出实施方案;业务系统和信息库建设,由各部门按照分工组织实施;为了保证电子政务建设的顺利进行,国务院信息化工作办公室要在近期内,协同或组织有关部门,加快电子政务建设的标准体系和安全规范的制定,明确提出统一的地址、域名、路由、信任和授权体系、项目管理等方面的规范,为各部门和地方的电子政务建设创造基础条件。

（3）稳步推进，避免重复建设。各部门、各地区要统一认识，加强领导，制定规划，积极稳妥地做好电子政务建设工作，特别要加快信息资源开发和业务系统建设；要从实际出发，逐步规范业务流程，增加网上业务，加强公共管理和服务。各地要按照统一要求，加快整合分散的业务系统和信息资源，建成或调整为与中央政务网络标准一致的政务统一网络平台，要充分利用现有资源和现有网络平台条件，避免重复建设。

（4）利用统一网络平台。各部门已经建设的业务系统和网络，要按照统一规划和标准，抓紧调整，逐步规范和完善，实现原有系统与统一网络平台的互联互通，新建的业务系统，原则上要利用统一的网络平台。

（5）规范试点。国务院信息化工作办公室要根据本指导意见组织电子政务建设的试点与示范工作。要明确重点、抓出实效，防止一哄而起、盲目追风。有关部门已经开展的电子政务试点示范工程，要根据本指导意见提出的任务和要求，纳入电子政务建设总体规划。

（6）保证建设和运行资金。电子政务建设所需资金，采取中央政府和地方政府分别负担的方式予以解决。中央电子政务系统的建设资金，从中央预算内基本建设资金安排；中央电子政务系统建成之后的运行经费，由财政部商有关部门在预算中予以安排。地方电子政务系统的建设资金和运行经费，由地方政府负担。对确有困难的地区，中央财政给予一定的补助。

（7）创造有利于电子政务发展的外部环境。要加快制定电子政务建设技术政策，实施有利于国内信息产业发展的政府采购政策，创造良好的外部环境，促进国内软件和系统集成产业的发展；制定电子政务项目概算标准，保障运行维护和培训经费，特别要合理确定和提高软件费用占项目总投资的比重；研究建立电子政务绩效评估机制。

10.3　实现电子政务的途径

10.3.1　我国电子政务发展计划

国务院信息化工作办公室组织了上百位专家对国家电子政务进行研究，形成一套电子政务发展战略框架，电子政务建设工作将主要围绕"两网一站四库十二金"重点展开。

1）建立政府门户网站

"一站"指的是建立政府门户网站。所谓门户网站，是指通向某类综合性互联网信息资源并提供有关信息服务的应用系统，主要提供新闻、搜索引擎、网络接入、聊天室、电子公告牌(BBS)、免费邮箱、电子商务、网络社区、网络游戏、免费网页空间等。政府门户网站是在各政府部门的信息化建设基础之上，建立起跨部门的、综合的业务应用系统。

2）建立两个统一的电子政务平台

"两网"指的是政务内网和政务外网这两个统一的电子政务平台。"政务内网"连接副省级以上部门，用于政府内部工作人员办公业务；"政务外网"则面向公众、企业，与互联网相连接，应用现代信息技术，将管理和服务通过网络技术进行集成，以及对政府需要的和拥有的信息资源进行开发和管理。

3）信息资源建设

"四库"指的是全国建立人口库、法人单位库、空间地理和自然资源库、宏观经济库等四个基础数据库,为政府部门提供最基础的数据资源。

4）建设和推进十二项重点工程

"十二金"指的是要重点推进办公业务资源系统等12个业务系统。这12个重点业务系统又可以分为三类,第一类是对加强监管、提高效率和推进公共服务起到核心作用的办公业务资源系统、宏观经济管理系统建设的"金桥"工程、教育战线的"金智"工程;第二类是增强政府收入能力、保证公共支出合理性的"金税"、"金关"、"金财"、金融监管(含"金卡")、"金审"等5个业务系统建设;第三类是保障社会秩序、为国民经济和社会发展打下坚实基础的"金盾"、社会保障的"金保"、防伪打假的"金质"、应对水旱灾情的"金水"和为农业现代化服务的"金农"等5个业务系统建设。

10.3.2 我国电子政务发展措施

1）以战略眼光看待电子政务

电子政务建设已成为提升一个国家或地区综合竞争力的重要因素,我们必须以战略的眼光看待电子政务建设,把它摆上重要议事日程。

电子政务包括了电子和政务两方面内容,不能厚此薄彼,一味地强调电子和一味地强调政务都不能够把电子政务进行到底的。电子政务,应该是一项以政府行政管理为主,信息化产业建设为辅的综合性系统工程,以应用为根本,以客户为中心,应用与功能相结合,电子和政务统一化,借助电子信息技术和利用政务信息资源的整合来推动整个电子政务建设的发展与提高。要电子,就是要以打破各级政府和部门对信息的垄断和封闭为目的,高度重视信息资源的开发、更新、共享和维护。要政务,就是要以政务流为主线,逐个环节地实现政府业务流的信息化、公开化,逐步向服务型政府过渡。

2）坚持统一规划,分步实施

电子政务本身是一件崭新事物,电子政府的建立是一个复杂的过程,因此各级政府部门都必须提高认识,改变观念,重视规划,全面理解建立统一电子政务网络平台的内涵,在资源整合的有效管理和技术的标准化上狠下功夫。要立足全局和长远,制定总体规划,科学设计电子政务整体构架。遵循"长远规划、由易到难、分阶段实施"的建设原则,深入结合本地实际,明确工作重点,分清轻重缓急,对那些社会需求大、经济和社会效益明显以及基础性、全局性的项目,集中人力、物力、财力,加快建设步伐。各级政府部门要充分利用现有资源和现有网络平台条件,遵循国家有关管理规定和统一的技术标准,整合现有网络资源,确保互联互通、资源共享,避免重复建设,防止各自为政。

3）把握需求导向,以应用促发展

电子政务的核心价值之一,就是要从根本上改善政府的公共服务,其生命力在于应用。在确定电子政务的目标时,首先要把政府电子化服务作为重要的衡量指标。

电子政务搭建的是一个政务平台,需要政府各部门间最大限度地协作。各级政府部门应该对如何实现电子政务有个清醒的认识,明确目标、方向以及所需数据,紧密结合政府职能转变和管理体制改革,着眼于政府业务和人民群众的需求,把网上办事、政务公开作为门户网站建设的重点,对面向公众服务的办事项目,规范业务流程,简化工作环节,让企业和群众享受到电子政务的便利。应加强数据的积累和数据库建设,电子政务如果没有数据库,就是一句空话,而中国目前还有很多数据都没有来得及录入,这是制约我国信息化发展的一个因素。并且,在积累数据的同时,一定要注意信息和数据的标准化,以免产生大量的信息孤岛。要提高信息资源的开发利用水平,为社会提供有价值的信息咨询服务。

4) 强化辐射功能,拉动信息产业发展

我国建设全面小康、实现现代化,信息化问题不能回避。电子政务建设是推动国民经济和社会信息化的龙头工程,它为我国信息产业的发展带来了巨大的市场空间。各级政府部门应抓住机遇,制定相关政策,推动电子政务建设走产业化运作之路。要注意把重大建设项目与培育骨干企业、应用开发与振兴软件产业、信息资源开发和政务系统运行维护与发展信息服务业结合起来,在符合标准的条件下,优先使用国产设备和软件,以带动我国信息产业的发展。

5) 高度重视电子政务的安全管理

安全与开放是信息化建设中普遍存在的一对相辅相成的矛盾,如何处理好这对矛盾,在电子政务的应用中显得尤为重要。电子政务中的信息涉及国家秘密、国家安全,因此它需要绝对的安全。但与此同时电子政务需要为社会提供公共服务和行政监管的渠道,以向社会提供优质和全方位的、规范而公开透明的、符合国际水准的管理和服务,这就要求有相当程度的开放。如果政府公开的信息中过分强调了"安全"这个问题,弱化了"开放",就会导致政府部门在电子政务的实际应用中发挥不了多大的正面作用,甚至产生负面作用;反之,如果一些政府部门为了扭转其在社会公众面前的形象,盲目地将一些需要保密的信息公开化,又会导致泄密事件的发生。因此,如何合理地划分安全域,通俗地讲,能让公众看什么,不能让公众看什么,在这两者之间寻求一个平衡点就显得非常重要。

电子政务中的安全管理,应该分为两个层次:一个层次是从国家强制角度的安全管理,这就是立法和制定相关的技术标准,由执法机关来监督实施;另一个层次是应用系统使用单位自身的管理,包括安全技术手段开发和安全规章制度的建立与完善。

6) 加强电子政务标准化建设

电子政务是标准化要求很高的建设项目,其实现统一网络平台、互联互通的成败和政务公开的绩效在很大程度上取决于系统化的标准和强有力的管理。实际上,电子政务是信息技术不断走向标准化的结果,或者说是标准化和应用需求造就了电子政务。因此,在电子政务建设的全过程中,标准化工作将处于极为重要的地位,是必须时刻引为准绳的工作原则,是必须抓住的建设关键,并且是规避风险的重要武器。电子政务的标准化支撑体系由以下几部分组成:

(1) 总体标准:包括电子政务总体性、框架性、基础性的标准和规范。

(2) 应用标准:包括数据元、代码、电子公文格式和流程控制等应用方面的标准。

(3) 应用支撑标准:包括信息交换平台、电子公文交换、电子记录管理、日志管理和数据库等方面的标准。

(4) 信息安全标准:主要有安全级别管理、身份鉴别、访问控制管理、加密算法、数字签名和公钥基础实施等方面的标准。

（5）网络基础设施标准：主要有基础通信平台工程建设、网络互联互通方面的标准。

（6）管理标准：主要是为确保电子政务建设质量而制定的标准，如电子政务工程监理、验收等方面的标准。

7）软件开发与应用是电子政务的灵魂

电子政务建设包括了软件和硬件系统建设，其中硬件只是计算机系统的基础平台，而应用软件的开发与应用才是决定电子政务能否发挥作用的灵魂。它的作用和功能如下：

（1）应用软件是管理思想和管理模式的载体：政府管理职能的改进和电子政务的实现，是指在实现信息化过程中，根据本单位实际情况，找出工作中存在的问题，判断出改进方向，提出利用信息技术改革传统工作方式的建议，并将这种建议结合计算机及网络技术，通过软件的设计与开发，固化在应用程序中进行具体实施。

（2）决策的工具：政府管理工作中提高管理时效的本质就是进行各种决策，而决策的主要依据是各类信息数据。这些信息的获取形式是多种多样的，但决策是有时效性的，要想及时、安全、准确地获取信息就必然要借助工具，这个工具就是信息管理系统软件。

（3）促进管理工作规范化：管理规范化是使管理工作通向更高层次的台阶，实现管理规范化有多条主、客观路径，软件建设能够简洁有效地加速这一进程。软件可以将国家及单位内部制定的各种规章制度、工作规定、实施细则等固化在应用程序中，通过实际应用体现出来。它比载在纸介质上的规章制度和各种规范更容易被贯彻执行。

（4）促进先进管理思想和经验的传播：软件产品的发展过程，是软件开发商和用户互动的过程。一方面软件开发商不断与用户交流，收集、总结、提炼先进而适用的管理思想；另一方面通过应用软件，推广、传播和普及软件中的先进管理思想。当人们普遍使用应用系统进行工作时，就已经接受了一套比较先进的管理方式。

8）全面深入开展国际合作

发达国家经过持续近五十年的信息化努力，政府内部的管理信息系统和各种决策支持系统已经基本完成，电子政务的建设和应用已经相当成熟。利用互联网实现政府资源共享和集成，我国的信息化过程不可能独立于全球之外，必须进行国际合作，包括学术交流、多边合作等内容。国际合作的目的，不仅仅在于学习先进知识和经验，更在于掌控全球信息化动态和发展趋势，并以此制定我们的对策。我国是一个大国，有着多样化的经济社会形态，在广泛深入的国际合作中，能与国外同行建立正确的知识映射关系，进行系统的、专业指向明确的国际合作。信息化是一个循环往复、永无止境的学习知识、运用知识和创造知识的过程。信息化国际竞争的实质是创新能力的较量，我国有机会形成国际学术界公认的信息化理论，产生国际级学术专家，在全球信息化进程中对人类有所贡献。

10.4 "十二金"工程

1. "金桥"工程

金桥工程又称经济信息通信网工程，它是建设国家公用经济信息通信网、实现国民经济信息化的基础设施。这项工程的建设，对于提高我国宏观经济调控和决策水平以及信息资源共享、推动信息服务业的发展,都具有十分重要的意义。

1993 年 3 月 12 日,时任副总理的朱镕基主持国务院会议,提出了建设"三金"工程,即金桥、金关、金卡工程。金桥工程成为"三金"工程的启动工程。

金桥工程是以建设我国重要的信息化基础设施为目的的跨世纪重大工程。1996 年 8 月,金桥工程被正式批准列为国家的 107 个重点工程项目之一,由吉通通信有限责任公司作为金桥工程(国家公用经济信息通信网)的业主,承担金桥工程的建设、运营和管理。按照朱镕基总理视察金桥网控中心时作出的指示,金桥工程建设分阶段实施。

金桥工程建设项目包括:金桥地面骨干网项目;金桥卫星通信网项目;金桥无线移动数据用户接入网项目;金桥光纤城域用户接入网项目;金桥网络电话/传真项目;金桥 Internet 信息服务项目;国有大型企业综合信息网技术改造项目等。

2. "金关"工程

金关工程又称为海关联网工程,其目标是推广电子数据交换(EDI)技术,以实现货物通关自动化、国际贸易无纸化。金关工程是一项与外经贸业务关系密切的国家信息化重点工程,近年来已经取得了很大的进展,对促进我国外经贸事业的发展正发挥着越来越大的作用,随着我国加入世界贸易组织目标的实现,我国的外经贸事业迎来一个飞速发展的新时代,以金关工程为代表的我国外经贸信息化建设也必将加快步伐,金关工程的中长期目标也必将会顺利实现。

1993 年,国务院提出实施金关工程,金关工程就是要推动海关报关业务的电子化,取代传统的报关方式以节省单据传送的时间和成本。2001 年,金关工程正式启动。金关的核心是海关内部的通关系统和外部口岸电子执法系统。基于海关内部的联通基础上,由海关总署等 12 个部委牵头建立电子口岸中心,又称"口岸电子执法系统",利用现代信息技术,借助国家电信公网,将外经贸、海关、工商、税务、外汇、运输等部门分别掌握的进出口业务信息流、资金流、货物流的电子底账数据,集中存放在一个公共数据中心,各行政管理机关可以进行跨部门、跨行业的联网数据核查,企业可以上网办理出口退税、报关、进出口结售汇核销、转关运输等多种进出口手续。

海关总署还用 3~5 年的时间,建立以"四网一库"为基本架构的海关系统政务信息化的枢纽框架,联结全国各海关并与全国政府系统办公业务资源网互联、与国际互联网物理隔离的海关系统政务信息网,各海关单位内部的政务信息网,以互联网为依托的中国海关公众信息网,各级海关单位共建、共享的电子信息资源库。

3. "金卡"工程

金卡工程又称电子货币工程,它是实现金融电子化和商业流通现代化的必要手段。

1993 年 4 月,时任总书记江泽民亲自提出了全民使用信用卡的倡议,同年 6 月国务院启动了以发展我国电子货币为目的的、以电子货币应用为重点的各类卡基应用系统工程,即金卡工程。金卡工程广义是金融电子化工程,狭义上是电子货币工程。它是我国的一项跨系统、跨地区、跨世纪的社会系统工程。它以计算机、通信等现代科技为基础,以银行卡等为介质,通过计算机网络系统,以电子信息转账形式实现货币流通。它的实现必将加速我国金融现代化步伐,从而提高社会运作效率,方便人民工作生活。

金卡工程的实施,推动了我国一些商业银行的电子化进程,目前 IC 卡已广泛应用于金融、电信、交通、商贸、旅游、社会保险、计划生育、企业管理、税收征管、组织机构代码、医疗保险、银行账户管理以及公共事业收费管理(如电表卡、煤气卡、加油卡等)。金卡工程首批12 个试点省市全部实现了同城跨行 ATM/POS 联网运行和信用卡业务联营。

2002 年我国的 IC 卡应用进入成熟、理性发展阶段。据不完全统计,2002 年 10 月底,我国累计发行使用各类 IC 卡 10 亿张。现在各类 IC 卡已经成为了人们生活和工作中不可或缺的伙伴,一个人随身所携带的 IC 卡少则有好几张,多的甚至达到十几张。

4. "金税"工程

金税工程由一个网络,四个软件系统组成。金税工程在遏制骗税和税款流失上取得了显著的收效。

1994 年 2 月 1 日,时任国务院副总理的朱镕基同志在听取了电子部、航天工业总公司、财政部、国家税务总局等单位的汇报后,指示要尽快实施以加强增值税管理为主要目标的金税工程。为了组织实施这项工程,成立了跨部门的国家税控系统建设协调领导小组,下设金税工程办公室,具体负责组织、协调系统建设工作。1994 年 3 月底,金税工程试点工作正式启动。

5. "金财"工程

金财工程即政府财政管理信息系统,简称 GFMIS。它是在总结我国财政信息化工作实践,借鉴其他国家财政信息化管理先进理念和成功经验的基础上,提出的与我国建立公共财政体制框架目标相适应的一套先进信息管理系统。

2002 年,国家信息化领导小组将金财工程列为国家电子政务主要业务系统之一,这标志着金财工程正式全面启动。金财工程由财政部牵头,有关部门配合,预计在 2008 年全面完成。计划在"十五"期间,需要投资 40 亿元,建设目标由两大部分组成:一是财政业务应用系统;二是覆盖全国各级财政管理部门和财政资金使用部门的信息网络系统。

6. "金质"工程

2001 年 4 月,党中央、国务院决定,将原国家质量技术监督局和原国家出入境检验检疫局合并,组建国家质量监督检验检疫总局。该局的主要职能是主管全国质量、计量、出入境商品检验、出入境卫生检疫、出入境动植物检疫和认证认可、标准化等工作。今后一个时期质检部门的主要任务是,从源头抓质量,进一步加大打击假冒伪劣力度,严把国门,加强标准化、计量和认证认可工作,加强锅容管特安全监查及危险监督管理,做好加入 WTO 后的应对工作,加强法制建设。

国家质检总局组建后的一项重要任务,就是建设质量监督检验检疫信息系统工程,简称"金质"工程。2002 年 7 月份,我国电子政务方案在国家信息化领导小组第二次会议上审议通过,该方案包括 12 金工程项目,金质工程是其中之一。金质工程的目标是形成全国统一的质检大网络,促进质检系统执法电子化、信息化,加大打击假冒伪劣的力度,更有效地规范市场经济秩序,促进社会主义市场经济的发展。金质工程计划五年完成,总投资 10.3 亿元,主要内容是建设好一网七个系统,其中一网指的是质检系统的广域网和各地的局域网;7 个系统包括检验检疫业务管理系统、质量技术监督业务管理系统、认证认可管理系统、标准化管理系统、办公自动化系统、信息服务系统和 WTO 通报咨询系统。

7. "金审"工程

金审工程是审计信息化系统建设项目的简称。2002 年 4 月,国家计委批准审计署提出的可行性建设报告,是按照国家基本建设程序批复的第一个国家电子政务建设项目。

金审工程的目标是用五年左右的时间,建成对财政、银行、税务、海关等部门和重点国有企业事业单位的财务信息系统及相关电子数据进行密切跟踪,对财政收支或者财务收支的真实、合法和效益实施有效监督的信息化系统,即预算跟踪加联网核查。逐步实现从单一的事后审计转变为事中审计和事后审计相结合,从单一的静态审计转变为动态审计和静态审计相结合,从单一现场审计转变为现场审计与远程审计相结合。增强审计机关在计算机环境下查错纠弊、规范管理、揭露腐败、打击犯罪的能力,维护经济秩序,促进廉洁高效政府的建设,更好地履行审计法定监督职责。建设一个政府公共网络,连通全国审计机关和重点被审计单位的高效实用的审计专用网;开发一批满足审计业务需求并在应用中不断完善的应用软件;建立一个为审计业务和决策、为政府和社会公众提供有效信息的数据库群;配置一批经济实用的电子信息设备;培养一支胜任审计信息化的新型队伍。2002 年 10 月底,金审工程第一笔建设资金已经到位,审计署召开了工作会议,宣布金审工程建设项目开工。经过公开招标选定网络系统、应用系统集成商已经进驻审计署。

8. "金农"工程

金农工程是 1994 年 12 月在"国家经济信息化联席会议"第三次会议上提出的,目的是建立信息应用系统,构筑农业信息网络,造就信息服务队伍。在现有基础上,利用先进适用的信息技术手段,开发并运行由支持宏观决策、支持生产经营的各类应用系统组成的多元化的信息应用体系及相关的大型数据库群,建立农业综合管理及服务信息系统;加大农业电子信息基础结构建设力度,建立能够满足农业宏观调控、微观导向和农村社会化服务要求的中国农建业信息网;培养一批既懂农业又懂经济,既懂技术又懂管理的农业信息人才,造就一支信息资源开发和信息技术应用的服务队伍。

金农工程建设预计投资 12 亿元,所需资金以中央投入为主导,地方投入为基础,采用国家、部门、地方和社会等多条渠道筹集,以财政拨款为主,银行贷款为辅,利用外资为补充的多种方式解决。金农工程不搞一切新建,要坚持边建设边应用,以应用促建设的原则,分阶段扩充、完善、整合、优化已有的信息基础结构和信息资源,争取早出成果,快出成果,出好成果。基础结构建设要注意当前与长远相结合,信息资源开发和服务要注意国内和国际相结合;要把社会效益放在第一位,同时重视经济效益和社会效益的统一。

9. "金水"工程

2001 年 4 月,水利部信息化工作领导小组召开了全国水利信息化工作座谈会,将水利信息化建设定名为金水工程。金水工程是从"九五"期间开始实施的、覆盖水利信息化全局性的重大工程,"十五"期间要加快建设步伐,完善并建成全国水利政务信息系统。

金水工程计划用五年左右时间,搭建一个先进、实用、高效、可靠并且具有国际先进水平的国家防汛抗旱指挥系统。金水系统将覆盖7大江河重点防洪地区和易旱地区,能为各级防汛抗旱部门及时、准确地提供各类防汛抗旱信息,并能较准确地作出降雨、洪水和旱情的预测报告,为防洪抗旱调度决策和指挥抢险救灾提供有力的技术支持和科学依据。根据国家防汛指挥系统的总体设计,该系统可划分为5个分系统,即信息采集系统、通信系统、计算机网络系统,决策支持系统和天气雷达系统。

以中国水利信息网络为依托,以3S(GIS、GPS、RS)技术为手段,建设水土保持监测与管理信息系统,对各流域及不同层面的行政区域的水土流失现状进行多时相动态监测,对不同分级的水土保持信息进行管理,对水土流失和水土保持进行评价。建立相应的数学模型,为水土保持区域治理和小流域治理的工程设计、经济评价和效益分析服务,提高水土保持监测、设计、管理和决策的水平。

10. "金盾"工程

金盾工程实质上就是公安通信网络与计算机信息系统建设工程。它是利用现代信息技术,增强公安机关快速反应、协同作战能力;提高公安机关的工作效率和侦察破案水平,适应新形式下社会治安的动态管理。目的是实现以全国犯罪信息中心(CCIC)为核心,以各项公安业务应用为基础的信息共享和综合利用,为各项公安工作提供强有力的信息支持。

1998年公安部为适应我国在现代经济和社会条件下实现动态管理和打击犯罪的需要,实现"科技强警",增强公安系统统一指挥、快速反应、协调作战、打击犯罪的能力,提高公安工作效率和侦察破案水平,提出建设金盾工程。

金盾工程建设内容主要包括:公安基础通信设施和网络平台建设;公安计算机应用系统建设;公安工作信息化标准和规范体系建设;公安网络和信息安全保障系统建设;公安工作信息化运行管理体系建设;全国公共信息网络安全监控中心建设等。

11. "金保"工程

金保工程是劳动保障信息化系统工程的简称,它是我国政府信息化建设的重要组成部分,一直受到党中央和各级政府部门的高度重视。2003年8月,金保工程正式在国家立项,标志着我国劳动保障信息化工作进入了一个新的历史时期。

金保工程建设的总体目标是利用五年左右的时间,在电子政务统一网络平台上,构建中央、省、市三级劳动保障系统网络。在全国范围内建立统一、高效、简便、实用的劳动和社会保障信息系统,覆盖劳动保障领域主要业务,实现本地业务和服务的规范化、异地业务和服务的现代化、基金监管和宏观决策的科学化。

其内涵可以简要概括为"一二三四"四个字:

"一"是一个工程,指在全国范围建设一个统一规划、统筹建设、网络共用、信息共享、覆盖各项劳动和社会保障业务的电子政务工程。

"二"是两大系统,指建设社会保险子系统和劳动力市场子系统。

"三"是三级结构,指由中央(劳动保障部)、省、市三层数据分布和管理结构组成。

"四"是四项功能,指具备业务经办、公共服务、基金监管和宏观决策四项功能。

12. "金智"工程

金智工程是与教育科研有关的网络工程,其主体部分是"中国教育和科研计算机网示范工程"(即 CERNET),1994 年 12 月由国家计委正式批复立项实施。CERNET 由教育部主持,清华大学、北京大学、上海交通大学等 10 所高校承担建设任务,包括全国主干网、地区网和校园网三级网络层次结构,网络中心设在清华大学。金智工程的最终目的,是实现世界范围内的资源共享、科学计算、学术交流和科技合作。

中国教育和科研计算机网是我国第一个由国家投资建设的、基于 TCP/IP 体系结构的全国性学术计算机互联网络,是全国最大的公益性互联网络,也是全国最大的公众互联网之一。CERNET 完全由我国技术人员独立自主设计、建设和管理,已经成为我国教育信息化的重要基础设施,也是我国信息基础设施的重要组成部分。CERNET 的建成促进了我国教育信息化的发展,大部分高等院校、部分中小学已经建成或正在建设校园网,使广大师生都可以方便上网,实现了图书馆等资源的共享,促进了国内外的学术交流,为网上合作研究提供了基础环境,大大改善了这些学校的办学条件,提高了教学质量,并促进了教育体制、教学方法等方面的改革。在此基础上,教育部已经批准 40 余所大学成立网络学院,开展远程教育,扩大办学规模。在中小学开始实施"校校通"计划,使更多的中小学联网,促进教育体制从"应试教育"到"素质教育"的转变。

案 例 分 析

1. 案例一(选择题)

电子政务的主要功能需求和服务内容非常广泛,电子政务主要功能有:监督电子化,资料电子化等。但是(_____)并不包括在其中。

    A. 沟通电子化   B. 办公电子化

    C. 市场规范电子化   D. 企业生产电子化

分析

电子政务的主要功能需求和服务内容非常广泛,世界各国因国情不同,其电子政务也有不同的功能需求和内容规范。根据国家政府所规划的项目来看,电子政务主要功能有:监督电子化、资料电子化、沟通电子化、办公电子化、市场规范电子化等。但企业生产电子化属于企业自行管理和决策的范围,它根本就不是政务问题。

参考答案

D

2. 案例二(选择题)

相对于传统政府的垂直化层次结构,电子政府体现的是(1)结构。以下不属于政府间的电子政务的是(2)。

    (1) A. 扁平化辐射　　B. 横向化层次　　C. 全球化辐射　　D. 多元化层次

    (2) A. 电子财政管理　　B. 电子化培训　　C. 电子文件管理　　D. 纳税申报

分析

(1) 相对于传统政府的垂直化层次结构,电子政府体现的是扁平化辐射结构。

(2) 政府间的电子政务又称作 G2G,是指政府内部上下级、不同地方政府、不同政府部门之间实现的电子政务活动。纳税申报是政府与企业之间的电子政务,属于 B2G 或 G2B。

参考答案

(1) A　　　(2) D

3. 案例三(问答题)

【说明】　国务院信息化工作办公室组织了上百位专家对国家电子政务进行研究,形成一套电子政务发展战略框架,电子政务建设工作将主要围绕"两网一站四库十二金"重点展开。

【问题】　简述"两网一站四库十二金"的内容。

案例分析和参考答案

"一站"指的是建立政府门户网站。政府门户网站是在各政府部门的信息化建设基础之上,建立起跨部门的、综合的业务应用系统。

"两网"指的是政务内网和政务外网这两个统一的电子政务平台。"政务内网"连接副省级以上部门,用于政府内部工作人员办公业务;"政务外网"则面向公众、企业,与 Internet 相连接,应用现代信息技术,将管理和服务通过网络技术进行集成,以及对政府需要的和拥有的信息资源进行开发和管理。

"四库"指的是全国建立人口库、法人单位库、空间地理和自然资源库、宏观经济库等 4 个基础数据库,为政府部门提供最基础的数据资源。

"十二金"指的是要重点推进办公业务资源系统等 12 个业务系统。这 12 个重点业务系统又可以分为三类,第一类是对加强监管、提高效率和推进公共服务起到核心作用的办公业务资源系统、宏观经济管理系统建设的金桥工程、教育战线的金智工程;第二类是增强政府收入能力、保证公共支出合理性的金税、金关、金财、金融监管(含金卡)、金审等 5 个业务系统建设;第三类是保障社会秩序、为国民经济和社会发展打下坚实基础的金盾、社会保障的金保、防伪打假的金质、应对水旱灾情的金水和为农业现代化服务的金农等 5 个业务系统建设。

习　　题

10.1　什么是电子政务?电子政务建设有何意义?

10.2　传统政务与电子政务处理方式有何区别?电子政务与办公自动化有何区别?

10.3　电子政务虚拟政府的表现形式有哪些?传统政务流程有哪些弊端?

10.4 论述政府创新和政务流程优化再造的意义。

10.5 论述电子政务主要功能需求和服务内容。

10.6 我国电子政务建设的指导思想、主要目标和任务是什么?

10.7 论述我国加快电子政务建设的主要措施、发展计划和发展措施。

10.8 论述我国电子政务"十二金"工程的主要内容。

第11章　数字地球与3S技术

主要内容

(1) 数字地球的定义、意义和数字地球体系的内容;

(2) 数字地球的技术基础和应用;

(3) 全球定位系统的定义、精度和用途;

(4) 地理信息系统的定义、由来和发展,及其应用;

(5) 遥感系统的定义,遥感技术发展的特点和分类。

11.1　数字地球概述

1998年1月31日,时任美国副总统戈尔在加利福尼亚科学中心举行的开放地理信息系统协会的学术年会上,发表了题为"数字地球:展望21世纪我们这颗行星"的演讲,率先提出了数字地球(Digital Earth)的概念。他在演讲中说:"我相信我们需要一个'数字地球',即一种可以嵌入海量地理数据的、多分辨率的和三维的地球的表示"。他明确地将数字地球与遥感技术、地理信息系统、计算机技术、网络技术、多维虚拟现实技术等高新技术和可持续发展决策、农业、灾害、资源、全球变化、教育、军事等方面的社会需要联系在一起。按照戈尔提出的时间表,数字地球的基本实现预计在2020年。

一石激起千层浪,戈尔的演讲引起了各国各界的积极反响,数字地球一词迅速风靡全球。1998年6月1日时任中国国家主席江泽民在接见两院院士时曾提到这个概念,他说:"前几年提出了'信息高速公路',随后又提出'知识经济'、'数字地球'的概念,真是日新月异啊!"随后他就提出了"数字中国"的概念。

11.1.1　数字地球的基本概念

1. 数字地球的定义

目前,在科技界对数字地球还没有确切的学术的定义。一般认为数字地球实际上就是信息化的地球,即一个完整的地球虚拟对照体。换言之,数字地球可以理解为对真实地球及其相关现象统一的数字化重现和认识,在三维地球的数字框架上,按照地理坐标集成有关的海量空间数据及相关信息,构建一个数字化的地球,即虚拟的数字地球,为人们认识、改造和保护地球提供一种重要的信息源和新技术手段,以及采用数字化的手段来处理整个地球的自然和社会活动诸方面的问题,最大限度地利用资源。

数字地球概念的形成基于目前人类已经掌握或将要拥有的新技术以及多种高新技术的综合集成,其核心思想有两点,一是用数字化手段统一性地处理地球问题,另一点是最大限度地利用信息资源。包含两个层次:

（1）将地球表面每一点上的固有信息，如地形、地貌、地质、矿藏、植被、动物种群、建筑、海洋、河流、湖泊、水文等数字化，按地球的地理坐标加以整理，然后构成一个全球的三维数字信息模型。

（2）在三维数字地球的基础上再嵌入与空间位置有关的相对变动的信息，如人文、经济、政治、军事、科技乃至历史等，组成一个意义更加广泛的多维的数字地球。人们可以快速、全面、形象地了解地球上任何一点的信息，从而实现"信息就在指尖上"的梦想。

数字地球将不同空间、时间、物质和能量的多种分辨的有关资源、环境、社会、经济和人口等海量数据或信息，按地理坐标，从局部到整体，从区域到全球进行整合、融合及多维显示，并能为解决复杂生产实践和知识创新、技术开发与理论研究提供实验条件和试验基地（包括仿真和虚拟实验）。这是一个大的技术革命，无论是叫数字地球还是别的什么名称，它的意义在于它代表了当今科技的发展战略目标和方向。

2. 数字地球体系的内容

人类生存的地球系统是指由大气圈、水圈、陆圈（岩石圈、地幔、地核）和生物圈（包括人类）组成的有机整体。地球系统科学就是研究组成地球系统的这些子系统之间相互联系、相互作用中运转的机制以及地球系统变化的规律和控制这些变化的机理，从而为全球环境变化预测建立科学基础，并为地球系统的科学管理提供依据。

数字地球的提出一方面将给地球系统科学带来研究方法、手段的革命性变化；另一方面也要看到它是全球信息化的产物，它的一项长期的战略目标，需要经过全人类的共同努力才能实现。目前，数字地球研究体系的内容主要包括以下 14 个方面：

（1）数据获取与更新体系；

（2）数据处理与储存体系；

（3）信息提取与分析体系；

（4）数据与信息传播体系；

（5）数据库体系；

（6）网络与计算机硬件体系；

（7）应用体系，包括应用模型库等；

（8）专用软件体系；

（9）咨询服务体系；

（10）专业人员体系；

（11）用户体系；

（12）教育体系；

（13）标准与互操作体系；

（14）法规和财经体系。

3. 数字地球的意义

数字地球是对真实地球及其相关现象的统一的数字化的认识，是以 Internet 为基础，以空间数据为依托，以虚拟现实技术为特征，具有三维界面和多种分辨率浏览器的面向公众开放的系统。通过虚拟现实技术,人们可对地球上的任何地方作虚拟旅行。正如戈尔在他的文章描绘的一个小女孩在一个地方博物馆参观数字地球的场景:当她戴上头盔时,她便可以看到与从太空看到的一样的地球。然后,通过数据手套她可以对所看到的影像进行放大,这样通过越来越高的分辨率她便可以看到各大洲以及不同的地区、国家、城市等内容,甚至最后还可以看到具体的房屋、树木以及其他的自然或人造景观。

未来的数字地球,将把地球搬进我们的实验室、移进我们的计算机。从本质上说,数字地球不是一个孤立的项目,而是一项整体性的、导向性的发展战略措施,它反映了科学技术乃至经济和社会的跨世纪发展的国家目标。在信息爆炸的今天,如何驾驭像潮水般涌来的信息,而不被浩瀚的信息海洋所淹没,是个亟待解决的课题。人们一方面迫切需要各种有用信息,另一方面又有大量信息被闲置、废弃,不能得到有效利用,而数字地球概念就是在当前信息爆炸时代充分利用信息的有效手段。

数字地球是世界进入信息时代的最重要标志之一。数字地球中包含有高分辨率的卫星图像、数字化地图以及有关资源、环境、社会、经济和人口等海量数据或信息,按地理坐标,从局部到整体,从区域到全球进行整合、融合及多维显示,因而具有极高的应用价值,能为解决复杂生产实践和知识创新、技术开发与理论研究提供实验条件和试验基地(包括仿真和虚拟实验)。这是一个大的技术革命,它的意义在于它代表了当今科技的发展战略目标和方向。

4. 数字地球的技术基础

数字地球是一个庞大而复杂的系统,其关键技术是多源信息的集成和显示机制,即融合和利用现有的多源信息,并将其"嵌入"数字地球的框架,进行三维描述和智能化的网络虚拟分析,为此需要一系列高超的技术:

1) 空间信息技术和国家空间数据基础设施

空间信息是指与空间和地理分布有关的信息,据统计,世界上的事情有 80% 与空间分布有关。数字地球的核心是地球空间信息科学,而地球空间信息科学的技术体系中最基础和基本的技术核心是 3S 技术及其集成。3S 是全球定位系统(GPS)、地理信息系统(GIS)和遥感(RS)的统称。数字地球的数据库不仅可以包括全球性的中、小比例尺的空间数据,还包括局部范围的大比例尺的空间数据,比如城市地籍数据,以及所有相关的元数据;不仅包括地球的各类多光谱、多时相、高分辨率的遥感卫星影像、航空影像、不同比例尺的各类数字专题图,还包括相应的以文本形式表现的有关可持续发展、农业、资源、环境、灾害、人口、全球变化、气候、生物、地理、生态系统、大气、水文循环系统、教育、人文和军事等等不同类别的数据。这些数据目前的基础是正在建设中的国家空间数据基础设施(NSDI)和全球空间数据基础设施(GSDI)。

国家空间数据基础设施主要包括空间数据协调管理与分发体系和机构,包括空间数据交换网站、空间数据交换标准及数字地球空间数据框架。我国已建成了基于 1∶50000 和 1∶10000 比例尺的空间信息基础设施。

2) 超强计算技术

地球是一个复杂的巨大系统,地球上发生的许多事件,其变化和过程又十分复杂而呈非线性特征,时间和空间的跨度变化大小不等,差别很大,只有利用超强高速计算机,才有可能对整个地球的海量数据进行采集、加工处理,并通过虚拟现实技术将其形象地表现出来,甚至模拟一些不能观测到的现象,以供人们有效地利用。如利用超强高速计算机和数据挖掘(data mining)技术,可以更好地认识和分析所观测到的海量数据,从中找出规律和知识。科学计算将使人们突破实验和理论科学的限制,建模和模拟可以使人们能更加深入地探索所搜集到的有关我们星球的数据。当前,超级计算机的运算水平已达每秒数万亿次,在 2004 年时已达 100 万亿次,因此将地球数字视像化在技术实现上已不成问题。

3)巨量存储技术

要将数字地球上所有信息都存储起来,需要存储器容量达到 1000 万亿字节级。目前,硬盘、光盘等的存储容量为 10 亿字节级,利用纳米技术可使硬盘容量达到 1 万亿字节级,而且激光全息存储、蛋白质存储等方面的研究已获得巨大进展。要存储数字地球的所有信息,可采用分布存储的方式,把大量的数据分散在成千上万个的数据库里。数据库建设是构筑数字地球重要的基础工作之一,同时还需要具有相应的高密度高速率海量空间数据存储、压缩、处理技术,对信息提取和分析技术的智能化程度也有更高要求。

4)高速网络技术

数字地球涉及大量图形、影像、视频等多媒体数据,数据量非常巨大,所需要的数据不能通过单一的数据库来存储,而分散在成千上万个机构的数据库里,这意味着参与数字地球的服务器将需要由高速网络来连接,目前的互联网难以胜任,必须使用宽带网络。网络宽带化、业务综合化是信息化社会通信网络的发展方向,也是实现数字地球构想的必不可少的途径。当某一个服务器要利用这些数据时,能迅速地把所要数据从四面八方调来。因此需要用高速网络把各个结点连接起来。当前正在试验每秒能传输 10 亿比特的宽带网络,未来的信息高速公路其传输速率可达每秒 1 万亿～1000 万亿比特。

5)卫星遥感技术

数字地球的主要信息源来自对地观测,通过大地资源卫星的遥感遥测,对整个地球进行完整地扫描,将地球上任何地点的自然、人造景观都“疏而不漏”地拍摄下来。卫星对地观测的最高分辨率可达到 1m,可以满足包括 1∶10000 以上比例尺的测图、农业、资源、环境、交通等多方面的应用,是构成数字地球的最基本的空间数据。

这里所说的分辨率指空间分辨率、光谱分辨率和时间分辨率。空间分辨率指影像上所能看到的地面最小目标尺寸,用像元在地面的大小来表示;从遥感形成之初的 80m,已提高到 30m、10m、5.8m 乃至 2m,军用甚至可达到 10cm。光谱分辨率指成像的波段范围,分得愈细,波段愈多,光谱分辨率就愈高,现在的技术可以达到 5～6nm 量级,400 多个波段。细分光谱可以提高自动区分和识别目标性质和组成成分的能力。时间分辨率指重访周期的长短,目前一般对地观测卫星为 15～25 天的重访周期。通过发射合理分布的卫星星座可以 3～5 天观测地球一次。高分辨率卫星影像还可作为其他非空间数据的载体和框架,用于实现数字地球的空间定位。

6)可视化和虚拟现实技术

可视化技术可以实现数字地球与人交互,没有可视化技术,计算机中的一堆数字是无任何意义的。虚拟现实是近年来出现的高新技术,被认为是数字地球概念提出的依据和关键技术。它综合集成了计算机图形学、人机交互技术、传感与测量技术、仿真、人工智能、微电子等科学技术,通过系统生成虚拟环境,用户通过计算机进入虚拟的三维环境,可以运用视觉、听觉、嗅觉、触觉感官与人体的自然技能感受逼真的虚拟环境,身临其境地与虚拟世界进行交互作用,乃至操纵虚拟环境中的对象,完成各种虚拟过程。

虚拟现实技术为人类观察自然,欣赏景观,了解实体提供了身临其境的感觉。建立了数字地球以后,用户戴上显示头盔,就可以看见地球从太空中出现,使用"用户界面"的开窗放大数字图像;随着分辨率的不断提高,可以看见大陆,然后是乡村、城市,最后是私人住房、商店、树木和其他天然和人造景观;当他对商品感兴趣时,可以进入商店内,欣赏商场内的衣服,并可根据自己的体型,构造虚拟自己试穿衣服。

7) 互操作技术

地理信息互操作技术、空间数据转换标准、转换格式及相关软件的研究也是实现数字地球构建的基础与关键技术。众所周知,数据共享是数字地球建设需要解决的核心问题,数据共享有多种方法,其中最简单的方法是通过数据转换,但它是一种间接的延时的共享,不是直接的实时共享。随着技术的发展,按照互操作规范开发的不同空间数据处理系统将逐步取代空间数据转换格式的中介作用,通过公共接口来实现不同系统之间、不同数据结构、不同数据格式的数据动态调用。用户可以任意调入数字地球各系统的数据,进行查询和分析,实现不同数据类型、不同系统之间的互操作。

8) 元数据

元数据(metadata)是关于数据的数据,被比喻为数字地球的引擎。元数据在地理空间信息中用于描述地理数据集的内容、质量、表示方式、空间参考、管理公式以及数据集的其他特征,是实现地理空间数据共享的核心标准之一。由于数字地球是由众多分布式大型数据库构成的,为了在海量数据中迅速找到需要的数据,元数据库的建设是非常必要的,通过它可以了解有关数据的名称、位置、属性等信息,可以对数字地球中所关心的内容进行查询和浏览,从而大大减少用户寻找所需数据的时间。

11.1.2　数字地球的应用

在人类所接触到的信息中有 80% 与地理位置和空间分布有关,地球空间信息是信息高速公路上的货和车。地球信息的集成和整体化有关的工作是目前地球科学和信息技术发展的一个重要趋势,数字地球不仅包括高分辨率的地球卫星图像,还包括数字地图,以及经济、社会和人口等方面的信息。由于数字地球既是地球科学技术与信息科学技术、空间科学技术等现代科学技术交融的前沿,又是科学技术与社会发展和需求紧密结合的结晶,因此数字地球的应用在很大程度上超出我们的想象,可以乐观地说下一世纪中,数字地球将进入千家万户和各行各业。

1. 数字地球对实现国家目标的影响

数字地球并非是一个孤立的科技项目或技术目标,而是一个整体性的、导向性的战略思想,美国提出数字地球这一战略思想,绝非偶然,有着深远的政治意义和经济背景,主要是出于美国的国家目标和全球战略的需要。同样,我国应用和发展数字地球,也是取决于中国的国家目标。在中国跨世纪的发展中,实现经济和社会的可持续发展、保持和平安定的国际环境、发展科学技术的自主创新能力,是三项重大战略目标。从我国的国家目标出发,需要数字地球作为国家战略措施来整合地球科学,促进信息科学技术发展,并以此为基础,形成新的产业。

1) 可持续发展

社会可持续发展已成为当今世人关注的最重要问题,数字化表示的地球为人们研究这一问题提供了非常有利的条件。地球科学对国家发展的重要意义是通过资源问题、环境问题、自然灾害问题、地球信息问题的解决得以实现的,数字地球可以广泛地应用于对全球气候变化,海平面变化,荒漠化,生态与环境变化,土地利用变化的监测。与此同时,利用数字地球,还可以对社会可持续发展的许多问题进行综合分析与预测,如自然资源与经济发展,人口增长与社会发展,灾害预测与防御等。人们利用数字地球可以对全球变化的过程、规律、影响以及对策进行各种模拟和仿真,从而提高人类应付全球变化的能力。

我国是一个人口多,土地资源有限,农业生产仍以传统的生产方式为主、自然灾害频繁的发展中国家,如何养活十几亿人口,这是中国需要首先考虑的问题。经过 20 年的高速发展,资源与环境的矛盾越来越突出。九八年的洪灾,黄河断流,耕地减少,荒漠化加剧,已经引起了社会各界的广泛关注。必须采取有效措施,发展精细农业,逐步实现农业产业化,加强土地资源和水资源的监测和保护,加强自然灾害、主要是洪涝灾害的预测、监测和防御,是非常迫切的工作。数字地球在这方面可以发挥巨大的作用。

城市发展如何避免第三世界国家和一些发达国家走过的弯路,是目前中国面临的一个紧迫的社会问题。其中管理、监测和规划具有关键性的意义。数字地球可以在城市规划、社区管理、打击犯罪活动、以及城市的灾害紧急事务管理方面发挥巨大的作用。

在经济发展中,在开放的条件下,在国际经济日益一体化的环境中,劳动力、资金、生产、市场的空间分布、动态变化和合理布局具有重要的意义。通过数字地球这样的政府行为来促进经济信息化的进程,将有力地促进我国社会主义市场经济的发展。

2) 保持和平安定的国际环境

数字地球是后冷战时期"星球大战"计划的继续和发展,在美国眼里数字地球的另一种提法是星球大战,是美国全球战略的继续和发展。在现代化立体战争和国防建设中,数字地球具有十分重大意义。在军事上具有明显的应用价值,维护国家利益和国家安全的需要使得数字地球的发展具有高度的紧迫性。和平安定的国际环境,在相当程度上是以足够的国防力量为基础的。从这个意义上说,数字地球具有双重作用。它既可以用来作为加强国防力量的不可缺少的工具,同时也可以作为实力威慑的一个重要方面。

如何一方面抓住国际经济一体化所带来的历史性的机遇,另一方面在国家经济安全面临严峻挑战的情况下,在国际经济竞争中拥有更多的主动权,这是每一个国家在制订发展战略时都必须优先考虑的问题。数字地球在这方面具有无可比拟的优势。忽视数字地球带来的机遇,将导致国家经济安全方面的被动。

3) 自主创新能力的形成

发展数字地球的过程将极大地促进信息科学技术、空间科学技术、环境科学技术和地球科学的发展。数字地球所提供的巨大市场在经济发展中具有重要意义。事实上,美国提出数字地球的概念,在相当程度上是出于发展经济、增加就业以及保持美国科学技术,尤其是高新技术的领先地位的需要。

在我国跨世纪的历史发展中,我国政府高瞻远瞩,提出"科教兴国"、"可持续发展"的战略,强调发展我国的自主创新能力,迎接知识经济的挑战。数字地球中很多需要解决的问题正是我们试图解决、但在解决过程中遇到很多困难的问题。例如,人造卫星缺少统一规划;"四网并存"的局面及其引发的争论;信息系统开发中,低水平重复的现象屡禁不止等。这方面的工作不够理想,集中到一点,是缺少一个像数字地球这样统一的、高层次的战略。因此,数字地球的提出给我们提供了一个从国家层次整合经济、社会可持续发展和国家安全的地球信息获取、处理、分析和共享,发展地球科学、信息科学技术的机遇。我们应当因势利导,通过数字地球战略的实施,促进我国科学创新体系的形成和发展,使我国在国际竞争中处于有利地位。

2. 数字地球在社会经济和生活中的应用

数字地球对社会经济和生活各个方面所要产生的巨大影响,其中有些影响我们可以想象,有些影响也许我们今日还无法想象。数字地球将容纳大量政府部门、各行各业和私人添加的信息,为用户提供公用信息和商业信息,并为各类网络用户开辟了一个没有围墙的实验室,进行大量数据在空间和时间分布上的研究和分析,例如国家基础设施建设的规划,全国铁路、交通运输的规划,城市发展的规划,海岸带开发,西部开发等。

从人们的日常生活看,房地产公司可以将房地产信息链接到数字地球上;旅游公司可以将酒店、旅游景点的风景照片和录像放入这个公用的数字地球上;世界著名的博物馆和图书馆可以将其收藏以图像、声音、文字形式放入数字地球中;甚至商店也可以将货架上的商店制作成多媒体或虚拟产品放入数字地球中,让用户任意挑选。数字地球进程的推进将对社会经济发展与人民生活产生巨大的影响。其应用主要有以下几方面:

1) 全球变化研究

数字地球是研究全球变化最理想的平台。利用数字地球进行全球变化模拟是这方面的主要研究内容,包括地表温度的遥感探测与地-气垂直通量的研究;地表植被覆盖与大气温室气体的动态监测;地-气与海-气相互作用模型研究;区域或全球尺度三维动态大气动力和整体模拟的研究。关注、研究全球变化的机理,将使人类对自己生存环境的未来作出更好的分析和预测。

2) 城市规划和管理

信息化的一个主要任务就是加快城市规划建设和管理的信息化,因为城市是现代经济中人流、物流、信息流最集中的部分,是区域的政治、经济、文化中心和信息服务中心,是社会全面发展的关键。数字地球的海量数据将是城市规划和管理信息库中最重要的组成部分之一,城市规划所需要的地形、地质、水文、气象遥感影像、土地资源、文物保护、生态环境、园林绿化、市政建设、房产资源、地下管线、公共设施、人文经济资料及全市地图信息等基础数据都可以纳入数字地球。在城市规划设计、城市空间的合理布局、配置、道路交通和城市建设审批等方面实现信息化管理。城市管理还包括对城市的大气、水、噪声、固体废弃物、土壤及农作物等自然环境进行实时监测,并以图、文、声、像多媒体的形式表现城市的自然环境、环保机构及职能等情况。

3）城市公共设施管理

城市公共设施包括公园、绿地、防洪设施、道路、路灯及城市地下管网,是由纵横交错的供水、煤气、供热、排污、排洪、通信、电力电缆、燃气和其他管线构成的错综复杂的空间体系。数字地球对公共工程设施管理有如下作用:

（1）提高信息的共享程度:数字地球包含了城市公共设施最新数据,工程部门施工的时候,通过查询很快就能得到城市地下管网的分布情况,同理,也能较方便地了解其他公共设施的分布情况,以避免掘断光缆、凿穿煤气管道等事故的发生。

（2）提高数据的更新周期:当某一局部管网改变以后,只要将改变部分的管网图输入,则计算机网络内的数据便得到了更新,这样用户能很快地了解公共工程的现状。

（3）查询方便:利用简单的空间查询及空间迭加操作,不同使用者可以在计算机屏幕上直接查阅城市的基本资料,如行政区域界线、地形图等,同时再配合各项相关资料,可得知城市公共工程的现状分布和发展状况。

（4）能提高管理公共工程设施的综合能力:不同管线共同管理,可以综合考虑它们间的相互影响,管理、规划及设计时综合考虑这些因素,使它们的相互干扰达到最小,效益达到最优,并发挥它们的整体优势。

4）土地资源管理

在土地资源管理过程中,使用数字地球海量的多时态土地资源数据库,能够快速获取土地数量、质量、权属、土地利用各地类的数量、空间分布和利用状况,以及土地动态变化等信息;能够对年度土地利用变更调查数据进行更新、管理、分析;能够输出各种查询、统计和分析结果,如反映各权属单位地类数量的统计簿,反映各地类空间分布的土地利用图及各种专题图,反映年内各地类面积增加来源和减少去向的年内地类变化平衡表。因此数字地球应用于土地资源管理的目标是高效地管理海量的多时态土地利用数据,实现对土地资源的科学管理,及时提供科学、翔实、直观的数据,为土地利用规划、基本农田保护、决策层的决策提供科学依据,实现耕地总量动态平衡,最终达到区域可持续发展。

5）水利资源管理

水利信息大多数都与地理空间位置紧密联系,这就决定了数字地球在水利行业具有广泛应用的前景。数字地球在水利资源管理方面的应用主要包括两个层面:一是水利建设和水土保持,二是水力资源的调查利用。利用数字地球的方法,可加速水利基础设施建设工程的进展,虚拟大型水库建成后库区周围和上下游的环境变化,根据测量得到的数据通过图、文、声、像多媒体的形式生动地表现出来,可以为水库修建与否提供依据,同时对水库修建后可能出现的问题也有比较清楚的了解,从而制定相应的对策。数字地球对兴修水利、防洪抗洪、重点水源和供水工程、人畜饮水工程、节水灌溉工程、南水北调、水土保持和水资源保护、水利系统水电建设、滩涂开发等工程建设,都能提供准确、及时的科学依据,通过综合分析之后为计划决策提供信息支持,以确保工程建设项目顺利开展。

6）森林资源管理

森林是人类及其他野生动物赖以生存的肺,也是地球上最宝贵的资源和财富。林业资源信息具有数据量大、种类多、来源广、结构复杂和获取成本高等特点,随着数字地球建设的发展,数字林业的发展是信息时代的要求,也是林业发展的必然趋势。应用数字地球可进行森林资源调查、森林防火、防灾减灾、防盗猎盗伐、防治森林病虫害、湿地监控、生态环境监控、动物活动和植物生长情况、绿化面积调查等。

7）精细农业的运作

在信息时代,农业要走节约化的道路,实现节水农业、优质高产无污染农业。这就要依靠数字地球技术,每隔 3～5 天给农民送去他们的庄稼地的高分辨率卫星影像,农民在计算机网络终端上可以从影像图中获得他的农田的长势征兆,通过分析,制定出行动计划,然后在电子地图指引下,实施农田作业,及时地预防病虫害,把杀虫剂、化肥和水用到必须用的地方,而不致使化学残留物污染土地、粮食和种子,实现真正的绿色农业。这样一来,农民也成了计算机的重要用户,数字地球就这样飞入了农民家。新时代的农民也需要有组织,有文化,掌握高科技。

8）突发事件的处理

以数字地球作平台,可实现城市交通综合管理系统、城市灾害综合防治系统、交通导航、环境监测、商业选址、市场调查和仓储管理。因为数字地球拥有丰富且现势性好的地理信息,能够描述城市中某些突发事件周围的自然环境和社会现象,又有宽带的网络互联,使海量数据能够在不同的管理决策部门之间快速交换,为城市中各种突发事件,包括交通事故、刑事案件、意外灾害的及时处理提供了良好的数据决策平台。

9）智能化交通管理

智能交通系统就是以缓和道路堵塞和减少交通事故,提高交通利用者的方便、舒适为目的,利用交通信息系统、通信网络、定位系统和智能化分析与选线的交通系统的总称。它通过传播实时的交通信息使出行者对即将面对的交通环境有足够的了解,并据此作出正确选择;通过消除道路堵塞等交通隐患,建设良好的交通管制系统,减轻对环境的污染;通过对智能交叉路口和自动驾驶技术的开发,提高行车安全,减少行驶时间。

智能运输系统是基于数字地球建立国家和省市自治区的路面管理系统、桥梁管理系统、交通阻塞、交通安全以及高速公路监控系统,并将先进的信息技术、数据通信传输技术、电子传感技术、电子控制技术以及计算机处理技术等有效地集成运用于整个地面运输管理体系,而建立起的一种在大范围内、全方位发挥作用的,实时、准确、高效的综合运输和管理系统,实现运输工具在道路上的运行功能智能化,使公众能够高效地使用公路交通设施和能源。该系统将采集到的各种道路交通及服务信息经交通管理中心集中处理后,传输到公路运输系统的各个用户,出行者可实时选择交通方式和交通路线;交通管理部门可自动进行合理的交通疏导、控制和事故处理;运输部门可随时掌握车辆的运行情况,进行合理调度。从而,使路网上的交通流运行处于最佳状态,改善交通拥挤和阻塞,最大限度地提高路网的通行能力,提高整个公路运输系统的机动性、安全性和生产效率。

10）数字交通导航

数字地球可以为司机朋友提供一个更加方便、轻松的工作环境。例如,一个司机在计算机屏幕上选定了目的地,然后他驾驶着安装有 GPS 的汽车,按照数字地球为他自动设计的最佳路线行驶在宽阔、平坦的马路上。他一边驾驶汽车,一边欣赏着路边的美景,他用不着太专心,因为数字地球和自动导航系统会及时提醒他是否有危险。另外,数字地球还可以帮助司机朋友预先熟悉行车路线。例如,一个司机戴上显示头盔,然后选定所要去的城市。这时,他首先看到"城市"全貌。随着"城市"向他靠近,他越来越清楚地看到"城市"里的细节,包括街道、房屋和树木。如果哪个细节还没有看清楚的话,他还可以从头再来。

利用数字地球,不仅能从微观角度对交通路线每一点做详尽了解,而且还能从宏观角度对整个交通路线情况进行了解;不仅能达到身临其境的效果,还能听到话外音的背景介绍。利用数字地球对交通路线导航,人们可以打破时间和空间的限制,尽情地在数字地球上翱翔。

11) 网上远程教育

利用基于数字地球的虚拟教育方式,人们可在家中通过计算机终端接受远程交互式教育,学生可以向教师提问,交换意见。应用数字地球提供的虚拟现实技术,可以让最广大的学习者接触一流的教师和实验设备,进行身临其境的教学演示或实习,模拟各种实验过程。数字地球将容纳众多的虚拟学校、教学基地和实验室,许许多多的人将通过接受网上远程教育,完成从启蒙教育到成人教育的终生教育过程。

12) 社会治安管理

社会治安管理是数字地球的另一个重要应用方面。通过地理信息系统分析犯罪模式和帮派活动,以减少了城市青年人的犯罪活动,并通过收集、分析犯罪活动的分布和频率信息,公安局可以重新快速地调配警力资源,主动地抑制与打击犯罪活动。由于社区的民警和居民很方便地共享有关犯罪方面的数据,可以大大提高破案率。

除此以外,数字地球还广泛应用在电子商务、物流配送、互动娱乐、远程医疗、海洋资源探测、生态环境保护、国防建设等许多方面。

13) 现代化战争中的应用

数字地球是后冷战时期"星球大战"计划的继续和发展,在美国眼里数字地球的另一种提法是星球大战,是美国全球战略的继续和发展。显然,在现代化战争和国防建设中,数字地球具有十分重大意义。建立服务于战略、战术和战役的各种军事地理信息系统,并运用虚拟现实技术建立数字化战场,这是数字地球在国防建设中的应用。这其中包括了地形地貌侦察、军事目标跟踪监视、飞行器定位、导航、武器制导、打击效果侦察、战场仿真、作战指挥等方面,对空间信息的采集、处理、更新提出了极高的要求。在战争开始之前需要建立战区及其周围地区的军事地理信息系统;战时利用 GPS、RS 和 GIS 进行战场侦察,信息的更新,军事指挥与调度,武器精确制导;战时与战后的军事打击效果评估等。而且,数字地球是一个典型的平战结合、军民结合的系统工程,建设中国的数字地球工程符合我国国防建设的发展方向。

11.2　数字地球中的 3S 技术

数字地球中的 3S 是指全球定位系统(GPS)、地理信息系统(GIS)和遥感(RS)系统的统称,是以处理地球表面信息为主要特征的空间信息技术。它们是数字地球的核心关键技术,两者的关系是一种相辅相成、相互促进的辩证关系,一方面数字地球概念的提出、研究和建设为 3S 技术的发展创造了条件,3S 作为数字地球的技术基础和核心将得到迅速发展,另一方面 3S 技术的发展为数字地球的建设提供了技术支持。可以说,没有 3S 技术的发展,现实变化中的地球是不可能以数字的方式进入计算机网络系统的。

11.2.1 全球定位系统

1. 全球定位系统的定义

全球定位系统(GPS)是指以卫星为基础的无线电导航定位系统,它具有全球性、全天候、连续性和实时性的导航、定位和定时功能。能为各类用户提供精密的三维坐标、速度和时间。由 24 颗沿距地球 12000km 高度的轨道运行的 GPS 卫星组成,它们每天 24 小时不停地发送回精确的时间及其位置,在地球上的 GPS 接收器同时接收 3~12 颗卫星的信号,根据卫星位置求出地面上或接近地面的物体的位置、移动速度和方向等。利用 GPS 技术,人们就能得到高精度的世界范围的定位和导航信息。

GPS 接收器利用 GPS 卫星发送的信号确定卫星在太空中的位置,并根据无线电波传送的时间来计算它们间的距离。等计算出至少 3 个卫星的相对位置后,GPS 接收器就可以用三角学来算出自己的位置。每个 GPS 卫星都有 4 个高精度的原子钟,同时还有一个实时更新的数据库,记载着其他卫星的现在位置和运行轨迹。当 GPS 接收器确定了一个卫星的位置时,它可以下载其他所有卫星的位置信息,这有助于更快得到其他卫星的信息。

GPS 最初主要应用于军用定位和导航,作为一种全新的现代定位方法,它能为用户提供全球性、全天候、连续、实时、高精度的三维坐标、三向速度和时间信息。它和导航技术与现代通信技术相结合,在空间定位技术方面引起了革命性的变化,现在已逐渐在越来越多的领域取代常规光学和电子仪器。用 GPS 同时测定三维坐标的方法将测绘定位技术从陆地和近海扩展到整个海洋和外层空间,从静态扩展到动态,从单点定位扩展到局部与广域差分,从事后处理扩展到实时定位与导航,绝对和相对精度扩展到米级、厘米级乃至亚毫米级,从而大大拓宽它的应用范围和在各行各业中的作用。

2. 全球定位系统的精度

GPS 尽管拥有高精度的原子钟,但定位过程中仍旧会有一些误差。误差产生的原因主要是由于地球电离层的变化引起的,它们对 GPS 的无线电波的速度有影响,其次是大气中的水蒸气。不过这些误差都是极小的,非军事 GPS 的定位精度大约在 50~100m 之间。

3. 全球定位系统的用途

GPS 最初是为军方提供精确定位而建立的,至今它仍然由美国军方控制。军用 GPS 产品主要用来确定并跟踪在野外行进中的士兵和装备的坐标,给海中的军舰导航,为军用飞机提供位置和导航信息等。

数字地球中的 GPS 技术也在民用商业领域大显身手。随着技术的进步,GPS 设备的功能越来越完善,几乎每月都有新的功能出现,但价格在下跌,尺寸也越来越小了。若干年前 GPS 设备还像高雅昂贵的艺术品一样令人望而却步,而现在普通消费者花上几百或几千元就可以拥有一款梦想已久的 GPS 接收器了,还带有以前做梦也想不到的很多先进的功能。

由于 GPS 的集成化、小型化;高动态、多通道;高精度;实时定位;全天候,抗干扰性能好、保密性强等特点,以及软、硬件费用的降低,3S集成技术的发展,GPS越来越广泛地应用于大地控制测量,地理监测,航空摄影测量,线路勘测及隧道贯通测量,地形、地籍及房地产测量,海洋测绘,公安、交通系统,地球动力学及地震研究,气象信息测量,航海航空导航,车辆跟踪,移动计算机,以及农业、林业管理、野外考察等领域,包括:

（1）为飞机、船舶、车辆等活动的运载物体提供定位和导航信息。

（2）布设城市、矿山、海洋等各类控制网点,不需造标观测,因为GPS测量提供的摄站坐标完全可以取代地面控制点,既灵活方便又廉价地满足经济建设和国防建设的需要。

（3）布设地面监测网,监测地壳形变、板块运动、海潮、海面升降等地球动力学现象。

（4）可用于标定国界、海疆和联测沿海岛屿。

（5）用于建立以地球质心为坐标系原点的地心坐标系,为建立大地测量框架提供资料。

（6）利用GPS和水准测量资料精化大地水准面。

（7）应用在已知点上的GPS观测资料,可反求大气对流层的气象元素等。

（8）在勘测方面的应用有:结构和工程勘测、道路测量和地质研究。

4. 常用的GPS接收器

1）汽车导航仪

汽车导航仪是集计算机、通信导航、地图信息为一体的高科技产品,通常它都具备笔记本电脑的基本功能,可以方便地接入网络、发送传真和数据通信;并且内置GPS接收器,提供GPS天线接口,装载定位导航软件,利用接收到的GPS卫星信号为车辆提供全天候、全时域位置信息,并可以在屏幕上显示出当时车辆运行情况。用户可以预先自定义行进路线、路旁标记和航路点,保存预先设定的路线或已走过路线,以便再次查询。通过查询电子地图,用户能了解某地区的地理环境和交通状况。

2）GPS手持机

GPS手持机的特点是体积小巧、携带方便、灵敏度高,存储量大,外部接口齐全。按用途可分为陆用型、空用型、海用型。陆用型一般没有内置地图,主要利用航路点记录,选择相应航路点可自动生成路线,内置天线使得机型小巧,它是应用最广的GPS设备;空用型提供全球空域图和地域图,灵敏度极高,适用于在高速行进的飞机中定位;海用型内置全球海图,超大屏幕,提供可固定在船体上的配套支架和天线。

5. GPS接收器的知识

1）坐标

描述GPS接收器位置的一组数值,一般有纬度（北或南）和经度（东或西）。坐标系以米为单位测量GPS接收器离赤道（北或南）和本初子午线（东或西）的距离。

2）二维和三维坐标

物体的平面位置,例如经度和纬度,称做二维坐标,定位GPS接收器位置的二维坐标至少需要3颗GPS卫星的数据。纬度、经度和速度称为三维坐标。

3）路旁标记和航路点

使用GPS接收器时可以把一个位置存储为路旁标记（landmark）或航路点（waypoint）。

该位置可以是行进途中定位的一个位置,也可以是输入的一个坐标或其他位置,如目的地。GPS设备会自动给它一个名称,用户也可以用一个容易记住的名称重新命名。

4)位置

当GPS接收器根据GPS卫星的信息标出了坐标后,它会确定其位置。有许多GPS设备允许用户选择标记或存储现在位置作为路旁标记或航路点。还有一些甚至允许用户为位置命名或添加一个图标。

5)路线

路线包括开始位置、目的地和途径的地点。一条路线上的两点之间称为航段。一条路线可由一个或若干个航段组成。如果用户是徒步旅行,可以输入一条路线,其中包括方向、计划休息的地点、宿营地和目的地。有一些GPS设备允许你反向跟踪路线或设置逆向路线。

6)高度

如果能收到足够的GPS卫星信号,有不少的GPS设备可提供海拔高度信息。由于GPS系统本身的特点,高度不如平面坐标那么精确。

7)航向

航向反映GPS接收器沿水平面移动的方向,并不需要用户把GPS接收器确切地指向这个方向。航向的值是按0~359°顺时针方向分布的,和指南针的值相对应。

8)方位角

如果用户选定了一个路旁标志或航路点,想知道从当时所处的位置到它的方向,就需要知道方位角的值。方位角是从北方向算起沿顺时针分布的值。如果到目的地的方位角是270°,而移动方向是240°,那么航线就和目的地有30°的偏差。

9)常见功能

大多数GPS设备的面板上都有一些按钮表示不同的操作选项,最主要的功能就是显示位置,包括当前坐标、海拔和时间,如果选定了目的地或路线,它还指示通往目的地的方向。其他常用的功能有导航、菜单、卫星状态、路旁标志或航路点清单、路线清单等。

10)操作要点

大部分GPS接收器是很容易安装和使用的,向GPS接收器中输入数据的方式因设备而异,有些是用菜单结合上、下箭头选择的,有些设备则像使用电话机的键盘一样简单。当用户在一个新的地点首次开启GPS接收器时,如果输入一个估计的大概位置,例如邻近的大城市的坐标,将有助于GPS接收器快速得出卫星所在位置,从而快速定位。

6. GPS接收器的性能指标

1)卫星轨迹

GPS有24颗卫星沿6条轨道绕地球运行,每4颗一组,一般不会有超过12个卫星在地球的同一边,大多数GPS接收器可以追踪8~12颗卫星。计算二维坐标至少需要3颗卫星,再加一颗就可以计算三维坐标。对于一个给定的位置,GPS接收器知道在此时哪些卫星在附近,因为它不停地接收从卫星发来的更新信号。

2）并行通道

一些民用类 GPS 设备有 2～5 条并行通道接收卫星信号。因为在地球上每时每刻平均有 8 颗 GPS 卫星是可见的,最多时可能有 12 颗,这意味着 GPS 接收器必须按顺序访问每一颗卫星来获取每颗卫星的信息。

市面上公开销售的 GPS 接收器大多数是 12 并行通道型,可连续追踪每一颗卫星的信息,12 通道接收器的优点包括快速冷启动和初始化卫星的信息,而且在森林地区可以有更好的接收效果。如果不是安装在船舱、车厢等封闭的空间环境中,一般 12 通道接收器不需要外置天线。

3）定位时间

定位时间指当用户重启动 GPS 接收器时确定位置所需的时间。对于 12 通道 GPS 接收器,如果位于最后一次定位位置的附近,冷启动时的定位时间一般为 3～5min,热启动时为 15～30s;而对于 2 通道接收器,冷启动时大多超过 15min,热启动时为 2～5min。

4）定位精度

GPS 接收器工作时是依靠 GPS 卫星信号到达 GPS 接收器的时间来定位的,即距离等于光速与时间的乘积(距离＝时间×光速)。目前,大多数民用 GPS 接收器的水平位置定位精度在 20～30m 左右,从统计的角度讲,这意味着平面定位的位置距离实际位置在 30m 范围之内的概率是 95%。对于高度读数,几乎所有的 GPS 设备对于“高度”的精度都很难保证,因为在 4 颗 GPS 卫星可见的情况下,高度定位的偏差可能达到 3 倍。

5）DGPS 功能

为了将大气层折射带来的影响降为最低,有一种叫做 DGPS 发送机的设备。它是一个固定设置在勘探现场 100～200km 半径内的 GPS 接收器,它确切地知道理论上卫星信号传送到的精确时间是多少,然后将它接收到卫星信号所用的实际传送时间与理论值相比较,计算出两者的相差值,该相差值十分接近于大气层折射的影响,它将这个差值发送出去,其他 GPS 接收器就可以利用它得到一个更精确的位置读数,可达 5～10m 或者更少的误差。许多 GPS 设备提供商在一些地区设置了 DGPS 发送机,供它的客户免费使用。

6）信号干扰

当用户需要比较精确的定位时,基本条件是其 GPS 接收器需要至少 3～5 颗卫星是可见的。因此如果用户的位置正好处于峡谷中或者两边高楼林立的街道上,就有可能联系不到足够的 GPS 卫星,从而无法定位或者只能得到二维坐标。为了克服因位置封闭而产生的信号干扰的问题,有一些 GPS 接收器附带有单独的外置天线,可以贴在车辆的挡风玻璃上,或者安放在车顶上,这有助于 GPS 接收器得到更多的卫星信号。

7）物理指标

选购 GPS 设备时,其大小、重量、显示画面、防水、防震、防尘性能、耐高温、耗电量等物理指标都要考虑在内。

11.2.2 地理信息系统

1. 地理信息系统的定义

地理信息是指表征地理系统诸要素的数量、质量、分布特征、相互联系和变化规律的数字、文字、图像和图形的总称。地理信息属于空间信息,具有多维结构特征和时序特征。

地理信息系统(GIS)的定义是以地理现象为研究对象,以地理空间信息数据库为基础,采用地理模型分析方法,适时提供多种空间的和动态的地理信息,为地理研究和地理决策服务的计算机技术系统。GIS 从 20 世纪 60 年代开始迅速发展起来,是一种多学科交叉的研究体系,它由计算机系统、地理数据和用户组成的,通过对地理数据的采集、存储、检索、操作和分析,生成并输出各种地理信息,从而为土地利用、资源管理、环境监测、交通运输、经济建设、城市规划以及政府部门行政管理提供新的知识,为工程设计和规划、管理决策服务。随着数字地球这一概念的提出和人们对它的认识的不断加深,地理信息系统发展的主要方向是从二维向多维动态以及网络方向发展。其特征有:

① 具有采集、管理、分析和输出多种地理空间信息的能力,具有空间性和动态性。

② 以地理研究和地理决策为目的,以地理模型方法为手段,具有区域空间分析、多要素综合分析和动态预测能力,产生高层次的地理信息。

③ 由计算机系统支持进行空间地理数据管理,并由计算机程序模拟常规的或专门的地理分析方法,作用于空间数据,产生有用信息,完成人类难以完成的任务。

2. 地理信息系统的由来和发展

GIS 的存在与发展已历经 30 余年。用户的需要、技术的进步、应用方法论的提高,以及有关组织机构的建立等因素,深深地影响着地理信息系统的发展速度和方向。

1) 地理信息系统开拓期

20 世纪 60 年代是地理信息系统的开拓期,主要注重于空间数据的地学处理。例如,处理人口统计数据、资源普查数据等。初期地理信息系统发展的动力来自于学术探讨、新技术的应用、大量空间数据处理的生产需求等,其中专家兴趣以及政府的推动起着积极的引导作用,并且大多地理信息系统工作限于政府及大学的范畴,国际交往甚少。

2) 地理信息系统的巩固发展期

地理信息系统的真正发展是在 20 世纪 70 年代,主要注重于空间地理信息的管理。随着计算机技术迅速发展,地理信息系统在继承 60 年代技术基础之上,充分利用了新的计算机技术,新型的地理信息系统软件不断出现,但系统的数据分析能力仍然很弱,在地理信息系统技术方面未有新的突破,系统的应用与开发多限于某个机构。

3) 地理信息系统大发展时期

20 世纪 80 年代是地理信息系统大发展时期,主要注重于空间决策支持分析。地理信息系统的商业化实用系统进入市场。应用领域迅速扩大,从资源管理、环境规划到应急反应,从商业服务区域划分到政治选举分区等,涉及许多的学科与领域,如古人类学、景观生态规划、森林管理、土木工程以及计算机科学等。

4) 地理信息系统的用户时代

自 20 世纪 80 年代以来,地理信息系统已成为许多机构必备的工作系统。世界各国对地理信息系统的认识普遍提高,需求大幅度增加,从而导致地理信息系统应用的扩大与深化,成为现代社会最基本的服务系统,国家级的地理信息系统已成为公众关注的问题。

3. 地理信息系统的分类

对地理信息系统(GIS)进行分类,在很大程度上是由用户不同的应用目标或任务要求决定的。通常按其内容可以分为三类:

1) 专题信息系统

专题信息系统是具有有限目标和专业特点的地理信息系统,它以某个专业、问题或对象为主要内容,为特定的专门目的服务。专题信息系统也是发展最多、最为普遍的系统,如森林动态监测信息系统、水资源管理信息系统、矿产资源信息系统、农作物估产信息系统、草场资源管理信息系统、水土流失信息系统等。

2) 区域地理信息系统

区域地理信息系统主要以区域综合研究和全面信息服务为目标,以某个地区为其研究和分析对象的系统。可以有不同规模,如国家级的、地区或省级的、市级或县级等为各不同级别行政区服务的区域信息系统,也可以按自然分区或流域为单位的区域信息系统,如黄河流域信息系统等。

3) 全国性综合系统

全国性综合系统是以一个国家为其研究和分析对象的系统,如日本的"国土信息系统"、加拿大的"国家地理信息系统"等,都是按全国统一标准、存储包括自然地理和社会经济要素的全面信息,为全国提供咨询服务。

4. 地理信息系统的工具

地理信息系统的工具是一组具有图形图像数字化、存储管理、查询检索、分析运算和多种输出等基本功能的软件。它可以是专门设计研制的,也可以是从实用地理信息系统中抽取掉具体区域或专题的地理空间数据后得到的。它具有对计算机硬件适应性强,数据管理和操作效率高、功能强,且具有普遍性并易于扩展、操作简便、容易掌握等特点。

对于地理信息系统软件的研究应用,归纳概括起来有两种情况。一是利用 GIS 来处理用户的数据;二是在 GIS 的基础上,利用它的开发函数库二次开发出用户的专用地理信息系统软件,现已成功地应用到了包括资源管理、自动制图、设施管理、城市和区域的规划、人口和商业管理、交通运输、石油和天然气、教育、军事等九大类别的一百多个领域。目前在国内较为流行的地理信息系统工具如北京超图地理信息技术有限公司推出的全组件式 GIS 平台 SuperMap2000、北京图原公司开发的 MapEngineer、ESRI 的 MapObjects、MapInfo 的 MapX,武汉测绘大学研制的吉奥之星等。值得欣慰的是,国产的组件式 GIS 平台在功能上已经完全可以与国外同类产品相抗衡,在许多方面甚至优于国外同类产品。

地理信息系统的主要基础地理数据比例尺为 1:400 万、1:100 万、1:25 万、1:5 万、1:1 万、1:2000、1:1000 和 1:500 等;基础地理数据种类为数字线划图(DLG)、数字栅格图(DRG)、数字正射影像图(DOQ)和数字高程模型(DEM)等。

5. 电子地图

1) 电子地图的定义

地图是空间现象的模型,是现实世界的抽象而不是现实世界的缩小,它能够显示研究区域的每一处细节。地图有几千年的历史,人们已经或多或少地习惯于查看它们。地图系列结合了地图包含的简洁信息及其强大的直观可视性,使地图具有不折不扣的权威性。简单地说,抽象等级、符号和生成方式共同组成了地图产品。

电子地图是将纸质模拟地图进行矢量化和数字化,以数字形式存在的地图。电子地图和纸质地图的区别就在于制作方法不同,纸质地图是模拟化的地图,电子地图是数字化的地图,传统模拟化地图制作手段主要是:勘测—记录数据—手工绘制—样图—排版—印刷—成品地图,传统制作人力物力耗费很大。电子地图制作手段主要是:卫星航片—扫描入计算机—工作站—成品地图,节省人力物力。

2)电子地图的分类

(1)数字栅格地图(DRG):地图被划分为若干个小删格,每一个栅格代表一组数据,通过对着一栅格的数字分析,就能得出科学的结果。

(2)数字高程模型(DEM):将地图做成有长、宽、高显示的三维地图,地图上每一个点都有自己的高程数据,可以了解到地形、地貌。

(3)数字正射影像(DOM):通过航拍直接得到图像结果,直观。

(4)数字线划图(DLG):依据《测量规范》和地形图图式进行测绘的全要素图。

6. 地理信息系统的应用

在一些发达国家,地理信息系统的应用遍及环境保护、资源保护、灾害预测、投资评价、城市规划建设、政府管理等众多领域。近年来,随我国经济建设的迅速发展,加速了地理信息系统应用的进程,在城市规划管理、交通运输、测绘、环保、农业、制图等领域发挥了重要的作用,取得了良好的经济效益和社会效益。

1)在地理空间数据管理中的应用

GIS 在地理空间数据管理中的应用主要以多种方式录入的地理数据,以有效的数据组织形式进行数据库管理、更新、维护、进行快速查询检索,并以多种方式输出决策所需的地理空间信息。如北京某测绘部门以北京市大比例尺地形图为基础图形数据,综合叠加地下及地面的八大类管线(包括上水、污水、电力、通信、燃气、工程管线)以及测量控制网,规划路等基础测绘信息,形成一个测绘数据的城市地下管线信息系统。从而实现了对地下管线信息的全面的现代化管理。为城市规划设计与管理部门、市政工程设计与管理部门、城市交通部门与道路建设部门等提供地下管线及其他测绘部门的查询服务。

2)在综合分析评价与模拟预测中的应用

GIS 不仅可以对地理空间数据进行编码、存储和提取,而且还是现实世界模型,可以将对现实世界各个侧面的思维评价结果作用其上,得到综合分析评价结果;也可以将自然过程、决策和倾向的发展结果以命令、函数和分析模拟程序的形式作用到这些数据上,模拟这些过程的发生发展,对未来的结果作出定量的和趋势预测,从而预知自然过程的结果,对比不同决策方案的效果以及特殊倾向可能产生的后果,以作出最优决策。

3)在空间查询和空间分析功能方面的应用

GIS 为了便于管理和开发地理空间信息,在建立数据库时是分层处理的,以原始图为输入,而查询和分析结果则是以原始图经过空间操作后生成的新图件来表示,在空间定位上仍与原始图一致。因此,也可将其称为空间函数变换。这种空间变换包括叠置分析、缓冲区分析、拓扑空间查询、空集合分析。这方面应用例子有很多,例如在城市规划过程中,对城市中救护车、消防车辆的分布位置以及行车路线和控制的规划;在环境保护方面,对水土流失导致土地资源的破坏进行评价;在区域环境质量现状评价过程中,对整个区域的环境质量进行客观地、全面地评价,以反映出区域中受污染的程度以及空间分布状态等。

4) GIS 的输出功能在地图制图中的应用

地理信息系统的发展是从地图制图开始的,因而 GIS 的主要功能之一是绘制地图,建立地图数据库。与传统的、周期长、更新慢的手工制图方式相比,利用 GIS 建立起地图数据库,可以达到一次投入、多次产出的效果。它不仅可以为用户输出全要素地形图,而且可以根据用户需要分层输出各种专题,如行政区划图、土地利用图、道路交通图等。更重要的是由于 GIS 是一种空间信息系统。它所制作的图也能够反映一空间关系,可以制作多种立体图形,而制作立体图形的数据基础就是数字高程模型。

5) 运用 GIS 系统,建立起专题信息系统和区域信息系统

专题信息系统具有有限目标和专业特点,如水资源管理信息系统、矿产资源信息系统、草场资源信息系统等,系统数据项的选择和操作功能是为特定的目标服务。区域信息系统主要以区域综合研究和全面的信息服务为目标,可以有不同的规模,其特点是数据项多,功能齐全,通常具有较强的开放性。这两种信息系统与上述四种 GIS 应用或多或少有重叠处,但这里强调的是系统的完整性、全面性和系统性。

6) 应用 GIS 一些二次开发函数库开发出具有特定功能软件系统

如国家九五攻关项目"紧缺金属资源快速勘察评价系统",这个系统中,分为地质变量信息提取模块、数据挖掘模块、物探数据处理模块、图像处理模块、综合预测模块等,并使用了 GIS 中的基本输入函数、空间功能分析函数,目前这个系统已初具雏形。

7) 地理信息系统与遥感图像处理系统的结合的应用

遥感数据是地理信息系统重要信息源。其实目前大多数 GIS 系统已揉进图像处理功能,并把它作为其一个子模块。这种应用如海湾战争期间,美国国防制图局 GIS 实时服务,为战争需要在工作站上建立了 GIS 与遥感的集成系统,它能用自动影像匹配和自动目标识别技术处理,处理卫星和高低侦察机实时获得战场数字影像,及时地将反映战场现状的正射影影像叠加到数字地图上,数据直接传送到海湾前线指挥部和五角大楼,为军事决策提供 24 小时的实时服务。

8) GIS 中属性数据的综合及融合

在 GIS 众多项的属性数据中,有时将几个属性项的属性数值加以综合,构成一个具有某领域特定意义的新属性项新属性值,这种综合不是综合前属性数据值的简单反映,也不是它们的孤立集合。数据融合的概念始于 20 世纪 70 年代,但直接促其迅速发展的是进入 90 年代以后,最初以军事应用为目的的数据融合技术现今亦用于工业和农业。通过 GIS 空间叠加分析,对其属性数据值的预处理、筛选、数据融合,利用 GIS 管理、显示,可使其结果的应用范围与利用价值大大提高。

11.2.3　遥感系统

1. 遥感系统的定义

遥感(Remote Sensing,RS)就是从遥远处感知,泛指各种非接触的、远距离的探测技术。遥感是一门新兴的科学技术,其科学的定义是指在近地面到外太空的各种平台上,运用传感器主动或被动地接收被监测物体所辐射或反射的电磁波信号,再经过加工处理,变为人眼可以直接识别的图像,从而揭示出所探测物体的性质及其变化规律,为科研、社会、政府部门及国防等提供决策服务。

1957年人类成功地发射了人造地球卫星,标志着宇航时代的开始。1959年从人造卫星上发回了第一张地球照片,1960年从气象卫星上获得了全球的云图。在1962年,专家们来到美国的密执安大学,讨论侧视雷达和红外扫描图像的应用问题,会议取名"环境遥感"。从此,遥感一词就成了从高空探测地球表面及其环境信息的获取、处理及其应用技术的专用术语,其贴切含意是指采用卫星、雷达等航天观测技术对地球表面进行连续观测并经过一系列分析处理获得地球表况特征信息的一种新技术。

遥感是在航空摄影测量的基础上,随着空间技术、电子技术和地球科学的发展而发展起来的,它的主要特点是:已从以飞机为主要运载工具的航空遥感发展到以人造卫星为主要运载工具的航天遥感;它超越了人眼所能感受到的可见光的限制,延伸了人的感官;它能快速、及时地监测环境的动态变化;它涉及天文、地学、生物学等科学领域,广泛吸取了电子、激光、全息、测绘等多项技术的先进成果;它为资源勘测、环境监测、军事侦察等提供了现代化技术手段。遥感是运用物理手段、数学方法和地学规律的综合性探测技术。

遥感是20世纪发展最快的科学技术领域之一,目前已经形成多平台、多传感器、高分辨率、多时相的对地观测系统。遥感具有"宏观探道,微观求真"的双重特征和优势,为国民经济建设和科研提供了"海量"数据,广泛应用于地质、地理、农业、林业、气象、灾害、资源环境等领域。

2. 遥感技术发展的特点

当代遥感技术发展趋势主要的特点表现在以下几方面:

1) 多传感器

当代遥感技术综合使用多种传感器,已能全面覆盖大气窗口的所有部分。光学遥感可包含可见光、近红外和短波红外区域。热红外遥感的波长可从8～14mm,微波遥感观测目标物电磁波的辐射和散射,分被动微波遥感和主动微波遥感,波长范围为1mm～100cm。

2) 高分辨率

当代遥感技术的高分辨率全面体现在空间分辨率、光谱分辨率和温度分辨率3个方面。空间分辨率指影像上所能看到的地面最小目标尺寸,现代最先进的成像扫描仪可以达到1～2m的空间分辨率;光谱分辨率指成像的波段范围,分得愈细,波段愈多,光谱分辨率就愈高,现在的成像光谱仪的光谱细分可以达到5～6nm的水平;温度分辨率指探测热红外辐射温度的灵敏度,现在最灵敏的热红外辐射计的温度分辨率可从 0.5K 提高到 0.1K。

3）多时相

时相指的是时间分辨率,即遥感重访周期的长短。随着小卫星群计划的推行,可以用多颗小卫星,实现多时相,达到每二三天对地表重复一次采样,获得高分辨率成像光谱仪数据,采用多波段、多极化方式的雷达卫星,能解决阴雨多雾情况下的全天候和全天时对地观测,与此同时,通过卫星遥感与机载和车载遥感技术的有机结合,也是实现多时相遥感数据获取的有力保证。

4）其他特点

当代遥感技术发展趋势的其他特点,还包括遥感信息的应用分析已从单一遥感资料向多时相、多数据源的融合与分析;从静态分析向动态监测过渡;从对资源与环境的定性调查向计算机辅助的定量自动制图过渡;从对各种现象的表面描述向软件分析和计量探索过渡。近年来,在航天遥感技术飞速发展的同时,航空遥感由于它所具有的快速机动性和高分辨率的显著特点,已使之成为遥感发展的另一个重要方面。

3. 遥感技术分类

遥感技术的分类方法有多种,比较常见的是按照感测目标的能源作用进行分类,分为主动式遥感技术和被动式遥感技术。

1）被动式遥感技术

利用多光谱摄影机或多光谱扫描仪这类传感器直接接收地面物体反射或辐射波来探测物体的遥感方式称为被动式遥感。被动式遥感器主要工作在紫外、可见光、红外、微波等波段。其主要遥感器有摄影机、扫描仪、分光计、辐射计、电视系统等。目前在航空遥感中大多使用被动式遥感器。属于光学摄影的航空摄影只"敏感"电磁波的可见光波段。可见光是人眼能够看到的光,它由赤、橙、黄、绿、青、蓝、紫七色光组成,是一个很窄的波段。由于地面物体的反射光谱特性取决于光源(太阳)和大气条件等,所以航空摄影受到日光、时间、天候等多种因素限制。与光学摄影机相类似,红外传感器也是被动地接受电磁波。红外传感器"感知"红外波段,这一波段介于 $0.76\mu m \sim 1mm$ 之间,分为近红外、中红外、远红外、极远红外四个区域。由于自然界的任何物体不仅反射太阳辐射出来的红外线,而且当其处于绝对温度零度($-273℃$)以上时,还自动向外发射红外线,这种发射能力一般由物体的温度决定,所以红外传感器是全天候的遥感设备。

2）主动式遥感技术

由探测主体发射一定频率的电磁波信号照射目标,并通过其回波来探测物体的遥感方式称为主动式遥感。主动式遥感主要使用激光和微波作为照射源。主动式遥感器有:激光荧光扫描仪、激光雷达、激光测高仪、激光散射计、雷达测高仪、微波全息雷达等。

雷达是主动式遥感的典型例子,雷达向监视空域连续地发射电磁波,并不断地接受反射回来的电波,当目标进入监视空域,就会反射回与背景不同的电波,这时监视屏上就会出现移动目标的"形象"。根据其移动轨迹,可以推算其位置。雷达发射的电磁波主要是微波波段,微波直线传播,在高空不受电离层反射的影响;微波波长较短,目标对其散射性能好;自然界的电磁波对微波的干扰小。所以,雷达探测能够克服气象条件的限制,精度高、使用方便、应用范围广。

下面介绍遥感技术的其他分类方法。

遥感技术依其遥感仪器所选用的波谱性质可分为:电磁波遥感技术、声纳遥感技术、物理场(如重力和磁力场)遥感技术。电磁波遥感技术是利用各种物体反射或发射出不同特性的电磁波进行遥感的,其可分为可见光、红外、微波等遥感技术。按照记录信息的表现形式可分为:图像方式和非图像方式。按照遥感器使用的平台可分为:航天遥感技术,航空遥感技术、地面遥感技术。按照遥感的应用领域可分为:地球资源遥感技术、环境遥感技术、气象遥感技术、海洋遥感技术等。

4. 航天遥感与航空遥感的比较

航天遥感泛指利用各种空间飞行器为平台的遥感技术系统。它以地球人造卫星为主体,包括载人飞船、航天飞机和空间站,有时也把各种行星探测器包括在内。在航天遥感平台上采集信息的方式有四种:一是宇航员操作,如在"阿波罗"飞船上宇航员利用组合相机拍摄地球照片;二是卫星舱体回收,如中国的科学实验卫星回收的卫星相片;三是通过扫描将图像转换成数字编码,传输到地面接收站;四是卫星数据采集系统收集地球或其他行星、卫星上定位观测站发送的探测信号,中继传输到地面接收站。

航空遥感泛指从飞机、气球、飞艇等空中平台对地面感测的遥感技术系统。按飞行高度,分为低空(600~3000m)、中空(3000~10000m)、高空(10000m 以上)三级,此外还有超高空和超低空的航空遥感。

航天遥感和航空遥感的区别主要是:一是使用的遥感平台不同,航天遥感使用的是空间飞行器,航空遥感使用的是大气层中的飞行器,这是最主要的区别;二是遥感的高度不同,航天遥感使用的极地轨道卫星的高度一般约 1000km,静止气象卫星轨道的高度约3600km,而航空遥感使用的飞行器的飞行高度只有几百米、几千米、几十千米。

航天遥感与航空遥感相比,感测的地域显然要大得多,美国"陆地卫星"的一幅多光谱图像覆盖地面的面积达 34000km²,相当于台湾岛的面积,而赤道上空的气象卫星可以覆盖南北纬 40°以内、东西经相距 70°左右的区域。因此,航天遥感能够以空前广阔的视野实时监视着地球。

案 例 分 析

1. 案例一(选择题)

空间信息是指与空间和地理分布有关的信息,据统计,世界上的事情有(1)与空间分布有关。数字地球的核心是地球空间信息科学,而地球空间信息科学的技术体系中最基础和基本的技术核心是(2)及其集成。

(1) A. 50%　　　　B. 70%　　　　C. 80%　　　　D. 90%

(2) A. 3S 技术　　　B. 3C 技术　　　C. 4S 技术　　　D. 4C 技术

分析

空间信息是指与空间和地理分布有关的信息,据统计,世界上的事情有 80% 与空间分布有关。数字地球的核心是地球空间信息科学,而地球空间信息科学的技术体系中最基础和基本的技术核心是 3S 技术及其集成。

参考答案

(1) C   (2) A

2. 案例二(选择题)

GPS 由(1)沿距地球 12000km 高度的轨道运行的 GPS 卫星组成,每天 24 小时不停地发送回精确的时间及其位置,在地球上的 GPS 接收器同时接收(2)卫星的信号,根据卫星位置求出地面上或接近地面的物体的位置、移动速度和方向等。

(1) A. 12 颗   B. 18 颗   C. 24 颗   D. 28 颗

(2) A. 1 或 2 颗   B. 3~12 颗   C. 4~15 颗   D. 5~16 颗

分析

全球定位系统(GPS)是指以卫星为基础的无线电导航定位系统,它具有全球性、全天候、连续性和实时性的导航、定位和定时功能。能为各类用户提供精密的三维坐标、速度和时间。由 24 颗沿距地球 12000km 高度的轨道运行的 GPS 卫星组成,它们每天 24 小时不停地发送回精确的时间及其位置,在地球上的 GPS 接收器同时接收 3~12 颗卫星的信号,根据卫星位置求出地面上或接近地面的物体的位置、移动速度和方向等。

参考答案

(1) C   (2) B

3. 案例三(问答题)

【说明】 电子地图是将纸质模拟地图进行矢量化和数字化,以数字形式存在的地图。

【问题】 传统纸质地图和电子地图有何区别? 电子地图有哪些类型?

案例分析和参考答案

(1)电子地图和纸质地图的区别就在于制作方法不同,纸质地图是模拟化的地图,电子地图是数字化的地图,传统模拟化地图制作手段主要是:勘测—记录数据—手工绘制—样图—排版—印刷—成品地图,传统制作人力物力耗费很大。电子地图制作手段主要是:卫星航片—扫描入计算机工作站—成品地图,节省人力物力。

(2)电子地图的分类

① 数字栅格地图(DRG):地图被划分为若干个小删格,每一个栅格代表一组数据,通过对着一栅格的数字分析,就能得出科学的结果。

② 数字高程模型(DEM):将地图做成有长、宽、高显示的三维地图,地图上每一个点都有自己的高程数据,可以了解到地形、地貌。

③ 数字正射影像(DOM):通过航拍直接得到图像结果。

④ 数字线划图(DLG):依据《测量规范》和地形图图式进行测绘的全要素图。

习　题

11.1　什么是数字地球？

11.2　论述数字地球的意义及其技术基础。

11.3　数字地球主要应用到哪些方面？

11.4　什么是全球定位系统(GPS)？

11.5　什么是地理信息系统(GIS)？

11.6　什么是遥感系统(RS)？

第12章 数字工程

主要内容

(1) 数字化和数字工程的基本概念;

(2) 数字城市、无线城市、平安城市的定义和建设内容;

(3) 社区的地位和作用,数字社区的特点和建设内容;

(4) 数字医院、数字校园、数字图书馆、数字档案馆和数字公园建设的内容;

(5) 智慧城市的基本特征,从数字城市到智慧城市发展模式的转变。

12.1 数字化和数字工程的基本概念

1. 数字化的定义及其重要作用

数字化是将许多复杂多变的信息转变为可以度量的数字,再以这些数字建立起适当的数字化模型,把它们转变为一系列二进制代码,引入计算机中用 0 和 1 表示进行统一处理的过程。简而言之,将模拟信号转换为表示同样信息的数字信号的过程称之为数字化。其重要作用如下:

(1) 数字化是数字计算机的基础:若没有数字化技术,就没有当今的计算机,因为数字计算机的一切运算和功能都是用数字来完成的。

(2) 数字化是多媒体技术的基础:数字、文字、图像、语音,包括虚拟现实,及可视世界的各种信息等,实际上通过采样定理都可以用 0 和 1 来表示,这样数字化以后的 0 和 1 就是各种信息最基本、最简单的表示。因此计算机不仅可以计算,还有发声、打电话、发传真、放录像、看电影等功能。

(3) 数字化是软件技术的基础,是智能技术的基础:软件中的系统软件、工具软件、应用软件等,信号处理技术中的数字滤波、编码、加密、解压缩等都是基于数字化实现的。

(4) 数字化是信息社会的技术基础:数字化技术还正在引发一场范围广泛的产品革命,各种家用电器设备,信息处理设备都将向数字化方向变化。如数字电视、数字广播、数字电影等。

数字化是信息社会的技术基础,数字技术正在改变人类所赖以生存的社会环境,并因此使人类的生活和工作环境具备了更多的数字化特征,也带来了人类生活和工作方式的巨大变化,这种由数字技术和数字化产品带来的全新的更丰富多彩和具有更多自由度的生活方式称之为数字化生活。数字化生活是一种趋势,其根本动力源于人们对美好生活的渴望和追求,源于技术的进步和广泛应用。随着人类社会信息时代的发展,人们认识到信息化已经不仅仅是信息技术的应用和对传统产业的改造,而且还有信息技术本身和基于信息技术所包含、所带来的知识、技术、市场模式等的扩散和创新,以及由此而形成的经济和社会的巨大变革和重组。人类社会长期形成的其他的大量技术、知识和社会资源要通过信息技术方式而获得空前的扩散、创新和丰富。换言之,信息资源发挥其最大效益的关键就是其融合作用带来的知识发现,这是创新与科学决策的基础。

2. 数字工程的定义及其特点

数字化工程,通常简称为数字工程(或智能工程)是利用数字技术整合、挖掘和综合利用地理空间信息和其他信息资源的系统工程,是一门空间信息科学、计算机科学、通信科学、管理科学与经济、人文科学的广泛交叉学科。实际上,数字工程指的就是信息系统工程的具体项目,就是以信息技术为工具,以信息资源为中心,依托基础信息平台体系,促进信息技术在各行各业、各个环节中的应用,扩大数字化的服务对象和服务内容,在全面发展中解决现实问题,并由应用深化形成渗透,最终导致社会变革。为了增强国家整体实力和国际市场竞争力,世界上许多国家都把数字工程建设当成 21 世纪新的竞争制高点。数字工程的主要特点有:

(1) 从整体上看,数字工程的整体结构呈现出一种纵向多层次、横向网格化的立体网状结构特点。在每个结点上是各种数字工程的应用系统,而且每个系统都是纵向多层次的立体结构;横向上,每个应用结点基于计算机网络技术连接成一个有机的整体。

(2) 从逻辑框架上来看,数字工程是一个多平台、多层次的立体结构,包括基础平台体系(软硬件平台、网络平台、数据平台、标准平台、安全平台、应用服务平台)、基础信息共享平台和行业综合应用平台。

(3) 从技术上来说,数字工程技术体系可概括为基础技术和关键技术两大类,按照其在数字工程建设中的基本功能,可以分为 4 种类型:数据获取与集成技术、数据存储与管理技术、数据传输与共享技术、数据应用与表现技术。

12.2　数　字　城　市

人类社会的城市化大约产生于 18 世纪中,而信息化则始于 20 世纪 40 年代。信息化是城市化、工业化发展到一定历史阶段的产物,是城市化与工业化互助互进的直接成果。经济发达国家数字城市发展基本上经过了四个阶段:第一阶段是网络基础设施建设,第二阶段是城市政府与企业内部信息化建设,第三阶段是城市政府与企业之间的互联网连接,第四阶段是完成智能建筑、数字社区、数字城市的建设。目前,美国、加拿大等发达国家基本上已经完成了前三个阶段的任务,正在开始第四阶段的建设。

我国的城市化水平大约要比经济发达国家水平落后 11～22 个百分点。根据有关部门预测,我国城市化水平 2010 年已经达到 40%,2020 年将达到 50%～52% 左右,即 10 年内我国的城市化发展将出现一个高速增长期。现在,我国还是一个二元经济的国家,现代化的大城市和落后的农村并存。这一国情决定了我们只能坚持非平衡发展战略,实现局部跨越,城市先行。随着城市化进程加快,城市群落形成,环境、交通等日趋紧张,对网络化管理和动态调控的需求日趋增加。我国信息化战略的重点之一是发展"数字城市",推进城市信息化。与世界上经济发达国家相比,我国城市数字化工程起步晚而起点高,是城市化、数字化同步推进。

1. 数字城市的定义

数字城市是指综合运用 3S(GPS、GIS、RS)技术、宽带网络、多媒体及虚拟仿真等现代高科技手段,充分采集、整合和挖掘城市各种数据信息资源,建立面向政府、企业、社区与公众的信息服务平台、信息应用系统和政策法规保障体系。它具有城市地理、资源、生态环境、人口、经济、社会等复杂系统的数字化、网络化、虚拟仿真、优化决策支持和可视化表现等强大功能。

虽然数字城市的概念可以看成是数字地球概念的引申,它是一个数字化的、虚拟的"数字城市",但另一方面,也要看到数字城市不是一个纯技术的概念,它同时也意味着城市管理和规划体制的一次重大变革。其内涵包括两方面:

(1) 技术内涵:利用 3S、宽带多媒体信息网络等技术,建设城市空间信息基础设施,为城市规划、建设和管理提供服务。据统计,80%的城市信息都与空间位置有关。

(2) 社会内涵:通过建设宽带多媒体信息网络等技术平台,整合城市信息资源,实现城市经济和社会运行的信息化,即是城市的电子政府(电子政务)、电子社区、电子商务、数字城管、智能交通,以及数字医院、数字图书馆、数字校园等一系列数字工程的建设。

不管是强调技术内涵还是强调社会内涵,数字城市的最终目标都是提升城市竞争力。数字城市为认识现实的物质城市打开了新的视野,并提供了全新的城市规划、建设和管理的调控手段。例如,城市规划设计师在有准确坐标、时间和对象属性的虚拟城市环境中进行规划、决策、设计和管理,就像走在现实的城市街道上或乘坐直升机观察规划、设计城市空间布置、组合配置城市资源、改善交通系统活动一样。数字城市无疑将为调控城市、预测城市、监管城市提供革命性的手段,对传统方法是一个巨大的挑战。同时,这种手段是一种可持续、适应城市变化的手段,从而为城市可持续发展的改善和调控提供了有力的工具。

2. 数字城市建设的内容

数字城市建设的内容主要以城市为主体,在政治、经济、文化、科技、教育和社会生活各个领域广泛应用现代信息技术,提高政府、企业和社区信息服务能力,增强城市集聚辐射能力,提高城市运行质量,提升人民信息生活水平,包括:

1) 城市公共信息平台

数字城市建设首先要建立一个城市公共信息平台,在此核心平台基础上,进行空间信息获取、更新、处理和应用。城市公共信息平台可采用逻辑集中、物理分布式结构,它包括城市空间信息基础设施、空间数据信息管理和交换中心、公共应用平台、CA 中心、数据库体系等系统。

信息资源共享是实现数字城市目标的核心和基础,如果没有丰富的信息资源和有效的信息资源共享机制,数字城市建设的可能性和现实性便会受到极大地限制。城市公共信息平台的主要任务是把不同信息源(跟踪矢量化数据、扫描栅格化数据、遥感栅格图像及 GPS 数据等)、不同比例尺及不同的投影方式、不规则分幅的空间图进行采集和处理,并在系统中复合显示、叠加查询、综合分析,以及交换传输等。

2）空间数据管理系统（SDM）

SDM 可采用工业化标准的空间数据引擎进行海量空间数据管理，面向行业应用实现空间数据高效访问，提供全面的业务应用模型和管理机制，实现与 GIS 平台相关的空间数据共享；利用 Web 服务技术，基于空间数据共享中间件，对外提供基本的与空间相关的 Web 服务和与行业相关的应用 Web 服务，供不同的行业应用系统调用；利用空间数据共享平台提供的基本服务，可以快速构建多级体系的电子政务应用体系。

SDM 的主要功能模块包括：多比例尺图库管理、版本控制、元数据管理、数据安全管理、数据远程协同工作管理，SDM 的本质就是对海量城市空间数据进行管理，通过信息化完善城市服务功能，提高城市管理水平、人民生活和城市环境的质量，并为区域信息化、企业信息化和社会信息化的发展提供良好的环境。

3）信息基础设施建设

实现数字城市最重要的条件之一是建立比较完善的城市信息基础设施，包括高速、宽带、交互、智能化的信息网络基础设施遍布城市各个社区、居民点、企事业单位和社会生活各领域，信息高速公路通向所有工商企业、机关单位、学校和居民家庭；实现信息技术产业化、信息服务网络化；全社会可享受便捷、广泛的信息服务等。

4）应用软件系统建设

数字城市建设要重视应用软件的开发和使用，提高信息管理系统的应用广度和深度，推广信息技术的应用，防止"重硬轻软"的倾向。建设数字化城市的重心，不仅仅是计算机网络、光纤这些硬件建设，更重要的是内容、应用软件和信息资源的建设。在信息化过程中，要发展和完善高速宽带接入和电信网、电视网、计算机网和控制网的四网融合，确保信息网络的安全性，提高信息服务和应用软件开发水平。将先进的基础设施和信息的组织与应用有机地结合起来，使信息资源、基础设施融为一体，让信息高速公路充分发挥作用，上网的公民越来越多。

5）加快发展重点应用

电子政务、电子商务和企业信息化是数字城市重点应用的三个主要方面，对城市信息化发展有示范性和促进作用。在引导政府上网、企业上网、家庭上网过程中，要加快信息化示范区的建设，为信息化提供载体。

电子政务作为政府实现城市管理和服务的重要手段，在城市信息化发展过程中的主导和带动作用日趋重要。政府应率先实施信息化，推进电子政务。电子政务是在互联网络平台上实现政府资源、企业资源、社会资源和中介服务资源的整合，为企业和家庭提供全方位的数字化的快捷、简便、高效的政务服务。

电子商务是以信息化为手段提升城市竞争力的关键因素，其应用能够突破时间和空间的限制，对于提升城市信息化应用水平，推进信息产业的深入发展具有重要的战略意义。

经济信息化的主体是企业，城市是企业集聚地，是公司总部、银行、保险、营销、法律与管理咨询等企业高度集中的地区。企业向城市集聚不仅可以节约生产成本，而且可以更快捷地获取技术创新和市场营销等方面的信息，及时跟踪，进行不断创新。企业通过信息资源的深度开发和信息技术的广泛应用，可以提高经营管理、决策效率，降低产品与服务成本，拓展网络业务，确立在经济全球化中的竞争优势。

6）实时数据更新

可实时数据更新的信息化城市管理系统是城市实现全天候、全方位、高效率的优质城市公共管理与服务提供重要保证。

7）城市一卡通系统

采用 IC 卡、网络平台、联机交易平台、资金清算平台和基础信息共享平台等，建立在多个应用基础上的 IC 卡支付系统，可实现交通、公汽、客运、地铁的消费和自来水、供电、煤气消费的结算一卡通，一卡多用，最大限度地共享信息资源，为城市居民提供方便的服务。

8）数字城管

数字城管是"数字化城市管理"的简称，是指依托计算机网络技术、空间信息技术、单元网格区划编码技术等，实现城市部件与事件管理的数字化、网络化和空间可视化；创新城市管理模式，再造城市管理流程，建立一套科学完善的监督评价体系，及时发现并有效处理城市管理中的各种问题，进一步提高城市管理水平和管理效率。

数字城管是全面落实科学发展观，实现城市"科学、严格、精细、长效"管理的有效手段。通过实施数字化城市管理，实现城市管理由被动管理型向主动服务型转变，由粗放定性型向集约定量型转变，由单一封闭管理向多元开放互动管理转变，实现信息技术与城市管理应用的有机结合，专业监督与综合监督的有机结合，政府监督与群众监督的有机结合，内部考核与外部评价的有机结合，精细规范管理与全面覆盖管理的有机结合，高效管理与长效管理的有机结合。

9）智能交通

交通拥堵造成居民出行难和乘车难的问题，几乎是所有大中城市都会遇到的难题。交通管理数字化，即人们所讲的智能交通为解决这一难题提供了一个有效的方案。其建设主要内容包括：

（1）充分利用 GPS 技术、航空航天遥感技术、GIS 技术和计算机网络技术，建立城市的智能交通导航系统，通过对城市交通行为的个体引导，辅助城市的交通管理。建设城市交通运输管理服务系统及信息交换平台，实现城市道路运输智能化并能与全国各地实现联网。

（2）在城市主要街道和交通十字路口安装交通监控摄像机，实时将各交通繁忙时段或发生交通意外事故的现场图像数据，通过信息高速公路传输至交通监控中心，在监控中心的监视器和大屏幕上实时显示出来，供交通调度人员进行调度指挥和及时处理（见图 12-1）。

（3）采用非接触 IC 卡作为车票载体，应用计算机网络及各种电子收费终端，实现乘客持一张 IC 卡乘坐各种交通工具和进行小额消费的全过程电子化、自动化、网络化管理，以及实现车辆停车、过路桥自动收费的综合自动化管理。

（4）建设由客运站管理信息、客运车辆管理信息和出行者服务组成的智能客运管理信息系统，实现本市及异地联网售票、中转换乘信息等客运综合服务信息的发布；使站场内发车、候车等重点区域得到全景监控，达到智能化运营调度指挥；并能利用城市各种媒体、街道路口大屏幕显示、宾馆及商厦的显示大屏幕、触摸屏等，全面发布各种交通信息，最大范围和最大程度地满足出行者信息服务的需要。

（5）通过建设货运场站管理、车辆管理信息系统和货源信息交易系统，形成智能货运管理服务。

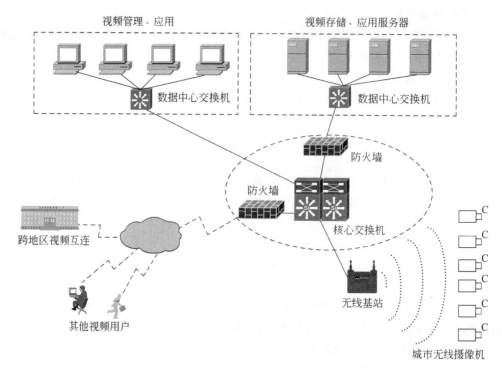

视频管理、应用　　　　　　　　　视频存储、应用服务器

数据中心交换机　　　　　数据中心交换机

防火墙

防火墙

核心交换机

跨地区视频互连

其他视频用户

无线基站

城市无线摄像机

图 12-1　城市无线视频监控示意图

3. 我国数字城市建设发展趋势

　　数字城市建设是人类使用智能工具模拟大规模的自然与人工活动,促进社会与经济、环境均衡发展的必然走向和历史进程,这种进程的最大特点是数字城市建设只有开始而没有结束。当前,我国数字城市建设是解决目前城市信息化建设中遇到的问题,提高城市信息化建设水平的一个契机。通过数字城市建设,解决好信息资源的权属问题,以及信息资源的建设、维护等问题,并将城市信息资源管理的体制建设与政府机构改革和职能转变相结合,为城市信息化建设提供一个科学、规范的环境。我国数字城市建设发展趋势表现在以下几方面。

　　1) 加快城市信息管理体系改造

　　众所周知,只有使信息资源充分有效的融合,才能发挥其最大效益。但是,在我国由于信息资源开发利用的法律规章还不是十分健全,即便在大型城市的信息化建设进程中也普遍存在着硬件建设速度快,信息资源建设速度慢的状况。尤其是在区域信息资源建设中,受到条块式行政管理体制等制约因素的影响,以及在立法上还没有解决好信息资源的权属问题、标准规范问题、市场机制问题等,造成我国的行业信息化建设速度快,区域信息化面临信息资源横向融合困难,整体推进速度慢的问题。作为一种特殊的战略性资源,信息资源的重要性虽然已经被我们所认识,但它还没有真正地充分发挥其效用。

　　为了解决这些问题,数字城市建设必然需要对我国现有的城市信息管理体系进行改造。由于我国原有的行政管理体制基本上是一种垂直的管理体系,这种体制造成各行各业的作为物质载体的信息资源管理权隶属于各个行业,这种状况限制了信息资源充分开发与广泛利用的速度。加快城市信息管理体系改造包含法律与管理体系两方面内容,其本质都是改变对城市信息流的限制与约束,促进其横向融合,建设一个促进信息资源开发、融合与利用的科学的城市信息管理体系是数字城市建设的基本保障。

2)优先法制建设

数字城市是一个复杂的大系统,影响这个系统的内外因素很多,构成数字城市基础支撑环境包括了城市社会健全的政治与管理体制、较高的经济发展与文化水平、优良法制环境等方面,高度重视并优先进行相关法律法规、标准与制度建设能够为数字城市系统的健康发展提供保障。没有解决好信息资源的权属问题,其建设与应用必然受到制约;没有基础数据标准,信息的融合就会遇到很多困难;没有有效的建设制度,就不能保证数字城市系统的各个环节不出现失败和浪费。即是说,只有优先法制建设、注重软、硬件系统建设平衡,不断推进城市信息管理体系改革,有效利用信息资源的市场化建设机制,科学规划、协调发展的数字城市建设才能够实现其目标。

3)强化信息资源建设

数字城市建设通常需要经过四个渐进的建设阶段:

① 基础设施建设阶段;

② 政府与企业内部信息化阶段;

③ 政府与企业上下游互联互通阶段;

④ 网络社会形成与发展阶段。

我国的城市信息化建设由于缺乏有效的管理机制与市场机制的调节,其实际内容已经涉及以上各个阶段的内容,形成了多个阶段并行的状态。在目前的形势下,只有强化基础性、战略性的信息资源建设,积极推进政务信息化与企业信息化建设,才能为数字城市建设打下坚实的基础。既要充分利用信息资源所拥有的巨大战略价值,也要重视发挥信息资源的市场价值,使信息资源建设活动本身可以提供维系其自身建设发展的基础动力。

4)选择合适的数字城市模式

数字城市的概念非常大,内涵很广。在数字城市建设的范畴内,不同城市依据自己的实际情况可以选择不同的切入点。例如,根据城市类型和着重点可将数字城市的模式分成生活服务型、规划管理型、智能交通导航型以及虚拟城市导游型。但是需要注意的是,这四种类型并不是严格区分的。一个城市的数字化建设是立体、全面的,不会仅仅只做某一方面的工作。数字城市模式切入点只是各个城市进入数字城市殿堂的门径,并不代表着终点。数字城市的最终目的是为民服务,为民服务是无止境的。

5)重视数字城市基础平台建设

数字城市的建设目标需要将城市各类信息资源进行有效的融合,为城市的可持续发展提供决策依据。城市信息资源的融合水平必然需要法律、标准、规范的保障以及技术平台的支持。所以,数字城市的综合数据平台建设是数字城市系统的核心与基础。要在网络技术、数据集成技术、数据库、分布式处理等技术的支撑下建设完善的城市数据平台运行管理机构与数据平台实体,以保障数字城市系统建设的可行。

6）以应用促发展

数字城市建设是一项十分浩大的信息系统工程,数字城市建设的战略目标是为城市的可持续发展服务。广泛深入地应用数字城市系统建设成果,建立良好的资源共享与应用机制,才能不断促进城市的可持续发展。数字城市本身是一个动态发展的系统,涉及城市地理环境、人口、经济、能源、交通、治安、医疗、社保及环保等多方面的信息系统建设,必须遵循边建设、边应用、边改革传统的作业流,以应用目标促进系统建设,以建设成果促进可持续发展,从而提高城市管理的水平和效率,降低城市管理的成本。

12.3　无线城市

1. 无线城市的概念

无线城市就是在整个城市的范围内实现无线网络的覆盖和服务,提供随时随地接入和速度更快的无线宽带网络应用服务。计算机、智能手机等不再需要连接网线就可以实现联网。无线宽带网络覆盖面广,不仅仅是局限在一个房间、一栋楼里,而是如手机信号那样,覆盖整个城区。用户可以用手机看电视、打网络游戏、手机视频聊天、用手机随时召开或参加视频会议、无线传输文稿和照片等大文件、无线网络硬盘、移动电子邮件等。

无线城市的概念包含两个方面:一是采用光纤与无线网络相结合的方式组成一个无所不在的宽带城域网,即构建一个超高速、无所不在、智能、信用、安全的网络环境,覆盖了整个城市;二是依托这样的网络给所有的人,在任何时间、任何地点都能提供内容丰富的,方便快捷的,各种各样的应用服务。这两方面都很重要,缺一不可。

无线宽带城域网是城市信息基础设施的重要组成部分,也是未来数字城市发展的基础。它以光纤作为城域无线宽带网络的骨干和核心层;以 Mesh 或 WiMAX 作为中继和回传的汇聚层;以无处不在的 WiFi 作为最后 100m 的接入层(见图 12-2)。

2. 无线城市的商业模式

世界各国建设无线城市的主要推动力是强调为社会公众提供廉价或免费的宽带接入,以消除数字鸿沟。即把为老百姓提供在任何时间、任何地点都能得到的基本宽带接入服务,视同如水、电、下水道、城市交通一样,称作第五公用事业。然而人们在实际建设过程中发现除了技术和应用,无线城市成功发展的另一个重要因素,甚至可以说是最重要的因素是它的商业模式。总结国内外无线城市建设的经验和教训,结果表明商业模式直接决定了无线城市有没有可持续发展的能力,并直接影响无线城市建设的成败。

无线城市典型的商业模式有三种:一种是政府投资,政府拥有,称之为基础设施模式。第二种是企业投资建设,企业运营,称之为自由市场模式。第三种是由企业投资建设、运营,政府作为基本用户有偿购买公共服务,称之为公私合作模式。

无线城市商业模式的选择要因地制宜。要在认真调研分析,确定无线城市的目标和应用需求的基础上,从实际情况出发,研究确定合适的商业模式,并在实施中进行适应性调整。现在越来越多的成功案例表明,建设无线城市既不能单纯依靠政府,也不能单纯依靠市场,

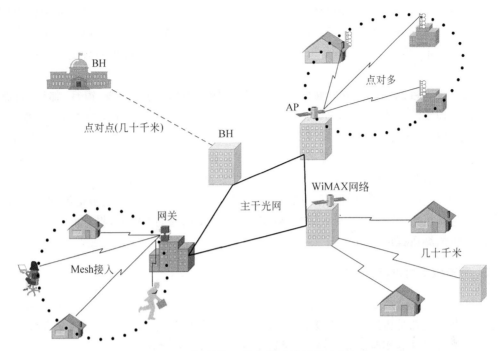

图 12-2　三层结构无线宽带城域网的示意方案

必须依靠政府强有力的推动,来带动和发挥市场机制的作用。如上海嘉定提出"政府主导、政企共建,企业运营、服务社会"的商业模式;广东对珠三角无线城市群的规划借鉴香港经验提出实行"政府主导、政企共建、服务外包"的机制;北京提出"政府主导,联合共建"的商业模式等。不论是哪一种商业模式,政府在建设无线城市时都要担当重要角色。建设无线城市的推动力不是运营商,而是政府。

12.4　平　安　城　市

在我国构建和谐社会和建设小康社会的进程中,安全是大众最关心的热点,和谐必须要有安全。我国政府的方针是求发展、求稳定、求和谐、求平安。2005 年 12 月,国务院办公厅批转了中央政法委员会、中央社会综合治理办公室《关于在全国开展平安城市建设的通知》,要求全国各地建设城市报警和监控系统(简称 3111 工程)。我国安防产业开始进入一个适应消费结构升级需要、以市场为基础、技术含量和附加值逐步提高的稳定发展阶段。

1. 平安城市(3111 工程)的概念

平安城市是通过三防系统,即技防、物防和人防系统建设城市的平安和谐,其中安全技术防范系统(简称技防)主要由网络视频监控系统,入侵报警系统,出入口控制系统,电子巡查系统,停车场管理系统,防爆安全检查系统等构成。

平安城市的主体就是利用现代信息通信技术,达到指挥统一、反应及时、作战有效。以适应我国在现代经济和社会条件下实现对城市的有效管理和打击违法犯罪,加强中国城市安全防范能力,加快城市安全系统建设,建设平安城市和谐社会。公安部牵头开展建设城市报警和监控系统的基础上提出了"3111工程"。3是表示在省市县三级。第一个1是在每一个省确定一个市,第二个1是每个市确定一个县,第三个1是有条件的县设定一个区或者一个派出所。

平安城市项目涵盖社会方方面面众多领域,有城市街区、商业建筑、银行、邮局、道路监控、校园,也包含流动人员、机动车辆、警务人员、移动物体、船只等。针对重要场所,如机场、码头、油库、电厂、水厂、桥梁、大坝、河道、地铁,需要建立全方位的立体防护。针对不同的目标群体,可提供报警、视频、联动等多种组合方式。将110、119、122报警指挥调度,GPS车辆反劫防盗,远程可视图像传输,远程智能电话报警及地理信息系统(GIS)等有机地连接在一起,实现火灾发生实时联动报警、犯罪现场远程可视化及定位监控、同步指挥调度,从而有效实现信息高速化,实现城市安防从"事后控制"向"事前预防"转变,提升城市的安全程度和人民生活的舒适程度。

2. 平安城市建设(3111工程)的内容

3111工程分为三级结构,第一层是在市公安局,这是指挥中心;第二级是在分局;第三级是在派出所或者是街道。这三级全部要求联网运行,要实现信息共享,必须完全联网。联网后可以通过浏览器实时浏览,其核心是城市网络视频监控系统(见图12-3)。

3111工程在市级中心有自己的网络,如公安网,有自己的网络系统交换路由设备。在区级有区级的中心,第三层是基本单元。基本单元就是派出所,或者是街道,另外还有一些社会单元,如建立了监控网络的机关企业单位,这样形成真正的在一个大的区域范围内的系统。

1) 城市综合管理信息公共服务平台

平安城市利用平安城市综合管理信息公共服务平台,包括城市网络视频监控系统、数字化城市管理系统、道路交通等多个系统,利用市区级数据交换平台实现资源共享。系统前端数据通过视频监控系统采集并传输到市、区监督指挥调度中心。

2) 监督指挥调度中心管理平台

监督指挥调度中心管理平台由数据库服务器、存储服务器、管理服务器、报警服务器、调度控制服务器、流媒体服务器、Web服务器、显示服务器和其他应用服务器组成。硬件中除服务器外,还包括各种监控终端、安防产品、为了增加网络覆盖而增加的网络产品、基层组织监控用的计算机设备等,这些产品的需求随着平安城市系统覆盖范围的增加而快速增长。

在平安城市的应用中,考虑到监控的视角、盲区、隐蔽、机动等方面因素的影响,广泛采用一体化智能高速球型摄像机。这种高速球机配有大倍率的光学变焦镜头,水平分辨率高,内置高转速云台,可以快速、准确地实现定位监视。具有控制运转速度、变焦速度快,能在无人操作时自动扫描、巡航或还原操作轨迹等功能,以及隐蔽性强等优点。

3) 平安城市计算机软件系统

平安城市计算机软件系统除操作系统、数据库等系统软件外,还包括各种监控管理平台、流媒体软件、监控软件、智能交通系统、电子警察系统,以及图像识别、移动侦测系统等。平安城市利用平安城市综合管理信息公共服务平台,包括城市内视频监控系统、数字化城市

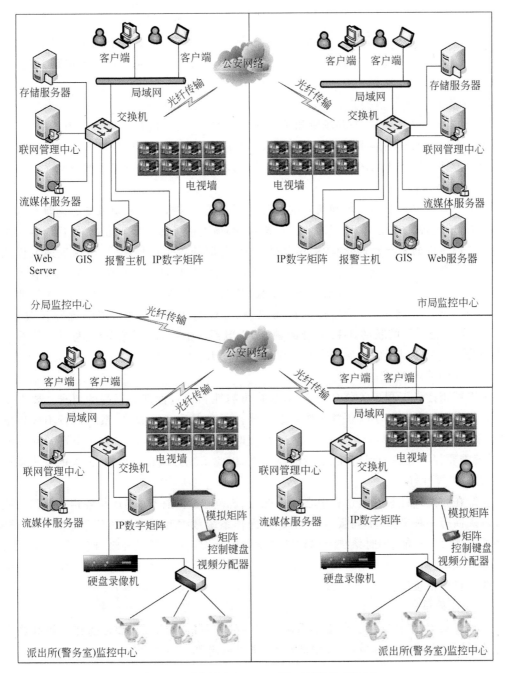

图 12-3 平安城市（3111 工程）三级结构拓扑图

管理系统、道路交通等多个系统，利用市区级数据交换平台实现资源共享。系统前端数据通过视频监控系统采集并传输到市、区监督指挥调度中心。

3.平安城市（3111 工程）系统的特点

3111 工程是一个非常大的、非常复杂的系统工程，可以将它定义为巨大复杂系统。

1）投资大

3111工程规模大，投资大。有人说一个中等规模城市要花上百个亿元人民币，这可能有些夸张。例如，广东东莞市投资3亿元人民币，大庆市是投资4.5亿元人民币，规模都比较大。

2）涉及面广

一个城市各主要街道、公共场所和重要部位要安装上万台、几十万台的摄像机，而且要求联成一个巨大的联动网络，把整个城市都覆盖在网络之中，以做到信息资源共享。城市平安工程建设涉及城市生活的方方面面，涉及面广，做起来是一个难度很大的事情。

3）技术要求高

要把所有单位现有的系统和新建的系统进行互联、互控，首先要求系统必须具有强大的接入能力，以实现大规模、大范围的监控点覆盖；必须支持灵活的接入方式，以适应各个监控点网络传输条件的差异性；必须能够整合已有的、分散的各个监控网络，以保证最大程度地利用现有资源，避免重复投资；必须具有集中管控功能，以保证整个系统可控制、易管理。

其次，系统运行从技术上涉及图像的采集、传输、存储、管理、共享等环节，以及需要完成各类应用的整合与调用，包括监控图像的录制、存储与点播，报警系统的视频化改造，与110、119等报警系统的联动，GIS系统的融合，GPS系统的结合，图像识别、移动侦测等。这要求系统必须具备灵活的扩展能力和强大的整合能力。

4）稳定可靠性要求高

平安城市建设工程事关公众安全，对系统可靠性和稳定性都有很高的要求。要求系统保证每周7天，每天24小时正常工作。系统软件不存在致命的故障，系统运行不轻易出现死机，平均年故障时间少于5天，平均故障修复时间少于24小时。作为一个资源共享的平台，系统需要保证资源的保密性、运行的稳定性，因此系统必须具备可靠、强大的安全特性。

5）可扩展性好

系统在方案设计和建设过程中强调标准化、规范化和一体化，实现与各相关部门系统的衔接解决横跨多种平台、不同版本、不同种类操作系统数据互联。系统便于进行二次开发，方便添加需要的功能，同时系统考虑软硬件发展的情况，便于系统升级，使系统处于应用系统技术领先地位。系统满足未来业务模块的扩充开发后的自由挂接，并为后续的系统扩展和功能完善预留接口。

6）操作简单实用

系统要实用，要让既不会作也不懂得系统与计算机的人能够方便地操作。还有这个系统应该根据需要可以做裁减，可以增加数据，也可以修改、删除数据。

12.5　数 字 社 区

社区是城市的单元结点，数字社区的建设是数字城市建设的重要组成部分之一，或者说是数字城市建设的基础。随着城市化的发展，我国现有的城市社会管理体制和服务功能需要不断发展以适应新形势的要求，城市管理体制由"两级政府、两级管理"，向"两级政府、三级管理、四级网络"发展，社会公共事务逐渐下沉社区。

社区不仅要承担上级政府下达的行政行管理和服务任务,还要协助政府做好辖区内的党建、失业职工就业、社会治安、卫生与环境保护、计划生育、外来人口管理、社区经济发展等自治性的公共事务管理和服务工作。因此,需要通过信息化手段强化社区功能,提高社区自治组织的管理和服务能力。我国高度重视信息技术对社区管理的影响和作用,国家信息化发展战略明确规定:推进社区信息化。整合各类信息系统和资源,构建统一的社区信息平台,加强常住人口和流动人口的信息化管理,改善社区服务。

1. 社区的地位和作用

社区在我国的经济、政治、文化和社会发展进程中的地位和作用,主要包括以下几方面:

1) 社区是国家与社会的接口

社区居民委员会,是我国城市基层的群众性自治组织,它不是政府,也不是政府的派出机关,但它与政府的关系是血肉相连、鱼水不可分的。国家把居民委员会作为基层社会管理的主渠道,作为国家政权的基石。政府支持和指导居民委员会工作,保障居民委员会依法实行自治,政府通过居民委员会这个管道把国家的公权力传达给居民群众,而居民委员会则协助政府把国家的政策法规落实到群众中。自从改革开放以来,我国基层的各种经济组织、社会组织越来越多,这是社会有活力的表现。但是,居民委员会的地位和作用是任何经济组织和社会组织都取代不了的,国家离不开居民委员会,居民委员会离不开国家。

2) 社区已形成城市基层的社会共同体

在计划体制下的居民委员会,没有什么活力和凝聚力。工作对象除了居住在社区的老年人外,就是没有单位的居民,功能非常单薄。而经济转轨、社会转型后的现代社区,除了原有的工作对象外,单位人逐渐演变成了社会人、社区人,流动人口已开始进入社区,总量大大增加。结构也越来越复杂。再加上大量的社会管理、社会服务、社会保障的功能从政府和单位中不断剥离出来,让社区来承接,这就提升了社区的功能,丰富了它的内容,拓宽了它的工作面,使它从微观的层面担当起了造就大社会的重任,成了能协调和凝聚方方面面的中心,成了功能齐全的"小社会"。

3) 社区是各种社会矛盾的交汇点

我国现在既是经济的黄金发展期,又是各类社会矛盾和社会问题的凸显期。社会转型必然要造成利益格局的变化和社会阶层的变化。地位的下降会引起人们心理的不平衡,收入的悬殊会使人们暴露出不满的情绪,工作的紧张会增加人们精神的压力,价值观念和生活方式的变化会给人们带来许多的不适应,人口流动频率的加快会使城市管理的难度越来越大,社会上消极的东西会给人造成负面的影响,再加上突发的天灾人祸,这些影响社会稳定的所有因素虽然都反映在社会,但却都发生在社区,所以社区处在所有社会矛盾和社会问题的风口浪尖,社区只有提前做好工作,才能最大限度地把各种问题消化在基层,才能够防患于未然。

4) 社区是基层民主政治建设的演兵场

居民自治是在基层实行直接民主的一种最好形式。社区居民通过民主选举、民主决策、民主管理和民主监督参与对社区事务的直接管理,这是国家法律赋予居民的神圣不可侵犯的权利,这也是社区事业兴旺发达的表现。参与是社区建设的第一原则,也是它的生命线。

参与标志着居民对社区的认同和关爱,参与标志着居民既可以对社区内的利益分享,又能对社区内的责任承担。一个有活力、有创造力、有效率的社区,都是居民参与率相对比较高的社区。居民能够主动参与社区的事务,说明他把自己的利益和社区的命运紧密地联系在一起了,把社区当成了自己的家,这是社区建设的活力,社区建设的基础,社区建设的源泉。这些年,通过社区建设工作的推进,社区也成为基层民主自治的一个坚实的平台,社区也成为居民从参与管理社区事务走向参与管理社会事务和国家事务的起点。

2. 数字社区的基本概念

数字社区是利用信息技术实现社区内各种信息的采集、处理、传输、显示和高度集成共享,实现社区和家庭各种机电设备和安防设备的自动化、智能化监控,实现社区生活与工作安全、舒适、方便、节能、高效,以及整合娱乐、教育、医疗卫生等方面的资源,将社会服务、小区物业以及家庭设备管理统一起来,既为设备供应商、物业管理商提供服务和资源,同时也为家庭用户提供信息和控制所有家庭设备的可能性。

1) 数字社区的主要特点

社区建设是指在党和政府的领导下,依靠社区力量,利用社区资源,强化社区功能,解决社区问题,促进社区政治、经济、文化、环境协调和健康发展,不断提高社区成员生活水平和生活质量的过程。社区建设是一项新的工作,大力推进社区建设,是我国城市经济和社会发展到一定阶段的必然要求,是面向新世纪我国城市现代化建设的重要途径。

数字社区建设要以信息网络基础设施建设和信息资源综合开发利用为核心,以城市与社区管理和对公众与家庭服务为目的,坚持以人为本,融服务与管理于一体,充分应用社区的综合基础信息数据,通过多接口方式和相关业务部门的业务系统产生链接。深化城市基层管理体制改革,推进社区信息化建设,创建文明社区。其特点主要有:

① 数字社区应具有完备的局域网和广域网、Internet 接入。通过网络可以实现社区机电设备和家庭电器的自动化,实现一体化、联动安防系统的自动化、智能化监控。

② 数字社区应用现代信息技术,提高了信息采集、传播、处理、显示的性能。

③ 数字社区提高了系统的集成优化程度,实现了信息和资源的共享。

④ 数字社区是数字城市的信息结点,数字社区的建设为数字城市的建设提供了条件,为电子政务、电子商务、物流等现代化技术的应用打下了基础。

2) 数字社区与和谐社会的关系

随着我国国民经济的高速增长,党的十六大提出了构建和谐社会的口号,其定义是:形成全体人民各尽其能、各得其所而又和谐相处的社会。

根据这一定义,和谐社会包含以下内涵:

(1) 社会主义和谐社会始于初级阶段,又高于初级阶段,是结构合理、行为规范、运筹得当的社会,是改革配套、发展协调、稳定持续的社会。

(2) 和谐社会是在社会主义国家的社会系统内,人与人、人与社会、人与自然界之间各个子系统,要素之间处于相互促进、良性运行、和谐共存、共同发展的状态。

(3) 和谐社会是社会系统中各个部分,各种要素良性运行和协调发展的社会。

构建和谐社会是一个宏大的社会系统工程,不仅是社会,而且与政治、经济、文化都密不可分。在我国,无论农村还是城市的基层社会,都是由群众性的自治组织组成的,它们是社会建设和管理的组织基础,是建设和谐社会的落脚点。

建设社会主义和谐社会,就是要加强城市基层自治组织建设,从建设和谐社区入手,使社区在提高居民生活水平和质量上发挥服务作用,在密切党和政府同人民群众的关系上发挥桥梁作用,在维护社会稳定、为群众创造安居乐业的良好环境上发挥促进作用。

社区是社会的细胞,建设和谐社区是构建和谐社会的基础。我国国家领导人对城乡基层自治组织的建设和发展是非常关心和重视的,点出了我国和谐社会建设的切入点,指明了和谐社区建设的工作目标和发展方向。要坚持以服务群众为重点,以居民自治为方向,以维护稳定为基础,以文化活动为载体,以党的领导和党的建设为关键,努力把社区建设成为和谐社会的坚实基础。从这个意义上来说,和谐社区建设是今后社区建设的中心和主题。

3) 数字社区的总体目标

数字社区的总体目标是:按照统一规划,建立“市、镇(区)两级政府,市、镇(区)、居(村)委会三级管理,市、镇(区)、居(村)委会和居(村)民小组四级网络”的城市信息化管理体系。坚持以人为本,与时俱进,开拓创新,逐步实现公安、民政、劳动、社会保障、计生、卫生、体育、教育、文化等与居民生活息息相关的信息资源的整合和共享,建立社区服务热线呼叫系统,为社区居民提供广泛的社区服务。

社区管理信息系统是城市信息化管理体系的基础,其基本目标是发展和完备社区自治、推进城乡一体化建设;规范社区公共服务、打造一流人居环境、实现社会和谐;建立政府公共服务窗口和社会“敏捷”信息触角,使各级政府部门更快、更准确地掌握社区的基本情况,使得政府提供的公共服务重心下移、指导到位,推进社区服务、卫生、环境、文体、教育等项工作。

数字社区的总体设计应整体规划,分阶段实施,以开放性互联网体系为核心、以与建筑结构密切相关的设施为重点、以用户的需求和承受能力及性能价格比为依据,逐步建立、完善规划、实施、验收的规范与标准,持续发展社区信息化建设,保障政府对社区工作的指导水平和办事效率得到显著提高,基层政府信息化水平滞后和不均衡状况得到较大改善,使政府科学决策的信息支撑得到增强。数字社区的建设中不但应重视硬件设备的建设,也应充分重视监控软件和管理软件的建设,努力提高系统的整体效率,以建设环境整洁优美、管理规范有序、服务网络完善、资源共享互惠、文体活动活跃、教育多样广泛、人际关系和谐、治安良好的文明祥和的新型社区。

3. 数字社区建设的主要内容

数字社区的建设首先要以社区信息资源管理和应用为核心,建设基于社区管理与服务、适应社区发展与创新需要,构建全市一体化、多层次的社区管理信息系统应用体系,实现信息及时更新和有效共享,促进政府部门开展政务公共服务,提高社区自治工作的效率与管理水平。通过社区管理信息系统的建设与应用,统一全市社区管理业务规范,为社区自治组织开展自治活动和社区服务,构建和谐社区创造条件。

1) 网络体系架构

社区管理信息系统所搭载的网络平台是城市公共信息平台,对于城市公共信息平台目前无法到达的社区用户进行网络延伸,以构建一个包括全市、镇(区)、居(村)委会和居(村)民小组的四级网络体系架构。

(1) 核心层:社区管理信息系统中的市、镇(区)两级中心部署在城市电子政务网环境内,网络核心依托电子政务网核心网络设备,使用电子政务网核心网络设备和资源。

(2) 专网接入:使用电子政务网专线的镇(区)中心以高速光纤直连到市中心,社区管理信息系统采用镇(区)网络设备和资源,性能与可靠性均有保证,可以满足业务应用要求。

(3) VPN 接入:使用互联网接入设备的社区居(村)委会和居(村)民小组,其中有高速互联网接入条件的可以通过互联网与市中心 SSLVPN 服务器进行 VPN 连接,对于市中心来讲,只需要购置一套 SSLVPN 设备,而居(村)委会和居(村)民小组投资较少。

(4) PSTN 拨号接入:部分没有高速互联网接入条件的居(村)民小组,使用电子政务网的远程拨号接入设备和资源。这些用户只需要配有一条普通 PSTN 电话线路和一台调制解调器即可。市中心为这些用户分配拨号账户和密码,在中心进行必要的安全访问控制。

2) 统一的软件基础应用平台

由于社区管理信息系统是一项跨市、镇(区)、居(村)委会和居(村)民小组,跨部门应用的数学城市建设子项目,因此其关键技术是建设统一的软件基础应用平台,采用后台数据库共享和前台嵌入协同应用技术、中间件技术等手段,实现网上协同工作平台与部门业务系统的无缝联结,使不同层面、不同门类的业务部门的应用和事后安全监管形成一个完整的数据链条。以社区基础信息基础数据库的建立和应用为核心,以构建协调工作平台为手段,通过信息资源的共建共享,为各级政府和有关部门的业务系统向社区延伸创造条件。

建设统一的软件基础应用平台的内容包括:

(1) 整合已有的和将要新增的应用软件系统,软件基础应用平台具有高度的开放性,以适应日后应用软件系统的扩展。

(2) 建立各应用软件系统之间通信规范。

(3) 要从数学城市建设整体的、全局的角度规划平台安全保障体系,确保系统运行的安全性、可靠性和稳定性。

(4) 提供统一的用户身份和权限验证、对象标识等基础服务。

(5) 软件基础应用平台能支持多服务器负载均衡,采用中间件技术,中间件应是当前国内外应用比较广泛、技术先进、开放成熟的软件产品,能支持上层应用的松散耦合。

(6) 软件基础应用平台使用现成的或经过少量改造即可进行集成的、成熟稳定的软件产品,在其基础之上,利用标准通用的接口就能快速整合众多其他应用软件系统,并兼容 UNIX、Linux、Windows 操作系统下的各种常用应用软件。

(7) 软件基础应用平台应为使用主体提供权限分级服务。基础构架必须具有普遍性。

3) 综合查询子系统

以社区基础信息基础数据库的建立和应用为核心,以构建协调工作平台为手段,通过信息资源的共建共享,为各级政府和有关部门的业务系统向社区延伸创造条件,使系统成为社区管理和社区建设的重要手段,提供政府公共服务的工作效率。

综合查询分两部分构建:一是提供按条件的组合查询,动态查询系统中的各种数据;二是按业务主题进行查询。

(1) 条件组合查询：侧重于对历史、过程数据进行搜寻、重现，是一般意义上的系统查询，软件要提供符合操作习惯的、方便的、任意组合的条件查询。

(2) 业务主题查询：主要是针对挖掘平台发现的数据进行展示。简而言之，就是针对出问题的数据进行查询，而不是针对所有的数据，在已发现有问题或存在可疑的数据中进行快速检索，系统将自动将此作为重点，形成固定查询，让业务人员直接面对问题单位或事件，集中精力进行业务检查与处理。

查询主题分别对应数据挖掘平台的挖掘主题，并随着挖掘主题的增加而增加。

4）统计分析子系统

统计分析子系统完成两部分工作。一是日常分析；二是针对业务主题进行的统计分析。

(1) 日常的统计分析：包括社区管理信息的条件统计，报表输出等功能。

(2) 主题的统计分析：侧重于对已经入库的社区数据按业务目的进行统计，得出数据支撑报表，为领导或相关职能部门提供客观、直接的社区情况报表。

5）决策支持子系统

决策支持子系统立足于宏观的业务分析，它是统计分析的进一步提升，其侧重点不是呈现全市社区的现状，而是为相关职能部门或领导决策提供参照数据和决策方向，也可以暴露已有管理政策中的弊端与不足，为宏观的决策提供数字化支持。

决策支持子系统是在大量数据的基础上进行工作的，因此要求系统先有一定的数据积累，并且随着数据量的增长，系统对决策的支持更具说服力。包括：

① 社区情况分析决策；

② 镇（区）情况分析决策；

③ 异样情况挖掘；

④ 可行性和可靠性分析等。

6）应用层次结构要求

社区管理信息系统是建立规范化社区服务的基础，通过相应的服务门户（网站和呼叫热线）和整合的、接受广泛社会监督的服务资源，为社区居民提供形式多样，方便快捷的政务服务和社区服务，提高居民生活质量，实现居民安居乐业，社会稳定祥和的城市发展目标。

(1) 面向市直相关部门：实现市直相关部门之间、市和镇（区）之间、市和社区（村）之间信息流动与交换，面向社区开展政务公共服务，包括社区管理和社区服务等，并为市委、市政府了解掌握全市社区建设和社区发展的总体状况提供数据信息，为市委、市政府制定全市社区建设和社区发展的方针、政策提供决策参考。

(2) 面向社区（村）基层组织：通过社区管理工作采集城市管理所需的基础信息，围绕社区各类组织、驻区单位、家庭人口、楼院设施及与其相关的属性、事件的记载、记录，向上级政府及有关业务部门上报统一规范的报表，为政府掌握基层情况、科学决策提供依据。形成全市统一的社区管理业务规范，包括党务、民政、劳动、社保、经济管理、人口管理、计划生育、司法、城市管理、综合治理、组织人事、信访管理、行政办公、文教科普等。

12.6　数字医院

　　医疗服务一直是我国政府着力改善的重要领域之一,在《2006—2010年国家信息化发展战略》中把加强医疗卫生信息化建设作为我国信息化发展的战略重点。

　　现在宏观环境十分有利于医疗信息化的进程,未来一个时期,医疗信息化将围绕一些热点继续深化和改善。随着我国医疗服务事业的发展,医院竞争力越来越体现为提高医疗水平、规范管理、业务透明度和增加收入,其中任何一方面都离不开对信息技术的有效利用。伴随医疗信息产业自身的日益成熟,更多有实力的信息产业厂商开始关注和投入到这一市场的角逐,医疗信息化的应用产业链条将更加茁壮,技术和解决方案将史无前例地完备和成熟,其商业模式将更加清晰,医疗信息化的微观环境将得到显著改善。数字医院在改进临床服务质量、降低就医风险和成本,优化医院管理等方面起到至关重要的技术保障作用。目前,在国家信息化发展战略的指引下,数字医院作为我国医疗信息化的一项重要内容,正在全国各地医院如火如荼地展开。

1. 数字医院的概念

　　数字医院是指利用先进的信息网络技术,对医院与医疗、管理、科研、服务等有关的所有信息资源进行全面的数字化,以及对这些信息资源进行科学规范的整合和集成,并纳入整个社会医疗保健数据库,实现适应现代医院经营管理模式的信息资源互联互通和高度共享,使医院的服务对象由"有病求医"的患者扩展到整个社会。

　　数字医院的概念既包括现实世界的真实医院,也包括面向社会公众的网络虚拟医院,成为现代健康城市和数字城市的一个重要组成部分而融入当今信息社会。患者在世界上任何一个地方,只要通过网络接入,就可轻松查询个人健康档案、向医生进行健康咨询等;需要到医院就医时,可以在家中挂号或预约医生。

　　我国从20世纪90年代末开始进行建设数字化医院的探索,未来几年我国将有80%的医院实现数字化管理,联结成一个庞大的医疗卫生信息网络,为求医问药者提供一个更为快捷有效的信息纽带和相互交流的广阔空间。随着越来越多数字医院的建立和发展,我们的医疗卫生环境将更加完善和令病人满意。

　　数字医院的建设和发展一般要经历三个阶段:医院管理数字化、临床诊疗数字化、区域医疗卫生服务数字化。其初步目标是要实现病人到医院看病"三无化",即"无纸化"、"无胶片化"和"无线化"。数字医院利用信息高速公路及电子病历系统,可实现看病无纸化;如果病人需要照CT,或做B超、核磁、内窥镜,可以通过网上预约申请,图像结果出来后,直接进入数据中心资料库中,供医生随时在计算机上调阅,而且在专家会诊时可供多家医院的多名医生同时查阅,无纸化和无胶片化使疾病诊断更加及时、高效、方便、准确和可靠。无线化是指数字医院内部的信息高速公路采用无线网络,病房里护士查房使用PDA,医生看病使用平板电脑,在医院内可随时随地任意方便地上网,对病情进行查询、诊断和处置。病人有什么需要,通过点击PDA就能反映在计算机系统上,值班医生可以适时做出反应,使医疗服务更加便捷、经济和高效。

区域医疗卫生系统除了医院,还包括卫生局、社康中心、疾病控制中心、卫生监督所、血液中心、急救中心、红十字会等机构,以及与之配套的药店、银行、社会保险和商业保险等单位。数字医院的最终目标是建立在区域医疗卫生信息网络的基础之上,实现区域医疗卫生信息数据的交换与资源共享,以提高医疗卫生信息资源的利用率,提高卫生决策管理水平,改善医疗服务模式,提高医疗服务手段,达到提高人民健康水平的目的。

数字医院的建设还为我国医疗改革提供了技术保障,例如医药分家是当前医疗改革的基本方向,而要真正实现这一目标,没有必要的现代信息技术的支撑是不可能做得到位的。只有将医院、社区、药店、银行、社会保险、商业保险机构之间实现联网,才能及时有效地服务患者,这不仅可以借助医药分家,消除当前医疗服务中的种种弊端,更可以实现社会医疗保障体系的和谐运作。

2. 医疗卫生基础网络系统

数字医院建设的首要任务是要建立起医疗卫生信息高速公路,解决目前我国医疗卫生信息化建设中存在的各自为政、标准不一、数据交换困难、信息孤岛现象严重等问题。举例来说,我国医疗保险制度的改革已在全国范围推行,国内主要大中城市都建立了以计算机网络为技术基础的医疗保险管理系统。但当前医疗保险信息系统还只是从医院管理信息系统获取参保人员的医疗费用数据,无法获取更详细的病历信息,因而也就无法通过网络对医保人员的诊断治疗情况进行审核。再比如社区医疗卫生服务大多数仍然采用手工方式进行管理,即使有少数采用计算机管理的社区,也是系统功能不强,没有与其他医院联网。其他卫生领域的信息化建设也都存在着类似的问题,医疗卫生行业之间的数据交换手段还比较落后,共享的信息还非常少。

网络基础设施是提供信息传输和交换的基础设施体系,数字医院要实现区域性医疗卫生信息数据的交换与资源共享,达到网络互联互通,消除信息孤岛,提高医疗卫生信息资源的利用率,首先就必须完成网络基础设施的建设工作,包括医院内部网络建设及依托政府或其他运营商的城市宽带网所建立起来的医疗卫生信息网等。

网络基础设施构建的关键技术是网络技术和通信技术,而整个网络基础设施将根据业务应用的实际需求划分为骨干网、业务网和接入网,以及医疗卫生数据中心等部分。目前信息化建设在这一领域内的国内外技术和产品发展已相当成熟,工程建设和运行也已进入规范化的阶段。

医疗卫生数据中心是一个数据采集、存储、整合与管理系统,主要负责承载各类具体的核心应用系统,围绕着一站式服务框架将这些核心业务应用系统连接成一个有机的整体,并提供统一的接入、统一的服务门户、统一的 Web 服务和统一的信息交换,为医疗卫生的应用和推广提供更加广泛的应用基础。

与医疗卫生数据中心连接的医疗卫生信息网可以划分为公众服务业务网络、办公网络以及内部业务网络三部分,其中公众服务业务网络(门户网)负责向公众提供统一的数据服务支持功能,而办公网络则负责提供对部分业务数据的审批等处理,内部业务网可以视为数字医院支持内部业务系统的网络。对于居民或病人来说,既可以通过医疗卫生信息网查阅他们所关心的一些医疗卫生知识与信息,又能保证其就医信息能在各医疗卫生机构共享,不必在不同的医院重新做相同的检查,还能通过网络直接查询检查检验结果与费用信息。这样可实现病人的连续性医疗照顾、减少重复性的检验和检查、改善医疗照顾的目的。

作为数字医院基础的医疗卫生基础网络系统的建设,除包括医院内部及其与其他医疗卫生机构的横向网络建设外,还将包括与上级卫生信息网络的纵向网络建设,同时还要实现与银行、民政、药店、药监、社保等相关业务部门之间的网络连接。与相关业务部门的网络连接要能根据地域以及管理级别的划分,设立多级多域交换结点,以保证数据交换的准确性、实时性和高效性。

医疗卫生基础网络系统建设方案主要采用有线网和无线网相结合的方式,医院内部采用无线网络,即建成"无线医院",无线医院再通过光纤网桥与区域医疗卫生信息网联结起来。无线网络系统是将一台无线交换机置于医院机房内,成为数据处理和 AP 管理的中心,将若干 AP 置于前端,这样无线网络管理和数据处理都集中到功能强大的无线交换机上,以实现集中智能的管理和可靠的无线安全。

3. 医院管理数字化

医院信息分类是以病人医疗信息为核心,财务管理信息为纽带,分析决策信息为主导,可分为操作信息,管理信息和分析决策信息等。医院信息的应用软件功能涉及国家和有关部委制定的法律、法规。包括医疗、教育、科研、财务、会计、审计、统计、病案、人事、药品、保险、物资、设备等。在应用信息系统进行业务流程再造的过程中,数字医院始终要坚持以人为本。一是坚持以病人为中心,不断改进和完善就医流程;二是通过应用信息技术,减轻医护工作人员的负担,提高工作效率和质量;三是帮助医院管理人员提升管理手段和管理水平。

医院信息系统(HIS)是指应用电子计算机和网络通信设备,为医院及其所属各部门提供病人医疗信息、财务核算分析信息、行政管理信息和决策分析统计信息的收集、存储、处理、提取和数据通信的能力,并能满足所有授权用户对信息的各种功能需求的计算机应用软件系统。建设医院信息系统是数字医院必不可少的基本应用软件与技术支撑环境,是医院信息化建设中的重要组成部分。

我国政府历来高度重视医院管理信息化建设,卫生部于 1997 年印发公布《医院信息系统软件基本功能规范》,并于 2002 年 2 月对该规范进行修订,颁发新的《医院信息系统基本功能规范》。这对于加快卫生信息化基础设施建设,规范管理,提高医院信息 系统软件质量,保护用户利益,推动医院计算机应用的健康发展,起到了重要的指导作用。

医院信息系统属于迄今世界上现存的企业级信息系统中最为复杂的一类,这是医院管理本身的目标、任务和性质决定的。它不仅要同其他所有管理信息系统(MIS)一样追踪、管理伴随人流、财流、物流所产生的管理信息,从而提高整个系统的运行效率,而且还应该支持以病人医疗信息记录为中心的整个医疗、教学、科研活动。它不只是医院管理现代化的标志,更重要的是已经成为医院的核心竞争能力之一,成为医院持续性发展的一个重要组成部分。

医院服务的对象是病人,任务是救死扶伤。从服务病员的宗旨出发,医院信息管理系统的设计必须把简化就医过程、服务于病员作为基本原则。具体内容包括对医院整体运营情况的管理、对当天出诊情况的管理、对药剂的管理以及实现医护人员与病人的随时沟通。病人管理方面,缩短患者挂号、交费、取药、看病的时间;为病人建立电子病历,随时为病人提供各种信息;使用电子开单、电子处方,减少错误发生几率。远程医疗方面,实现远程会诊及手术、远程教学及电视会议、网上挂号及预约、网上查询及求助等。

医院信息系统可分为集中式医院信息系统和分布式医院信息系统两大类,分布式系统又分为独立的若干个子系统。以病人为中心,为病人服务为宗旨,根据我国医院现行体系结构模式、管理模式和管理程序分为以下子系统应用软件:

① 医院门急诊病人挂号软件;
② 医院门诊收费划价和门诊收费管理软件;
③ 医院急诊病人管理软件;
④ 医院住院处病人登记管理软件;
⑤ 医院病房床位管理软件。

4. 电子病历

病历作为患者信息的载体,集中反映了患者的诊断治疗过程,电子病历(EMR)是指数字信息化的病历,它的内容包括纸张病历的所有信息。电子病历不仅指静态病历信息,还包括提供的相关服务,能实现患者信息的采集、加工、存储、传输,以及信息查询、统计、数据交换等功能。

电子病历的目标和意义从目前来说并不在于要取代纸张病历,其发展目标主要是加强医患之间的信息流通,提供纸张病历无法提供的服务,从更深层次上提高健康信息的功能服务性。电子病历的使用是医疗健康信息个性化发展的趋势,也是信息化应用向临床发展的迫切要求。数字医院建立的电子病历系统,包括以电子病历为中心的核心数据库及信息资源共享网络,能辅助医生的病历书写、面向病案管理的病案数字化存储、各种检查检验申请与结果的传递、病案信息的检索与提取等,以及实现远程医疗和远程会诊等。

数字医院采用电子病历系统,其所有的临床作业可全部实现无纸化运行,病人的门诊和住院病历、检查结果等各类信息都完整地保存在核心数据库中;医生们扔掉了纸和笔,不管是开具处方,还是各类检查检验、图像采集、传输,一切都在计算机前进行,在网络中传递;护士们每天测量完病人的体温、脉搏、血压等,都录入计算机,在计算机上自动形成曲线,并按时段显示图形,病人的生命体征一目了然。

5. 临床诊疗数字化

临床诊疗数字化是指医疗设备数字化、疾病诊断信息数字化、医疗服务管理数字化,以及计算机辅助数字医疗系统,其中包括计算机辅助诊断系统(CAD)、计算机辅助治疗系统(CAC)、开放的数字医疗接口和专家系统等。它为数字医院应用数字临床诊疗技术提供了一个支撑环境,为远程医疗、网络门诊、虚拟医院、用药咨询和网络医疗会诊等数字医疗服务,提供了最便捷的实现途径。

图像存档及通信系统(PACS)是一种专门为图像管理而设计的包括各类断层扫描成像系统和各种射线照相技术形成的图像存档、检索、传送、显示、处理和复制或打印的计算机系统。它在物理结构上采用网络将不同类型的计算机连接起来,包括医学成像设备(如 B 超、CT、数字 X 光机、内窥镜等)图像采集计算机、PACS 控制器(数据库和存档管理)、图像显示工作站以及图像标识和说明的相关信息,如以字符记录的拍片病人姓名、拍片日期、部位、诊断意见等。它实现了无胶片的电子化医学图像的管理,解决了迅速增加的医学影像的存储、传送、检索和使用问题,为计算机辅助诊断敞开了大门,并可接入远程医疗系统实现远程会诊,从而提高了医院的工作效率和诊断水平。

医院检验信息管理系统(LIMS)是应用于医院及卫生检验部门的一套软硬件系统,它的开发建设依据国家相关卫生监督、检测标准,并结合国家实验室认可的相关要求,实现了卫生检验流程中采样、送检、检验、报告、审核、评价等全过程数字化管理。LIMS 具有网络数据审核功能,实现了医疗卫生检验工作的网络化管理,为医院及卫生检验机构实现全面质量管理和通过国家实验室认可提供有效的技术支持。其核心是规范样品分析的工作流程,对样品分析的每一个环节进行监控和管理,减少由于人为因素造成的分析误差;提高样品分析质量和人员工作效率,同时它还将帮助实验室建立起一套完善的质量保证体系,对影响实验室质量的要素进行有效的控制,并严格规范实验室的操作规程。

数字技术在临床的应用技术还包括临床手术麻醉和监护系统,心电监护仪和心电信息管理,半自动生化分析仪,临床监护管理系统等。总而言之,临床诊疗数字化使得临床设备与临床医生的工作紧密地联系在一起,优化其流程,规范其管理,不仅大大提高了医院诊疗效率,而且确保了医疗诊断的准确率和有效性,更有效地减缓和解除了病人的痛苦,为患者的身心健康提供了前所未有的强有力保障。例如通过采用数字减影技术,医生可以非常简便而准确地判断,一个出现语言不清的病人,究竟是脑溢血还是脑梗塞。这种判断在临床上十分关键,因为对于两种病症的治疗方案的机理是完全相反的。在数字技术应用之前,要准确而迅速地判定和区别这两种病,是非常困难的。再比如现在广为采用的数码透视设备大幅度缩短了病人等候 X 光片的时间,以前通常病人要等候一两个小时以上,而现在即便在大医院高峰时期,也只要 20~30min 左右。在实验室环节的血液、尿样检测环节,由于数字技术的介入,也相应地更为精确快捷。

12.7　数　字　校　园

21 世纪的教育必须适应信息化社会需求,为此,我国高度重视信息技术对教育的影响和作用,重新调整教育目标,制定教育改革方案,加快推进教育信息化建设。

国家信息化发展战略明确规定:在全国中小学普及信息技术教育,建立完善的信息技术基础课程体系,优化课程设置,丰富教学内容,提高师资水平,改善教学效果。推广新型教学模式,实现信息技术与教学过程的有机结合,全面推进素质教育。加快教育科研信息化步伐。提升基础教育、高等教育和职业教育信息化水平,持续推进农村现代远程教育,实现优质教育资源共享,促进教育均衡发展。构建终身教育体系,发展多层次、交互式网络教育培训体系,方便公民自主学习。建立并完善全国教育与科研基础条件网络平台,提高教育与科研设备网络化利用水平,推动教育与科研资源的共享。

目前,在国家信息化发展战略的指引下,数字校园作为我国教育信息化的一项主要内容,正在大大小小的校园,尤其在高校中如火如荼地展开。

1. 数字校园的概念

数字校园是利用计算机技术、网络技术、通信技术对学校与教学、科研、管理和生活服务有关的所有信息资源进行全面的数字化,并用科学规范的管理对这些信息资源进行整合和集成,以构成统一的用户管理、统一的资源管理和统一的权限控制,把学校建设成面向校园内、也面向社会的一个超越时间、超越空间的虚拟学校。即数字校园是一个与现实校园紧密相关的数字空间,它是现实校园空间的延伸和扩展。

数字校园的概念可以从广义和狭义两个方面来认识,从广义角度我们这样定义数字校园的概念:数字校园是以网络为基础,利用先进的信息化手段和工具,实现从环境(包括设备、教室等)、资源(如图书、讲义、课件等)到活动(包括教学、管理、服务、办公等)的全部数字化,在传统校园的基础上,构建一个数字空间,拓展现实校园的时间和空间维度,提升传统校园的效率,扩展传统校园的功能,最终实现教育过程的全面信息化,从而达到提高教学质量、科研和管理水平的目的。从狭义的角度定义数字校园的概念:运用现代信息技术,在校园里实现信息传输网络化、信息资源数字化、用户终端智能化。

数字校园体系是一个层次结构,如图 12-4 所示,其中最底层是核心,是基础,上层是在下层的基础上提供的更进一步的服务。图中将数字校园从下到上分为五个层次。

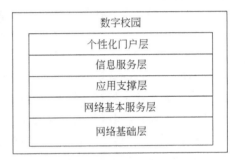

图 12-4　数字校园体系结构示意图

① 最底层是"网络基础层"。网络是数字校园的基础设施,如果没有相应的网络基础设施,信息不能流动,也就不可能形成数字校园。

② 第 2 层是"网络基本服务层"。网络基本服务是数字流动的软件基础,包括域名服务、身份认证、目录服务、网络安全、公共服务(如电子邮件、文件传输、Web 发布)等。

③ 第 3 层是"应用支撑层"。它主要处理业务逻辑,将各类数据按照业务的逻辑规范管理、组织起来,包括办公自动化系统、数字图书馆、管理信息系统和网络教学系统等,它们是数字校园的核心支持系统。

④ 第 4 层是"信息服务层"。它主要处理用户逻辑,将规范化的数据按照用户的需要提取出来提供给用户,为用户提供服务,如后勤服务、信息查询、决策支持、电子商务等。

⑤ 最上层是"个性化门户层"。它是数字校园的总入口,各类用户通过门户进入数字校园,可以获得与其身份相对应的信息与服务。在校园充分数字化后,学校的功能就将突破学校物理围墙的限制,成为一个可以覆盖网络可达范围的无疆域的学校。

2. 数字校园建设的内容

数字校园建设大体上分为五个阶段实施,分别是:校园网硬件系统的建设,网络基本服务的建设,以应用开发为主的信息系统建设,信息服务建设和个性化门户层建设。

1）校园网硬件系统的建设

以校园网硬件系统为主的建设阶段，主要关注的是校园网基础设施建设，即这一阶段主要任务是为学校修建信息高速公路的道路，这条信息高速公路就是校园网。校园网通常指学校内部局域网，它与外部网络（如 Internet）互联互通。

校园网是应用计算机技术、通信技术、多媒体技术和信息安全技术和设备构成的信息网络平台。借助于这一平台实现信息共享、资源共享和信息的传递与处理，并在此基础上开展各种应用业务。校园网包括综合布线系统、电子信息系统机房、计算机系统、网管工作站、UPS 电源、服务器、数据存储设备、路由器、防火墙、交换机等硬件产品和操作系统、网络安全和网管软件等软件产品。

综合布线系统是校园网的基础设施，包括通信电缆、光缆，以及有关连接硬件构成的网络系统。它在校园网中起到类似人体神经系统的作用，能支持语音、数据、图像和多媒体等各种业务信息的传输。

校园网应满足学校各类网络业务信息传输与交换的高速、稳定、可靠、实用和安全的要求。一般采用以太网等交换技术及其网络拓扑结构方式，系统桌面用户接入宜根据需要选择配置 10/100/1000Mbps 信息端口。

校园网为学校的教学管理提供了一个基本的网络环境，它包括有线网和无线网两类不同的网络。大多数学校在有线网络基础上，还要建立校园无线局域网。在整个校园内，利用无线网络技术，将校园网延伸到移动用户多、不易部署网线的公共区域，如会议大厅、阶梯教室、图书馆阅览室、办公区、学生宿舍，解决了开阔区域铺设网络光纤或电缆难的问题，满足了用户随时随地联机上网的要求，也改善了校园网基础设施的环境，为数字校园建设提供了更为坚实的基础。

2）网络基本服务的建设

学校信息高速公路道路修建好了，本阶段主要任务是为信息高速公路修建配套设施。网络基本服务主要是在全校终端统一的 IP 管理前提下进行的系统整体规划，通过数据中心来管理海量的数据信息与用户信息，完成有关数据准备、输入和整合，实现用户的统一身份认证与单点登录，通过门户网站对目前涉及的应用系统进行集中部署，实现学校对外的宣传，对内的业务管理与应用，对学校各业务部门、教师、学生、家长提供便捷的服务，包括域名服务、身份认证、目录服务、网络安全、公共服务等。

用户注册是根据学校成员的真实身份来赋予其相应的电子身份的处理过程。在数字校园中有一个统一的用户注册系统提供服务，保证用户信息的准确性与一致性。如新生入学报到时，给新生发一个 IC 卡、一个用户名和一个密码，他就可以在校园内及校园网上通行无阻了。校园一卡通以校园网作为基础，网上应用系统作为依托，是实现校园信息化的牵头环节。利用 IC 卡作为电子身份的载体，使教师、学生在校园中能够使用 IC 卡完成一系列与其身份相关的活动，如注册、借/还书、上机、就餐、消费等。

信息安全管理是数字校园建设中不可或缺的部分。在数字校园中，所有的数据、应用都在网上，保证它们的安全是安全管理的职责。安全管理必须保证数据的保密性，防止对数据的非授权访问；保证数据的完整性，使数据在存储或传输过程中不被破坏、不丢失、或不被未经授权恶意或偶然地修改；保证数据和应用的可用性，能够按照用户的需求提供有效服务，并且系统在发生灾难时能够快速完全地恢复。与此同时，还要制定与技术安全规范相结合的管理规章制度与规范，以保证技术安全的贯彻实施。

3) 应用系统的建设

学校信息高速公路的道路及其配套设施都修建好了，到这一阶段主要任务是准备路上跑的"车辆"及其运载的"货物"。即学校有了校园网、有了数据以后就要应用，就要进行业务应用系统的建设，并继续完善校园网基础设施，以提供更多的基本网络服务，提高水平。与此同时，要建立统一的应用服务系统，原来是一小块一小块地建设起来的应用子系统，这时就要整合起来。应用系统的建设主要是处理业务逻辑，包括办公自动化系统、图书馆管理、管理信息系统和网络教学系统等，它们是全校性、开放型、分布式、多媒体的信息系统，能够实现网上办公、网上管理、网上教学和网上服务。

(1) 教育信息资源建设：教育信息资源包括教学资源、科研信息、管理信息、图书文献和历史档案等各类内部信息和外部信息。这些信息内容十分庞大，媒体复杂多样。因此，数字校园建设必须要针对这些情况，合理地建立各种资源和服务等，方便教师教学、学生学习，并提供交流和资源下载等功能。充分考虑信息资源的建设和管理需要，并提供开放的接口，方便用户整合相关基础教育资源库、电子图书库、试题库等。课件制作完全基于基本素材库，实现素材完全、细粒度共享，课程课件内容完全代码化，课程课件的空间小，大大减少了网络带宽。教师制作课件使用多种媒体，方便、灵活、多样，制作时间短，学生可以生动、活泼、主动地学习和发展，方便地使用课件、数字图书馆和互联网等多种资源、信息、知识等。

(2) 网上教学：校园网的主要用途之一是开展网上教学。因此，需要充分考虑网上互动教学平台的建立与使用问题，使教师和学生无论在家里或学校，都能够方便地在网上实现必要的操作。互连互通、资源共享，让交流成为校园网的另外一个重要功能。因此，需要充分考虑网上交流平台的建立与使用问题，使教师、学生和家长无论在家里或学校，都能够方便地在网上就某一课题或事情进行在线交流、讨论、协商和下载信息资源等。

(3) 管理信息系统：依托校园网进行校园管理和行政办公管理也是数字校园建设的一个重要内容。需要充分考虑校园管理和办公自动化建设的需求，在提供强大校园管理信息系统功能的同时，也要考虑在校园管理和行政办公管理过程中，不同用户在不同时空内进行信息通信时的安全问题等。常用的校园管理信息系统有：校内信息服务系统、办公自动化系统、学生教务管理信息系统、人事管理信息系统、财务管理信息系统、物业管理信息系统、外事管理信息系统、综合查询与统计系统、实验室管理信息系统、科研管理信息系统、成人教育管理信息系统、保卫部管理信息系统、图书馆管理信息系统、物资供应管理信息系统、网络计费系统和招生管理信息系统等。

(4) 网络文化建设：网络不仅是文化的载体，同时自身也蕴涵着一种文化。因此，在建设数字校园时，一方面要考虑到校园网对健康文化的承载和吸纳能力，另一方面还要考虑到对不健康文化的清除与屏蔽的能力。

(5) 教育科研管理：实现对全校各级科研课题的规范管理，包括课题的最新理论、申报、过程管理与跟踪、成果评选，使每位教师向专业化、科研型发展。

(6) 网上继续教育：传统的继续教育的方式是面授，时间主要是晚上，存在师资缺少、安全隐患等问题，通过网上继续教育系统，可实现继续教育以网络教学为主，面授为辅的方式进行。

(7) 图书馆管理系统：对学校图书馆进行管理，实现自动化检索与借阅功能，视频点播等，为全校师生提供一批电子图书与电子期刊。

4) 信息服务的建设

信息服务的建设主要处理用户逻辑，将规范化的数据按照用户的需要提取出来提供给用户，为用户提供服务，如后勤服务、信息查询、决策支持、电子商务等。

(1) 整体解决方案：数字化校园的建设是一个庞大的系统工程，管理信息系统需要一个整体解决方案。需要统一的用户管理、统一的资源管理、统一的权限控制。管理信息系统往往涉及多个部门，如财务、教务、后勤等，相互之间常有信息上的依赖和功能上的依赖，这个问题如果不解决好，很容易又成为一个个信息孤岛。开发管理信息系统时对此需要有一个整体的考虑，以保证各个系统之间的无缝连接，使得整个校园网形成一个整体，即形成一个覆盖全校、开放、分布、综合性的多媒体信息服务平台。

(2) 网络规范和标准建设：数字校园的建设需要加强法规的建设和制度的完善。到了这个阶段，学校信息高速公路已经修建好了，校园网建设基本已经满足需要，目前面临的是网络上信息杂乱无章的问题，换言之，数字校园已经从要解决"有路无车"变成要解决"交通混乱"的现象。因此急需建立网络秩序、政策法规，以及各种规范和标准。

(3) 数据共享：数据共享是数字校园建设中最基本、也是最重要的要求之一，即要求在拓展系统的功能的同时，建立相关的信息共享资源库和信息交换平台，实现资源共享、信息交换与及时传递。目的是提高系统信息的利用率，既节约资金，又减少重复劳动，并消除数据重复输入可能带来的错误。共享资源库不但能支持各项功能的构建，还可以为学校各个部门、老师和学生利用。

(4) 信息发布：信息发布是数字校园的基本功能之一。管理信息系统将信息收集、整理出来，主要是提供给特定的用户用于管理活动，而信息一旦收集整理起来，也可以提供给更多需要的用户使用。信息发布的任务是将信息系统中的数据按用户需要提取和展示出来。

(5) 综合查询：综合查询分两部分构建，一是提供按条件的组合查询，动态查询系统中的各种数据。二是按教学业务或行政管理主题进行查询。

① 条件组合查询：侧重于对历史、过程数据进行搜寻、重现，是一般意义上的系统查询，数字校园提供符合操作习惯的、方便的、任意组合的条件查询。

② 主题查询：主要是针对数据挖掘平台发现的数据进行展示。简言之，就是针对出问题的数据进行查询，而不是针对所有的数据，在已发现有问题或存在可疑的数据中进行快速检索，系统将自动将此显示为重点，做成固定查询，让查询人员直接面对出现问题的部门或事件，集中精力进行相关检查与处理。

(6) 统计分析：统计分析部分完成两部分工作。一是对教学业务或行政管理信息系统处理数据进行统计；二是针对业务主题进行的统计分析。

① 日常的统计分析：包括待办、办结等教学业务或行政管理信息的条件统计，报表输出等功能，主要包括有关学科教研、网上阅卷与学科质量监控、教育科研、网络教学与继续教育管理、现代教育技术实验室、协同办公、职能科室、管理类主题、督导评估、教育装备管理、

招生与学生综合素质评价、心理咨询、德育、职业教育等统计数据。

② 主题的统计分析：侧重于对已经入库的数据按应用目的进行统计，得出数据支撑报表，为领导或相关职能部门提供客观、直接的教学质量状况及学校日常管理或突发事件报表。

（7）决策支持：决策支持是信息服务的高级形式。在大量信息数据积累的基础上，建立数据仓库，逐步建立决策支持系统。决策支持系统立足于宏观的教学状况动态分析，它是统计分析的进一步提升，其侧重点不是呈现有关方面的现状，而是为学校领导决策提供参照数据和决策方向，并暴露学校各项工作中的弊端与不足，为宏观的决策提供数字化支持，例如在教学评估、招生评估、毕业评估、学科评估等方面发挥很好的作用。

5）个性化门户系统建设

个性化门户系统是数字校园的总入口，各类用户通过门户进入数字校园，可以获得与其身份相对应的信息与服务。在校园充分数字化后，学校的功能就将突破学校物理围墙的限制，成为一个可以覆盖网络可达范围的无疆域的学校。

当校园内信息化普及以后，就要着手建设新型的虚拟学校了。这个阶段的主要任务是建设个性化门户系统，其重点是建设现代远程教育、虚拟学校、虚拟教室、虚拟实验室、家校通系统、信息技术与课程整合系统、个性化门户等。数字校园支持多种教学模式，既支持校内教学，也支持远程教学，还支持流媒体播放和交互式教学，并能有效地对教育资源版权进行保护。

（1）信息内容整合：门户需要对不同的信息内容进行整合，主要偏重于表现层的整合，即提供各业务系统的导航，以及相关业务数据整合在门户中的显示。门户的整合内容包括决策资源库的各栏目内容、RSS 源、Web Service、自定义的网页、应用系统的 Web 功能模块等。因此在门户的界面中，可以整合浏览到不同来源的信息内容。

（2）远程教育：数字校园通过互联网、教育卫星开通专业课程的远程教育，其中，VOD课件点播系统能提供各类课件点播，在一定程度上改变了传统的粉笔加黑板的教学模式。

（3）移动教育：建设基于有线网（互联网、电话网、光纤等）和无线网（卫星网络、移动通信网、无线局域网、蓝牙等）的移动虚拟学校系统，包括移动教学系统、移动办公系统、移动BBS 讨论系统、移动答疑系统、移动新闻系统、移动教室管理系统等，为校园内的用户和校园外的用户提供大规模的移动教学环境，可在任何地方、任何时间、任何地点不间断地访问学科课程的教学信息，教师和学生可以方便地进行交互和数据访问。

（4）家校通系统：数字校园建设，尤其是中小学校的数字校园建设，要考虑建设一套"家校通"系统，包括家长网络视频在线、学生在线监控、手机短信自动群发、绿色上网等内容，使家长通过上网可了解，甚至可以看到自己孩子在校学习和生活的情况。

（5）信息技术与课程整合：信息技术与课程整合是结合各学科特点，以学生为本，将信息技术融入到课程教学过程中来，创设新型教学环境，形成新的教与学的方式，高质量、高效益地完成课程教学任务的基础上来培养人才的一种实践活动。它体现在以下几个方面：

① 将信息技术以工具的形式与课程融为一体，即信息技术融入课程教学体系的各要素之中，使之成为教师的教学工具，学生的认知工具，重要的教材形态，主要的教学媒体。

② 将信息技术融入课程教学的各个领域，包括班级授课，教研组学习和教师个人的自

主学习等,老师们在学习和掌握信息技术的基础上,可以把它作为深入学习各自专业知识的手段。

③ 创设一种新型教学环境,实现新的教与学方式,变革传统教学结构。通过将信息技术有效地融合于各学科的教学过程来营造一种新型教学环境,实现一种既能发挥教师主导作用又能充分体现学生主体地位的以"自主、探究、合作"为特征的教与学方式,从而把学生的主动性、积极性、创造性较充分地发挥出来,使传统的以教师为中心的课堂教学结构发生根本性变革,从而使学生的创新精神与实践能力的培养真正落到实处。

④ 信息技术与课程整合关注人的发展不仅有学生的发展,还惠及教师的发展,真正做到以人为本。这里的以学生为本主要是指在整合的过程中要遵循学生的生理和心理特点,关注学生不同的学习风格和特征,尊重学生个性的差异。

12.8　数字图书馆

图书馆是公益性质的事业部门,开展的是公益性和教育性并重的社会信息资源服务。为了更好更高效地进行这些服务,使读者全面、准确、及时地获得所需要的资料,就需要畅通图书馆与读者的交流渠道与沟通手段,简化读者的信息检索、查询的方法。随着 Internet 的迅速普及和广泛延伸,使得上述需求的最终实现成为可能。

数字图书馆的数字化馆藏凭借现代信息技术,可以经济、快速、广泛地传播文化知识,方便地被人们所利用,从而不断地激发人们的想象力和创造力,推动全民族、全人类文化素质的不断提高。进行数字图书馆建设是 21 世纪图书馆迎接信息时代的重要战略。

1. 数字图书馆的概念

数字图书馆是通过使用信息技术获取、存储、管理、保护、提供各种信息资源与查询途径的组织结构,它主要由运行在高速宽带网络上的、分布式超大规模的、可跨库检索的海量数字化信息资源库群组成。数字图书馆作为国家数字化建设的重要内容,如今正越来越受到社会各界的高度关注。数字图书馆与传统图书馆相比较,不论是在理念上还是在形式上都有重大突破。

数字图书馆的概念并不仅仅是一个有着现代化信息管理工具的数字作品收藏的等价代名词,它更是一种文化知识传播和信息资源服务的环境,是对具有高价值的图像、文本、语音、音响、影像、影视、软件和科学数据等多媒体信息进行收集,组织规范性加工,进行高质量保存和管理,实施知识增值,并提供在宽带网络上高速横向跨库连接的电子存取服务技术。它同时还包括知识产权、存取权限、数据安全管理等一系列解决方案。其特点是:收藏数字化、操作计算机化、传递网络化、信息存储自由化、资源共享化和结构连接化(见图 12-5)。

数字图书馆这一概念最早是由美国科学家于 1993 年提出来的。20 世纪 80 年代末,一些发达国家就开始利用计算机管理图书馆,实施了"电子图书馆"和"虚拟图书馆"相关工程和项目,取得了很大的成功。

进入 90 年代以后,由于 Internet 的迅猛发展,彻底改变了传统信息服务的格局,引发了信息采集、加工、传输及获取方式的根本改变,使得从电子图书馆到虚拟图书馆再到数字图

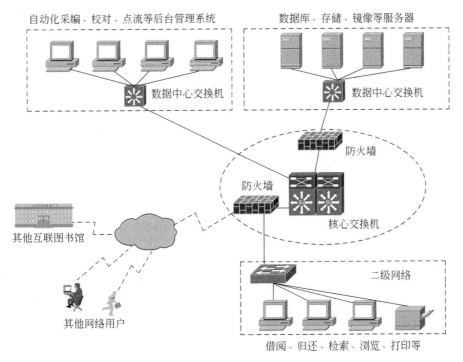

图 12-5　数字图书馆的结构示意图

书馆应运而生。信息高速公路将图书馆、学校、机关、企业、商业机构、家庭、个人连接起来，并对所存储的信息资源提供检索和查询，实现了区域性乃至更大范围内的资源共享，由此产生了数字图书馆的雏形。与传统的纸张图书馆相比，数字图书馆是一个庞大的数字化信息系统，它将分散于不同载体、不同地理位置的信息资源以数字化方式存储、以网络化方式互相连接，提供即时利用，实现资源共享。这是一个巨大的工程，实际上是要在 Internet 上重新建立一个不同于传统图书馆的新体系。把传统的纸张图书馆变为开放的网上图书馆，从而使读者用户可以不受时间和地域限制，随时享用信息资源。

数字图书馆技术使快速廉价的管理、访问、保护以及传递大量及多种多样的文献资料成为可能，数字图书馆是图书馆未来的发展方向。我国在 1999 年将数字图书馆纳入国家、大学和科研机构的三至五年发展重点之列，并先后涌现出了一批重大成果。

2. 数字图书馆的特点

与传统纸张图书馆相比，数字图书馆的特点主要表现在以下几方面：

1）信息资源虚拟化

数字图书馆与传统图书馆的第一个重要区别就是其信息资源虚拟化。传统图书馆提供和管理的是各种各样的书籍、文献、杂志、报刊等，读者将其借出或在馆中阅读它们，其信息载体为各类物理介质（如纸张、胶片）。

数字图书馆首先要利用现代信息技术，包括多媒体技术、数字压缩技术和网络通信技术等，将以纸张为载体的书籍、文献等信息进行压缩处理并转化为数字信息，实现信息资源虚拟化,以利于在信息高速公路上进行远距离传输。数字化信息资源可方便地存储在分布于全国、全球各地的数字图书馆中,供读者用户查阅。与以纸张为载体的书籍信息相比,数字化信息的存储和发布价格低,效率高,更加适应不断变化的用户需求。每一个拥有个人计算机的读者用户都可以十分方便地使用任何一个数字图书馆的虚拟化信息资源,用户对馆藏的利用可以不受地理位置的限制。

2) 信息管理自动化

信息管理的数字化和自动化是数字图书馆与传统图书馆另一个重要的区别。传统图书馆提供和管理的是信息载体为物理介质的书籍、文献、杂志、报刊等,容易受潮、发霉、老化变质和破损,其管理主要是手工操作,要求高、程序复杂;读者将其借出或在馆中阅读它们,手续多,携带麻烦,也容易丢失或污损;而数字图书馆提供得更多的则是各种各样的数字化的电子文档,供读者在网上浏览、下载,快捷方便,因此它们的维护和管理就是两个完全不同的概念。

数字化信息资源的电子文档是用字节的形式存储在存储介质上的,因此它们的管理是完全数字化的,编辑制作、归类存储和提供都是通过计算机和网络来进行的。数字图书馆往往要求用很少的人员来管理庞大的信息资源数据库,其管理可以是完全自动化的,包括自动处理用户请求,判断其权限,并自动提供相应的服务;对读者信息自动举类识别;工作人员信息的自动化管理等。

3) 服务网络化和多样化

服务的网络化和多样化是数字图书馆与传统图书馆第三个重要的区别。数字图书馆建立在以高速宽带网络为主的信息基础设施之上,包括 Internet 在内的信息高速公路将全国及全世界的数字图书馆和无数台个人计算机联为一体,从而实现信息传递的网络化,达到信息互连互通、资源共享的目的。给人们带来了开放型信息服务,跨时空、跨地区的信息利用,以及信息传递的标准化和规范化。

数字图书馆提供的服务并不是人们在传统图书馆里获得的那种实实在在的书籍之类,它提供的是各种字节形式的电子文档,人们不必像过去那样走进图书馆或通过邮寄才能获得服务,只需通过网络在任何地点登录数字图书馆,可即时获得自己所需的服务,如信息的下载和浏览等。与此同时,随着带宽的扩大和数字多媒体技术的成熟,数字图书馆所能提供的服务多样化比以往大大扩大了,除了各种形式的电子书籍,各种音频、视频多媒体信息也可以由读者用户通过网络方便地享受。

4) 信息内容的广泛性

传统图书馆提供的往往是纸张书籍类信息,而数字化信息则是多种多样的,数字的承载能力比传统的书籍要大得多。各种传统的纸张图书可以通过扫描、录入、文字识别等方式转化为电子文档,各种多媒体信息也可以很方便的通过字节的形式储存和播放,而传统书籍却是无能为力的。

5) 用户访问不受区域限制

数字图书馆最重要的特点是其开放性和公众性,即数字图书馆馆藏的信息资源是提供给社会各阶层读者用户下载和使用的,否则它就没有存在的意义。因此数字图书馆信息存储和用户访问不受区域限制,即无论何时、无论何地,数字图书馆的合法用户都应能够不受任何限制地从数字图书馆获得服务。

6）信息提供的知识化

数字图书馆不仅能提供数字化图书、资料文献给读者用户查阅，而且还可以给读者用户提供更深层次的信息资源服务。可以通过信息资源分析、加工处理或编辑重组，形成符合用户需求的知识内容，帮助读者用户找到所需的解决方案，并对所提供的知识产品的质量进行评价。

3. 数字图书馆建设内容

数字图书馆系统的建设目标是对图书馆馆藏信息实现数字化管理，提供网上服务，供读者随时随地查阅。其建设内容主要以下几个子系统。

1）图书馆自动化管理系统

数字图书馆自动化管理子系统的主要作用，是实现图书馆由传统管理服务模式向现代化管理模式转变，全面推动图书馆服务与管理现代化，使图书馆的服务与管理上水平、上效益。它主要包括如下一些功能：

（1）图书馆业务应用系统：包括采访子系统、编目子系统、流通典藏子系统、期刊子系统、C/S 公共检索子系统、B/S 公共检索子系统等。这些子系统可以使图书馆的日常维护和管理实现了自动化，例如期刊子系统可以将图书馆所有的期刊自动进行分类，为用户提供检索信息，并实时报告期刊的状态，如某期刊应该已经出版而图书馆尚未扫描收录，系统将提示管理员尽快录入；编目子系统可以实现图书馆编目工作的自动化，如新到的期刊、书籍会自动登记、分类、编目，不必手工完成。

（2）区域资源合作共享应用系统：包括公共检索子系统、馆际互借子系统、编目中心子系统等。可以方便地进行检索、馆际互借等工作。

（3）行政业务管理系统：人事管理子系统、设备管理子系统等。实现图书馆工作人员人事管理、设备管理地自动化，例如电子自动记考勤等，大大提高了运作效率。

2）文献资料光盘检索子系统

数字图书馆所能提供的信息资源是十分广泛的，因此信息资源电子文档的大规模制作也是数字图书馆必须完成的工作。数字图书馆需要将传统图书馆的纸张文档通过扫描、图像优化、压缩归档等数字化技术加工成电子化的信息数据，并写入光盘中，最终保存在镜像服务器大容量硬盘中进行高质量的保存和管理，并提供在网上供读者用户高速存取和阅读。

（1）文献资料光盘制作：包括完整的文献资料光盘制作的各种软硬件，如高速刻录设备，文字识别的软硬件设备，高速、高清晰度扫描仪等，用户可以方便地制作各种文献资料光盘，而且操作方便、简单。

（2）光盘共享系统：光盘刻出以后必须能够将其存储的信息方便地提供给读者用户，考虑到同一时刻可能访问同一个光盘读者用户会有很多，因此，数字图书馆通过一个高效的光盘共享系统实现多用户功能。

（3）光盘共享系统的检索：成千上万的光盘上存储有海量的信息，读者用户在通过网络来获取自己的信息资源时必须进行检索，这一工作显然不可能由人工完成。因此数字图书馆要有一个光盘共享系统的检索系统，供读者用户使用，并且其使用不受地域和时间的限制,只要是合法的数字图书馆用户,就可以随时随地获得服务。

3)多媒体点播和会议子系统

数字图书馆的服务是网络化和多样化的,为此需要有一个 VOD 多媒体点播子系统,读者用户可以方便地以点对点等方式下载和欣赏数字图书馆提供的各种音频、视频多媒体资源。与此同时,该子系统还包括电子视频会议系统和网上视频讨论等功能,读者用户将享受到众多的多媒体信息服务。

4)电子阅览室子系统

数字图书馆能够提供完善的网络化和多样化服务,其中包括提供一个公共电子阅览室子系统,以方便读者用户在图书馆内阅览、下载使用。电子阅览室的功能十分全面,读者用户就如同置身于传统普通图书馆的阅览室一样,甚至享受的服务还更多。公共电子阅览室的主要功能有:

(1)检索本馆及其他数字图书馆内的电子文献资料。

(2)VOD 服务器中的视频与音频节目和教学课件,达到自学或娱乐的目的。

(3)共享互联网络资源。

(4)收费管理:系统提供灵活的费率自定义功能,可根据自己的收费标准设定相应的费率。

(5)查询统计:可统计出所访问的所有网站记录和访问时间。

(6)监视功能:可监视是否访问了设定的非法网站,发出报警信息,提供访问非法网站的计算机编号、上机者姓名、访问的非法网站名和访问开始的时间。

(7)证件管理:系统支持 IC 卡、条形码(如借书证)以及磁卡。费用记录于卡内,实现一卡通,统一缴费,方便管理。

5)知识产权保护管理子系统

知识产权的客体是无形的脑力劳动创作性成果,与有形的财产不同,它是一种可以脱离其所有者而存在的无形信息,可以同时为多个主体所使用,可以通过计算机网络传送,在一定条件下也不会因多个主体的使用而使该项知识财产自身遭受损耗。这种客体的无形性是知识产权使用价值充分实现的基础和根源,极容易受到侵犯,只要它们一出现在市场,就可以极低的成本进行大量的复制、模仿和传播。

因此,信息资源的利用与保护问题会变得相当敏感,其中最突出的是版权保护,本子系统主要功能是对知识产权进行计算机管理,它涉及如何保护作者、信息资源建设者和用户的合法权益。加强版权保护意识对促进信息的加工、开发、流通、保护等各种功能的作用意义非常重大。建立健全相关法律、法规,使作者、信息资源建设者和使用者建立制约、监督和协调机制,既能鼓励著作权人的积极性,又能让公众利益得到合理平衡。

12.9　数字档案馆

数字档案馆从最早由美国的专家学者提出,至今已经历了十多年的时间。近年来,数字档案馆的研究依托于数字图书馆的研究,发展速度很快,已经普遍被人们所认识并已基本达成共识。在信息技术迅速发展的今天,数字档案馆不失为档案馆发展的新方向,是档案馆与社会交融、与国际接轨的新契机,也是避免成为信息孤岛的最佳选择。

1. 数字档案馆的概念

数字档案馆是建立在现代信息技术普遍应用基础上,利用数字化手段,以综合档案信息资源为处理核心,对数字档案信息资源进行管理,通过高速宽带通信网络设施相连接和提供利用,实现资源共享的超大规模、分布式数字信息系统。以"有序的信息空间和开放的信息环境"为特征的完整意义上的数字档案馆,不是封闭的档案馆信息网络,而是包含在办公自动化系统、计算机辅助设计和管理系统、公共信息数据管理系统等更为广阔的大系统中的组成部分。它是由分布式文件、档案数字资源构成的具有强大服务功能的跨机构、跨地域的信息系统,将是继"数字图书馆"之后,在 Internet 上扮演重要角色的又一种知识网络,属于国家数字信息基础工程。

数字档案馆的概念有广义和狭义之分。广义的数字档案馆是指存储和利用档案信息资源的信息空间,是一个由众多数字档案资源库群、档案信息资源处理中心、档案用户群构成的群体。

狭义的数字档案馆指其中的个体档案馆,其含义除了馆藏档案数字化的工作外,还涉及档案信息的采集、整理、存储、检索、传递、保管、保护、利用、鉴定、统计等全过程,代表的是一种信息环境和基础设施的构建,包括:

(1) 接收应归档的电子文件及其元数据,并对立档单位的电子文件工作流程实施在线监督和控制,及时获取电子文件,防止重要文件的流失。

(2) 将现有馆藏档案数字化,实现数字化档案资源在网上的发布和传递。

(3) 支持对馆藏各种档案实体的自动化管理。

(4) 支持以网络连接行业、政府信息资源库及不同档案馆的数字化馆藏,能够提供分散于不同地区的档案信息资源,实现档案信息资源共享。

(5) 组织对数据的有效访问和查询,使用户可以通过网络对数字化档案信息(包括目录、索引和全文)进行查阅。

2. 数字档案馆的特点

早期,档案部门提出数字档案馆是借鉴数字图书馆的概念,但是数字图书馆与数字档案馆的概念和建设内容是有区别的。数字图书馆是借用传统图书馆的名称,已经脱离传统图书馆的工作、管理模式,数字图书馆是下一代 Internet 的信息资源组织形式,是将目前 Internet 信息资源的无序状态变为有序。

顾名思义,档案馆就是保存各种资料的地方。而档案馆的数字化又与电子政务紧密相连。从某种意义上看,电子政务实施的好与坏,甚至可以从档案馆的信息来源中看出来——电子政务的信息流到最后会形成电子档案。因此,如果电子政务实施得好,那么电子档案所占据的比例就高。

档案馆的馆藏档案有两类,一类是保密档案,不允许在非保密网上运行,甚至有些绝密档案根本不允许上网;另一类是大量的解密档案或非保密档案,已经向公众公开了,放到互联网上运行,实现档案资源共享应当是没问题的。虽然数字档案馆对馆藏档案的管理功能没有改变,同样具有收集、整理、鉴定、保管、利用、统计、编研等功能,但是其采用的技术方法、管理手段、管理对象等有了较大的变化。数字档案馆是一群由网络联系在一起的档案馆,每个档案馆都由绝密档案部、保密档案部和网络档案部(虚拟档案部)三部分组成;每个档案馆都有海量多媒体档案资源库。由于我国的电子政务网络也分为物理隔离的三大类:保密网、内网和外网(互联网),因此不同保密级别的档案可以上相应级别的网,绝密档案不上网,保密级别较高的档案上保密网,保密级别低的档案上内网,非保密档案上外网。

数字档案馆不仅仅是馆藏档案的数字化,也不只是停留在整个档案工作业务流程的计算机化,而是代表了网络环境下档案信息资源的整体处理模式,涉及一系列标准规范与法规的制定和推行、软/硬件基础设施构建、应用系统开发、数字资源建设、人才队伍培养等方面内容,是一个与软件工程、网络工程、计算机工程、信息组织工程等有着密切联系的系统工程。

数字档案馆应用系统是一个可扩展的网络应用系统,包括多个分布式的、超大规模的、具有可互操作的异构多媒体资源库。其功能涵盖对档案的数字化加工、数字档案信息的采集、处理、存储、归档、组织、发布、利用和数字管理全过程。能通过局域网处理档案馆所有的档案管理业务,并交换档案(即电子归档,包括管理信息、数字化档案和数字档案),以及通过网络对用户提供高效跨库、无缝连接的信息服务。

为了最终实现建设数字档案馆的目标,我国全国各地的档案馆要加快档案管理现代化的步伐,做好电子文件归档及其档案管理工作,把档案数字化纳入国家信息化建设的总格局,以档案网络建设为基础,以档案信息资源建设为核心,以扩大档案信息资源开发利用为目标,加快推进档案资源数字化、信息管理标准化、信息服务网络化的进程,促进档案事业持续快速健康发展,为改革开放和现代化建设服务。

全国档案信息化建设的目标和主要任务是:统筹规划、统一标准、分级建设、安全保密的原则,加快档案信息化基础设施建设,加强电子文件归档和电子档案的规范化管理,推动馆藏档案的数字化和数据库建设,在部分中心城市建设示范性数字档案馆,开展公众网上查询档案信息服务,加快推进档案信息化标准体系、安全保障体系和人才队伍建设。各省、自治区、直辖市档案部门要努力建设并投入使用一批内部局域网,基本实现档案管理现代化和办公自动化;依托当地电子政务建设工程,建立为各级党政机关服务的档案目录信息中心,为逐步构建中国档案文献数据库创造条件;依托公众信息网,建立面向社会、服务公众的档案网站,逐步构建全国档案工作信息网。

为了推动数字档案馆的发展,国家档案局等有关部门积极筹备和启动了数字档案馆的试点和建设项目,确定深圳档案馆为我国数字化档案馆的第一个试点,青岛市海军档案馆为档案数字化信息中心试点。

3. 数字档案馆的建设内容

国家档案局颁发的《全国档案信息化建设实施纲要》要求各地档案馆积极推进档案数字化进程。与此同时,国家档案局在中国档案管理现代化建设研讨会上宣布:我国将加快数字化档案馆的建设。有关档案信息化及数字档案馆的建设内容,在《全国档案信息化建设实施纲要》中都有非常明确的论述。

1) 档案信息化基础设施建设

推进运用计算机管理档案,提高各级各类档案馆、档案室计算机和网络技术的应用程度,逐步提高档案信息化水平,提高全国应用计算机管理档案的普及率。各地档案馆都要建设和完善计算机局域网,并且要与当地电子政务网络联通(见图 12-6)。

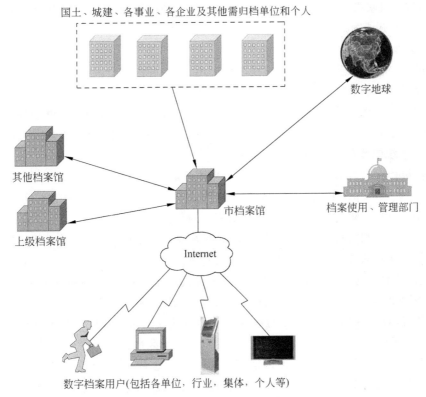

图 12-6　数字档案馆示意图

2) 档案信息资源建设

(1) 充分运用计算机技术,加快档案目录数据库建设,提高档案检索利用服务质量。各单位向档案馆移交档案时,要逐步做到同时移交机读目录。

(2) 进一步加强档案目录中心建设,要完善明清、民国和革命历史档案资料三个目录中心的建设。鼓励各地区国家综合档案馆建立区域性档案文献机读目录中心,推进档案信息资源共享。

(3) 积极推进档案全文数据库和多媒体数据库建设。有条件的档案馆应通过接收电子档案、对各种类型档案进行数字化,积极建设相关的全文数据库和多媒体数据库,逐步实现档案全文信息查询,不断提高服务效率和质量。

(4) 加强电子文件归档管理。各级政府机关和企业、事业单位档案部门要根据档案管理的要求,加强对本单位电子文件积累、鉴定、著录、归档等工作的监督、指导,保证各单位产生的有保存价值的电子文件归档管理的试点工作,及时总结、推广经验,引导、规范电子文件的归档管理。

（5）研究电子档案接收、保管、利用的技术方法，制订电子档案管理办法。

（6）积极推进档案数字化进程，加强对珍贵、重要档案的保护，提高档案利用的效率和水平。以现实需要为前提，分阶段、分步骤实施。逐步实现馆藏重要卷宗纸质档案和照片、录音、录像档案的数字化，并在馆内建设数字化综合应用平台。

（7）中央、国家机关档案部门向中央档案馆移交的档案，有条件的一般要进行数字化处理，同时并入中央档案馆和中央、国家机关档案数据库系统。

3）档案管理应用系统建设

（1）进一步提高档案管理软件的技术和应用水平，尽快在全国推广应用相对统一、符合规范的档案管理软件，为保证档案信息交换、实现档案信息资源共享创造条件。

（2）推进机关档案管理与办公自动化同步发展。适应办公自动化和电子政务建设的要求，在中央、国家机关以及省直机关中普及应用文档一体化管理系统，并与机关办公自动化和电子政务系统同步建设，协调发展。

（3）各级档案行政管理部门要积极参与当地政府上网工程和电子政务建设。加强档案信息建库入网工作，争取将各地档案数据库作为重要信息资源纳入当地电子政务、信息港建设总格局中，为逐步构建中国档案文献数据库积极创造条件。

（4）充分利用和发挥网站的作用，使档案网站成为宣传档案工作、开展档案信息服务的窗口。省级以上档案馆应尽可能建立自己的档案网站，已经建立网站的要不断加以完善，丰富网站内容，有计划地上载开放档案目录，有条件的可上载已公开的档案全文信息，向社会提供网上查询和利用服务，进一步发挥档案信息资源服务社会的作用。

（5）各省、自治区、直辖市档案行政管理部门应建立链接本地区各级各类档案网站的门户网站，积极探索实现馆际互联的路子。在逐步推进地区性馆际互联的基础上，不断促进全国范围内的档案信息资源共享。以国家档案局网站为龙头，逐步与各地档案网站实现链接，最终构建全国档案工作信息网，为全社会提供方便、快捷、优质的档案信息服务。

4）档案信息化标准规范建设

（1）加快推进档案信息化法制建设。适时提出比较成熟的行政立法建议，推动相关配套行政规章的制定和完善。加快研究和制定电子公文归档、电子档案管理、档案信息公开和上网安全、网站建设与管理等方面的行政规章，形成有效的档案信息化建设激励约束机制，推动档案信息化建设有序开展。

（2）完善档案信息化标准体系。集中力量研究制定一批急需的档案信息化标准，采取切实措施进行宣传与贯彻。要优先制定电子文件归档、档案信息采集、整合和安全管理等方面的标准，加快建立健全档案信息化标准实施机制。已经出台的相关地方标准，要认真试行，总结完善；承担有关试点任务的档案部门，应率先出台相关标准，在试行的基础上加以完善，争取上升为国家标准或行业标准，在全国范围内推行。

5）档案信息化人才队伍建设

（1）加强档案业务人员培训工作。坚持各级档案部门领导干部进修制度，把档案信息化建设相关的计算机应用基础知识、数字化技术知识、网络技术知识、现代管理技术知识等列入指导性教学计划；加强对档案业务人员应用新技术、新设备、新方法的培训，普及信息技术知识，提高档案业务人员掌握和运用现代化技术的技能。

（2）加强档案信息化建设相关技术课程与教材的建设和管理。国家档案局将积极推动教材编写工作,并定期组织对备案教材进行评定和推荐。

6）档案信息安全保障体系建设

（1）组织建立档案信息安全保障体系框架,逐步完善档案信息安全管理体制。各级档案部门要加强对计算机档案管理系统的管理,确保档案数据库安全;加强对电子文件归档工作的监督和指导,保证归档电子文件的真实、完整、有效;档案部门的内部局域网要切实与一切外网实行物理隔离,加强身份认证和密钥管理,确保档案信息网络传输的安全。

（2）各级档案部门在开发利用档案信息资源和网络系统建设工作中,要提高信息安全意识,防止失密、泄密的发生。参加各级政府电子政务建设的档案部门,要严格遵守相关的安全保密制度。非公开的档案信息一律不得上外网;在 Internet 上提供已公开档案目录查询服务的,要认真采用身份认证、防火墙、数据备份等安全防护措施,确保档案信息和系统安全。

12.10　数字博物馆

博物馆是收集、保护、展示各种重要文物、标本的场所,是国家和民族文化基础设施的重要组成部分,是实施素质教育、历史教育、科普教育、爱国主义教育,提高国民文化素质和弘扬民族精神的重要教育基地。所以说,博物馆是展示一个国家文明历史的窗口,博物馆的发展水平也反映出一个国家的文明程度。

我国建国以来经过几代人的研究积累,全国各地已经建立了相当数量不同规模、不同层次、各具特色的各种类型博物馆。这些博物馆集文物和标本收集、研究、保存、保护、共享、展出于一身,在推动全民素质教育、教学科研,培养创新人才方面发挥了重要作用。

1. 数字博物馆的概念

数字博物馆是指通过计算机多媒体和网络技术在互联网上建立博物馆网页,向公众展示博物馆的展览、馆藏文物及标本,并提供藏品、展品和各种背景文字、图像和声音等资料信息,回答公众的各种咨询。数字博物馆将现代信息技术和其他高新技术广泛应用于先进文化建设,将传统文化精华进行数字化保存与整合,建成互联网上的传统文化信息中心,为社会公众提供文物管理、展示、教育、科研等全方位服务。

数字博物馆不仅可以让观众足不出户、不受时间限制地看到展柜中的展品,还可以看到博物馆库房中那些不宜展出、平时难得一见的珍贵藏品。而且借助三维、全景摄影、摄像、3D 图形等现代化手段,观众还可随心所欲地从不同角度欣赏观察展品,仿佛展品就在眼前。数字博物馆还增加了观众的选择性,变"给你看什么就看什么"为"我想看什么就看什么",从而最大限度地满足个性需求。此外,博物馆同行也可借助数字博物馆达到国内外交流、学术研究、讨论,实现真正意义上的藏品研究的共享。

数字博物馆已在国外广泛应用。目前,美国博物馆绝大多数都加入 Internet,日本也有近百座博物馆在 Internet 上有了自己的主页,欧洲一些博物馆也陆续上网,我国的大多数博物馆也已经上网。不过博物馆上网与真正意义上的数字博物馆还是有较大差别的。博物馆简单地上网通常是博物馆在互联网上有了自己的主页,但内容大多比较简单,仅仅是原有小型书面介绍的翻版,除了短短几行文字及陈列展览简介以外,还有几个分别代表馆藏特色的按钮,每个按钮所连接的只有几件典型藏品的正面图像展示。

真正意义上的数字博物馆应当包括馆藏文物翔实的文字资料以及多媒体展示;网上学术论坛为处于不同地区的博物馆、研究人员发表相关学术观点、反映最新研究成果提供交流的窗口。数字博物馆借助于计算机虚拟现实和人机交互技术,向公众开设博物馆场景浏览、虚拟展品和遗址展示等内容,可以使人们在网上漫游整个博物馆各个展室,可以让人们在三维虚拟展品、背景人物、历史事件、环境遗址等历史或古迹中漫游。如果借助于数字头盔、数据手套、立体眼睛等多种虚拟现实设备,配上声、光、色彩、音乐和三维动画,多重视角和景深,动态逼真,可以让人产生身临其境的感觉,仿如穿越了时空隧道,置身于过去的历史事件之中,给人以心灵震撼。

2. 建设数字博物馆的意义

数字博物馆对于实现博物馆资源共享,保护珍贵的博物馆资源具有极其重要意义。通过数字博物馆建设,可以进一步摸清文物家底,推动科学研究,优化工作流程,实现文物资源数字化、文博行业管理网络化、文物展览展示现代化,促进文物管理理念、管理模式的转变,可以大大提高文物保护、利用和管理水平。

通过数字博物馆建设,整合中华优秀传统文化资源,培育文化资源加工、流通、增值服务机制,以此推动整个文化领域信息化进步,并可促进信息技术等相关产业的发展。

数字博物馆可以从根本上改善传统博物馆的文物陈列和展示手段,将分散收藏的文物信息以生动的、交互的、现代化的手段集中展示出来,扩大展示空间、延长展览时间、增加展品数量、提高展览质量、降低参观成本、增强观众互动,更加贴近群众、贴近实际、贴近生活,是新时期文博事业不断创新的成果,是文化事业与时俱进的具体反映。

数字博物馆是古老文化和现代信息技术相结合的产物,是先进生产力的具体体现,是传播先进文化的有力工具,能够更有效地满足人民群众日益增长的文化生活需要,在文化建设领域体现广大人民群众的根本利益。

3. 数字博物馆建设的内容

1) 文物信息资源建设

数字博物馆建设必须以文物信息资源建设为核心,以信息资源合理共享和有效利用为首要目标。协调各地方和有关部门传统文化信息资源建设,整合全国馆藏珍贵文物和重要文物保护单位综合信息资源,结合特殊功能文物信息采集(如三维建模、多媒体等)和深度加工(如数字娱乐、动漫、远程教育课件等),建设文物信息资源基础数据库体系。

除整合文物调查项目采集的数据外,还可以根据文物保护、管理和利用(社会服务)工作的需求,选择有代表性世界文化遗产、文物保护单位、馆藏珍贵文物,或策划有影响的传统文化主题,并配合文物保护重点工作(如大遗址保护、文物腐蚀调查、文物保护工程记录档案),同时,开发相应的应用服务系统,通过互联网等形式,向社会提供广泛的文物信息服务。

2）制定数字博物馆标准规范

建设数字博物馆首先要制定相关的政策法规,建立合理的共享机制,形成统一的标准规范,既避免各立门户出现"信息孤岛",也要尊重和保护知识产权。标准化是数字博物馆建设的基础性工作,是实现互联互通、资源共享、业务协同、安全可靠的前提,必须置于优先发展的地位。数字博物馆的标准规范是文博行业信息化标准规范体系的重要组成部分,主要包括元数据标准、分类编码标准、文物信息指标和影像采集标准、数据交换标准、信息安全标准和管理标准等。

3）应用信息技术创造新产品

数字博物馆建设需要大量高新技术提供支撑,主要有复杂信息的加工处理技术,海量数据的组织、存储、管理、传输和智能检索技术,网格技术,多媒体技术,虚拟现实技术,人机交互技术等,有些可以引进和采用目前已经成熟的主流技术,另一些(如三维建模等)则需要进行适当的开发和改造,降低其应用成本,便于大规模推广使用。可以说,数字博物馆建设既是一个应用新技术的过程,又是一个提供庞大需求、推动技术进步的过程。

4）充分依托已有的基础网络

数字博物馆将建立分布式的数据库,除部分服务于文物保护和管理工作的保密数据通过专网传输外,绝大多数信息主要通过互联网进行传送。数字博物馆建设要充分依托已建和将建的文博信息骨干网络和各级文物数据中心,更要借助不断提速的宽带网络、无线网络、广播电视网络等,实现资源共享,同时避免重复建设和资源浪费。

5）信息应用系统的建设

数字博物馆应用系统主要包括文物信息管理系统、文物虚拟展示系统(包括异构网络流媒体服务、交互 3D 视频、虚拟时空重构、沉浸感交互式虚拟演播等)、远程教育系统、电子出版系统、数字娱乐系统、文物虚拟复原和修复系统、文物地理信息系统以及文物科研共享平台和文物辅助决策支撑信息系统等。

6）建设信息安全机制

建立完善的信息安全机制,实现信息数据的真实性、完整性、机密性、可控性以及网络、数据库和应用系统的安全性、稳定性、可靠性,保护好文化信息资源,保障数字博物馆健康运行。

7）重视信息人才培养

要通过数字博物馆建设,培养一支既精通文物管理、又熟悉信息技术的复合型人才队伍,持续发展数字博物馆工程,推动文博信息化建设。

12.11 数 字 公 园

公园对任何一个城市来说,都是最美、最有魅力、最令人流连忘返的地方。它们有的森林茂密、层峦叠嶂、郁郁葱葱;也有的湖水清澈、树木丛生、花香鸟语。都是一些自然风光秀丽、生态环境优美、山清水秀、空气清新的地方,也都是人民群众喜爱的游玩、休闲、旅游的好去处。为了保护游人的安全和森林防火,如果采用人力巡视对公园周围环境,特别是对一些距离城市中心比较远,位于城市郊外的郊野公园的周围环境进行监控,应急反应速度慢,效果差。因此,有不少城市就投资建设公园安全防范和森林防火视频监控系统工程,利用现代信息技术及其他高科技手段来提高森林防火、救灾、安全防范监控的管理水平。与此同时,进一步把城市公园建设成为数字公园,作为城市旅游信息平台的内容,利用三维、全景摄影、摄像、多媒体技术把公园美景制作成动态逼真的虚拟公园,放在 Internet 上向全国、全世界展示,吸引游客前来观光旅游,以带动城市经济相关行业的发展,并为城市经济发展创造出一个新的经济增长点。

数字公园建设的内容主要包括以下几方面。

1. 总体方案设计

数字公园建设的内容与其他的数字工程差不多,主要包括基础网络和应用系统两部分,即是说首先要修建信息高速公路,然后要有在信息高速公路跑的"车辆"(应用系统)。不过,数字公园建设的基础网络和应用系统与其他数字工程还是有较大差别的,主要体现在数字公园的信息高速公路大多采用无线网络,在网络上传输的信息除了有一些管理信息系统的数据以外,主要还是视频和音频信号。这一点是由数字公园建设的主要目标和特点所决定的,因为数字公园建设的重头戏是"安全防范和森林防火视频监控系统"。

公园安全防范和森林防火视频监控系统由监控管理中心、网络传输系统、摄像机和镜头系统、云台控制系统、无线火灾报警系统、电源系统和若干铁塔组成。其基础网络传输系统一般采用无线局域网(WLAN),其中包括单跳网络及多跳网络(无线 Mesh)两种组网传输方式,组网方式的选择通常是由公园的地势、地形、湖泊河流或树木的茂密程度所决定的。通过在公园内合理布置的各个前端监控点,实时采集公园现场图像数据,以及火灾发生时感烟探测器的报警信号,凭借无线通信网的传输信道,把采集到的图像信息和火灾报警信号以数字方式传输至监控中心,同步实时显示,并实现监控报警。

安全防范和森林防火视频监控系统可以对公园环境进行全方位监控,从而提升公园的防控水平,是应对公园森林火灾、旅游安全等突发事件的重要技术手段。系统设计方案主要包括前端监控点的设置,无线网络传输系统,监控管理中心,基站,供电系统、无线火灾报警系统及防雷接地系统等几部分。

2. 前端监控点的设置

选择公园前端监控点位置的原则,主要是从实现公园内的安全防范和森林防火的监控目标出发,将摄像机安装在公园所有主要出入口及山岭等制高点,要求视野广、无障碍、监控角度大,并尽量使得每个监控点监控覆盖的面积最大,如果有些死角无法回避,可增加监控点。公园每个监控点根据前端摄像机的视角性能,应可扫视 360° 半径为 2 千米范围,摄像机类型通常选用高速球型一体化摄像机或恒速球型一体化摄像机,摄像机工作时可集转动、变焦、变倍控制为一体。

为了实现全天候监控,要求前端监控设备能够全天候工作。因此,摄像机要选用红外敏感型彩色转黑白摄像机,具有红外聚光性能,可在晚上无光的环境下工作,以保证夜晚监控系统也能起到作用。摄像机云台选用螺杆传动的室外一体化云台,为了减少远距离图像的抖动,摄像机的安装要求牢固稳定。各监控点安装的感烟探测器灵敏度要求较高,当有火灾发生时,探测器发出报警信号,可即时通过无线网络传至监控中心。

3. 无线网络系统

视频传输链路是公园监控系统中最关键的环节。由于公园地形复杂、高低起伏大、湖泊河流多、森林面积广,监控点分散,在公园地区内部署有线网络异常困难,视频传输方式采用电缆或光缆的方式极为昂贵。而 WLAN 则具有配置灵活、安装便捷、易于扩展、性能好、成本低等特点,监控信息实时传输,图像清晰,传输频率可选,并且可根据传输距离的远近、现场自然条件的不同,其功率的大小可以按要求配制,在遇障碍物阻挡的情况下,可采用架设中继系统或者采用低频网桥直接穿透一定密度的树林。比较适宜于应用在像公园这样的大面积、大范围森林防火和安全防范视频监控系统上。采用无线网络传输系统,在摄像机架设的位置安装无线网桥,即时回传监控范围视频和音频信息。

考虑到系统涉及的范围广,距离远,监控点较为分散,在公园安全防范和森林防火视频监控系统中,可采用 2.4GHz 与 5.8GHz 无线网络产品混合组网模式。对于一些林木茂密、可视环境不好的监控点,采用低频率绕射和穿透能力强的产品。国际上最新推出的无线协议 802.11n 标准传输速率增加至 108Mbps 以上,最高速率可达 320Mbps。802.11n 协议为双频工作模式,包含 2.4GHz 和 5GHz 两个工作频段,完全满足视频信号传输网络带宽高的要求。

目前,公园无线网络系统大多都采用最新的 802.11n 标准,单跳网络多天线覆盖与链接,使用 5.8GHz 频段频率,传输速度 300Mbps(带宽),传输距离 3~5 千米(见图 12-7),以及最新的 H.264 视频编码标准的数字码流。H.264 使图像压缩技术上升到了一个更高的阶段,能够在较低带宽上提供高质量的图像传输,该优点非常适合国内用户量大、接入网/骨

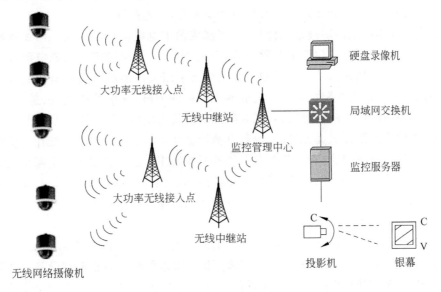

图 12-7　无线网络示意图

干网带宽相对有限的状况。在同等的画质下，H.264 比传统的编码标准 MPEG 2 平均节约 64％的传输码流，而比 MPEG 4 ASP 要平均节约 39％的传输码流，简单地说就是图像质量越高，所需码流率越高，而要达到相同的画面质量，H.264 编码的视频比采用其他编码视频标准的文件体积要小的多。这样，系统每路图像 1.2Mbps 的压缩数字码流，即可实现 D1 的高清图像。

对于公园内低谷地带或森林茂密地带，可视环境差，因此，局部地区要采用无线 Mesh 多跳网络，工作频段 2.4GHz，传输距离 500～600m。无线 Mesh 是基于 IP 协议的无线宽带接入技术，支持多点对多点的网状结构，具有自组网、自修复、多跳级联、结点自我管理等智能优势以及移动宽带、无线定位等特点，是一种大容量、高速率、覆盖范围广的网络，成为宽带接入的一种有效手段。从某种意义上讲，无线 Mesh 网络更主要的是一种网络架构思想，主要功能体现在无中心、自组网、多级跳接和路由判断选择等。其技术核心是任何无线设备结点都可以同时作为 AP 和路由器，网络中的每个结点都可以发送和接收信号，每个结点都可以与一个或多个对等结点进行直接通信，两个结点之间距离约 500m。

在无线 Mesh 网络里，如果要添加新设备或移动设备，只需要简单地接上电源就可以了，系统能够自动发现拓扑变化，并自动调整通信路由，确定最佳的多跳传输路径。系统将信号传输到邻近的结点，结点之间的无线信号干扰也较小，网络的信道质量和信道利用效率大大提高，因而能够实现更高的网络容量。无线 Mesh 技术和网络的研究开发与实际应用，已经成为当前无线移动通信最热门的课题。

4. 基站、供电、防雷接地及无线火灾报警系统

一般公园大多都占地面积大、范围广阔，综合考虑系统的整体要求，要修建多个螺栓式铁塔组立基站，每基站重量大约 30t，铁塔上约 50m 处安装直径 2.0m 抛物面室外天线。基站无人值守，每个基站覆盖面积约为 3km²，修建多个基站就可以实现网络全覆盖，并在覆盖范围内可实现系统扩容，如在近邻公路可增加监控点，实现路面监控。

有的公园离市电电网距离远，公园内没有现成的市电电源可供使用。而视频监控系统有数量众多的前端监控点，位置分布散、相隔距离达几千米，视频监控系统电源若采用拉线供电的方式，成本费用极高，因此，视频监控系统要采用太阳能和风力发电相结合的方式供电。太阳能供电系统由太阳电池组件构成的太阳电池方阵、充电控制装置、逆变器、蓄电池组构成。太阳电池方阵在晴朗的白天把太阳光能转换为电能，给负载供电的同时，也给蓄电池组充电；在晚上或阴雨天无光照时，由蓄电池给负载供电。风力发电系统作为辅助供电装置，不论白天还是黑夜，只要有风就能发电供给系统使用。这种新型组合电源系统的特点是无污染，绿色环保；安装方便，经济实用，不用长距离挖沟铺设供电电缆，大大节省了工程建设费用；太阳能作为一种巨量可再生能源，每天达到地球表面的辐射能大约等于 2.5 亿万桶石油，可以说是取之不尽、用之不竭。

如果公园地处我国南方多雷、多雨地区，则雷击是年复一年的严重自然灾害之一，因而基站和前端设备都必须安装良好的防雷接地系统。采取的措施包括前端设备和铁塔都安装有放电避雷针，避雷针至少高于铁塔和摄像机 1.5m 以上；在铁塔周围做环形接地地网，接地阻值小于 4Ω，采用化学降阻剂和非金属接地模块；将摄像机、设备箱等用 φ12mm 镀锌圆

钢与铁塔就近进行等电位连接,防止因电位差而发生反击。其他防雷措施还有:在太阳能供电系统逆变器输出端并联安装电源浪涌保护器,在视频系统的输出端串联安装视频浪涌保护器,在网络交换机的信号输入端串联安装控制信号浪涌保护器等。

为了加强公园森林防火措施,除安装视频监控系统以外,还要安装无线火灾报警系统。森林一旦发生火灾,会引起周围环境参数发生变化,其中会伴随有大量的烟尘产生和环境温度的升高。只要烟雾的浓度达到一定的限度(如 2%),就会导致烟雾传感器的电阻值下降,电压比较器可以对接入电路中的电压进行自动检测,传感器的电阻值下降使得电压检测器的输入端的电压变为高电平,经比较器后输出为高电平,继电器导通,火灾报警控制模块接通电源开始工作,对模拟信号进行编码而转变为数字信号,然后经无线网络传输到监控中心报警。

5．监控管理中心

公园监控管理中心位置的选择,主要考虑三个因素,首先距离全市光纤网点比较近,方便从监控管理中心拉光纤接入市区光纤网;其次距离市电电网比较近,这样容易拉电源线接入市电电网,以解决监控管理中心由市电供电的问题;第三交通相对比较方便一点,有利于工作人员上下班及与外界的交通联系。视频监控系统无线网络最终在监控管理中心与市、区有线网络结合,视频监控系统所有的监控信息汇聚到中心结点(监控管理中心)后,可通过光纤传输到市、区公安局 110 指挥中心及突发事件应急指挥部。

在监控管理中心安装了计算机、交换机、视频服务器、视频分配器、监视器、硬盘录像机、大屏幕液晶显示屏、UPS、视频编解码器、无线网桥等视频监控设备。监控管理中心工作人员通过一条与接入点(AP)相连的无线链路来访问网络,前端摄像机的视频信号及音频信号经无线网络实时传到监控管理中心,并由监视器显示出来。监控管理中心通过无线传输监控系统,不仅可以获得全面的、清晰的现场实时图像,而且还可以通过指令键盘将控制信号经无线网络实时传到前端设备控制器上,启动云台上下、左右转动,控制镜头的开、关,以及聚、变焦,达到了全方位、实时监控目的,以满足对监控画面的各种要求。工作人员在监视器上,通过计算机监控软硬件设备,观看各前端监控点现场情况,也可以由大屏幕液晶显示屏实时显示出来,供多人观看或现场集中指挥等,并同时通过硬盘录像机,将现场的图像和声音录下来,以便存档或回放。

12.12　从数字城市迈向智慧城市

智慧地球概念的提出及其战略的实施,能给人类社会带来长短兼顾的良好效益,已被世界各国当作应对国际金融危机、振兴经济的重点领域,受到人们的高度重视。"智慧地球"需从"智慧城市"开始着手,智慧城市是智慧地球概念落实到实处,特别是城市信息化建设在数字城市建设基础上进一步向智慧化发展的具体表现。

智慧城市是以互联网、物联网、无线宽带网等网络组合为基础,构建城市发展的智慧环境,以智能技术高度集成、智慧产业高端发展、智慧服务高效便民、资源和能源清洁高效、自然环境健康宜人、基础设施完善舒适、社会环境和谐文明为主要特征的城市发展新模式。它不仅是一个技术系统，更是一个社会管理与服务的系统。它要感知居民生活工作、企业经营发展和政府行使职能中的活动与需求，并进行分析、集成和应对。其核心是建立一个应用信息技术等高新技术、支撑政府、企业和市民有效运行的社会生态系统，其中包括智慧公共安全、智慧交通、智慧社区、智慧医疗、智慧教育与文化规划、智慧政务、智慧城管等许多方面。

1. 智慧城市的基本特征

智慧城市的概念既可以看成是智慧地球概念的引申，又可以看成是数字城市的延续和发展，是城市信息化发展的高级阶段，其内容则是智慧地球最重要的组成部分。从人类社会发展的历史进程来看，智慧城市是信息时代的产物。信息技术不断创新和飞速发展，给人们为实现节约资源、环境保护、减少废气排放和新能源应用提供了新的技术手段，使节能环保、高效率、高效益的精细化工业大生产成为可能。

从城市信息化建设的角度来看，智慧城市是数字城市发展的必然结果，两者有重叠和相同的体系结构，都是把信息技术应用在城市管理、服务和运行中，旨在提高城市管理、服务和运行的水平。因此，它们两者之间的关系可以看成是：数字城市的建设为智慧城市的发展打下了基础，而智慧城市则是数字城市的发展方向和高级形态。

联合国人居组织1996年发布的《伊斯坦布尔宣言》强调：我们的城市必须成为人类能够过上有尊严、健康、安全、幸福和充满希望的美满生活的地方。这意味着城市化进程不但要看城市发展的速度，还要看城市发展的质量。不能仅仅将人口居住在城市称为城市化，还要以这些人的生活水平、生活质量来衡量城市化。为了解决我国城市化进程中出现的问题，我国城市建设正经历着经济体制、城市模式和技术革命的三大变革。一是经济体制从计划经济转向社会主义的市场经济；二是城市模式从管理型转向智慧型；三是技术革命使工业社会步入信息社会，数字城市建设工程的成功实施，以及智慧城市战略的决策规划，将极大地突破城市化过程的时空界限和原有格局。智慧城市基本特征的内涵主要体现为：

（1）社会内涵：智慧城市的理念，强调城市环保节能、生态良性循环、健康、舒适、高效和安全，包括城市建设和管理的指导思想、组织结构模式、经营管理信念、价值观念、制度体系、行为规范，以及城市人口素质的培养和提升，全体居民对城市的关爱程度、依赖感、责任感和荣誉感等。鼓励政府、企业和个人在智慧基础设施之上进行科技和业务的创新应用，为城市提供源源不断的发展动力。创造人性化的城市环境，其核心是城市系统优化共生和可持续发展，传统的城市生活、生产方式和人们的消费模式都要发生根本变革。基于智慧的基础设施，城市里的各个关键系统和参与者进行和谐高效地协作，达成城市运行的最佳状态。

（2）技术内涵：主要指城市的信息化建设及智慧城市的规划发展，能够充分运用信息和通信技术手段感测、分析、整合城市运行核心系统的各项关键信息，从而对于包括民生、环保、公共安全、城市服务、工商业活动在内的各种需求做出智能的响应，为人类创造更美好的城市生活。智慧城市是城市数字化建设的延续和发展，遍布各处的传感器和智能设备组成"物联网"，对城市运行的核心系统进行测量、监控和分析；"物联网"与互联网系统完全连接和融合，将数据整合为城市核心系统的运行全图，提供智慧的基础设施。在加快城市信息化建设的同时,促进城市功能优化和经济发展,实现可持续发展。

2. 从数字城市到智慧城市发展模式的转变

不管是强调技术内涵还是强调社会内涵,我国城市化进程的最终目标都是要建设健康、和谐与宜居城市。通过制定科学合理的城市规划,推行以循环经济为核心的经济运行模式,建设功能齐全的城市环境基础设施,建立快捷便利和清洁的城市交通系统,建立以清洁能源为主体的能源体系,建设环境优美、服务配套和高品质环境质量的生态居住区,提高全社会的环境保护意识和资源节约意识,倡导生态价值观和绿色消费观。即通过追求城市整体综合功能最佳来满足人与自然健康发展的需要。

我国前期的数字城市建设主要为城市发展提供了信息基础设施,包括物理基础设施、社会基础设施和商业基础设施,以及城市信息整合、共享的支持,从而为认识现实的物质城市打开了新的视野,并提供了全新的城市规划、建设和管理的调控手段。从数字城市向智慧城市发展的本质是将以管理为中心、"追求经济效益最大化"的传统城市发展模式,转化到以人和自然为中心、"使生活更美好的"的智慧城市发展模式。

虽然数字城市所倡导的高效率城市管理及政府主导的城市发展模式可以带动城市的协调运转,但是面对智慧城市建设引起的产业结构和发展模式的改变,必须突破传统城市管理的边界,把城市本身看成一个生态系统,城市中的教育、交通、能源、商业、通信、水资源、社会服务、公用事业、市民就业、医疗卫生构成了一个个的子系统。这些子系统形成一个相互联系、相互促进、彼此影响的整体。运用信息技术手段感测、分析、整合城市运行系统的各项关键信息,从而对各种需求做出智能响应。就好像给城市装上网络神经系统,使之成为可以指挥决策、实时反应、协调运作的生态大系统。

智慧城市发展模式要求以城市经营替代城市管理,依靠智力资源开发和科技进步,建立和实施生态环境监测预警系统和自动平衡调节系统,治理和改善城市环境,实现自然环境与人类自身生存环境的生态平衡和协调发展;通过减少资源消耗,开发新能源和实现资源的循环使用,获取最大的效益,推动城市经济增长;根据城市的资源环境承载能力和经济发展水平来控制城市人口数量,提高市民的质量,实现人与自然、人与社会的协调发展;通过不断加大对人力资源开发的力度,从体制、政策、资金、环境等方面为人的充分发展创造条件,实现人的全面发展。

近年来,我国许多大中城市在基本完成了前期数字城市建设的主要任务以后,纷纷从数字城市建设迈向智慧城市建设,启动了智慧城市战略,相关规划、项目和活动逐步推出。通过提升城市建设和管理的人性化和智能化水平,有效促进城市公共资源在全市范围共享,积极推动城市人流、物流、信息流、资金流的协调高效运行,在提升城市运行效率和公共服务水平的同时,推动城市发展转型升级。实现经济增长方式由过去的以消耗自然资源和劳动力为主转移到主要依靠技术进步上来,城市的物质、能量、信息可以被高效利用,城市生活健康、安全、舒适。

案 例 分 析

1. 案例一（选择题）

从整体上看,数字工程的整体结构呈现出一种纵向(1)、横向(2)的立体网状结构特点。

(1) A. 静态联系   B. 动态联系   C. 单层次   D. 多层次

(2) A. 网格化   B. 点对点   C. 交叉融合   D. 资源共享

分析

从整体上看,数字工程的整体结构呈现出一种纵向多层次、横向网格化的立体网状结构特点。在每个结点上是各种数字工程的应用系统,而且每个系统都是纵向多层次的立体结构;横向上,每个应用结点基于计算机网络技术连接成一个有机的整体。

参考答案

(1) D   (2) A

2. 案例二（选择题）

数字图书馆是通过使用信息技术获取、存储、管理、保护、提供各种信息资源与查询途径的组织结构,它主要由运行在高速宽带网络上的、分布式超大规模的、可跨库检索的海量数字化(_____)组成。

A. 图书资料   B. 信息资源库

C. 信息资源库群   D. 数据仓库

分析

数字图书馆是通过使用信息技术获取、存储、管理、保护、提供各种信息资源与查询途径的组织结构,它主要由运行在高速宽带网络上的、分布式超大规模的、可跨库检索的海量数字化信息资源库群组成。

参考答案

C

3. 案例三（问答题）

【说明】　数字校园体系是一个层次结构,其中最底层是核心,也是基础,上层是在下层的基础上提供的更进一步的服务。

【问题】　数字校园从下到上分为 5 个层次,简述每个层次的名称及建设内容。

案例分析和参考答案

① 最底层是"网络基础层"。网络是数字校园的基础设施,如果没有相应的网络基础设施,信息不能流动,也就不可能形成数字校园。

② 第二层是"网络基本服务层"。网络基本服务是数字流动的软件基础,包括域名服务、身份认证、目录服务、网络安全、公共服务(如电子邮件、文件传输、Web 发布)等。

③ 第三层是"应用支撑层"。它主要处理业务逻辑,将各类数据按照业务的逻辑规范管理、组织起来,包括办公自动化系统、数字图书馆、管理信息系统和网络教学系统等,它们是数字校园的核心支持系统。

④ 第四层是"信息服务层"。它主要处理用户逻辑,将规范化的数据按照用户的需要提取出来提供给用户,为用户提供服务,如后勤服务、信息查询、决策支持、电子商务等。

⑤ 最上层是"个性化门户层"。它是数字校园的总入口,各类用户通过门户进入数字校园,可以获得与其身份相对应的信息与服务。在校园充分数字化后,学校的功能就将突破学校物理围墙的限制,成为一个可以覆盖网络可达范围的无疆域的学校。

习　　题

12.1　什么是数字化? 什么是数字工程? 什么是无线城市?

12.2　论述数字城市的概念含义及建设内容。

12.3　论述平安城市的概念含义及建设内容。

12.4　论述数字社区的概念含义及建设内容。

12.5　论述数字医院的概念含义及建设内容。

12.6　论述数字校园的概念含义及建设内容。

12.7　论述数字图书馆的概念含义及建设内容。

12.8　论述数字档案馆的概念含义及建设内容。

12.9　论述数字博物馆的概念含义及建设内容。

12.10　论述数字公园的概念含义及建设内容。

12.11　智慧城市的基本特征有哪些?

参 考 文 献

[1]　王丹.数字城市与城市地理信息产业化——机遇与挑战.遥感信息,2000(2).

[2]　符晓兰.校园管理一卡通.电气与智能建筑,2000(10).

[3]　国家档案局.全国档案信息化建设实施纲要.北京:中央档案馆印发,2002.11.25.

[4]　王景明.数字医院的建设与实践.中华现代医院管理杂志,2003,12-1(4).

[5]　陈拂晓.电子政务与标准化.信息技术与标准化,2003(1,2).

[6]　谢希仁.计算机网络.北京:电子工业出版社,2003.

[7]　余向东.国内外电子政务发展浅析.信息技术与标准化,2003(3).

[8]　肖世荣,王宁.数字图书馆系统及其应用.智能建筑与城市信息,2004,11.

[9]　张均良,张世波.计算机组成原理.北京:清华大学出版社,2004.

[10]　王诚,宋佳兴.计算机组成与体系结构.北京:清华大学出版社,2004.

[11]　符长青.信息系统工程监理.北京:机械工业出版社,2005.

[12]　黄蕾.数字城市建设的四个切入点.中国计算机报,2006-5-9.

[13]　符晓勤,罗晓沛.使用 JCA 实现企业级应用程序的整合.计算机应用与软件,2006(01).

[14]　徐兴声.加入 WTO 与我国智能化建筑技术发展对策.智能建筑信息,2006.

[15]　张天西.网络财务报告:XBRL 标准的理论基础研究.会计研究,2006.

[16]　中共中央办公厅.2006—2020 年国家信息化发展战略.中办发[2006]11 号,2006,11.

[17]　符长青,毛剑瑛.智能建筑工程项目管理.北京:中国建筑工业出版社,2007,8.

[18]　韩万江,姜立新.软件项目管理案例教程.北京:机械工业出版社,2007.

[19]　杨兴凯.电子政务.大连:东北财经大学出版社,2007.

[20]　李长霞.国际物流.北京:电子工业出版社,2007.

[21]　陈志风.信息系统监理师考试考前串讲.北京:电子工业出版社,2008.

[22]　庄梓新.无线城市.北京:无线城市,2009,1.

[23]　胡国杰.浅议绿色数据中心的建设规划.智能建筑,2009(9).

[24]　财政部.关于全面推进我国会计信息化工作的指导意见.财会[2009]6 号,2009,4.

[25]　符长青.信息化工程导论.北京:清华大学出版社,2010.

[26]　符长青,明仲.信息系统工程项目管理.北京:机械工业出版社,2011.